W0294770

Renée Weber: Wissenschaftler und Weise

*für* FRITZ KUNZ
*der die Türen*
*zu einer Welt voller Bedeutsamkeit*
*und Schönheit geöffnet hat.*

Renée Weber

# Wissenschaftler und Weise

Aquamarin Verlag

Titel der englischen Ausgabe:
DIALOGUES WITH SCIENTISTS AND SAGES
© Renée Weber 1986
Routledge & Kegan Paul, London und New York

Deutsche Übersetzung: Petra Michel, Dr. Michael Bommer
Dr. Daniel C. Liebisch

Titelbild: Garrett Moore

© Aquamarin Verlag, 1987
Voglherd 1 · D- 8018 Grafing

ISBN 3-922936-53-9

Jürgen Mayer KG · Haunwang 1 · 8311 Eching

# Inhaltsverzeichnis

# Danksagung

Ich schulde den zahlreichen Menschen Dank, die mir geholfen haben, das Erscheinen dieses Buches zu ermöglichen. Am meisten verdanke ich einer Person, die in diesem Band nicht auftaucht: Fritz Kunz. Ich habe an seinen New Yorker Vorlesungen teilgenommen, als ich noch Student an der Universität von Pennsylvania war und bin mir ihrer besonderen Bedeutung bewußt. Er war der erste Pionier einer gegenwärtigen Strömung, die versucht, Wissenschaft und Mystik wieder miteinander zu versöhnen und der erste, der die Aufmerksamkeit auf die seinem Gefühl nach bemerkenswerten Ähnlichkeiten zwischen westlicher Wissenschaft und den traditionellen Weisheitslehren Indiens und Griechenlands gelenkt hat.

In den Zwanziger-, Dreißiger- und Vierzigerjahren dieses Jahrhunderts stellte er einen einsamen Rufer in der Wüste dar. Kunz, ein amerikanischer Erzieher, der lange Jahre in Indien und Ceylon gelebt hatte (wo er Direktor des Ananda College war), erzählte mir, wie er, nachdem er 1922 zufällig auf Einsteins epochemachende Gleichung $e = mc^2$ gestoßen war, intuitiv erkannt hatte, daß "hier die alten *darshanas* Indiens (d. h. Blickwinkel auf das Universum) in moderner Form dargestellt wurden."

Die Erkenntnis, die Wissenschaft des 20. Jahrhunderts könnte mit diesen alten Systemen verglichen werden, veränderte Kunz Leben. Über 50 Jahre lang drehte sich seine Arbeit, bis zu seinem Tod im Jahr 1972, um die Erforschung und Integration dieser Ideen. Er hatte sich bereits ein breites Wissen über Philosophie und Religion, besonders deren mystische Traditionen betreffend, angeeignet und kannte sich auch in der Wissenschaft soweit aus, um mit vielen ihrer großen Vertreter diskutieren zu können. Heisenberg sagte Jahrzehnte später zu Kunz, indem er sich zu den Wurzeln äußerte, die diese Gedanken geschlagen hatten: „Wir befinden uns auf einer Insel, doch sie gewinnt immer mehr Land."[1]

FRITZ KUNZ

Nach seiner Rückkehr aus Indien beschloß Kunz, sein Leben dieser Arbeit zu widmen. Er gründete in New York das "Center for Integrative Education" (Zentrum für Integrative Erziehung), das der Stützpunkt für seine zahlreichen Aktivitäten wurde. Kunz war ein brillanter und geistreicher Redner und lockte viele Intellektuelle aus unterschiedlichen Bereichen an. Das Zentrum zog prominente Gelehrte, wie Henry Margenau und M.C.S. Northrop aus Yale, Kirtley Mather aus Harvard, Donald Hatch Andrews von Johns Hopkins und viele andere an, die diese Idee auf Konferenzen, in Vorträgen und Seminaren erörterten, die von hier ausgehend organisiert wurden. 1940 gründete Kunz die Zeitschrift *Main Currents in Modern Thought*, die er – zusammen mit Emily Sellon – über Jahrzehnte hinweg herausgab. Sie übte mehr als 30 Jahre lang einen stillen, aber maßgeblichen Einfluß auf die amerikanische Kultur aus. Ihr Ziel, das in ihrem Leitsatz zusammengefaßt wurde, war "die freie Vereinigung derer, die auf die Integration allen Wissens durch das Studium der Gesamtheit von Begriffen, wie Natur, Mensch und Gesellschaft, hinarbeiten, unter der Annahme, das Universum sei einheitlich, verläßlich, verständlich und harmonisch aufgebaut."

Die Zeitschrift zog hochkarätige Mitarbeiter an; viele von ihnen arbeiteten auf ihrem Gebiet an vorderster Linie: Heisenberg, C. F. von Weizsäcker, Eugene Wigner, H. S. Burr, Buckminster Fuller, von Bertalanffy, Dobzhansky, G. C. Amstutz, Jean Gebser, Jean Charon, Stockhausen, Adolf Portmann, Lancelot L. Whyte, Gardner Murphy, William Irwin Thompson und natürlich Margenau, Northrop und die Kerngruppe. 1972 wurde ein Artikel eines unbekannten jungen Physikers, Fritjof Capra, veröffentlicht, ein Auszug seines Buches *Das Tao der Physik*.

Nachdem *Main Currents* 1975 sein Erscheinen eingestellt hatte, gründete ein junger Biophysiker, Ken Wilber, das *ReVision Journal* (1977), das *Main Currents* nachempfunden ist und zudem die einzigartigen Visionen und hervorragenden Fähigkeiten seines neuen Chefredakteurs ausdrückt. Er gehört zu den Menschen, denen ich danken möchte. Er war stets ein begabter Herausgeber, und wir haben in sieben Jahren, in denen ich Interviews in *ReVision* veröffentlicht habe, harmonisch zusammengearbeitet. Auch wenn wir nicht immer einer Meinung gewesen waren, hat Wilber meine Arbeit unterstützt. Seine brillanten Einwände über die Beziehung von Wissenschaft und Mystik haben mich oft gezwungen, meinen Standpunkt zu überdenken, ein Prozeß, von dem ich ständig profitiert habe. Auch die Arbeit mit Rachel Gaffney, die Wilber als Herausgeber folgte, war ein andauerndes Vergnügen.

Ein Wort zu den Gesprächen in diesem Buch. Sechs von ihnen (jedes ein Essay von mir) sind bisher noch nicht veröffentlicht worden; sechs sind zuerst in *ReVision Journal* erschienen. Letztere wurden gekürzt, redigiert, für diesen Band mit neuen Überschriften versehen und dabei mit den Themen in Einklang gebracht, die von den Persönlichkeiten, die ich interviewt habe, angesprochen wurden. An wenigen Stellen habe ich wichtige Teile verschiedener Dialoge redigiert und zusammengefaßt, um damit eine größere Ausführlichkeit und Deutlichkeit zu erreichen. Ich habe einige Teile der Diskussion zwischen Bohm und Sheldrake, mit deren Erlaubnis, in mein Gespräch mit Sheldrake über das gleiche Thema integriert und einige Teile aus meinem ersten Interview mit Bohm über die implizite Ordnung in einem anderen Gespräch über dieses Thema eingefügt, das wir zu einem späteren Zeitpunkt geführt haben. In allen Diskussionen ist der Wortlaut – mit Ausnahme stilistischer Veränderungen – der des Gesprächspartners. Um eine wörtliche Wiedergabe zu gewährleisten, wurden die Gespräche bei laufendem Tonbandgerät geführt; doch war das Gerät in der Atmosphäre der Spontaneität, die sich bald eingestellt hatte, schnell vergessen.

Für mich bedeuteten diese Gespräche echte Lernerfahrungen, und ich fühle mich durch die Teilnahme an ihnen bevorzugt. So bin ich denjenigen Menschen zutiefst zu Dank verpflichtet, die es mir gestattet haben, ihre Einsichten in Form dieses Buches weiterzugeben und die mit mir auf so großzügige Weise ihre Zeit und Energie geteilt haben. Ich möchte ihnen hier dafür danken, daß sie dieses Buch erst möglich gemacht haben.

Der Kollege, dem ich mich am meisten verpflichtet fühle, ist Dr.

John Briggs, der einige Kapitel gelesen und redigiert hat, und dessen zahlreiche konstruktive Vorschläge die Organisation und Fertigstellung dieses Buch verbessert haben. Er war der erste, der mich dazu veranlaßt hatte, dieses Material zu veröffentlichen, und seine Freundschaft und Ermutigungen haben mir immer sehr viel bedeutet.

Es gibt eine Anzahl von Kollegen, denen ich für ihr Interesse und ihre Hilfe danken möchte, die sie entweder durch das Lesen eines oder mehrerer Kapitel oder dadurch beigesteuert haben, daß sie mit mir ihr Wissen und ihr großes Urteilsvermögen auf die eine oder andere Weise geteilt haben: Dr. Patricia Hunt-Perry vom Ramapo College; Dr. Robert Weingard von der Fakultät für Philosophie und Dr. Terry Matilsky von der Fakultät für Physik der Rutgers University waren beide bereit, mich bei verschiedenen technischen Problemen zu beraten; ebenso danke ich Dr. John Bronzan von der Fakultät für Physik, mit dem ich all die Jahre hindurch anregende Diskussionen über einige dieser Themenbereiche geführt habe; Paul Weber, M. D., der wertvolle kritische Kommentare und hilfreiche Vorschläge gemacht hat, und dessen unerschöpfliche Unterstützung und Enthusiasmus für meine Arbeit im Laufe der Jahre einen wesentlichen Beitrag darstellen und Dr. Richard A. Falk von der Princeton University für seinen Scharfsinn und seine Direktheit, die zu willkommenen Verbesserungen geführt haben.

Meine Wertschätzung gilt auch Sarah Bohm für ihre Wärme und Freundschaft, die die Konkretisierung vieler dieser Dialoge beschleunigt haben, und Dr. Janet Macrae von der New York University, deren Interesse an meiner Arbeit und Unterstützung ein wirklicher moralischer Antrieb waren.

Ohne die Hilfe und Teilnahme von Mrs. Emily Sellon hätte der Dialog mit Lama Govinda nicht stattgefunden. Aber unabhängig davon hat ihr Wissen über die östliche Philosophie, die sie in den vergangenen Jahren mit mir geteilt hat, meine Erkenntnis hinsichtlich dieses Themas sehr vermehrt.

Ich schulde meinen besonderen Dank Mrs. Dora Kunz, deren Lehren und seltene persönliche Einsichten auf den Gebieten, die das Thema des Buches bilden, immer eine unerschöpfliche Inspiration waren.

Es gibt einen Menschen, ohne dessen Hilfe dieser Band nicht zustande gekommen wäre. Keine konventionelle Form wird wohl meine Dankbarkeit für Mrs. Loretta Mandel von der Fakultät für Philosophie der Rutgers University ausdrücken können. Sie setzte ihre unermüdliche Energie und ihr seltenes Geschick für die Manuskripterstellung dieses Buches und die vielen redaktionellen Aufgaben während der Vorbereitung ein, begleitet von ihrer gewohnten Begeisterung, ihrem feinen Urteilsvermögen und ihrer bemerkenswerten Beständigkeit, die sie auch unter Druck beibehielt.

Mein Dank geht auch an Mrs. Margaret Melton von der Fakultät für Philosophie der Rutgers University für ihre freundliche und unermüdliche Hilfe bei der Erstellung des Manuskripts.

Letztlich geht mein Dank an Mrs. Eileen Wood Campbell, meine Redakteurin bei Routledge & Kegan Paul, und deren Mitarbeiter für eine Atmosphäre der Unterstützung und der Harmonie, in der dieses Buch heranreifen konnte.

Renée Weber
Princeton, New Jersey
10. November 1985

Die folgenden Abschnitte erschienen bereits im **ReVision Journal**:

Auszüge aus "On Poverty and Simplicity: Views of a Post-Industrial Christian Sage", ein Gespräch zwischen Br. Griffiths und Renée Weber (1983)

Auszüge aus Bohm und Weber "Nature as Creativity" (1982)

Auszüge aus Sheldrake und Weber "Morphogenetic Fields: Nature's Habits"? (1982)

Auszüge aus "The World-View of a Mahayana Buddhist", ein Gespräch mit Lama Govinda (Renée Weber und Emily Sellon) (1971)

Auszüge aus "The Enfolding-Unfolding Universe", ein Gespräch zwischen David Bohm und Renée Weber (1979)

Auszüge aus "Field Consciousness and Field Ethics" von Renée Weber (1978)

Auszüge aus Sheldrake und Bohm: "Morphogenetic Fields and the Implicate Order" (1982)

Abdruck mit Erlaubnis des **American Theosophist**:

Auszüge aus "On Compassion", Essay über und Gespräch mit Seiner Heiligkeit, dem Dalai Lama (1981).

Wir danken auch für die Erlaubnis zum Gebrauch der folgenden Photographien:

Krishnamurti, Photo von John Briggs; Br. Bede Griffiths, Templegate Publishers; Ilya Prigogine, News and Information Service, University of Texas; Lama Govinda, Li Gotami; Seine Heiligkeit, der Dalai Lama, J. Treasure; Renée Weber, Patricia Hunt-Perry; Rupert Sheldrake, Harald Laabs; David Bohm, der Dalai Lama und Renée Weber, Brian C. Beresford.

*Der Wissenschaftler studiert die Natur nicht, weil es nützlich ist; er studiert sie, weil er an ihr Gefallen findet, und er findet an ihr Gefallen, weil sie schön ist. Wenn die Natur nicht schön wäre, dann wäre es nicht von Wert, sie zu kennen, und wenn die Natur nicht wert wäre, erkannt zu werden, wäre das Leben nicht wert, gelebt zu werden.*

Henri Poincaré

*Die Wissenschaft ist verschwiegen, auch wenn es sich um die Frage nach der großen Einheit handelt – nach dem Einen des Parmenides – von dem wir alle auf irgendeine Weise einen Teil bilden, dem wir angehören. Der populärste Name dafür in unserer Zeit ist Gott.*

Erwin Schrödinger

*So kommen wir zu einer Auffassung von der Beziehung der Wissenschaft zur Religion, die recht verschieden ist von der üblichen. . . ich behaupte, daß die kosmische Religiosität die stärkste und edelste Triebfeder wissenschaftlicher Forschung ist.*

Albert Einstein

RENÉE WEBER

Kapitel I

# Gespräche über die Einheit des Seins

Renée Weber

*Wissenschaft ist der Versuch, die Wirklichkeit zu verstehen. Wissenschaft stellt ein beinahe religiöses Tun in der weitesten Bedeutung des Wortes dar.*

George Wald

Wissenschaftler und Weise – Menschen von beiden Seiten des Spektrums – haben in vielen Jahren immer wieder versucht, mir das Ganze auszureden, aber sie hatten keinen Erfolg. Zu manchen Zeiten war mein Verstand – seit Jahren im genauen Denken der Philosophie geschult – beinahe überzeugt, von einem Argument eingenommen, dessen Gültigkeit ich in dem Augenblick nur als gegeben hinnehmen kann. Aber nach einiger Zeit verflüchtigte sich diese Überzeugung wieder, da sie nicht tief genug reichte, nicht mein Innerstes berührte, das hartnäkkig an dem Ziel festhielt. Wenn ich manchmal meinen Kollegen zuhöre, die über Philosophie in dem maßvollen und gesitteten Stil sprechen, der zur offiziellen Methode amerikanischer Philosophie geworden ist – das Aufgreifen kleiner Probleme, die ihre eigene Lösung beinhalten – dann merke ich, daß ich zu einer Außenseiterin geworden bin, denn ich kann mich nicht mit weniger als dem Ganzen zufrieden geben. Dies ist ein Gefühl, das tief in mir verwurzelt ist. Es existiert schon seit meiner Kindheit und hat mich durch all die Jahre der Erziehung an Elite-Universitäten begleitet, in denen es wohlweislich im Untergrund verborgen blieb. Aber es war nur verdeckt. Es besteht noch immer und war es die ganze Zeit; es diente mir so als das Maß, an dem jede einzelne Wahrheit, die mir begegnete, gemessen werden konnte.

Es handelt sich um das Gespür für die Einheit der Dinge – Mensch und Natur, Bewußtsein und Materie, Inneres und Äußeres, Subjekt und Objekt – die Ahnung, daß diese Gegensätze wieder miteinander versöhnt werden können. Ich habe deren Trennung noch nie wirklich akzeptiert und mein Leben – beruflich wie privat – damit verbracht, deren Einheit in einer spirituellen Odyssee zu erforschen.

Schließlich begann ich damit, Wissenschaftler und Weise selbst zu befragen. Die Frage, die mich nie mehr losließ, mag vielleicht eine Antwort finden, denn es handelt sich dabei um Menschen, deren Wirken im Zentrum der Suche nach Wahrheit steht. Das Gespräch mit eher konventionellen Wissenschaftlern und religiösen Persönlichkeiten hat sich als Sackgasse erwiesen; sie sind keine Menschen, die synthetisch denken, und sie verstehen meine Frage nicht. Sie nehmen an, sie entspringe einer Unklarkeit über das Wesen von Wissenschaft und Mystik. Was die Philosophie selbst betrifft, so hat sie solche Studien als hoffnungslos aufgegeben, die sich weder philosophisch noch beruflich auszahlen und damit eine schlechte Investition der eigenen Zeit darstellen. Dennoch bildet dies das Thema, das mich am meisten beschäftigt. Ich habe damit gekämpft, die Produktivität und Redlichkeit des Gelehrten mit der Suche nach Ganzheit in Einklang zu bringen. Dieses Ziel hat für mich höchste Priorität. Anderen das zu erklären, kommt einer spirituellen Autobiographie nahe, daher werde ich es nicht zu weit ausführen.

Es ist dennoch eine Tatsache, daß mich meine Odyssee von einem Ende Amerikas zum anderen führte, dreimal nach Europa und schließlich bis nach Asien, im Süden nach Indien und im Norden nach Nepal. Ich habe Bohm und Krishnamurti in den Orangenhainen von Kalifornien besucht, Bruder Bede Griffiths in seinem christlichen Ashram auf dem ausgedörrten indischen Boden, die Hallen der Universität von Cambridge mit ihrem führenden Astrophysiker, Stephen Hawking, den Nobelpreisträger Ilya Prigogine in dem geschäftigen Treiben von New York City, den Dalai Lama in seinem friedlichen Kloster und in einer alpinen Klause in der Schweiz, und ich wiederholte mein Treffen mit

Krishnamurti; weiterhin fanden Gespräche an normalen Orten, wie Princeton, Westchester County, Syracuse und London statt, wo ich mich mit Sheldrake, Lama Govinda und Bohm bei verschiedenen Anlässen unterhielt.

Aber mein eindrucksvollstes Gespräch ereignete sich im Schweigen. Es fand in Neapel statt, wohin ich gereist bin, um die Berge des Himalaya zu sehen. Ihre Größe, Stille und ewige Schönheit haben mich so stark ergriffen, daß sie zu meinem Symbol für spirituelles Streben geworden sind. Sie zu sehen beeindruckte mich mehr als alles andere, was mir begegnet ist, erzeugte ein Gefühl der Ehrfurcht, so stark, daß es vielleicht nur vom Anblick einer Galaxie übertroffen werden kann, die mit Hundert Milliarden von Sternen angefüllt ist.

Ich habe mich mein ganzes Leben der Natur verbunden gefühlt. Ihre Gegenwart war für mich wirklich, lange bevor ich irgendetwas von den Gesetzen wußte, die für ihre Funktion verantwortlich sind; damals handelte es sich um die unvoreingenommene und dennoch klar umrissene Wahrnehmung des Wesens der Natur aus Kinderaugen. Wenn ich zurückblicke, fällt mir auf, daß ich seit meiner frühesten Kindheit "etwas" in den verborgenen Formen der Natur, ebenso wie in ihren sichtbaren Aspekten, gesehen habe. Die schöne und verschwenderische Vielzahl ihrer Gestaltungen bildete die Quelle für einen wirklichen Sinngehalt meines Lebens, und ich habe stets eine enge Verwandtheit mit den Abkömmlingen der Natur gespürt – mit Tieren, Pflanzen, Felsen, Wäldern, Wasser, Erde, dem Himmel und selbst mit fernen Sternen und Galaxien. Niemand hat mir das beigebracht, ich bin mir einfach nur der Gewißheit meiner Beziehung zu diesen Dingen bewußt geworden. Dieses Gefühl, das uns allen in der Kindheit zueigen ist, jedoch oft verloren geht, wenn wir größer werden, ist mir erhalten geblieben.

Erst viel später habe ich dann die Namen für diese Gefühle gelernt – die Immanenz und Transzendenz einer Kraft in der Natur – und ich habe ebenso gelernt, daß schon andere vor mir diese Gefühle gehabt und über sie geschrieben haben. Diese Suche nach dem Ursprung prägte mein Leben und meine Arbeit. Alles Wesentliche, das ich getan habe, tat ich in der Hoffnung, dadurch die Schleier zu durchdringen, die das Antlitz der Natur verhüllen.

Ich habe im College mit dem Studium der Philosophie begonnen, denn die Philosophie schien mir zu versprechen, hinter diese Schleier blicken zu können und die Wirklichkeit jenseits des äußeren Scheins zu erkennen. In dieser Überzeugung wurde ich von Platon ermutigt, dem ersten Philosophen, dem ich je begegnet bin. Ich stand am Anfang einer intellektuellen und spirituellen Reise.

Aber es stellte sich heraus, daß die Philosophie aus sich selbst heraus nicht das erfüllen kann, was sie zu versprechen scheint. Sie weicht zu weit vom Studium der Beschaffenheit der Natur ab und ignoriert in ihrer modernen Fassung die Natur vollständig und überläßt diese Aufgabe dem Naturwissenschaftler. Ich habe nach der tieferen Struktur der Dinge gesucht, was – obwohl es einmal der Bereich der Philosophie war – innerhalb des letzten Jahrhunderts zu einem Bereich der Naturwissenschaft geworden ist. Die Physik, die sich einen Schritt näher an der Natur befindet, schien bestrebt zu sein, die tieferen Strukturen zu ertasten, aber ich habe einige Jahre später entdeckt, daß die Mystik diesem Ziel am nächsten kommt, denn sie ist abstrakter und stärker nach innen gerichtet als die Wissenschaft, mehr von Einfachheit und Einheit durchdrungen. Dieses Faktum scheint in Meister Eckharts harter Forderung auf: "Um die Natur selbst zu finden, müssen alle ihre Formen zertrümmert werden".

Jeder dieser Bereiche ist in sich erfolgversprechend, jeder bietet einen Teil dessen, was ich suche, aber jeder zeigt, für sich allein betrachtet, Lücken. Keiner kann allein eine zusammenhängende Sicht der Dinge hervorbringen. Fritz Kunz (wie im Vorwort erwähnt) hat mich empfänglich gemacht, die Integration aller dieser Bereiche zu suchen – Philosophie, Naturwissenschaft und Mystik – und zu erkennen, daß meine Suche nicht hoffnungslos ist, sondern nur zu früh begann. Erst seit den letzten Jahrzehnten bewegt sich die amerikanische kulturelle Entwicklung stärker auf die Einheit dieser Bereiche zu und ist dabei noch in der Minderheit, obwohl es eine große und ständig wachsende Minderheit ist.

Da diese drei Bereiche die Grundlage für dieses Buch bilden, will ich Philosophie, Naturwissenschaft und Mystik etwas näher beschreiben. Es stellt hier nicht mein Ziel dar, einen erschöpfend ausführlichen oder "professionellen" Ausblick zu geben, sondern einen persönlichen. Hier biete ich ein Destillat meiner persönlichen Suche an – das, was mich zu diesen Gebieten geführt hat, und das, was sie für mich bedeuten.

Die Philosophie hat, in den Jahren, in denen ich sie studiert habe (an den Universitäten von Pennsylvania und Columbia sowie an der Sorbonne) beinahe völlig ihre ursprüngliche Suche aufgegeben – "die Liebe zur Weisheit" – die Suche, nach der sie benannt worden ist. Während der letzten drei Jahrhunderte ist dieses Verständnis von Philosophie mehr und mehr aus der Mode gekommen und ist in meinem eigenen Land fast völlig verschwunden. Jeder professionelle Philosoph, der von der "Suche nach der Wahrheit" ergriffen ist, macht sich suspekt, wird geächtet und – ich übertreibe nur geringfügig - als eine Gefahr für (die Karriere) seine(r) Studenten angesehen.

Die zeitgenössische anglo-amerikanische Philosophie besteht hauptsächlich in der "Analytischen Philosophie", die die Lösung kleiner Fragen zu klären scheint. Sie hat es aufgegeben, sich mit den großen Fragen des Lebens auseinanderzusetzen, zu ringen, wie es die Philosophie seit den Griechen getan hat: Wahrheit, Gott, das Gute, die Seele, das Schicksal des Menschen nach seinem Tod, die Erleuchtung, der Ursprung des Universums, die Immanenz und Transzendenz von etwas, was sich jenseits von uns befindet. Im zwanzigsten Jahrhundert sind alle diese Fragen als bedeutungslos angesehen worden und werden zusammen mit der Idee, etwas wie "Wahrheit" existiere tatsächlich und sei für den Menschen zugänglich, zurückgewiesen. Seit den Zeiten ihrer großen Praktiker – Pythagoras und Sokrates, Platon und Spinoza, Hegel und Whitehead – hat sich die Philosophie selbst auf ein kleines Gebiet zurückgezogen. Somit ist meine Reise einsam und wird nur gelegentlich von einer Handvoll anderer Philosophen geteilt, die noch den Blick für das Ganze haben, und von Menschen außerhalb meines Fachgebietes, wie jene, die in diesem Buch auftauchen. Dadurch, daß ich diese Leute aufsuchte, habe ich mich auf ein Gebiet gewagt, das für die konventionellen Kanoniker meines Berufstandes verboten ist.

Aus Gründen, die zu komplex sind, um hier auf sie eingehen zu können, erstrecken sich meine Vorbehalte auch auf den Existentialismus, in dem die großen philosophischen Fragen noch immer blühen. Nachdem ich mich mehr als zehn Jahre in den Existentialismus vertieft habe, meine ich, daß er nicht mehr als eine sporadische spirituelle Nahrung bieten kann, denn er nimmt der Natur ihre Bedeutung und hat – wie jede Philosophie seit Kant – die Suche nach den tieferen Strukturen aufgegeben.

Also habe ich mich, zwischen meinem M. A. und meinem Ph. D. (diese akademischen Grade entsprechen unserem deutschen Magister- bzw. Doktortitel. A.d.Ü.), im Laufe mehrerer Jahre von der Philosophie entfernt. Ich wendete mich der Naturwissenschaft zu. Ich näherte mich ihr auf ernsthafte Weise, denn ich wollte keine kleinen Brocken von vorgekauten Schlußfolgerungen in "Physik für Dichter"-Kursen, sondern wollte das tatsächliche Leben des Wissenschaftlers erfahren. Ich fand dies in einem vormedizinischen Studienplan, der Laborarbeit und Übungen mit sich brachte. Nach all den Jahren des philosophischen Theoretisierens über die Natur wirkte das Eintauchen in die konkreten Details belebend.

In zwei faszinierenden Jahren, in denen ich in die Einzelheiten von Physik, Chemie und Zoologie eingeweiht wurde, lernte ich schließlich die wissenschaftliche Methode aus erster Hand, die mir bisher nur in wissenschaftsphilosophischen Kursen begegnet war. Wissenschaft, so wurde ich gelehrt, steht und fällt mit der empirischen Methode. Dies beinhaltet, daß eine Hypothese aufgestellt und in einem empirischen Experiment überprüft wird, wobei sorgfältig gesammelte Daten diese Hypothese verifizieren oder falsifizieren. Daraus werden dann Schlußfolgerungen gezogen, aus denen eine Theorie oder sogar ein Gesetz entsteht. An diesem Prozeß sind die Gleichungen beteiligt, die die Aufgabe haben, die Botschaft der Wissenschaft weiterzugeben – die Mathematik, ihre Sprache und ihre Dienerin. Wissenschaft ist ein Wechselspiel zwischen konkreten Details und abstraktem Denken, zwischen induktiver und deduktiver Methode, zwischen den Sinnesorganen, die die Daten aufzeichnen, und dem abstrakten Verstand, der diese in sinnvollen Beziehungsmustern ordnet. Wissenschaft ist natürlich mehr, als diese vereinfachte Darstellung anreißt; sie ist ein hochentwickeltes Gebilde, das zu komplex ist, als daß ich ihm hier gerecht werden könnte.

Das Leitmotiv dieses Buches – die Integration von Wissenschaft und Mystik – wurde in diesen Jahren zum Leitmotiv meines Lebens. Ich entdeckte, daß ich – im Gegensatz zu dem, was ich gelernt habe – nicht zwischen beiden wählen muß. Wissenschaft und Mystik verfolgen wohl ein gemeinsames Ziel und bereichern sich gegenseitig auf eine Weise, die wir bisher ignoriert haben. Ich erkenne diese Möglichkeit aus meiner eigenen Erfahrung.

In einer kurzen, früheren Begegnung mit der Wissenschaft (eine Prüfungsvoraussetzung für einen Studenten vor dem Magisterexamen) näherte ich mich ihr mit einer Art geistiger Blockade. Der Kurs stellte eine Last dar, die ein Student ertragen mußte, die Daten wollten gelernt werden, Laboraufgaben mußten so schnell wie möglich erledigt werden. Meine Haltung (die im allgemeinen von meinen Mitstudenten geteilt wurde) erscheint mir im Rückblick als gelangweilt, blasiert und uninteressiert.

Beinahe 10 Jahre später war die Wissenschaft für mich in dem 2½ Jahre dauernden vormedizinischen Kurs, auf den ich mich jetzt beziehe, bedeutsam und aufregend. Wie kam es zu dieser Veränderung? Ich verdanke dies größtenteils der Tatsache, daß ich in der Zwischenzeit etwas über die Mystik gelernt habe, die von einem einzigen spirituellen Prinzip spricht, das sich in der Natur und jenseits der Natur ausdrückt. Genau dieser Gedanke durchdrang meinen Verstand, als ich die speziellen wissenschaftlichen Einzelheiten lernte, und diese erhielten nun eine doppelte Bedeutung. Das, mit dem ich mich beschäftigte, war sowohl der Gegenstand selbst, als auch etwas jenseits davon, was durch diesen Gegenstand angesprochen wird. Die Statistik des Sonnendurchmessers, die Protonenmasse, der Niederschlag in einem Reagenzglas und der Hirnstamm von *Rana catesbiana* (dem Frosch, den wir sezierten) verursachte nicht länger ein achselzuckendes "Na und"? Das galt natürlich auch für meine Mitstudenten; die meisten von ihnen begannen eine Karriere in Wissenschaft oder Medizin. Dennoch stellte ich einen Unterschied fest. Für mich erhielten die wissenschaftlichen Details eine metawissenschaftliche Bedeutung; sie leuchteten durch eine andere Wirklichkeit.

Diese Lektion prägte sich mir mit einem bestimmten Bild ein, das meine veränderte Haltung ausdrückte und festhielt. Um Newtons Gravitationsgesetz zu demonstrieren – dem Gesetz der fallenden Körper, das besagt, daß eine nicht fixierte Masse von der Erde mit zunehmender Geschwindigkeit angezogen wird – machten wir im Physiklabor ein Experiment, in dem die Beschleunigung eines Körpers durch kleine Punkte auf einem Papierstreifen aufgezeichnet wurde. Der Sinn des Experiments war, zu zeigen, daß sich diese Punkte immer weiter von einander entfernen, je näher der Körper der Erde kommt. Millionen von Studenten haben diese Demonstration erlebt, aber für mich erhielt sie die Bedeutung einer sakralen Handlung. Ich brachte es nicht übers Herz, den Papierstreifen wegzuwerfen, wie es meine Mitstudenten normalerweise am Ende des Semesters taten, denn er war für mich wie die Unterschrift der Natur selbst, wie eine ihrer vielen Botschaften. Genauso verhielt es sich mit den anderen Experimenten; sie erhielten eine Bedeutung, die ihren empirischen Sinn überstieg. Diese Episode wie auch andere haben mich davon überzeugt, daß der Mystiker etwas zur Wissenschaft beizutragen vermag, insbesondere die Natur nicht als eine bloße Ansammlung von durch Sinneseindrücken erfaßbaren Daten anzusehen, sondern als eine einzige Wirklichkeit, die Größe und Schönheit besitzt und auf vielen Ebenen erfahren werden kann. Vielleicht fühlen bereits zahllose Wissenschaftler das gleiche, aber nur eine Handvoll – Einstein und die "mystischen" Wissenschaftler – haben dies auch öffentlich zugegeben.

Ich habe bereits eine Definition von Wissenschaft gegeben, aber noch keine von Mystik. Einfach gesagt bedeutet Mystik die Erfahrung von der Einheit der Wirklichkeit. Wenn ich über ihr Wesen nachdenke, so sehe ich Wissenschaft und Mystik als zwei Annäherungsversuche an die Natur. Deren Geschichte ähnelt dem sprichwörtlichen Tanz Shivas, der sich verändernden Kraft, die die Dinge miteinander verbindet und wieder voneinander trennt. Die Wissenschaft ist nicht nur aus dem Nützlichkeitsdenken des menschlichen Charakters entsprungen, der Notwendigkeit, Navigation oder Ackerbau vorauszuplanen, sondern auch aus Neugierde, dem menschlichen Wissensdrang. Am Anfang standen Erstaunen und Ehrfurcht. Diese wirkten inspirierend auf die Suche, mit der Wissenschaft und Religion angefangen haben. Ursprünglich bildeten diese eine Einheit, unbeeinflußt von der modernen Trennung, die sich bis zu einem Grad entwickelt hat, daß unterschiedliche Bereiche mit unüberwindbaren Grenzen entstanden sind. Durch diese Trennung entwickelte sich aus dem Gefühl des Erstaunens die Wissenschaft, aus dem der Ehrfurcht die Mystik.

Während des größten Teils der Geschichte scheint die Wissenschaft von der Maxime geleitet worden zu sein, "Gott liege in den Details verborgen", die Mystik durch die Maxime, daß "Gott der Kreis sei, dessen Zentrum überall und dessen Grenzen nirgendwo liegen". Bis auf den heutigen Tag sucht die Wissenschaft nach den Grenzen der Natur, die Mystik nach deren Unbegrenztheit, die Wissenschaft den Tropfen im Ozean, die Mystik die Welle. Die Wissenschaft arbeitet darauf hin, das Geheimnis des Seins zu erklären, die Mystik, es zu *erfahren*. Sie teilen die Suche nach der Wirklichkeit, denn Wissenschaft und Mystik streben danach auf ihre eigene Art und Weise, die grundlegende Wahrheit über die Materie und deren Ursprung zu finden.

Die Frage nach dem Ursprung, obwohl für die Mystiker von grundlegender Bedeutung, wurde von wissenschaftlichen Bürokraten in die Ecke gestellt und nicht weiter beachtet, doch handelt es sich um die Frage, die mich am meisten interessiert. Ich wurde zur Wissenschaft hingezogen, denn sie will die Erscheinungen der Natur in allen ihren

Einzelheiten verstehen und diese innerhalb einer umfassenden Gleichung vereinheitlichen. Dieser Hang zur Vereinheitlichung ist ein weiteres Bindeglied zwischen den Zielen von Wissenschaft und Mystik. Gerade er zieht mich zu beiden hin. Die Vereinheitlichung ist, wenigstens in der Theorie, das Ziel des Wissenschaftlers, das durch die Suche nach einfachen und eleganten Gesetzen verkörpert wird. Aber ich habe bald herausgefunden, daß es zwei Arten von Wissenschaftlern zu geben scheint. Für die meisten Wissenschaftler führt die Suche nach kohärenten Gesetzen zu Gleichungen. Jedoch sind für die größten Wissenschaftler Gleichungen, für sich betrachtet, nicht genug, um ihr Erstaunen zu befriedigen. Zu dieser zweiten Art von Wissenschaftlern fühle ich mich hingezogen.

Für diese selten zu findenden Gelehrten bleiben Gleichungen unbefriedigend und verweisen auf etwas anderes, auf die Wirklichkeit, die sich durch die Mathematik ausdrückt, und genau nach dieser suchen die großen Gelehrten. So scheinen für Menschen wie Kepler, Galilei, Newton, Schrödinger, de Broglie, Planck, Einstein, Eddington, Jeans, Heisenberg, Bohm und andere, Gleichungen etwas ähnliches wie ein Schlüsselwort zu sein, wie ein Schleier für ihr Bestreben, den Ursprung hinter den Gleichungen zu finden. Vielleicht hatte Pythagoras genau das im Sinn, als er geltend machte, „Gott geometrisiert" und Galilei, als er sagte„„Gottes Buch der Natur sei mit den Buchstaben der Mathematik geschrieben". Dieser Meinung ist auch Richard Feynman, wenn er schreibt: „Für die, die die Mathematik nicht kennen, ist es schwer, ein wirkliches Empfinden für die Schönheit, die erhabene Schönheit der Natur zu erleben".[2] Dieser Punkt ist der Schlüssel zu den Gesprächen in diesem Buch, in denen die Wissenschaft eher in einer ehrfurchtsvollen Haltung gegenüber der Natur dargestellt wird, als in einer rücksichtslosen. Dieser Unterschied entspricht vielleicht jenem zwischen den verschiedenen Arten von Wissenschaftlern. Francis Bacon schrieb im 16. Jahrhundert: „Wir müssen die Natur mit jedem Mittel dazu bringen, ihre Geheimnisse freizulegen". Einstein schrieb: „Die Sehnsucht nach Harmonie ist die Quelle der unerschöpflichen Ausdauer und Geduld, mit der Planck sich . . . der Wissenschaft hingegeben hat . . . Der Gefühlszustand, der zu solchen Leistungen befähigt, ist dem des Religiösen oder Verliebten ähnlich".[3] Wissenschaft, wie sie in diesem Buch verstanden sein will, entspricht eher der Einsteinschen Gesinnung als der Baconschen: einer Gleichung, die eine Verwandtschaft mit der Natur bezeugt, nicht die einer ausbeuterischen Macht über sie.

Die Mystik beginnt ebenfalls mit Ehrfurcht und Staunen. Aber sie endet, anders als die Wissenschaft, bei der Einheit, bei dem "Du bist Das" der indischen Philosophie. Das Objekt dieser Einheit ist mir unter vielen Namen begegnet: Dharma, Dharmakaya, Brahman, Tao, das Eine, das Gute, Leerheit, die Leere, das Bodenlose, Gott und auch die Gottheiten, die hinter Gott stehen. Für alle Mystiker sind die Namen in jedem Fall falsch und eher bedeutungslos. Das wird in einem Satz voll einzigartiger Schönheit in der *Bhagavad Gita* ausgedrückt, in dem Krishna zu Arjuna sagt: „Gleich, mit welchem Namen Du mich rufen magst, immer bin ich es, der antworten wird". Dies klingt ebenso in Meister Eckharts unverblümter Feststellung an: „Warum plapperst Du von Gott? Weißt Du nicht, daß alles, was Du von Ihm sagen magst, unwahr ist?". Alle Mystiker stimmen darüber überein, daß Sprache und Schemen vergeblich versuchen, diesen unbeschreibbaren Bereich mit unseren kraftlosen Symbolen zu umfassen. Sie sind alle wie die Schatten an der Wand in Platons Höhle, auch wenn sie in verschiedenen Dunklungsgraden auftreten. Eckhart plaziert in der Tat die Realität hinter den Schatten weit außerhalb verbaler Reichweiten, wenn er sagt: „Es gibt nichts im ganzen Universum, das Gott so nahe kommt wie das Schweigen."

Auch eine so vorsichtige Beschreibung wie "das Unbedingte" kann sich der Wirklichkeit, auf die sie hinweist, nur annähern. Daher leiden alle Schemen, Worte, Konzepte, Formeln und Formulierungen, sei es, daß sie wissenschaftlicher oder mystischer Natur sind, an der Fehlerhaftigkeit, die im Höhlengleichnis ausgedrückt wird (siehe zu diesem Thema die Abhandlungen: Von mir "The Good, the True and the Beautiful: Are they Attributes of the Universe"? (1975) und Ken Wilbers

“Plato‘s Cave” in *Quantum Questions* (1984) ). Diese Bezeichnungen besitzen eine relative Wirklichkeit und sind nur in diesem Sinne nützlich, aber die Mystiker verwahren sich dagegen, daß diese zu wörtlich genommen und die Namen mit der Wirklichkeit verwechselt werden. So kommt es zu Eckharts eindringlichem Gebet um Schutz vor dieser Täuschung: „Ich bete zu Gott, mich von ‘Gott‘ fernzuhalten”. Aufgrund dieser sprachlichen Begrenztheit wird von Mystikern immer wieder ein Wort zur Beschreibung ihrer Erfahrung benutzt – das Wort *Einheit*.

Anders als die Wissenschaft, die sich der Welt zuwendet, die sich außerhalb des Suchenden befindet, wendet sich die Mystik nach innen, den Gesetzen zu, die den Suchenden selbst leiten. Die Wissenschaft ist eine äußere Erfahrungsmethode, die Mystik eine innere. Aber verletzt eine solche Aufspaltung nicht die Forderung des Mystikers nach einer einheitlichen Wirklichkeit? Es gibt keinen Widerspruch, da für den Mystiker Inneres und Äußeres durch den hermetischen Ausspruch ”Wie oben, so auch unten” versöhnt werden.

Für Mystiker, wie Hermes Trismegistos von Ägypten, Parmenides, Pythagoras, Platon, Spinoza und im wesentlichen alle östlichen Weisen, ist die Suche nach dem äußeren Sein mit der Suche nach dem inneren Sein verbunden. Der hermetische Ausspruch, der den Mikrokosmos mit dem Makrokosmos eint, verbindet die Natur mit dem Menschen und den Beobachter mit dem Beobachteten. Wenn sich der Mystiker nach innen wendet, dann erblickt er genau die gleichen Gesetze, die in der Welt der Natur gelten, obwohl er sie aus einer anderen Perspektive erblickt. Diese Wahrnehmung ist nicht auf den Mystiker beschränkt. Der Wissenschaftler, in diesem Fall Max Planck, räumt das ebenso ein. „Die Wissenschaft kann das letzte Geheimnis der Natur nicht lösen. Dem ist so, weil wir in dieser letzten Analyse selbst ein Aspekt der Natur sind und daher ein Aspekt des Geheimnisses, das wir zu lösen versuchen.”[4]

Dieses Prinzip wird in den folgenden Gesprächen anschaulich von David Bohm vertreten: „Man kann dieses Problem (d.h. die Vereinigung der Gesetze von Innerem und Äußerem) nur überwinden, wenn man die Voraussetzung gelten läßt, der Mensch stelle gewissermaßen einen Mikrokosmos des Universums dar; deshalb ist das, was den Menschen ausmacht, ein Schlüssel zum Universum." Bohm ist in der Tat ein gutes Beispiel für den Wissenschaftler, der die Beziehung zwischen Wissenschaft und Mystik wahrnimmt und versteht. Aber alle Wissenschaftler in diesem Buch akzeptieren das hermetische Diktum bis zu einem bestimmten Grad. Das macht sie zu post-quantenmechanischen Wissenschaftlern. Dies ist wohl ein Teil dessen, was sie mit den Mystikern gemeinsam haben, und es regt dazu an, die alte Beziehung zwischen den beiden Wegen in einer neuen Art wieder aufzugreifen. Aber hier stellt sich die diffizile Frage, ob es eine solche Beziehung gibt oder nicht. Die Antwort erfordert eine gemeinsame Betrachtung der Unterschiede und Gemeinsamkeiten von Wissenschaft und Mystik.

Der augenscheinlichste Unterschied ist deren Methode. Die Wissenschaft ist quantitativ, die Mystik qualitativ. Wissenschaft besitzt eine eindeutige und formalisierte Methodologie, die Mathematik. Die Methode der Mystik ist die Meditation. Die Wissenschaft versucht, die grobstoffliche Materie zu beherrschen, die Mystik die feinstoffliche, die, wie es heißt, ihre eigenen Gesetze hat, welche analog zu denen der Wissenschaft sind. Die Wissenschaft hat eine eindrucksvolle Einsicht in die inneren Grundprinzipien von Materie und Energie hervorgebracht. Die esoterische Tradition – speziell im Osten, wo sie mit der mystischen Tradition verschmolzen ist – hat in den *Upanischaden* und den Lehren von Patanjali, Buddha, Nagarjuna und anderen, detaillierte Angaben über die feinstoffliche Materie geschaffen, aus der die inneren Körper des Menschen gebildet sind, die Energiefelder oder "Auren", um in archaischer Sprache zu reden. In diesen Buchseiten taucht die feinstoffliche Materie in den Theorien eines Physikers des 20. Jahrhunderts wieder auf.

Trotz dieser Ähnlichkeiten kann und soll die Wissenschaft nicht mit der Mystik verwechselt werden. Domäne und Stil der Wissenschaft sind die Erkenntnis, und anders als die Mystik stellt die Wissenschaft ihre Fragen hauptsächlich mit dem Verstand. Bei den erwähnten Unterschieden gibt es auch deutliche Ähnlichkeiten, aber andere Unterschiede scheinen schwerer zu wiegen. Die Wissenschaft, wie ich für mich selbst festgestellt habe, betrachtet die Dinge, indem sie sie in immer kleinere Komponenten zerteilt. In mancher Hinsicht ist diese unbeirrt genaue, stückweise Analyse die große Stärke der Wissenschaft. Doch macht sie vielleicht auch deren schwachen Punkt aus. Die Wissenschaft verliert den Blick für das Ganze, wenn sie die Natur in Teile zergliedert. Einen noch höheren Preis bezahlt sie durch den Verlust an Bedeutung – des Ganzen und manchmal auch der Einzelheiten. Das ist ein Thema, dem sich die Wissenschaftler in diesem Buch entgegenstellen, wie sie auch dem Trugschluß widersprechen, der besagt, die Wissenschaft sei "objektiv" und "wertfrei". Als ob die Forderung nach Objektivität kein Wert an sich wäre! Diese Forderung besagt, daß "wertfrei zu sein, gut ist". Doch ist diese Einschätzung künstlich und hängt von der Unvollkommenheit der menschlichen Urteilsfähigkeit ab.

Dennoch weise ich das Klischee zurück, das besagt, Wissenschaftler seien notwendigerweise kaltherzig, verschlossen und taub für die Fragen menschlicher Werte. Die großen Geister unter den Wissenschaftlern haben viel zur Suche nach unserem Selbst beigetragen, wie wir aus den Gesprächen in diesem Buch entnehmen können. Die meisten Mystiker fassen in diesen Seiten die Wissenschaft als eine andere Perspektive ihres eigenen Weges auf – des inneren Labors, das für sie so wirklich und vertraut ist wie das physische Labor für die Wissenschaftler. Eine herausragende Gefahr für die Mystik liegt in der Versuchung, sich selbst völlig im *Urgrund* zu verlieren und die *Gestalt* (um einen Ausdruck aus der Gestaltterminologie zu entleihen) zu überrumpeln – und damit die Transzendenz über die Immanenz zu stellen. Die Wissenschaft kann das Interesse des Mystikers am Alltag zurückgewinnen und ihn dazu veranlassen, die einzelnen Dinge in ihrer ganzen, ihnen eigenen, Schönheit zu sehen.

Dic Beziehung zwischen Einfachheit und Vielfalt, zwischen dem Allgemeinen und dem Speziellen, ist ein Grundthema dieses Buches. Ich habe mich mit der Frage beschäftigt, was Wissenschaftler und Mystiker voneinander lernen können. Eine Art von Antwort habe ich auf eine ziemlich persönliche Weise während der von mir beschriebenen Odyssee gefunden. Sie besagt, daß die Mystik, genau wie die Wissenschaft, die durch unsere Begegnung mit der Mystik vertieft werden kann, ihrerseits durch die Wissenschaft erhellt zu werden vermag. Ich lernte diese Lektion auf eine sehr unerwartete Weise. Nachdem ich die östliche Philosophie bereits mehrere Jahre lang gelehrt habe, sehe ich nun eine immer wieder auftauchende Metapher in den *Upanischaden* durch meine Erfahrung in der Chemie in einem neuen Licht. Sie hat mit der Identifikation eines unbekannten Elements in der qualitativen Analyse zu tun.

Das Ziel dieses Experimentes war, einen Festkörper, einen Niederschlag zu gewinnen, der noch in einer klaren, farblosen Lösung verborgen war, die mir vom Laborassistenten ausgehändigt wurde, und der – durch entsprechende chemische Behandlung beeinflußt – dazu gebracht werden kann, sich am Boden des Reagenzglases als charakteristisch gefärbtes Element, z.B. Chrom, zu enthüllen. Bis jetzt noch unsichtbar, war er schon immer in dieser Lösung verborgen. Jetzt, da ich die *Svetasvatara Upanischad*, mit ihrem rätselhaften Schöpfungsmythos, lehrte, brachte diese meine Erfahrung im chemischen Labor mit besonderer Lebendigkeit in mein Gedächtnis zurück. „So wie die Butter in der Sahne verborgen ist, ist es ebenso der Ursprung, der alle Dinge umgibt." [5] Hier haben wir einen Schöpfungsmythos von überraschender Eleganz. Er legt die Basis für alle Verschiedenheit mittels eines einzigen Prinzips, das sich aus seinem eigenen Ursprung heraus entwikkelt. In der indischen Kosmologie ist die phänomenale Welt dieser Festkörper, der Niederschlag, der sich in Raum und Zeit durch das kosmische Bewußtsein, in dem er treibt, kristallisiert. Ich bin beeindruckt von der Wirtschaftlichkeit dieses Modells, das einen Grund für jede Vielheit im Universum dadurch aufzeigt, daß es ein einziges Prinzip beschwört und sich selbst aus seinem eigenen feinstofflichen und unsichtbaren Urgrund verdichtet und sichtbar macht. Als ich einige Jahre später auf David Bohms Kosmologie der impliziten Ordnung stieß, mit ihrem Schema von dichter und feinstofflicher Materie, da erkannte ich die enge Verwandtschaft mit der mystischen Kosmologie der Inder.

Die indische Mystik zielt auf die Vereinigung von Mensch und Natur, auf die menschliche Erfahrung des einzigen Prinzips und Ursprungs, der dem Universum zugrunde liegt. Es ist ein berauschender Anspruch, der auch für denjenigen verwirrend erscheint, der mit der Mystik vertraut ist. Der Preis, um diese Vereinigung des Endlichen mit dem Unendlichen zu erfahren, liegt in Selbsterkenntnis und Unabhängigkeit von der eigenen Bedingtheit (Self-deconditioning). Wenn alle unsere Masken abgestreift sind, dann bleibt nur noch *Das* und – wie der Weise in den Upanischaden zu seinen Schülern sagt – „Du *bist* das." Diese Betonung der Immanenz hat bei mir Anklang gefunden – die Göttlichkeit in allem – aber ich habe einige Jahre gebraucht, um zu verstehen, warum die Unabhängigkeit von der eigenen Bedingtheit das Tor zur Vereinigung mit dem Unbegrenzten sein soll. Seltsamerweise war es das Studium der Wissenschaft, das mir mehr als das Studium der Mystik geholfen hat, dies besser zu verstehen.

Wieder war eine Metapher aus den *Upanischaden* der Katalysator. Sie lieferte ein plausibles Modell, das die Beziehung zwischen dem endlichen Selbst und dem kosmischen Bewußtsein sichtbar macht. Die Voraussetzung, die deren Identität erlaubt, besteht in der Gleichheit von Brahman und Atman, der angenommenen Identität des Feld-Bewußtseins mit unserem beschränkten individuellen Bewußtsein. Da die Materie im hinduistischen Modell aus verdichteter Energie besteht, stellt die Materie eine Manifestation des unbegrenzten Geistes dar. Das Universum ist materialisiertes Brahman.

„So wie die Butter in der Sahne verborgen ist, ist das kosmische Bewußtsein jedem Wesen inne. Es sollte beständig wie die Sahne geschlagen werden, mit dem Geist, der wie ein Butterstempel wirkt ... Das Wissen über das (kosmische) Selbst wird durch Meditation erlangt." (*Amritabindu* und *Svetasvatara Upanischad*)[6]

Die Theorie über das Bewußtsein enthält einerseits die kosmische Schöpfung – Brahman konkretisiert sich als Materie – und menschliche Schöpfung andererseits. Durch die Meditation, die wie ein Butterstempel wirkt, geht das gebundene Ego wieder in Lösung und wird mit seinem Ursprung vereinigt. Eine solche reversible Gleichung erinnert an Einsteins Identität von Materie und Energie und an die quantenmechanische Identität von Teilchen und Welle.

Ich denke über die Ironie nach, daß, wenn die Suche nach Einheit der Wissenschaft innewohnt, sich eine beunruhigende Möglichkeit von selbst anbietet. Bezüglich des Kriteriums der Einheit mag die Wissenschaft weniger "wissenschaftlich" sein als die Mystik, die eine verständlichere Vereinheitlichung anstrebt. Es ist die Mystik und nicht die Wissenschaft, die die große Theorie der Vereinheitlichung mit konsequenter Logik verfolgt – diejenige, die den Fragesteller in der Antwort mit einbezieht. Obwohl der Wissenschaftler alles in einer letzten Gleichung einschließen möchte, will er nicht *durchwegs* vereinheitlichen, denn er möchte sich selbst nicht in die Frage mit einbeziehen. Natürlich ist das nach dem Auftreten der Quantenmechanik weitaus schwerer möglich als in der klassischen Physik. Jetzt können der Beobachter und das beobachtete Objekt eine Einheit bilden. Aber die volle Bedeutung dieser Aussage hat noch nicht den Großteil der wissenschaftlichen Gemeinschaft erreicht, die, trotz Quantenmechanik, glaubt, sich in Distanz von dem Objekt, über das sie forscht, halten zu können. In einem gewissen Sinn ist das natürlich richtig.

Wie wir wissen, setzt der Physiker beim Spalten eines Atoms große Mengen an Energie frei, die zuvor nötig war, um den Atomkern zusammenzuhalten, die sogenannte "Bindungskraft". Der Vorgang erfordert Verstand, Anstrengung, Zeit und Engagement des Wissenschaftlers, aber nicht sein eigentliches Selbst, das im wesentlichen unverändert bleiben kann. Vom Mystiker wird mehr verlangt. Seine Aufgabe ist es, nicht irgendeine äußere Realität zu zerlegen und wieder zu errichten – sondern sich selbst.

Ähnlich anderen Menschen fand ich es schwer, dieses nachzuvollziehen, bis es mir eines Tages während meines Physik-Studiums klar wurde, daß eine bemerkenswerte Ähnlichkeit zwischen der Arbeit des Mystikers und der des Physikers besteht.

Analog zum Physiker, der ein Atom spaltet, ist der Mystiker damit beschäftigt, sein selbstbezogenes Ego und den dreidimensional existierenden Denker, der dieses aufrechterhält, aufzuspalten. Das Ego, dem Atom ähnlich, wird in der Zeit durch seine Bindungskräfte zusammengehalten, die der Buddha "Aggregate" (*Skandhas*) nannte, die unsere Persönlichkeit bilden.

Wenn die Bindungskraft des physikalischen Atoms in einem Beschleuniger freigesetzt wird, dann wird die resultierende Energie – in unerwarteter Höhe – verfügbar. Analog dazu benötigt der einzelne große Mengen an Bindungsenergie, um das Ego zu erhalten und sein Trugbild zu schaffen und aufrechtzuerhalten, das ihm einredet, es sei eine unabhängige, letzte Einheit. Diese Energie wird gebunden und daher nicht verfügbar für die "Zustände höherer Energie", welche, wie Mystiker wie Lama Govinda, Br. Bede und der Dalai Lama in diesen Seiten versichern, notwendig sind, um innere Wahrheiten zu erreichen.

Die so mit Beschlag belegte Energie kann nicht in andere Richtungen fließen. Der Weise, der dieses Prinzip durchschaut und verstanden hat, zerteilt und erschöpft sich nicht dadurch, daß er versucht, sein gebundenes Selbst zusammenzuhalten, sondern er läßt sein Ego los, setzt so seine Energie frei und öffnet dadurch einen Kanal zur grenzenlosen und universellen Energie. Je klarer und je weniger verschlossen der Kanal ist, desto zugänglicher ist auch die frei fließende Energie. Obwohl es für den Laien schwierig ist, hier zu folgen, liegt dieses Prinzip jeder Art von Mystik zugrunde und wird wiederholt von den Weisen in diesem Buch erwähnt. Das mag auch erklären, warum so viele Mystiker mit guter Laune und Freude erfüllt sind, die deren Strenge und Lauterkeit zugrunde liegt. Spinoza, der große Mystiker unter den modernen Philosophen, beobachtete, daß dieser Zustand hoher Energie die wahre Entfaltung des menschlichen Potentials darstellt, ein heilbringender Zustand, den er “Seligkeit” nannte. Sich in diesem Zustand zu befinden, lohnt allein schon die Anstrengung. Spinoza bemerkt, dem brauche – oder könne – nichts mehr hinzugefügt werden.

Es gibt offensichtliche Ähnlichkeiten zwischen der Spaltung eines Atoms und der Spaltung des Egos. Es heißt, der Mystiker benötige viel konzentrierte und intensive Energie dazu, um mit der Aufgabe fertig zu werden, das Ego zu überwinden und für den Ursprung offen zu werden. Vom Standpunkt eines gewöhnlichen Menschen aus betrachtet, erfordert das Mut und Bereitschaft zum Risiko, obwohl Mystiker wie Lama Govinda, Krishnamurti und Br. Bede solche Ausdrücke deshalb zurückweisen, weil sie eine Absicht voraussetzen und deshalb einen spirituellen Hedonismus anklingen lassen, der selbst eine Belohnung erwartet. Aus diesem Grund haben die meisten Mystiker die Bedeutung einer reinen Motivation für die spirituelle Ego-Spaltung betont, um sie von der schizophrenen Variante zu unterscheiden. Diese Unterscheidung ist wichtig, denn das spirituelle Aufbrechen des Egos erfordert, um diesen steilen Weg durchzustehen, eine starke und äußerst integere Persönlichkeit, die seelisches Gleichgewicht und eine Stärke besitzt, die die pathologischen Fälle nicht haben. Aber der wesentliche Unterschied liegt in der Tatsache verborgen, daß das spirituelle Aufbrechen des Egos eine Praxis ist, die Erfahrung erfordert und durch den Willen des Übenden kontrolliert wird. Die klinisch-pathologische Ego-Auflösung geschieht unfreiwillig und entzieht sich der Kontrolle durch die entsprechende Person (weitere Abhandlungen zu diesem Thema befinden sich in meinem Buch “The Reluctant Tradition” (1975) und bei Ken Wilbers “The Pre-Trans Fallacy” (1980) ).

Spiritueller Ego-Abbau stellt für einen normalen Menschen eine schwierige Aufgabe dar, bei der mit den Dämonen der Angst und anderer Bedingtheiten gekämpft werden muß. Am klarsten faßbar ist die Furcht davor, wir würden uns in ein kosmisches Boot verwandeln, würden den kosmischen Ausguß hinunterrutschen und aufhören zu existieren. Diese Furcht kann der Physiker möglicherweise nicht nachempfinden, wenn er an der Spaltung seiner Teilchen arbeitet. Trotz des “Beobachtereffekts", der die unbeteiligte Rolle des klassischen Physikers modifiziert hat, ist im Vergleich zum Mystiker sogar die Arbeit des zeitgenössischen Physikers etwas, das sich mit einer Sache befaßt, die sich außerhalb seiner selbst befindet, und er scheint anders als der Mystiker diesbezüglich unverwundbar zu sein. Der Mystiker ändert die feinstoffliche Materie in sich in einer radikalen Art und Weise, für die es keine gegenwärtige Erklärung gibt, indem er sich selbst verändert.

Aber ich kann mir meine Gedanken dazu machen. Eine interessante Möglichkeit liegt darin, daß der Mystiker in einem veränderten Bewußtseinszustand gelernt hat, seine Bewußtheit mit der subatomaren Materie in Einklang zu bringen, aus der er sich zusammensetzt. In diesem Prozeß orientiert er sich an der Tiefenstruktur der Materie, wo ständiger Wechsel und Veränderung die Regel sind. Nach den Theorien der Quantenmechanik ist das die Art und Weise, in der die Materie auf der Mikroebene aufgebaut ist, im Gegensatz zur Makroebene, in der wir meist als isolierte, getrennte Einheiten handeln, die in unserem kartesischen Raum-Zeit-Gitter hängen und unbeweglich an unseren Mustern und zeitgebundenen Charakterzügen anhaften. Wir lassen kein Fließen zu und wandeln uns nicht jeden Moment so wie die Quanten, in einer Form, die die Mystiker nachdrücklich betont haben, und die der Buddha die unaufhörliche Veränderung genannt hat. Der Mystiker bringt als wahrer Alchemist Mikro- und Makroebene zusammen. Er lebt, psychologisch gesehen, im Zustand der Schöpfung, der Manifestation und der Auflösung jedes einzelnen Partikels der feinstofflichen Materie und Energie. Er kann eine Entwicklung zulassen und jeden Moment sterben und deshalb ständig wiedergeboren werden. Kurz gesagt, er lebt in der zeitlosen Gegenwart, wie der mittelalterliche Mönch, der gesagt hat: „Der Mensch, der stirbt, bevor er stirbt, stirbt nicht, wenn er stirbt." Interessanterweise ist das der Lebensstil, der sowohl von den Weisen als auch von den Wissenschaftlern in diesem Buch empfohlen wird, wenn auch nicht immer aus dem gleichen Grund.

Trotz der Analogieschlüsse, die ich bisher gezogen habe, scheinen die Unterschiede von Wissenschaft und Mystik die Ähnlichkeiten zu übertreffen, warum also kann ich mich nicht mit deren Trennung zufrieden geben? Die Fragen nach den Parallelen oder deren Nichtvorhandensein zwischen Wissenschaft und Mystik wurde in einer bemerkenswerten und zunehmend anwachsenden Literatur mit Aufmerksamkeit diskutiert. Trotz meiner Würdigung der vielen stichhaltigen Argumente, die von denen aufgebracht werden, die jede Ähnlichkeit zwischen Wissenschaft und Mystik abstreiten, hat sich meine Position durch diese Argumente nicht verändert. Wenn ich nicht eine Verbindung zwischen Wissenschaft und Mystik sehen würde, gäbe es für dieses Buch keine Notwendigkeit. Die Verbindung, die ich sehe, ist die folgende: Ein paralleles Prinzip leitet sowohl Wissenschaft als auch Mystik – nämlich die Annahme, daß die Einheit im Herzen unserer Welt liegt, und sie von den Menschen entdeckt und erfahren werden kann.

*Ich glaube, daß diese Ähnlichkeit so wichtig ist, daß sie die vielen Unterschiede überwiegt, die Wissenschaft und Mystik voneinander trennen.*

Die Forderung nach Einfachheit und Einheit in der Wissenschaft ist besonders bemerkenswert, da eine umfassende Einheit für Vorhersage und Kontrolle, die erklärten und nützlichen Ziele der meisten Wissenschaftler, nicht notwendig ist. Diese Ziele könnten ebensogut ohne "Einfachheit", "Eleganz" und "Schönheit" erreicht werden, nach denen die größten Wissenschaftler streben.

Ein einleuchtendes Beispiel für diese Forderung sind Newtons großer Entwurf zur Vereinheitlichung aller Massen im Universum durch das Gravitationsgesetz, Maxwells Vereinigung von Magnetismus und Elektrizität, Einsteins Vereinigung von Materie und Energie sowie von Raum und Zeit. Einstein besaß diesbezüglich eine so starke Intuition, daß er die "Vereinigte Feldtheorie" bis ans Ende seines Lebens zu entwickeln versuchte, obwohl sie sich ihm tragischerweise entzogen hat. Jetzt arbeiten Wissenschaftler daran, die gegenwärtig bekannten vier Grundgesetze der Natur – Gravitation, elektromagnetische, starke und schwache Wechselwirkungskraft im Atomkern – zu vereinigen. Ein einziges Gesetz bildet das gegenwärtige Ideal.

Die Motivation eines Wissenschaftlers, dieses Ideal zu erreichen, kann nicht als "Wissenschaft" im herkömmlichen Sinne bezeichnet werden. Sie scheint einer ästhetischen Forderung verwandter zu sein, der Empfindung, Einheit beinhalte eine tiefere Wahrheit, sei schöner und *besser* als Vielheit. Die wissenschaftliche Motivation scheint sich mir Platons Vision anzunähern, die besagt, daß das Gute, Wahre und Schöne der Wirklichkeit eine Struktur geben. Ausdrücke, wie "Eleganz" und "Sicherheit" werden gewöhnlich von Wissenschaftlern wie Einstein, Heisenberg, Eddington, Jeans, Schrödinger, Bohr, Feynman, Wald, Bohm, Prigogine, Hawking, Sheldrake und anderen gebraucht. Ich glaube, hinter der ästhetischen Forderung steht eine spirituelle.

Aber *ist die Suche nach der Einheit in der Wissenschaft selbst ein spiritueller Weg?* Meine Hypothese ist, daß es sich so verhält.

Hinter dem intellektuellen Antrieb der großen schöpferischen Denker in der Wissenschaft scheint eine höhere Kraft am Werke zu sein. Ich glaube, der Wissenschaftler spürt auf einer intuitiven Ebene seines Bewußtseins, daß die Natur einfach, feinstofflich miteinander verbunden und eins ist. Ohne diesen oder einen ähnlichen Gedanken ist es schwer, die Art und Weise zu erklären, in der der wissenschaftliche Genius arbeitet. Warum sollte eine Gleichung die Arbeitsweise der Natur besser erklären als vier, drei oder zwei? Der Antrieb, diese innere Struktur zu enthüllen und sie in der schönen und eleganten Sprache der Mathematik auszudrücken, scheint ähnlich der Aussage des Mystikers zu sein, der erkennt, daß hinter der Vielfalt der Erscheinungen die Einheit der Wirklichkeit steht.

Sheldrake und Bohm stimmen dieser Interpretation ihrer Arbeit bereitwillig zu. Jedoch werden nur wenige andere Wissenschaftler dies akzeptieren. Der Vergleich mit Mystikern erscheint ihnen wie eine Beleidigung und sie lehnen beharrlich Ähnlichkeiten zwischen ihrer Vision und jener der Mystiker ab. Das stimmt zum Teil für Prigogine und Hawking, für die solche Vergleiche tatsächlich eher abstoßend wirken. Man kann darüber spekulieren, warum so viele Wissenschaftler der Mystik feindselig gegenüberstehen. Wie diese Gespräche zeigen, ist es eine

Feindseligkeit, die von modernen Mystikern (möglicherweise mit Ausnahme Krishnamurtis) nicht geteilt zu werden scheint. Die meisten von ihnen passen sich ohne Probleme an und verstehen die wissenschaftliche Kosmologie als eine alternative Sicht der Dinge, oder, wie der Dalai Lama, Br. Bede Griffiths und Lama Govinda, als Bewegung auf ein Gleichgewicht hin.

Die meisten Wissenschaftler jedoch möchten sich von der Mystik fernhalten, was vielleicht einen geschichtlichen Hintergrund hat. Die Wissenschaftler sehen sich selbst als die Verteidiger der Wahrheit gegen den Aberglauben und mögen sich daran erinnern, daß die *Religion* einst die Wissenschaft unterdrückt hatte, bevor diese die theologische Bevormundung abschütteln konnte, eine Bevormundung, die Menschen wie Giordano Bruno das Leben und Galilei die Freiheit gekostet hat. Die Verwechslung von Mystik und Religion geschieht leicht. Die Ironie besteht darin, daß der Mystiker oft nicht weniger als der Wissenschaftler aufgrund seiner Vision von der Einheit in den Händen der institutionalisierten Religion gelitten hat und in vielen Fällen verfolgt und bedroht wurde – Giordano Bruno und Meister Eckhart sind Beispiele dafür, die man nicht vergessen sollte.

Zwei wichtige Punkte tauchen beim Vergleich von Wissenschaft und Mystik auf – ihr Inhalt und ihre Form. Die Form hat mit der Bildung von Theorien zu tun, mit der Frage: Wann ist die Theorie vollständig? Für Alltagswissenschaftler ist eine Theorie dann vollständig, wenn alle Gleichungen richtig aufgehen, eine vollständige Beschreibung des Phänomens gegeben ist, wodurch beobachtbare Vorhersagen möglich sind. Aber für Wissenschaftler wie Bohm ist eine Theorie nur dann vollständig, wenn sie – zusätzlich – den Beobachter und das beobachtete Objekt, feinstoffliche und grobstoffliche Materie und beide zusammen mit ihrer Quelle einschließt – d.h. falls die Theorie umfassend sein soll. Letztlich kann für den Mystiker eine Theorie weder vollständig noch umfassend sein, denn dann würde sie dem Unbegrenzten Schranken setzen.

Aber natürlich bildet die Ähnlichkeit ihrer Inhalte die interessanteste Frage von allen. Wie ähnlich sind sich Wissenschaft und Mystik darin? Das ist die Frage, für die ich drei Kontinente bereist habe, um die Gesprächspartner für dieses Buch dazu zu befragen. Alle Wissenschaftler postulieren die Einheit der Materie am Anfang, vor dem Urknall (Big Bang), als noch alles im Universum miteinander in Kontakt stand – verdichtet und als Einheit an einem infinitesimal kleinen Punkt – der Singularität. Die Suche nach der "Singularität", die vor der Zeit bestand, ist verknüpft mit der Suche nach dem, wer wir sind, einer Frage, die Wissenschaft und Mystik verbindet. Stephen Hawking machte dies in unserem Gespräch deutlich. Als ich ihn fragte, warum er an dem "frühen Universum" interessiert sei, sagte er, daß wir alle wissen wollten, woher wir kämen usw., und die erste Sekunde nach dem Urknall würde die Antwort auf diese Frage in sich tragen. In diesem Sinne sind seine und meine Suche identisch.

Sie unterscheiden sich in einem wesentlichen Punkt. Zusammen mit der mystischen Tradition möchte ich das Rätsel um den Ursprung noch früher beginnen lassen. Der Unterschied zwischen Hawking (ich gebrauche ihn als Symbol für den nicht-mystischen Wissenschaftler) und mir an diesem Punkt ist graduell. Ich habe viele Wissenschaftler gefragt: „Woher stammt die Singularität, aus der sich der Urknall entwikkelt hat?"; „Was liegt jenseits des Randes des Universums?" und am wichtigsten „Was hat das alles beginnen lassen und warum?" Die Wissenschaft kann keine Antwort geben. Die Mystik deutet wenigstens in eine Richtung.

Sie ist Teil einer Theorie, die seit Jahrtausenden bekannt ist und wahrscheinlich durch mystische Erfahrung verifiziert wurde. Die Theorie besagt, das Universum habe seinen Anfang im Bewußtsein genommen. Die feinstoffliche Materie erzeugt und leitet die grobstoffliche, aber alle Materie bildet ein Kontinuum. Je feinstofflicher die Materie ist, desto näher kommt sie dem, was wir als Bewußtsein bezeichnen. An ihrem feinstofflichsten und innersten Punkt (falls es einen solchen Endpunkt geben sollte) können Materie und Bewußtsein nicht mehr unterschieden werden. Das ist die Lehre der alten Weisheitstraditionen.

Schließlich bilden weder Materie noch Bewußtsein einen endgültigen Zustand. Beide haben ihren Ursprung in etwas, das sich jenseits von ihnen befindet, dessen Folge und Ausdruck sie darstellen und mit dem sie verwurzelt und vereint sind. Diese unbekannte Wirklichkeit kann nie zum Objekt unseres Wissens werden. Ich stieß mit meiner Suche hier auf Granit. Es gibt nichts mehr darüber zu sagen. Es bleibt nur Schweigen, wie Eckhart und sogar Wittgenstein wußten.

Aber es ist möglich, sich der feinstofflichen Materie und dem dreidimensionalen Raum in nicht gewöhnlichen Bewußtseinszuständen zu nähern. Eine traditionelle Meditation des tibetischen Buddhismus ermöglicht es dem Meditierenden, die Einheit von Raum, Materie und Bewußtsein zu erfahren. Als Hilfsmittel für diese Übung dient Licht, eine Energie, deren materielle und spirituelle Bedeutung wiederholt in den folgenden Gesprächen erörtert wird. In der tibetischen Übung stellt sich der Meditierende einen Lichtstrahl, dünner als ein einzelnes Haar, tief in seiner eigenen Mitte vor. Schrittweise läßt er ihn bis auf Fingerbreite, dann bis auf Handbreite anwachsen, und schließlich erweitert er ihn bis zur Größe seines ganzen Körpers, den er sich jetzt vollständig in Licht gehüllt vorstellt. Danach projiziert er die Lichtenergie nach außen, auf den ihn umgebenden Raum, bis dieses Lichtmeer sich in das unendliche Meer des Raumes ergießt. Innerer und äußerer Raum, Selbst und Natur, Bewußtsein und Materie haben ihre Verschiedenheit verloren. In der buddhistischen Tradition handelt es sich dabei nicht um eine rein erkenntnistheoretische Übung, sondern um eine Methode, die es ermöglicht, die Energie des Mitgefühls in alle Ecken des Kosmos strahlen zu lassen.

Die beste Darstellung, wie sich die Integration von Materie und Bewußtsein erklären ließe, finden wir in Lama Govindas wichtigem Buch *Grundlagen tibetischer Mystik*:

> „Das grundlegende Element dieses Kosmos ist der Raum. Der Raum ist das Allumfassende, das Prinzip der Einheit. Somit ... ist der

Raum nicht nur eine *conditio sine qua non* aller Existenz, sondern eine grundlegende Eigenschaft unseres Bewußtseins. Unser Bewußtsein bestimmt die Art des Raumes, in dem wir leben. Die Unendlichkeit des Raumes und die Unendlichkeit des Bewußtseins sind identisch. In dem Augenblick, in dem ein Wesen sich seines Bewußtseins bewußt wird, wird es sich des Raumes bewußt. In dem Augenblick, in dem es sich der Unendlichkeit des Raumes bewußt wird, wird es der Unendlichkeit des Bewußtseins inne. Wenn also der Raum eine Eigenschaft unseres Bewußtseins ist, dann kann mit gleichem Recht gesagt werden, daß das Erlebnis des Raumes das Kriterium geistiger Aktivität und höherer Bewußtheit ist. Die Art des Raumerlebens oder der Raumwahrnehmung ist charakteristisch für die Dimension unseres Bewußtseins. Der dreidimensionale Raum, den wir mit unserem Körper und seinen Sinnen wahrnehmen, ist nur *eine* unter den vielen möglichen Dimensionen [7].

Um zusammenzufassen: Alle Mystiker suchen, ebenso wie die größten schöpferischen Wissenschaftler – und wie vielleicht implizit alle Wissenschaftler – die Fülle. Sowohl für Wissenschaftler als auch Mystiker bleibt die Einheit das Ideal. Für beide ist die Materie ein Geheimnis: Sie ist mehr als "bloße Materie", mehr als die Billiardkugeln der Physik des 18. und 19. Jahrhunderts. Sowohl Wissenschaftler als auch Weise sind an der Umwandlung von Energie, am Tanz Shivas, beteiligt. Der Wissenschaftler läßt die grobstoffliche Materie tanzen, um reine Energie zu erzeugen; der Mystiker, als Meister der feinstofflichen Materie, tanzt seinen eigenen Tanz.

Wenn ich die größere Ganzheitlichkeit der Mystik betone, dann möchte ich die Wissenschaft nicht abwerten. Sie ist ein Unterfangen, deren Wert und Einfluß enorm groß sind. Wie die Wissenschaftler selbst, meine ich, daß ihre Eigenständigkeit nicht angetastet werden darf, und ich würde sie vor dem Rückschritt in alte Zeiten in Schutz nehmen, als sie noch von der Religion gegängelt und geknebelt wurde. Für mich sind Wissenschaft wie Mystik einzigartig, und beide ermöglichen einzigartige Ausblicke auf die Wirklichkeit. Ich kann nicht ohne beide auskommen.

Im Quanten- und Post-Quantenzeitalter scheinen Wissenschaft und Mystik, die lange voneinander getrennten Geschwister, einander näherzurücken. So zum Beispiel geschah das mit der Auffassung von der Zeit. Die Zeit ist sowohl für die Wissenschaft als auch die Mystik von großer Bedeutung. Die von Mystikern ausgesprochene Verneinung der Wirklichkeit der Zeit hat immer schon diejenigen gestört, die in der normalen Zeit unserer Uhren leben. Und doch kommt die Wissenschaft beim Versuch, den Urknall zu verstehen, dem Paradox des Mystikers näher. Wenn die Wissenschaft das Universum bis zum ersten Augenblick zurückverfolgt, sucht sie dann den Anfang der Zeit, oder sucht sie die Zeitlosigkeit? Wenn die Wissenschaft ihre große vereinheitlichte Theorie findet, wird sie sich dann auch mit der Frage nach ihrem Ursprung auseinandersetzen müssen oder wird sie dann auf den letzten Ursprung der Dinge stoßen? Aufgrund dieser und ähnlicher Probleme, die durch Relativitätstheorie und Quantenphysik geschaffen wurden, ist die Trennlinie zwischen Wissenschaft und Mystik kleiner geworden, und jeder der Wissenschaftler in diesem Buch scheint auf diese Trennlinie auf eine andere Weise zu reagieren.

Beim Nachdenken über den Fortschritt der Wissenschaft kam ich zu einer überraschenden Schlußfolgerung, die etwas an ein Zen-Koan erinnert. In dem Maße, wie die Wissenschaft immer mehr Rätsel löst, wird das Geheimnis der Natur nicht kleiner, sondern es vergrößert sich. Das ist so unlogisch wie unerwartet. Je mehr die Wissenschaft lernt, desto größer wird auch das Geheimnis der Natur. Im Gegensatz zu den positivistischen Wissenschaftlern, die sich mit Voraussage und Kontrolle zufriedengegeben haben und für die die Möglichkeit, die Erscheinungen der Natur zu quantifizieren, das Rätsel verkleinert, ist das für den mystischen Wissenschaftler nicht der Fall. Das steigende Wissen über die Naturgesetze bewahrt und vergrößert paradoxerweise sogar den Sinn für das Geheimnis. Obwohl das Geheimnis der Details den wissenschaftlichen Forschungen nachgibt, scheint das Gesamtgeheimnis sich nicht überlisten zu lassen. Niels Bohr hat beobachtet, daß "die, die nicht schockiert sind, wenn sie zum ersten Mal der Quantentheorie begegnen, diese kaum verstanden haben können".[8] Dennoch mag man vielleicht zuviel erwarten, wenn man annimmt, die Wissenschaft könne, auch die Persönlichkeit ihres am stärksten visionär veranlagten Wissenschaftlers einbezogen, den ganzen Weg zum kosmischen "Einssein" des Mystikers gehen. Wahrscheinlich vermag uns die Wissenschaft bestenfalls zu einem Randbereich zu bringen, von wo aus wir selbst einen weiteren Sprung wagen müssen.

Einen dieser Sprünge stellt der Sprung zur Ethik dar. Das Gewahrsein der Einheit und der wechselseitigen Verbindung aller Wesen führt, wenn es wahrhaftig ist, zu einem Einfühlungsvermögen in andere. Dies äußert sich selbst als Respekt vor dem Leben, als Mitgefühl, als Gefühl der Bruderschaft mit den leidenden Mitmenschen und als Verantwortungsgefühl für unsere mitgenommene Umwelt und deren Bewohner. Alle Mystiker (und sicherlich auch alle Wissenschaftler) in diesen Gesprächen ziehen diese Verbindung zwischen ihrer Sicht und ihrem Verantwortungsgefühl für dieses Ganze.

Einstein schreibt: "Ich behaupte, daß die kosmische Religiosität die stärkste und edelste Triebfeder wissenschaftlicher Forschung ist" und verbindet dabei ebenso wie Eckhart das Religiöse mit dem Säkularen, wenn dieser lehrt: "Wenn die Seele Gott ohne die Welt hätte kennenlernen können, dann wäre die Welt niemals geschaffen worden."[9] Das zeigt, wie einige der Großen im Geiste die Trennung überwinden, die zwischen dem Bekannten und dem Geheimnisvollen, das unbekannt bleibt, besteht.

Das Bekannte und das Unbekannte, die Gesinnung für Erstaunen und Ehrfurcht, haben das bekannte Zen-Gleichnis hervorgebracht, das beide zu vereinigen scheint. "Bevor ich Zen praktiziert habe, waren die Berge noch Berge und die Flüsse noch Flüsse. Nachdem ich mit dem Studium des Zen begonnen hatte, waren die Berge nicht länger Berge und die Flüsse nicht länger Flüsse. Aber nachdem ich ein gewisses Verständnis des Zen erlangt habe, sind Berge wieder Berge und Flüsse wieder Flüsse." Auch wenn ich mich mit den vielen Interpretationen auseinandersetze, die für die Parabel möglich sind, so weiß ich, daß ich nicht alle ausschöpfen kann. Aber man assoziiert mit ihr das Bild einer Spirale, eines Weges, dessen Perspektiven sich verändern, wenn wir uns verändern. Sie verweist auf eine Dialektik – oder besser noch, auf einen Dialog.

Es gibt in einem Dialog kaum ein wirkliches Ende, denn er ist, per definitionem, offen, fließend und vorläufig. Er erforscht eher, als daß er Fragen stellt, und er erlaubt, ja fordert, eine Teilnehmerhaltung und ist so gedanklich mit Bubers Ich-Du-Erfahrung verwandt. Dialoge geben die Einsichten jedes Teilnehmers in *diesem* Augenblick in der Zeit wieder und verneinen nicht die Tatsache, ein anderer Augenblick könne eine andere Antwort fordern. In diesem Sinne ist ein Dialog schöpferisch.

Ich denke noch einmal an eine Analogie aus der Wissenschaft. In der Physik verweist die "Weltlinie" eines Teilchens auf dessen Weg in der Raum-Zeit, auf die Geschichte aller energetischen Änderungen, die das Teilchen seit seiner Entstehung durchlaufen hat und die sich auf *diesen* Augenblick auswirken. Analog dazu ist es mit einem Dialog wie mit den Weltlinien zweier Menschen, die sich zu diesem Augenblick in der Raum-Zeit treffen, ihre Energien und Einsichten austauschen, etwas Neues hinzufügen und dadurch den Ablauf des Universums, wenn auch in geringem Maße, durch ihr Zusammentreffen verändern. Der Mystiker hat diese Möglichkeit schon immer gekannt. Für ihn ist alles ein Dialog; jedes Zusammentreffen, auch mit den leblosen Dingen, trägt eine lebendige Präsenz in sich. Diese Erfahrung wird in Zen-Sprüchen ausgedrückt, wie in den folgenden: "Das Auge, mit dem ich sehe, ist auch genau das Auge, das mich sieht" und "Es ist schwierig, zu wissen, ob ich sehe, oder angesehen werde, erkenne oder erkannt werde".

In der Welt der Post-Quantenmechanik haben auch viele Wissenschaftler begriffen, daß der Dialog eine passende Analogie für ihre Arbeit darstellt. Mir fallen Heisenberg und John Wheeler ein, der letztere mit seinem Konzept vom "teilnehmenden Universum". Ebenso Ilya

Prigogine, für den das Modell des Dialogs so wichtig ist, daß es im Untertitel seines letzten Buches auftaucht. Prigogine versteht seine Arbeit als einen "neuen Dialog mit der Natur", als einen Dialog, der eine verlorengegangene Verzauberung in unser Leben zurückbringt. Mir gefällt dieser Satz, aber ich stoße dennoch darin auf eine Tautologie, denn ein Dialog läßt immer etwas Neues entstehen. Er kann nicht einstudiert oder wiederholt werden. Die Teilnehmer an einem Dialog scheinen neben dem Gebrauch ihres eigenen Intellekts und ihrer eigenen Einsichten einige Einblicke zu erhalten, die nicht aus ihnen selbst stammen.

Genau dieser Sachverhalt läßt den Dialog für Sokrates, seinen Schöpfer, als etwas Geheiligtes erscheinen und ihn mit einer göttlichen Präsenz, die in ihm enthalten ist, seinem *Daimon* oder seiner inneren Stimme, in Verbindung treten. Auch wenn dieser nicht anwesend ist, kann ein Dialog interessant und informativ sein. Aber wenn diese Dimension erscheint, läßt sie eine intensivere – vielleicht subtilere und stärkere – Energie in den Teilnehmern entstehen, die den Dialog von der Debatte und anderen Arten des Gespräches unterscheidet. Diese höhere Dimension kann bei allen Teilnehmern eines Dialoges aktiviert werden, den Leser mit eingeschlossen, dessen eigene Weltlinie sich mit dem ganzen Vorgang überschneidet. Er wird zu einem Teil von ihm, er führt ihn fort und nimmt ihn auf seine eigene spirituelle Reise mit.

Meine Reise hat mich – durch dieses Gitter von Weltlinien, die mit dem Urknall angefangen haben – zu den Wissenschaftlern und Weisen geführt, die sich im Zentrum des Dialoges mit dem Kosmos befinden. Auf diesen Seiten bekennen sie ihren Standpunkt – manchmal auf Tatsachen aufbauend und nüchtern, manchmal spekulativ und intuitiv – zu der Frage, die dieses Buch durchdringt – der Möglichkeit einer Synthese zwischen zwei Arten, sich dem Universum zu nähern. Wie passen die Einsichten meiner Gesprächspartner in diesem Buch zu meiner Suche nach einer Brücke zwischen Wissenschaft und Mystik?

Ein Vorschlag stammt von David Bohm, der meint, *Bedeutung sei eine Form des Seins*. Während wir das Universum zu verstehen suchen, erschaffen wir das Universum. Durch unsere Sinngebung verändern wir das Sein der Natur. Die sinngebende Fähigkeit des Menschen macht ihn zu einem Partner der Natur, einem Teilnehmer an der Gestaltung ihrer Evolution. Das Wort spiegelt die Welt nicht nur wider, es schafft sie auch. Das ist die tiefere Botschaft von Prigogines Werk. Bohm geht dabei noch weiter. Bei einer unserer Zusammenkünfte mutmaßte er, der Kosmos könne, während wir in einen Dialog treten, dabei seine Vorstellung von sich selbst verändern. Unsere Zweifel und Fragen, unsere kleinen und großen Wahrheiten, bilden Formen seiner Bewegung auf Klarheit und Wahrheit hin. Durch uns stellt sich das Universum selbst Fragen und probiert verschiedene Antworten über sich selbst aus, in einem Bemühen – parallel dem unseren – sein eigenes Sein zu entschlüsseln.

Dieser Gedanke flößt mir Ehrfurcht ein. Es ordnet dem Menschen eine Aufgabe zu, die einst den Götter zugedacht war.

*Ich glaube, man macht damit einen Rückzieher. Wenn man die theoretische Physik zu schwer findet, wendet man sich der Mystik zu.*

Stephen Hawking

*Wir mögen den Mystiker für jemanden halten, der mit enormen Tiefgründigkeiten in Kontakt kommt, was die Feinstofflichkeit der Materie oder des Geistes betrifft, wie man es auch immer nennen mag.*

David Bohm

*Wir glauben immer noch, das Universum sollte logisch und schön sein; wir haben nur das Wort "Gott" fallen gelassen.*

Stephen Hawking

*Ich würde es anders ausdrücken: Die Leute hatten in der Vergangenheit Einblick in eine Form der Intelligenz, die das Universum strukturiert hat, und sie haben sie personalisiert und "Gott" genannt.*

David Bohm

DAVID BOHM

Kapitel II

# Die implizite Ordnung und die supra-implizite Ordnung

David Bohm

*Ich finde keinen Anhaltspunkt dafür, weshalb Materie der Göttlichen Natur unwürdig sein sollte, denn außerhalb Gottes vermag keine Substanz zu existieren, welche die Göttliche Natur zu ertragen in der Lage wäre ... Daher kann es niemals als wahr angenommen werden, daß ... eine ausgedehnte Substanz ... der Göttlichen Natur unwürdig wäre, nimmt man nur an, sie sei ewig und unendlich.*

Spinoza

Es ist angebracht, diese Gespräche mit David Bohm beginnen zu lassen, denn er verkörpert jene seltene Verbindung des Wissenschaftlers und Mystikers in einer Person. Mein erster Gedankenaustausch mit ihm im Jahre 1977 führte zu weiteren Diskussionen und in deren Folge zu Dialogen mit anderen Wissenschaftlern und Weisen.

David Bohm wird als einer der führenden theoretischen Physiker unserer Zeit angesehen und als einer der einflußreichsten Theoretiker des anstehenden Paradigmenwechsels. Sein Buch *Causality and Chance in Modern Physics* (London 1957) wurde zu einem Klassiker im Bereich der Quantenmechanik und wird, ebenso wie seine anderen Werke über Quantenmechanik und Relativitätstheorie, an zahlreichen Universitäten empfohlen. Bohm wurde 1917 geboren und erhielt seine Ausbildung am Pennsylvania State College. Er graduierte an der Universität von Kalifornien, Berkeley, wo er 1943 auch in Physik promovierte, als einer der letzten Studenten von J. Robert Oppenheimer, bevor dieser nach Los Alamos ging. Bohms Doktorarbeit behandelte die "Neutron-Proton-Streuung". Er lehrte in Princeton, USA, an der Universität von

Sao Paulo, Brasilien, und dem Technicon in Haifa, bevor er einen Ruf als Professor für Theoretische Physik an das Birkbeck College der Universität von London erhielt. Heute ist er emeritierter Professor derselben Universität.

Während des Krieges forschte Bohm über das Verhalten von Plasma in magnetischen Feldern. Gemeinsam mit anderen Wissenschaftlern erarbeitete er eine Theorie, die einen wesentlichen Beitrag zur Erforschung der Kernfusion leistete – ein Phänomen, das heute "Diffusion" genannt wird. In Princeton weitete er die Plasma-Theorie auf Metalle aus, arbeitete also auf einem Gebiet der Festkörperphysik. Bohm beschäftigte sich auch mit der Entwicklung von physikalischen Instrumenten wie dem Zyklotron und dem Synchro-Zyklotron. In Bristol, England, fand er 1960 den Effekt, der ebenfalls seinen Namen trägt, den "Bohm-Aharonov-Effekt". Dieser besagt, daß ein isoliertes Magnetfeld Elektronen beeinflußt, die um dasselbe kreisen – eine unmögliche Annahme für die klassische Physik, jedoch von der Quantenmechanik vorausgesagt.

Über die letzten vier Jahrzehnte hinweg richtete sich die Arbeit Bohms auf die Fundamente der Quantenmechanik und Relativitätstheorie, sowie deren philosophische Interpretation. Forschungsarbeiten im Lawrence Radiation Laboratory in Berkeley lagen auf dem gleichen Gebiet. Von ihm verfaßt wurde unter anderem *Quantum Theory* (1951), *Causality and Chance in Modern Physics* (1957), *The Special Theory of Relativity* (1966) und *"Wholeness and the Implicate Order"(*)* (1980), sein letztes Werk, welches sich mit Physik, ihrer Philosophie und Bohms revolutionärer Sicht des Bewußtseins beschäftigt.

Seine Untersuchungen über die Natur des Bewußtseins wurden zum einen durch die Probleme, die sich für ihn in der Quantenmechanik auftaten, zum anderen durch sein Bekanntwerden mit dem indischen Philosophen Krishnamurti initiiert. Eines Tages brachte Bohms englische Ehefrau ihm ein Buch mit, auf welches sie zufällig in einer Biblio-

(*) Die implizite Ordnung, München, 1985

thek gestoßen war, und von dem sie angenommen hatte, es beschäftigte sich mit Quantenmechanik, denn es behandelte Probleme, die sich aus der Beziehung Beobachter/Objekt ergeben. Es handelte sich um ein Buch von Krishnamurti, mit dem Bohm von diesem Zeitpunkt an in engen Kontakt trat. Über ihre Beziehung befragt, antwortete Bohm: *„Wir sind Freunde und pflegen einen intensiven Gedankenaustausch, der sich um Fragen beidseitigen Interesses spinnt, die wir seit Jahren gemeinsam erkundet haben."* Zwei ihrer Dialoge erschienen in Buchform, "Truth and Actuality" (1978) und "The Ending of Time" (1985).*

Aufgrund von Bohms internationalem Ruhm war ich nicht auf diesen ungewöhnlich bescheidenen, zurückhaltenden und freundlichen Menschen vorbereitet. Er ist das Bild eines hingebungsvollen Suchers und Forschers, ungemein durchdrungen von seiner Philosophie der impliziten Ordnung, über welche er in der ganzen Welt vorträgt. Bohm wirkt in seiner Tweed-Kleidung und dem fast nie fehlenden Pullover wie der sprichwörtliche Professor. Er ist mittelgroß, hat braune Haare, nußbraune Augen, eine blasse Gesichtsfarbe, erscheint in sich gekehrt und intellektuell, zeigt seiner Umwelt ein gewinnendes Lächeln und ein ruhiges, wenig erregbares Äußeres, außer wenn er über Physik diskutiert, wobei er lebhaft wird, fast verwandelt, seinen Standpunkt jeweils mit beredten Gesten unterstreichend.

Blicke ich auf unser erstes Treffen zurück, berührt mich wieder die Synchronizität, die dazu führte. Zwei meiner Artikel in *Main Currents in Modern Thought*** hatten David Bohms Aufmerksamkeit erregt. So wurde ich zu einer kleinen Konferenz unter Akademikern und Wissenschaftlern eingeladen, die Krishnamurti und Bohm in Ojai, Kalifornien, im Frühjahr 1976 leiteten.

Mein Zusammentreffen mit Bohm war aus zwei Gründen denkwürdig. Seit Fritz Kunz war mir niemand mehr begegnet, der – durch die

---

* „Vom Werden zum Sein", München 1987
** Hauptströmungen des Denkens der Moderne

Wissenschaft – ein Universum der Wahrheit, Schönheit, Sinnhaftigkeit, selbst des Guten erkannt hatte, und der seine Erkenntnisse anderen Menschen so gewinnend nahezubringen vermochte. Wie Fritz Kunz schien David Bohm von dem Gefühl erfüllt zu sein, was auch immer hinter der Natur stehe, sei heilig. Unser Dialog in Ojai war der Anfang vieler anderer. Für mich liegt eine ästhetische Folgerichtigkeit darin, daß Fritz Kunz, durch den alles begann, mich zu David Bohm, den *Re-Vision*-Dialogen und zu diesem Buch führte.

Die implizite Ordnung entwickelte sich aus Bohms Arbeit über verborgene Variablen und der kausalen Interpretation der Quantenmechanik. Ebenso wie Einstein – jedoch aus unterschiedlichen Gründen heraus – konnte sich Bohm nie zu den gängigen Interpretationen der Quantenmechanik durchringen. Er schlägt vor, eine verborgene Ordnung hinter dem scheinbaren Chaos und den ohne erkennbare Verbindung untereinander existierenden Materieteilchen, die von der Quantenmechanik beschrieben werden, anzunehmen. Diese verborgene Dimension wurde zu Bohms impliziter Ordnung, der Quelle jeder sichtbaren (expliziten) Materie unseres raum-zeitlichen Universums. Die implizite Ordnung besitzt unendliche Tiefe; Bohm nimmt an, daß sowohl Materie als auch Bewußtsein ihre Quelle in diesen innersten Dimensionen haben und dort eine Einheit bilden.

In diesem ersten Gespräch erläutert Bohm die Grundlagen seiner Theorie. Er schlägt vor, die Welt, in der wir leben, als multidimensional zu begreifen. Die offensichtlichste und oberflächlichste Ebene stellt die dreidimensionale Welt der Objekte, des Raumes und der Zeit dar, die er als "explizite Ordnung" bezeichnet. Ihre Materie setzt sich aus einer dichten Struktur zusammen. Doch obgleich sie durch Bezugnahme auf sich selbst *beschrieben* werden kann, meint Bohm, daß man sie auf diese Weise weder zu erklären noch klar zu verstehen vermag. Unglücklicherweise, führt er weiter aus, sei dies aber gerade der Weg, den fast die gesamte Physik heute beschreite, indem sie Gleichungen präsentiere, deren Bedeutung unklar bleiben.

Ein klares Verstehen wird nur auf einer tieferen Ebene möglich – der *impliziten Ordnung,* dem alles einschließenden Hintergrund unserer Erfahrung: physisch, psychologisch und spirituell. Diese Quelle liegt wiederum in einer noch feineren Dimension, der "supra-impliziten-Ordnung". Darüber hinaus können wir weitere solcher Ordnungen definieren, die sich in einer unendlich-dimensionalen Quelle (oder Grund) verlieren.

Das folgende Gespräch wurde 1978 in Ojai, Kalifornien, und 1981 an der Universität von Syracuse geführt. In Ojai schien Bohm, der während seiner Besuche bei Krishnamurti immer in einem von Orangenhainen umgebenen Bungalow wohnte, besonders von einer riesigen alten Eiche angezogen zu werden, welche für ihn die ständige Bewegung der Natur symbolisierte, die er in seiner Theorie des "Holomovements"* zu beschreiben versucht. Dieser erste Dialog wirft viele Fragen auf, die in späteren, mit Bohm oder den anderen Gesprächspartnern, wieder aufgegriffen werden, wie z.B. unsere Betrachtungen zu Raum, Zeit, Materie, Energie, Bewußtsein, Begrenzung und das Unendliche. Sein Versuch, aus der Sicht eines Physikers heraus, die Beschreibungssprache eines Mystikers zu deuten – speziell die häufige Verwendung von Licht, um die innere Erfahrung wiederzugeben – ist gerade deswegen faszinierend, weil Bede Griffiths in Kapitel 9 Licht ablehnt und "göttliche Dunkelheit" als treffenderes Symbol vorschlägt.

In der folgenden Diskussion erwähnt Bohm auch zum ersten Mal einen Grundgedanken, den er in den 80er Jahren weiterentwickelte, und der zu einem zentralen Thema seiner jüngeren Arbeit geworden ist – die Idee der Soma-Signatur** und Sigma–Somatik. Diese Theorie, die im sechsten Kapitel wieder aufgegriffen wird, postuliert einen Sinn und daher Bewußtsein innerhalb der Natur, selbst auf der Ebene des Elektrons.

---

* Ganzheitliche Bewegung
** Soma-Significance

**Weber:** Können Sie die Grundidee der impliziten Ordnung erläutern?

**Bohm:** Generell kann uns nicht die ganze eingefaltete Ordnung aufgezeigt werden, nur einige Formen von ihr manifestieren sich für uns. Bringen wir diese eingefaltete Ordnung in eine manifestierte Form, wird uns die Erfahrung der Wahrnehmung zuteil. Dies bedeutet jedoch nicht, daß die Gesamtheit der Ordnung das ist, was sich manifestiert. Die kartesische Sichtweise wäre: die Gesamtheit der Ordnung vermag sich potentiell zu manifestieren, obgleich wir vielleicht nicht wissen, wie wir sie zur Manifestation bringen können. Dazu mögen wir Mikroskope, Teleskope und andere Instrumente benötigen.

Für die implizite Ordnung macht das, was sichtbar ist, nur einen Bruchteil der eingefalteten Ordnung aus. Daher führen wir die Unterscheidung ein zwischen dem Teil, der manifestiert, und dem Teil, der unmanifestiert ist. Sie mag sich entfalten und unmanifestiert werden oder in die manifestierte Ordnung entfalten, um sich wiederum einzufalten. Die Grundbewegung liegt in Einfaltung und Entfaltung. Während die Grundbewegung im Sinne von Descartes in der Durchquerung des Raumes in der Zeit besteht; ein lokalisiertes Teilchen bewegt sich von einem Ort zu einem anderen.

**Weber:** Entspricht dieser Gedanke der Feldtheorie Einsteins?

**Bohm:** In der impliziten Ordnung beschäftigen wir uns nicht immer mit der Gesamtheit (wie ebenso in der Feldtheorie), doch betonen wir gleichzeitig, daß die Beziehungen innerhalb der Gesamtheit nichts mit der Lokalität in Raum und Zeit zu tun haben, sondern mit einer vollständig verschiedenen Qualität, nämlich der Einfaltung.

**Weber:** Mit anderen Worten ist es bedeutsam, daß es sich nicht um ein Durchqueren oder eine Fortbewegung im Raum handelt?

**Bohm:** In diesen frühen Modellen durchquert ein bestimmtes Teilchen oder auch ein Energiefeld den Raum und daher besteht, aus der Sicht der impliziten Ordnung heraus, kein fundamentaler Unterschied zwischen Einstein und Newton. Wir sagen, daß sie sich unterscheiden, doch beide weichen gleichermaßen von der impliziten Ordnung ab.

**Weber:** Sie haben diesen unermeßlichen und dynamischen Hintergrund das Holomovement genannt.

**Bohm:** Das Holomovement ist die Quelle dessen, was manifestiert ist. Und das, was manifestiert ist, bleibt, wie zuvor, von der Ganzheitlichen Bewegung abgegrenzt und bewegt sich in ihr. Die Grundbewegung des Holomovements besteht im Einfalten und Entfalten. Nun, ich behaupte, jede Existenz ist im Grunde ein Holomovement, das sich in relativ stabiler Form manifestiert.

**Weber:** Das Fließen wurde für den Augenblick unterbrochen?

**Bohm:** Es stellte sich zumindest ein Gleichgewicht für diesen Augenblick ein, es kam zu einem bedeutsamen Verschließen, ähnlich dem Wirbel, der sich selbst abschließt, obgleich er sich in ständiger Bewegung befindet.

**Weber:** Sie sagten, es handelt sich eher um dichtere als um feinere oder unstabilere Materieformen.

**Bohm:** Ja, man hat es mit stabileren Materieformen zu tun, so könnte man es ausdrücken. Sehen Sie, selbst eine Wolke bildet eine stabile Formation, so daß man sie als Manifestation des Windes ansehen könnte. Ähnlich mag man Materie als Wolkengebilde innerhalb des Holomovements verstehen, als Verstofflichung des Holomovements für unsere gewöhnlichen Sinne und unseren Verstand.

**Weber:** Wenn es sich bei jedem Gegenstand um eine Manifestation des Holomovements handelt, schließt dies ebenso den Menschen mit all seinen Fähigkeiten ein.

**Bohm:** Ja, jede Zelle, jedes Atom, ich sollte noch hinzufügen, daß dieser Sachverhalt einen guten Eindruck für die Aussage der Quantenmechanik vermittelt: dieses Entfalten gibt uns einen direkten Hinweis auf den Sinngehalt der Mathematik innerhalb der Quantenmechanik. Bei dem, was Einheitstransformation oder die grundlegende mathematische Beschreibung von Bewegung genannt wird, handelt es sich genau um unser Thema. Es ist einfach die mathematische Darstellung des Holomovements.

**Weber:** Wie läßt sich das Holomovement genau mit der gegenwärtigen Quantentheorie in Bezug setzen?

**Bohm:** Verfolgt man die Mathematik der gegenwärtigen Quantenmechanik, so wird ein Teilchen als sogenannter quantisierter Zustand eines Feldes behandelt, d. h. als ein über den Raum verschmiertes Feld. Es ist jedoch auf mysteriöse Weise mit einem Energiequantum behaftet. Jede Welle dieses Feldes trägt ein bestimmtes Energiequantum, das proportional zu seiner Frequenz ist. Nehmen wir beispielsweise das Elektromagnetische Feld, so hat jede Welle im leeren Raum eine Nullpunktsenergie, die selbst dann nicht unterschritten werden kann, wenn keine Energie zur Verfügung steht. Addiert man all diese Wellen in jeder Region des leeren Raumes, so kommt man zu einer unendlich großen Energie, da eine unendliche Anzahl von Wellenlängen aufsummiert werden muß. Es besteht jedoch Grund zu der Annahme, daß die Energie nicht unendlich ist, es nicht korrekt ist, immer kürzere und kürzere Wellenlängen, die jeweils Energie beitragen, zu addieren. Es mag eine kürzeste Wellenlänge geben, womit die Gesamtzahl an Wellen, und damit die Energie, endlich würde.

Nun muß man weiter fragen, was die kürzeste Wellenlänge sein könnte. Es gibt Gründe anzunehmen, daß uns die Gravitationstheorie auf diese Größe hinweist, denn nach der Allgemeinen Relativitätstheorie bestimmt das Gravitationsfeld das, was wir "Länge" nennen, sowie die Metrik des Raumes. Daher könnte man sagen, daß das Zielobjekt einer Messung, die Länge, bei kurzen Distanzen seinen Sinn verliert. Diese Größe läge bei ca. $10^{-33}$ cm. Dabei handelt es sich um eine kleine Entfernung, denn von Physikern wurde bisher nur eine Länge von $10^{-16}$ cm gemessen, was noch weit größer als $10^{-33}$ cm ist. Berechnet man, davon ausgehend, den Energieinhalt des Raumes, erhält man ein Ergebnis, bei dem die Energie eines Kubikzentimeters im Raum die Energie der gesamten bekannten Materie im Universum bei weitem übersteigen würde.

**Weber:** In einem Kubikzentimeter.

**Bohm:** Ja, wie soll man diesen Sachverhalt nun verstehen?

**Weber:** Wie verstehen Sie ihn?

**Bohm:** Man kann sich auf die folgende Weise herantasten: die gängige Theorie behauptet, das Vakuum beinhalte all diese Energie, woraufhin dies (von der Physik) nicht mehr beachtet wird, da sie nicht zu messen ist. Dahinter verbirgt sich die Philosophie, nur das sei real, was auch durch ein Instrument gemessen werden kann. Wobei die Physik gleichzeitig Teilchen annimmt, die niemals mit einem Meßgerät 'gesehen' werden können. Heute gilt in der theoretischen Physik die Aussage, daß der leere Raum all diese Energie trägt,die durch die Materie selbst nur unwesentlich erhöht wird. Materie bildet daher nur ein winziges Tröpfchen jenes Ozeans an Energie, in welchem sie relativ stabil und manifestiert ist. Meine Schlußfolgerung ist daher, der impliziten Ordnung eine Realität zuzuschreiben, die jene der Materie bei weitem übersteigt. Materie macht vor jenem gewaltigen Hintergrund nur ein Tröpfchen aus.

**Weber:** In jenem Ozean an Energie, von dem Sie sprachen?

**Bohm:** In jenem Ozean an Energie, der nicht vorrangig in Raum und Zeit anzusiedeln ist, sondern in der impliziten Ordnung.

**Weber:** Welche unmanifestiert ist.

**Bohm:** Richtig, und sie kann sich in diesem kleinen Stück Materie manifestieren.

**Weber:** Einer kleinen Welle.

**Bohm:** Einer kleinen Welle.

**Weber:** Aber die Quelle liegt, wie sie ausführten, in der impliziten Ordnung, die diesem Ozean an Energie entspricht, unberührt und unmanifestiert.

**Bohm:** Das ist richtig. In der Tat mag sich hinter diesem Ozean an Energie noch ein gewaltigeres Meer verbergen, doch versagt unser Verstand an diesem Punkt. Es läßt sich jedoch nicht behaupten, es befinde sich dahinter nichts.

**Weber:** Etwas, das sich nicht charakterisieren oder benennen ließe?

**Bohm:** Vielleicht erkennen sie letztendlich eine weitere Energiequelle, doch mögen sie dann schlußfolgern, auch diese fließe in eine noch größere Quelle und so weiter. Diese Gedanken beinhalten, daß die letzte Quelle weder meßbar ist, noch mit unserem Verstand ausgelotet werden kann. Hierbei handelt es sich in der Tat um ein Ergebnis der zeitgenössischen Physik.

**Weber:** Können Sie die Beziehung zwischen der Gesamtheit und den relativ unabhängigen Sub-Ganzheiten erläutern? Gibt es eine Rechtfertigung dafür zu behaupten, ich sei ebenso wie Sie ein Individuum, oder handelt es sich hier um eine reine Illusion, welche der Osten *Maya* nennt?

**Bohm:** Das hängt von der Ebene ab, auf welcher sie diese Frage stellen. Natürlich besitzt der Körper eine gewisse Eigenständigkeit. Er ist eine relative Sub-Ganzheit, die ihre eigene selbstbezogene Ordnung besitzt. Doch ist er genauso von seiner Umgebung abhängig, um zu existieren. Jeder Mensch unterscheidet sich zu einem bestimmten Grad von einem anderen – besitzt seine eigene Entwicklung, eigene Ideale und Neigungen. So ist uns in relativem Sinne eine gewisse Individualität zu eigen. Doch stellt sich die Frage, wie tief diese geht, die Frage nach der Quelle derselben.

**Weber:** Ebenso wie Sie postuliere ich, daß die Quelle einheitlich ist. Nimmt man dies als gegeben an, jene Einheit des Ozeans, gibt es dann eine Grundlage dafür, einen Tropfen als für sich einzigartig anzusehen, als zumindest oberflächlich abgegrenzt von dem nächsten Tropfen?

**Bohm:** Natürlich trifft das für die Außenwelt zu. Jeder besitzt seine eigenen Interessen, seine eigene Herkunft und eine individuelle Art und Weise, mit dem umzugehen, was für ihn einen Wert darstellt. Ich meine, es handelt sich nur um ein sprachliches und dialektisches Problem. Würden wir uns über das Ganze und die Teile, oder das Ganze und die Sub-Ganzheiten unterhalten, könnten wir die Ganzheit des Ganzen und seiner Teile betrachten. Anders ausgedrückt hieße dies, daß die Teile existieren und dem Ganzen zu einer höheren Form der Einheit verhelfen. Doch wir verfolgen ein anderes Prinzip, jenes des

Teilcharakters des Ganzen und seiner Teile. Was betonen wir nun stärker? Lassen Sie mich auf eine Analogie zurückgreifen. Wenn Sie musizieren, ist es von besonderer Bedeutung, welchem Thema Sie die dominierende und welchem Sie die untergeordnete Rolle zuweisen. Tauschen Sie die Rollen aus, ergibt sich ein völlig anderes Musikstück. Nun wurde die dominierende Bedeutung einem bestimmten Thema zuerkannt, nämlich der Betonung des Teilcharakters des Ganzen und seiner Teile. Ich schlage vor, letzterem nur eine sekundäre Bedeutung zuzubilligen, der anderen Anschauung jedoch den Vorrang zu lassen.

**Weber:** Die Hauptbedeutung, die wahre Musik des Universums, liegt für Sie in der *Einheit* der Einheit und der Vielheit oder der Ganzheit des Ganzen und des Teiles. Dies sollte immer im Vordergrund stehen.

**Bohm:** Ja, darauf sollte die Betonung liegen.

**Weber:** Obgleich Sie Ihre Anschauung teilen, weisen doch viele Philosophen, besonders im Osten, dem Teil eine schwergewichtige Rolle zu, betonen jedoch gleichzeitig die Einheit des Ganzen und des Teiles. Dies zeigt sich in ethischen und sozialen Wertmaßstäben, insbesondere in der Aussage, jeder Person komme eine individuelle Bedeutung zu, sie stelle eine besondere Note in der Gesamtsymphonie dar. Es handelt sich um das *Dharma* des jeweiligen Lebens, welches individuell gefunden und verwirklicht werden muß, ansonsten verpaßt man seinen Einsatz. Was halten Sie von diesem Gedanken?

**Bohm:** Jeder Mensch besitzt ein einzigartiges Potential. Sie mögen behaupten, seine Einzigartigkeit bestehe in der Fülle seiner Möglichkeiten. Unter anderen Umständen würde er eine andere Rolle ergriffen haben, doch ist ihm ein gewisses Potential zu eigen, welches sich von dem jedes anderen Menschen unterscheidet. Sie besitzen nun zwar ein nur ihnen zugängliches Potential, doch die Energie liegt nicht in ihren Vorprägungen. Letztere müssen dem Ganzen dienen. Die Energie entspringt dem Ganzen, den inneren Quellen.

**Weber:** Warum nimmt die Energie, die dem Ganzen entstammt, in den einzelnen Individuen unterschiedliche Aspekte an?

**Bohm:** Ich meine, das Ganze wird durch die Vielheit bereichert und gelangt so zu einer Einheit in der Vielheit.

**Weber:** Hier kommt die relative Bedeutung der Sub-Ganzheiten ins Spiel. Obgleich wir in der impliziten Ordnung eine Ordnung bilden, sind wir doch nicht austauschbar wie Bienen in einem Bienenstock.

**Bohm:** Nein, jeder ist unterschiedlich, obgleich vielleicht nicht so stark, wie wir gerne annehmen möchten. Unter den gegebenen Umständen erkennen die Menschen ihre potentielle Einzigartigkeit nicht, sondern sind, indem sie ihren Vorprägungen folgen, ein Teil der Masse. Jeder Mensch besitzt in seinem Sein einen ganz eigenen Charakter und einzigartige Möglichkeiten, doch das eigentliche Ziel liegt darin, diese mit allen anderen Menschen zu etwas Größerem zu vereinen.

**Weber:** Dies würde ein Klischee ausräumen, welches oft von holistischen Theorien getragen wird, daß nämlich alles einen großen kosmischen Brei bildet, ohne Beiträge individueller Ausprägung. In dem Sinne trägt auch eine Begrenzung bei, da durch sie die Beiträge in das Ganze "zurück-geworfen" werden.

**Bohm:** Ja, aber natürlich sind alle Gegenstände eins im Urgrund.

**Weber:** Es handelt sich um einen dialektischen Gedankengang: je stärker der Sinn für das Ganze in uns erwacht, umso mehr fühlen wir uns verantwortlich, diese Erkenntnis als Individuen in unserem täglichen Leben auszudrücken.

**Bohm:** Die Dialektik in der letztendlichen Identität des Universellen und des Individuellen. Das Individuum *ist* universal und das Universale *ist* individuell. Das Wort "individuell" bedeutet ungeteilt, so daß wir behaupten könnten, nur wenige Individuen hätten jemals existiert. Wir könnten sie *Dividuen* nennen. Individualität ist nur dann möglich, wenn sie sich aus der Ganzheit heraus entfaltet.

**Weber:** Hierbei handelt es sich um ein Korrektiv zu ausufernder Ich-Bezogenheit, bei der es sich um keine wahre Individualität handelt.

**Bohm:** Ich-Bezogenheit hat nichts mit Individualität zu tun.

**Weber:** Könnten Sie den Unterschied erläutern?

**Bohm:** Ich-Bezogenheit gründet sich auf einem Selbstbild, welches auf einer Illusion und Desillusionierung aufbaut. Daher stellt es ein Nichts dar. Bei einer wahren Individualität entfaltet sich ein wahres Sein auf seine besondere Art in diesem einen Augenblick aus dem Ganzen heraus.

**Weber:** Eigenartig, die Empfindung, eine Wurzel in dem Ganzen zu besitzen, ermöglicht wahre Individualität.

**Bohm:** Ja. Es ist unmöglich, zu wahrer Individualität zu gelangen, ohne im Ganzen verwurzelt zu sein. Alles andere ist egozentrisch.

**Weber:** Die meisten Menschen halten diese Begriffe für Synonyme.

**Bohm:** Jeder, der auf sich selbst bezogen ist, muß entzweit sein, denn um selbstbezogen zu sein, muß er zwischen sich selbst und dem Ganzen unterscheiden.

**Weber:** Dabei hat er sich nicht einmal selbst verstanden.

**Bohm:** Nicht nur das, er zerstückelt sich, erschüttert seine Individualität und macht aus ihr einen kollektiven Mischmasch.

**Weber:** Im Gegensatz dazu versteht sich die wahre Individualität in jedem Moment als Geschöpf des Ganzen.

**Bohm:** Nichts an ihr ist fixiert. Sie entfaltet ihr Potential zu ständiger Blüte, wie die alten Weisen sagen, oder mit den Worten Krishnamurtis, mehr und mehr von dem offenbarend, was sie wirklich ist.

**Weber:** Dies entspricht unserer Kosmologie. Versteht man dies, muß man schlußfolgern, es gäbe keine Ereignisse im Universum, Zeit ist kein Strom, nichts geschähe, denn alles *ist.*

**Bohm:** Zeit stellt einen anderen Blickwinkel dar. Cusanus sagte, die Ewigkeit entfalte sich in der Zeit. Zeit entspreche den Einzelteilen, auf eine gewisse Art sei Zeit eine Bereicherung der Ewigkeit. Doch diese Worte vermögen wir nur aus der Sicht der Ewigkeit heraus zu verstehen. Wenn wir Zeit auf sich selbst beziehen wollten, würde dieser Versuch im Chaos enden.

**Weber:** Mit ihren Worten kann man über Geschichte, Wandel und Ereignisse sprechen, wenn man in dieser Einheit von Einheit und Vielheit auf die Vielheit schaut. Aus der Sichtweise der Einheit heraus muß man jedoch schlußfolgern, daß nichts geschieht, sondern alles nur *ist.*

**Bohm:** Ja, dies ist einleuchtend für die Zeit. Vergangenheit und Zukunft existieren immer als Obertöne der Gegenwart. Wir mögen uns an die Vergangenheit erinnern, aber die Erinnerung ist gegenwärtig. Wir erwarten die Zukunft, die Erwartung ist jedoch gegenwärtig. Bei der Zukunft mag es sich einfach um die Tiefen der impliziten Ordnung handeln, die *ist* und sich entfaltet.

**Weber:** Wenn die Zukunft die tieferen Schichten der impliziten Ordnung, die *ist,* darstellt, würde dies ebenfalls vom gesunden Menschenverstand her betrachtet auf die Relativität der Zeit hindeuten, da der einzelne nicht gänzlich isoliert von der eigenen Zukunft existiert, man ist bereits das eigene Potential.

**Bohm:** Man ist die eigene Zukunft, jedoch noch nicht entfaltet. Man ist noch eingefaltet.

**Weber:** Der Mystiker(ein Begriff, den ich mag, obgleich ich Ihre Vorbehalte ihm gegenüber verstehe) hat die Einheit jener Augenblicke erfahren. So mag vielleicht das, was wir "Zeit" nennen, für ihn Raum bedeuten, ein tiefes Eindringen in die implizite Ordnung.

**Bohm:** Cusanus steht in dem Ruf, ein Mystiker gewesen zu sein, und dies ist genau das, was er sah. Ich nehme an, daß er dies nicht aus der Mathematik entnahm, sondern es sich wahrscheinlich um eine Erfahrung handelte.

**Weber:** Wenn Sie den Begriff "Zeit" in dieser Beschreibung ersetzen wollten, würden Sie dafür eine räumliche Metapher, wie "Tiefe des Einbegriffenseins" benutzen?

**Bohm:** Ja, ich denke an die Tiefe des Innenseins. Doch Genaueres muß erst herausgearbeitet werden. Zeit stellt eine Abfolge dar, einen Aspekt von Abfolge, und eine Abfolge in der Tiefe des Innenseins.

**Weber:** Begibt man sich weit genug in das Innere der impliziten Ordnung, so ist das, was "später" als Abfolge erscheinen wird, noch insgesamt gegenwärtig.

**Bohm:** Ja, man könnte sogar davon sprechen, alles sei in einer Hierarchie angeordnet (obgleich ich einige Vorbehalte gegen dieses Wort habe), jede Ebene der Zeit besitze ihre eigene Ebene der Ewigkeit. Für einen bestimmten Zweck verhält sich eine lange Zeitperiode wie die Ewigkeit unseres Zeitalters. Eine Reihe von Zeitaltern besitzt demgegenüber eine höhere Ewigkeit, was uns bis an die letzte Grenze führt, die unaussprechlich ist. Jede Ewigkeit, die wir ergreifen könnten, würde nur eine relative Ewigkeit darstellen. Die Griechen lehrten, wie andere vergangene Kulturen, daß jedes Zeitalter seine eigene Charakteristik der Zeit besitze und selbst die Ewigkeit jener Periode darstelle und darstellte. Daher vermag die Ewigkeit durch die Geschehnisse in der Zeit beeinflußt zu werden.

**Weber:** Ihr Filterprodukt – das was in jener Zeitspanne erreicht werden konnte – kann zum Samenkorn einer ganzen neuen Epoche werden.

**Bohm:** Eines vollständig neuen Zeitalters.

**Weber:** Meinen Sie das neue Zeitalter historisch oder kosmologisch?

**Bohm:** Beides. Der Kosmos mag ein bestimmtes Zeitalter repräsentieren. Die gegenwärtige Idee vom Universum mag ein gewisses Alter dieses Universums aus Licht aufzeigen. Der Lichtkosmos ist von unserer Warte aus ewig, und doch taten sich einstmals einige dieser Lichtstrahlen zusammen und verursachten den Urknall. Dies Geschehen entwickelte sich dann zu unserem Universum, das zeitlich begrenzt ist. Aber dieses Lichtmeer ist jenseits von Zeit, und daher könnte es noch weitere Universen geben. Es mag viele Zeitalter geben, obgleich sie nicht notwendigerweise aufeinander folgen.

**Weber:** Die Kosmologie der Hindus kennt *Pralaya,* eine Ruheperiode, und *Manvantara,* eine aktive Zeitspanne – auch Nacht bzw. Tag Brahmans genannt. Für beide Kosmen werden enorme Zeitvorstellungen angesetzt. (Ich diskutierte darüber 1976 mit John A. Wheeler, der sehr interessiert war.) Sie sprechen davon, alles schlafe, wenn sich das Universum zur Ruhe begebe, und es vergingen Äonen, bevor es wieder erwache, jedoch bleibe die Essenz alles Gelernten als Samen erhalten. Könnten Sie sich diesem Gedanken anschließen?

**Bohm:** In dem Konzept von Projektion und Introjektion (d.h. der Philosophie der impliziten Ordnung) mag etwas Verwandtes liegen.

**Weber:** Im Kontrast zu den traditionellen Systemen, in welchen ein Gott ähnlich einem Regisseur agiert, scheint Ihr System das Prinzip des gemeinsamen Handelns ernst zu nehmen. Dies beinhaltet auch, daß wir unseren Beitrag zur inneren Natur leisten, denn wir beeinflußten das, was aus der expliziten Ordnung in die implizite Ordnung zurückgeworfen wird.

**Bohm:** In gewisser Hinsicht greifen wir verändernd ein, und wir könnten es so ausdrücken, daß wir eventuell in der Lage sind, Ordnung in unser eigenes Tun zu bringen. Wir mögen eine handelnde Rolle bei der Erzeugung einer höheren Ordnung spielen, die ohne uns so nicht möglich wäre. Wir vermögen sie kaum radikal zu beeinflussen, doch obgleich wir nur winzigkleine Änderungen bewirken, mögen gerade diese wesentlich für das Einbrechen eines neuen Potentials dieser höheren Ordnung sein.

**Weber:** Ein kreativer Aspekt der Natur liegt in der Evolution, und Sie sagen, wir würden durch diese nicht nur selbst geprägt, sondern können diese auch aus uns heraus prägen.

**Bohm:** Wir sind ein Teil der Bewegung, es gibt keine Trennlinie zwischen ihr und uns, wir bilden einen Teil ihrer eigenen Prägung.

**Weber:** So ist das, was in die implizite Ordnung zurückgeworfen wird, nicht verloren, sondern auf gewisse Weise von seiner Essenz her bewahrt.

**Bohm:** Es mag etwas geben, aus dem sich der Urknall entwickelt hat.

**Weber:** Sie haben kürzlich eine supra-implizite Ordnung ins Spiel gebracht. Wie unterscheidet sich diese von der impliziten Ordnung?

**Bohm:** Gehen Sie auf dieses Modell ein, stellt sich die Einfaltung auf zwei Ebenen dar: erstens, eine eingefaltete Ordnung des Vakuums mit kleinen Wellen, die sich entfalten, zweitens, ein Supra-Informationsfeld des gesamten Universums, eine supra-implizite Ordnung, welche die erste Ebene in einzelne Strukturen aufgliedert und eine enorme Entwicklung von Strukturen erlaubt. Die Bedeutung der supra-impliziten Ordnung liegt darin, daß sich trotz der impliziten Ordnung nichts organisiert, wenn wir von der holographischen Theorie ausgehen. Sie ist "linear", sie bewegt sich nur in sich selbst, besondere Hilfsmittel mögen ihr zur Entfaltung verhelfen, doch ist ihr keine eigene Fähigkeit zur Entfaltung einer Ordnung zu eigen. Die supra-implizite Ordnung, das sogenannte höhere Feld (die implizite Ordnung ist als Wellenfunktion anzusehen), wäre eine Funktion der Wellenfunktion, eine höhere Ordnung, eine Suprawellenfunktion. Die supra-implizite Ordnung bewirkt eine Nicht-Linearität der impliziten Ordnung und organisiert dieselbe in relativ stabile Formen mit komplexen Strukturen.

**Weber:** Gibt es eine super supra-implizite Ordnung?

**Bohm:** Es mag sogar eine implizite Ordnung jenseits davon geben. Ich meine, wir abstrahieren immer in gewisser Hinsicht, und jede Gedankenebene muß irgendwo einen Schnitt ziehen. Auch wenn wir mehr und mehr einbeziehen, müssen wir immer von irgend etwas abstrahieren. Es liegt in der Natur des Denkens, daß es niemals die wahre Gesamtheit zu erfassen vermag. Das holistische Denken zieht diesen Schnitt nicht, es ist ungebrochen.

**Weber:** Handelt es sich um ein Kontinuum ordnender Prinzipien?

**Bohm:** Genau so. Auch wenn wir einen Schnitt ansetzen, so erkennen wir doch die Nuancen im Unbekannten. Hier haben wir es mit einem wesentlichen Merkmal der Ganzheit zu tun.

**Weber:** Besitzt sie weder Anfang noch Ende?

**Bohm:** Wir erschaffen, nur für das Denken, irgendeine Distanz.

**Weber:** Doch der Grund für das Postulat einer supra-impliziten Ordnung liegt daran, daß Sie ein organisierendes und aktives Prinzip suchen.

**Bohm:** Ich muß sie nicht postulieren. Sobald sie das Modell von de Broglie auf das quantenmechanische Feld ausdehnen, ergibt sie sich automatisch.

**Weber:** In der Physik?

**Bohm:** Genau das folgt aus der Quantenfeldtheorie. Betrachtet man sie von dieser Seite und durch dieses Modell, sagt die Theorie genau das aus, was ich gerade erläutert habe.

**Weber:** Würde ein konventioneller Physiker dem zustimmen?

**Bohm:** Sie *haben* zugestimmt, doch fahren sie fort: “Was für ein Nutzen ergibt sich daraus? Es zeigt nicht mehr als das, was wir sowieso schon gezeigt haben. Wir sind ausschließlich an empirischen Daten interessiert.” Alles andere fällt ihrer Meinung nach unter Philosophie oder Dichtung.

**Weber:** Sie vermögen sich nur auf den expliziten Bereich und nicht auf die eingefaltete Quelle desselben einzustellen.

**Bohm:** Ja, natürlich liegt dort der Grund. Sie behaupten: “Das Wesentliche der Wahrheit liegt darin, theoretische, mathematische Ideen zu fassen, die dann die Ergebnisse von Experimenten voraussagen. Auf diese Weise erfassen wir die Wahrheit.”

**Weber:** Deren Ursprung dabei irrelevant ist?

**Bohm:** Sie meinen, dieser sei uninteressant und gehen daher darüber hinweg.

**Weber:** Einer Ihrer Vorbehalte gegenüber der gegenwärtigen Physik liegt in der mangelnden Verknüpfung der physikalischen Erkenntnisse mit deren philosophischer Bedeutung.

**Bohm:** Die imaginative, die intuitive Seite.

**Weber:** Modelle zu finden?

**Bohm:** Nicht notwendigerweise neue Modelle, sondern neue Formen der Imagination. Ich betrachte die implizite Ordnung als eine neue Imaginationsform. Die Physiker würden einwenden: “Dies bringt keinen Nutzen, wenn es nicht empirisch verwertet werden kann. Wir werden uns damit befassen, sobald es sich empirisch verwerten läßt – wir befassen uns mit allem.” Hier liegt eine der Schwachstellen der Physik, die nur einen Teil der Schwächen unserer Gesellschaft widerspiegelt, daß nämlich die empirische Verwertbarkeit den zentralen Stellenwert der ganzen Betätigung ausmacht, die letzte Wahrheit darstellt. Sie meinen, die empirische Übereinstimmung stehe für Wahrheit, vorausgesetzt man hat ein logisch mathematisches Argument im

Hintergrund.

**Weber:** Sie sagen, ein imaginatives Modell wie die implizite Ordnung bringt uns der Wahrheit der Dinge näher, obgleich wir momentan nicht sicher sind, welchen empirischen Nutzen wir daraus schöpfen können.

**Bohm:** Ja. Ich meine wirklich, daß jede neue Idee einen Freiraum für die Vorstellung bieten muß, ohne gleich an empirische Verwertbarkeit denken zu müssen.

**Weber:** Einstein kam zu seiner Idee der Relativität, da er sich als Kind oftmals vorzustellen versuchte, wie das Universum wohl aussähe, wenn man es auf einem Lichtstrahl durchreiste.

**Bohm:** Das ist richtig. Es kostete ihn weitere zehn Jahre, die Theorie der Relativität auszuarbeiten.

**Weber:** Sie schließen diese Vorgehensweise also als einen möglichen Weg für physikalische Erkenntnis ein. Als ich einen Professor für Physik fragte, was er von der impliziten Ordnung halte, antwortete er: "Es handelt sich um eine interessante Idee, aber hat Bohm irgendeinen Anhaltspunkt dafür?"

**Bohm:** Ich würde entgegnen, ob es einen Anhaltspunkt für die gängige Interpretation, im Gegensatz zu der von mir vorgeschlagenen, gäbe. Mir ist dieses Argument schon einmal begegnet, und ich meine, die gängige Interpretation und die damit verbundenen Vorgehensweisen haben sich eher zufällig entwickelt. De Broglie hat beispielsweise einen recht unterschiedlichen Ansatz vorgeschlagen, der von den führenden Physikern jener Zeit abgewürgt wurde. Wäre jener Ansatz aufgegriffen und angewandt worden, würden die Menschen heute auch fragen: "Wozu dient dieser andere Ansatz." Er unterscheidet sich nicht von jenem de Broglies.

**Weber:** Sie behaupten, das allgemein anerkannte quantenmechanische Modell wird deswegen angenommen, weil es vertraut ist?

**Bohm:** Ja, und es wurde aus Gründen ausgewählt, die nicht mit der Wissenschaft selbst zu tun haben.

**Weber:** Die implizite Ordnung kommt, wie Sie an anderer Stelle betont haben, den Gleichungen sehr nahe, vielleicht noch mehr.

**Bohm:** Ja. Selbst de Broglies Idee, weiter gedacht in der von mir vorgeschlagenen Weise, wäre ein stärker imaginativer Weg gewesen, die Sache anzugehen. Wahrscheinlich wäre er auch einfacher gewesen. Wäre er angenommen worden, hätten die Menschen die gegenwärtige Vorgehensweise (der Interpretation der Physik) furchtbar unverständlich empfunden.

**Weber:** Wäre es zu speziell, eine kurze Darstellung der Theorie von de Broglie zu geben?

**Bohm:** Es handelt sich im Grunde darum, das Elektron als ein Teilchen anzusehen (ich vereinfache hier stark), das ein Feld um sich hat, eine neue Art eines elektromagnetischen Feldes, das in gewissem Sinne der alten Vorstellung eines Feldes genügt, sich in anderen Bereichen sehr unterschiedlich verhält. Der wesentliche Unterschied liegt darin, daß die Wirkung nicht von der Intensität abhängt. Das bedeutet dasselbe, als würde man behaupten, es wirkt nicht durch mechanischen Druck auf das Teilchen, sondern aufgrund des Informationsgehaltes, der alle Informationen des gesamten experimentellen Aufbaues in sich trägt. Daher waren Ergebnis und experimentelle Bedingungen nicht länger voneinander zu trennen, sie stellten eine Einheit dar, wie Bohr ausführte. Das war aus der Interpretation von de Broglie sofort klar, bleibt jedoch ein tiefes, undurchdringliches Mysterium in dem Modell von Bohr.

**Weber:** Nahm Bohr die Theorie an?

**Bohm:** Bohr sehr wohl. Bohr vermochte den Hintergrund zu erkennen, was auch die Basis seiner Interpretation ausmacht, daß nämlich die Form der experimentellen Bedingungen und die Bedeutung seiner Ergebnisse eine Einheit bilden und nicht weiter analysiert werden können. Er wählte eine sehr komplexe Sprache, um diesen Sachverhalt zu erläutern, die nur wenige Physiker verstehen. Tatsächlich stellt Bohrs Interpretation die einzige in sich konsistente dar, doch wird sie nur von sehr wenigen verstanden. Die meisten Physiker benutzen sie nur in der Annahme, Bohr habe sich schon nicht geirrt.

**Weber:** Wenn Sie von "er" sprechen, meinen Sie Bohr und nicht de Broglie?

**Bohm:** Ja, de Broglie hatte, noch vor Bohr, eine andere Interpretation vorgeschlagen. Die Wissenschaftler ignorierten jedoch seine Darstellung und wandten sich ausschließlich den mathematischen Formeln zu.

**Weber:** Hätten die Physiker das Modell von de Broglie aufgegriffen, wären sie der Erkenntnis von der Einheit der Dinge nähergekommen?

**Bohm:** Ja, denn heutzutage versteht dies kein Physiker ohne sehr komplizierte mathematische Argumente, die seiner Intuition so fremd sind, daß er ihre Bedeutung höchstens im Zusammenhang mit seiner Arbeit, doch mit weiter nichts, sieht. Sie sind so kompliziert, daß überhaupt nur sehr wenige Physiker davon hören. Jedesmal wenn ein neues Lehrbuch verfaßt wird, geht mehr und mehr davon verloren, und heutzutage beziehen sich die Lehrbücher gar nicht mehr darauf. Sie präsentieren Quantenmechanik ausschließlich als eine Ansammlung von Formeln, die man lernen muß, um sie richtig anzuwenden. Diese Folge mußte aufgrund des mangelnden imaginativen Verstehens eintreten.

**Weber:** Sie schreiben der Imagination eine kreative und konstruktive Rolle zu, während sie vorher vor ihrem Mißbrauch gewarnt haben.

**Bohm:** Coleridge unterschied zwei Formen der Imagination, die primäre und die sekundäre. Die primäre Imagination stellt einen direkten Ausdruck der kreativen inneren Kraft dar, was wir eine Enthüllung in der Vorstellung nennen könnten. Die Imagination ist die Entfaltung einer tieferen Tätigkeit des Verstandes, die sich so enthüllt, als entspränge sie den Sinnen, und man mag sie zu fassen bekommen, wenn man sie als Einheit anschaut.

**Weber:** Sie offenbart sich.

**Bohm:** Ja, Offenbarung und Enthüllung haben hier im Grunde die gleiche Bedeutung. Doch die sekundäre Imagination drängt herein, wenn man ein Bild der primären Imagination ständig wiederholt und sich so ein Automatismus herausbildet.

**Weber:** Sie beginnt, auf sich selbst zu verweisen. So offenbart sie nicht länger, sondern wird zur Phantasterei.

**Bohm:** Genauso nennt es auch Coleridge. Er spricht von “phantasieren”, einer Phantasterei.

**Weber:** Imagination stellt damit in kreativ wissenschaftlichem Sinne unser Bestreben dar, tiefe Einsichten in die Natur zu verbalisieren.

**Bohm:** Oder ein Bild davon zu schaffen.

**Weber:** Sie befürworten damit imaginative Modelle, die vielschichtig sind, sich gegenseitig stützen und insbesondere auf ihren inneren Zusammenhang verweisen. Das ist in der Physik bisher nicht der Fall?

**Bohm:** Nun, man ignoriert diesen Punkt einfach und betrachtet ihn als nicht zeitgemäß. Er zahlt sich empirisch nicht aus.

**Weber:** Jenes Modell würde einzig zu einem Verstehen beitragen!

**Bohm:** Ja. Aber die Physiker meinen: “Was heißt verstehen, bevor ich nicht empirisch etwas voraussagen kann?”

**Weber:** Damit setzen sie also Verstehen mit Voraussage und Kontrolle gleich, und Sie widersprechen dem. Sie meinen, Verstehen bedeute, etwas klar zu erkennen und seine Verbindungen zu anderen Dingen zu begreifen. Ist das richtig?

**Bohm:** Das stimmt. Einsicht ist das richtige Wort dafür, etwas begreifen.

**Weber:** Stellt der Einbezug der supra-impliziten Ordnung einen neuen Ansatz dar, oder schließt die implizite Ordnung diese bereits ein?

**Bohm:** Wenn ich über die supra-implizite Ordnung spreche, mache ich keine Annahmen, die über die Physik von heute hinausgehen. Erweitern wir das Modell von de Broglie vom Teilchen auf das quantenmechanische Feld, *entspricht* dieses Bild bereits der supra-impliziten Ordnung. Es handelt sich also nicht um reine Spekulation, sondern um ein Bild, welches die Quantenmechanik von heute bereits impliziert, wenn man sie imaginativ betrachtet.

**Weber:** Die Behauptung eingeschlossen, es gäbe ein ordnendes Prinzip?

**Bohm:** Genau. Mathematisch wird das ein nichtlineares Gleichungssystem genannt.

**Weber:** Um klarzustellen: Wenn Sie sagen, wir sollten es imaginativ betrachten, schlagen Sie uns nicht vor, vage Phantasien ins Spiel zu bringen?

**Bohm:** Richtig.

**Weber:** Sie beziehen sich auf imaginative Interpretationen und Modelle für die mathematischen Gleichungen, eine kreative Imagination.

**Bohm:** Imagination, die die Bedeutung der Mathematik direkt wiedergibt, jener Mathematik, die von allen führenden Physikern verwendet wird, ganz gleich auf welchem Gebiet sie auch tätig sind.

**Weber:** Sie möchten die Konsequenzen der Mathematik der Quantenmechanik offenlegen.

**Bohm:** Ja. Darüber hinaus meine ich, man erkennt sonst nicht den ganzen Gehalt dieser Mathematik, beschränkt sie darauf, empirische Voraussagen zu machen.

**Weber:** Diese supra-implizite Ordnung stellt keinen Endpunkt dar. Es kann so weit gehen, wie das Denken zu gehen vermag, eine super supra-implizite Ordnung etc.?

**Bohm:** Richtig. Das war ein Punkt, den ich noch betonen wollte. Zum Zweiten begrenzt uns das holographische Modell auf die implizite Ordnung und schließt die supra-implizite Ordnung aus. Mit anderen Worten handelt es sich um eine ungeheuere Vereinfachung der Quantenmechanik, wenn man das holographische Modell anwendet; dieses reicht für den klassichen Fall aus. Aber als Modell für die Organisation der impliziten Ordnung durch das Informationsfeld – das quantisierte Informationspotential – vernachlässigt es einen sehr interessanten Aspekt, speziell die aktive Eigenorganisation der impliziten Ordnung. Dies ist entscheidend für das Verständnis.

**Weber:** Wir haben es also mit einem sich selbst organisierenden Universum zu tun, was erneut verdeutlicht, daß sich Bewußtsein nicht von Materie trennen läßt, da das eine gewissermaßen in dem anderen ruht.

**Bohm:** Genau. Die Beziehung der supra-impliziten Ordnung zur impliziten Ordnung ähnelt der uns bekannten Beziehung zwischen Bewußtsein und Materie. Es handelt sich um eine Art Analogie.

**Weber:** Die supra-implizite Ordnung würde dem Bewußtsein, die implizite Ordnung der Materie entsprechen?

**Bohm:** Dem neurophysiologischen Aspekt derselben, der relativ zu dem, was wir normalerweise sehen, noch eingefaltet ist.

**Weber:** Diese Paare erscheinen auf zahlreichen Ebenen.

**Bohm:** Ja, tatsächlich kam mir einmal ein Prinzip in den Sinn, welches ich "Soma-Signatur" nannte, im Gegensatz zur Psychosomatik. Das Wort Psychosomatik bezieht sich auf zwei Bereiche, Psyche und Soma (Körper). Ich möchte jedoch beide Seiten *eines Prozesses* herausheben. Jeder Prozeß kann von seiner somatischen Ebene oder seiner Bedeutungsebene her betrachtet werden. Ein einfaches Beispiel bietet eine Veröffentlichung: Somatisch besehen handelt es sich um Druckerschwärze; jedoch besitzt diese Veröffentlichung auch einen inneren Sinn, eine Signatur. Jeder Teil des Körpers oder auch die Körperfunktionen sind somatisch. Die Nervenbahnen funktionieren durch chemische oder physische Prozesse; zusätzlich besitzt der Körper eine aktive Signatur. Wesentlich für die Intelligenz ist ihre aktive Signatur. In Computern ahmen wir dies bis zu einem gewissen Grad nach. Ich versuche klarzustellen, daß die gesamte Natur entsprechend einer aktiven Signatur organisiert ist. Dies wiederum kann somatisch über eine subtilere Materieform erreicht werden, welche ihrerseits über eine subtilere Form der Signatur strukturiert wird. In dieser Hinsicht ist jede Ebene sowohl somatisch als auch sinntragend.

**Weber:** Dies erinnert sehr an Spinoza. Würden Sie diese Gedanken bis ins Herz der Materie, bis zu den Atomen und subatomaren Teilchen fortsetzen?

**Bohm:** Ja, denn das, was wir Atom nennen, wird durch das supra oder quantisierte Informationsfeld strukturiert, welches ihm seine Signatur verleiht.

**Weber:** Handelt es sich bei der Signatur um etwas, das *wir* einem ansonsten neutralen Objekt verleihen?

**Bohm:** Nein, wesentlich dabei ist, daß es nicht aktiv wäre, würden wir ihm seine Signatur nur zuschreiben. Belegen wir die Aktivität des Computers mit Signatur? In einem Programm wird Information abgelegt. Diese Signatur ist aktiv, denn sie bestimmt die Aktivität des Computers und alle möglichen Aktivitäten, die außerhalb desselben damit zusammenhängen.

**Weber:** Man könnte diese Analogie in Frage stellen, denn wir haben die Signatur des Informationsgehaltes in den Computer hineingelegt und lesen sie auch wieder heraus. Aber an dieser Stelle haben wir es mit der Ganzheit der Natur zu tun.

**Bohm:** Aber die Quantenmechanik weist uns darauf hin, daß diese Art der Aktivität oder Beziehung das eigentlich Wesentliche darstellt, und wir die Natur nur immitieren.

**Weber:** Wir immitieren die Natur in unseren gedanklichen und schöpferischen Aktivitäten?

**Bohm:** Ja, und weiten sie in mancher Hinsicht aus.

**Weber:** Aber verhalten sich diese Prozesse wirklich ähnlich?

**Bohm:** Halten wir die Grundstruktur für vergleichbar, können wir auch von einer Beziehung zwischen dem Supra- oder Informationspotential und der impliziten Ordnung der Materie ausgehen, ebenso wie die subtilen Aspekte des Bewußtseins mit den materiellen Bewegungen der Hormone und elektrischen Reizleitungen der Nerven verknüpft sind.

**Weber:** Es klingt fast das alte hermetische Prinzip an "wie oben so unten". Wir spiegeln das Bild übergeordneter Prozesse wider.

**Bohm:** Ja, im Grunde handelt es sich um das Prinzip der Entsprechung von Ähnlichkeiten und Unterschieden: die Unterschiede in dem einen Feld finden ihre Parallelen in den Ähnlichkeiten eines anderen Feldes. Das Quantenfeld enthält die Informationen über die gesamte Umgebung und die vollständige Vergangenheit und steuert die gegenwärtigen Aktivitäten des Elektrons in ähnlicher Weise, wie unser

Wissen um die Vergangenheit und die Umgebung unser Wirken als menschliche Wesen über unser Bewußtsein beeinflußt.

**Weber:** Bedeutet dies, daß die Natur denkt?

**Bohm:** Nicht ganz, aber die Natur besitzt ebenso wie wir aktive Information; zumindest auf der Ebene *unbewußten* Denkens besteht Ähnlichkeit.

**Weber:** Ein Teil dieser aktiven Information entspringt ihrer eigenen Vergangenheit?

**Bohm:** Ja, oder von irgendwo sonst.

**Weber:** Ist die supra-implizite Ordnung ein Euphemismus für Gott?

**Bohm:** Ich verstehe den Hintergrund der Frage nicht, da die supra-implizite Ordnung wiederum einen Teil einer noch höheren impliziten Ordnung ausmacht. Daher ist diese kein Euphemismus für Gott, weil sie begrenzt ist.

**Weber:** Beziehen wir die Frage dann auf die ultimative super supra-implizite Ordnung.

**Bohm:** Aber diese Ebene können wir gedanklich gar nicht fassen. Es soll nicht die Behauptung aufgestellt werden, irgend etwas sei ein Synonym für Gott. Ich möchte es anders ausdrücken: Menschen erkannten in der Vergangenheit eine Intelligenzform, die das Universum organisiert hatte. Sie personalisierten diese und nannten sie Gott. Ein ähnlicher Einblick ist heutzutage auch möglich, ohne ihn zu personalisieren und einen persönlichen Gott zu nennen.

**Weber:** Dennoch handelt es sich um eine Superintelligenz, von der Sie an anderer Stelle sagten, sie sei gütig und mitfühlend, jedenfalls nicht neutral.

**Bohm:** Nun, es handelt sich um eine Annahme.

**Weber:** Für Sie schließt die Vorstellung von Kreativität die Schöpfung größerer Ganzheiten ein.

**Bohm:** Letztendlich können wir nicht anders als zu zerstören, wenn wir einen fragmentarischen Ansatz gewählt haben.

**Weber:** Wie können diese unterschiedlichen Ebenen in eine Ordnung gefaßt werden?

**Bohm:** Indem wir davon ausgehen, daß eine höhere Ebene die niedere Ebene insgesamt transzendiert. Erstere ist ungeheuer viel größer und unterhält vollständig unterschiedliche Beziehungen, aus denen sich die niedere Ebene als sehr kleiner Teil, abstrakt gesprochen, gewinnen läßt.

**Weber:** Sie besitzt Vollständigkeit, stärkere Kraft, mehr Energie, höhere Einsicht?

**Bohm:** Ja, und gleichzeitig enthält sie in gewisser Weise die niedere Ebene.

**Weber:** Nicht umgekehrt?

**Bohm:** Die niedere Ebene stellt eine Entfaltung der höheren dar.

**Weber:** In Raum und Zeit.

**Bohm:** Ja.

**Weber:** In gewissem Sinne enthalten sie sich gegenseitig, anders gesehen umfaßt die höhere das Ganze und die niedere verhält sich stärker linear.

**Bohm:** Ja. Die höhere wird mathematisch nichtlinear genannt, die niedere linear. Das bedeutet natürlich, daß die lineare Organisation von Zeit und Denken, die die gewöhnliche Ebene charakterisiert, nicht mehr notwendigerweise auch charakteristisch für die höhere Ebene steht. Daher mag ein Bereich jenseits der Zeit eine eigene Ordnung besitzen, nicht jene einfache lineare zeitliche Ordnung.

**Weber:** In dem Fall steht alles Kopf: Wir unterstellen diesen höheren Ebenen unsere begrenzte Auffassung von Raum und Zeit, weil wir sie für die einzig mögliche Ordnung halten.

**Bohm:** Diese höhere Ordnung entspricht nicht grundsätzlich jener von Raum und Zeit, jedoch entfaltet sich die Ordnung von Raum und Zeit aus derselben und faltet sich auf die besprochene Weise auch erneut in sie ein.

**Weber:** Unsere Art von Raum und Zeit ist nur eine unter vielleicht unzähligen Ordnungen, die im Universum möglich sind, doch wir halten sie für die einzige und die Grundlage für jedes Verstehen. Kant drückte das fast genauso aus und war nicht in der Lage, alternative

Bedingungen zu erkennen. Die supra-implizite Ordnung weist eine Alternative zu der gängigen engen westlichen Erkenntnistheorie.

**Bohm:** Ja, sie behauptet, der Informationsgehalt, aus dem heraus sich die implizite Ordnung entfaltet, sei nicht determiniert durch eine raum-zeitliche Ordnung, wie wir sie kennen, sondern trage diese in sich.

**Weber:** Wir könnten von einem Schöpfungsspiel des Universums ("lila" im Sanskrit) sprechen, bei dem es während seiner tiefen Ruhepausen jeweils unterschiedliche Kombinationen hervorbringt.

**Bohm:** Ja, und dadurch werden seine Entfaltungen, Entwicklungen und sein Blühen (wenn Sie hier ein Wort Krishnamurtis aufgreifen möchten) und damit seine Evolution fundamental. Dies schließt sowohl Raum als auch Zeit ein. Zeit selbst stellt nur eine Manifestationsordnung dar. So finden wir zu der Behauptung, es sei eine implizite Ordnung hinsichtlich der Zeit und auch des Raumes möglich; in jeder Zeitspanne könne die gesamte Zeit eingefaltet sein. Dies liegt bereits in der impliziten Ordnung, wenn wir den Gedanken fortführen: Das Holomovement entspricht der Wirklichkeit, und die Ereignisse in der vollen Tiefe dieses einen Augenblickes enthalten die Informationen des ganzen Vorganges.

**Weber:** Sie sagten, der Augenblick sei zeitlos.

**Bohm:** Ja, der Moment ist atemporal, die Verknüpfung der Augenblicke erfolgt nicht in der Zeit, sondern in der impliziten Ordnung.

**Weber:** Von der Sie auch als zeitlos sprachen.

**Bohm:** Ja, und ich möchte dasselbe für das Bewußtsein vorschlagen; lassen Sie uns annehmen, das Bewußtsein existiere, wie die gesamte Materie, in der impliziten Ordnung, und damit wären Bewußtsein und Materie nicht mehr völlig getrennte Dinge. Bewußtsein stellt eher einen materiellen Prozeß dar, einen Teil der impliziten Ordnung wie die Materie selbst, und manifestiert sich in einer expliziten Ordnung, wie auch die Materie.

**Weber:** Der Unterschied zwischen dem, was wir Bewußtsein beziehungsweise Materie nennen, läge in der Zustandsdichte oder Feinheit des Zustandes?

**Bohm:** Der Feinheit des Zustandes. Bewußtsein stellt möglicherweise eine subtilere Form der Materie und der Bewegung dar, einen subtileren Aspekt des Holomovements. In der unmanifestierten Ordnung existiert keine Trennung in Raum und Zeit. Dies gilt für die gewöhnliche Materie und sogar noch stärker für die subtile Form derselben, das Bewußtsein. Sind wir daher gespalten, liegt das zu einem Großteil darin begründet, daß wir uns zu stark an die manifeste Welt als Grundrealität klammern, obgleich es darum geht, getrennte Bereiche, zumindest relativ getrennte, zu kultivieren, die miteinander wechselwirken. In der unmanifestierten Realität bildet alles eine sich durchdringende, untereinander verbundene Einheit. So können wir in der Tiefe von einer Einheit des Bewußtseins der Menschheit ausgehen. Es handelt sich dabei um eine faktische Gewißheit, da Materie selbst im Vakuum eine Einheit bildet; wenn wir diesen Sachverhalt nicht erkennen, so deswegen, weil wir unsere Augen selbst davor verschließen.

**Weber:** Ihre Philosophie der impliziten Ordnung behandelt den Raum stark abweichend von gängigen Anschauungen.

**Bohm:** Ja. Der Raum läßt sich von zwei Perspektiven her behandeln. Eine geht davon aus, die Haut bilde die Grenze unserer Person und schaffe daher einen inneren und einen äußeren Raum. Der innere Raum entspricht natürlich dem abgesonderten Selbst, der äußere ist jener Raum, der die einzelnen Individuen voneinander trennt. Um die Trennung aufzuheben, muß man sich in die Lage versetzen, jenen äußeren Raum zu durchqueren, was Zeit kostet. Ist das klar?

**Weber:** Das entspricht den Gedanken, die die Menschen schon immer dazu hatten.

**Bohm:** Richtig. Betrachten wir das Ganze jedoch als Holomovement, mit diesem ungeheueren Reservoir an Energie und leerem Raum, in dem Materie nur eine kleine Welle bildet, können wir erkennen, daß der Gesamtraum die Grundlage der Existenz darstellt, und wir uns in ihm befinden. Damit trennt uns der Raum nicht voneinander, sondern vereint uns. Dies entspricht zwei Punkten, die durch eine gestrichelte Linie miteinander verbunden sind, die wir als ihre Verbindung ansehen. Wir könnten auch von einer *realen Linie* ausgehen und die *Punkte als Abstraktionen* derselben betrachten.

**Weber:** Die die Linie begrenzen.

**Bohm:** Ja.

**Weber:** Damit drehen Sie den Sachverhalt um.

**Bohm:** Die Linie ist real, die Punkte bilden nur Abstraktionen. Sehen Sie, in diesem Sinne gibt es keine voneinander getrennten Menschen. Diese Idee wäre nur noch eine Abstraktion, die sich ergibt, wenn man Einzelaspekte aus einer Gesamtheit als Abstraktum und selbstexistent ansieht.

**Weber:** Raum ist also fundamentaler und realer als die Objekte in ihm. Setzen wir Ihre Theorie auf die Zeit um, hieße das, *das Intervall zwischen* den Momenten wäre real.

**Bohm:** So könnte man es sehen. Nehmen wir jedoch den Gedanken auf, der Raum sei real, dürfen wir nicht, so meine ich, das *Maß* für den Raum als Realität ansehen. Das Raummaß ergibt sich als Beitrag der Materie. Daher geht Raum über das Raummaß hinaus. Ebenso verhält es sich mit der Zeit. Nehmen wir das Intervall der Zeit als real an, können wir nicht von einem fundamentalen Zeitmaß ausgehen. Wir befinden uns so bereits außerhalb dessen, was wir Zeit nennen. Sprechen wir jedoch von Stille oder “Leere”, ist weder ein Raum noch ein Zeitmaß involviert. In dieser Stille mag nun eine kleine Welle aufscheinen, die ein Maß besitzt. Würden wir jedoch annehmen, diese sei alles, was existiere, und der Raum dazwischen sei unerheblich, hätten wir es erneut mit der gängigen bruchstückhaften Sichtweise zu tun.

**Weber:** Indem wir die Ereignisse als Punkte ansehen.

**Bohm:** Ja, Ereignisse entsprechen Punkten.

**Weber:** Gestatten wir jedoch keine Messung der Zeit über Ereignisse, wird die Linie …

**Bohm:** Zu einer fließenden Bewegung?

**Weber:** Nun, in gewisser Hinsicht zu Stille.

**Bohm:** Es ist reines Fließen. Wenn Sie die Natur betrachten und keine Ereignisse wahrnehmen, dann fließt sie. Der Verstand abstrahiert und stellt Ereignisse hinein.

**Weber:** Aber folgt daraus nicht, daß das Fließen oder die Stille durch keine differierenden Charakteristika unterbrochen werden kann?

**Bohm:** Ja. Ausgenommen die unterscheidenden Charakteristika, die die Gedanken einprägen. Diese Charakteristika haben ihre Berechtigung in einem bestimmten begrenzten Bereich der expliziten und manifestierten Ordnung.

**Weber:** Dennoch meine ich, all dies wird einigen Menschen sehr fremdartig vorkommen. Erstens steht es in Kontrast zu allem, was wir wissen oder gelernt haben. Zweitens scheint es der Intuition zuwiderzulaufen, zumindest für jemanden, der in den modernen Naturwissenschaften geschult ist. Drittens mag es beängstigend oder bedrohlich wirken. Lassen Sie uns diese Zweifel daher auflösen. Sie behaupten, die Ereignisse ließen sich immer voneinander abgrenzen, sie besäßen bestimmte Charakteristika und würden als das angesehen, was die Welt nach außen gibt, sozusagen das weltliche Geschäft. Bei diesen handelt es sich – wie Sie sagen – um sekundäre Derivate, die weniger bedeutend sind als die Nichtexistenz von all dem. Diese Nichtexistenz bedeutet Leere, Stille.

**Bohm:** Sehen Sie, es wäre Holomovement, die fließende Bewegung. Aber es reicht noch darüber hinaus. Selbst auf dieser gedanklichen Ebene könnten wir davon ausgehen, es gäbe eine Sichtweise für die Leere, die Fülle darstellt, richtig? Ich möchte betonen, daß das, was wir Realitäten nennen, tatsächlich eine Anzahl kleiner Wellen darstellt, die auch ihren Platz haben, jedoch die Gesamtheit, den Platz der Gesamtheit, usurpiert haben.

**Weber:** Mit Leere bezeichnen Sie nicht eine substantielle Leere, wie eine "leere" Schachtel. Sie sprechen von der Fülle.

**Bohm:** Es handelt sich um eine Leere, die Fülle ist. Ja.

**Weber:** Eine Leere, die Fülle ist. Was bedeutet das?

**Bohm:** Ich greife hier eine selbst für die Physik gängige Idee auf. Betrachten Sie einen Kristall am absoluten Nullpunkt, streift er keine Elektronen. Sie durchqueren ihn, als sei er leer. Sobald Sie aber die Temperatur erhöhen und damit Inhomogenitäten erzeugen, werden Sie gestreut. Nutzen Sie diese Elektronen nun, um den Kristall zu untersuchen (indem Sie dieselben mit einer Linse fokussieren, um ein Bild zu erhalten), könnten Sie ausschließlich die Inhomogenitäten erkennen und würden behaupten, diese existierten, der Kristall jedoch nicht. Richtig? Ich meine, es handelt sich um eine vertraute Idee, das, was direkt beobachtet werden kann, als einzig existent oder allein ausschlaggebend anzunehmen, und zu fordern, unsere Ideen hätten mit dem, was wir sehen, zu korrelieren.

**Weber:** Daraus ließe sich direkt ableiten, die ganze Vielfalt von Objekten und Geschehnissen innerhalb der Geschichte sei als kleine Wellen anzusehen.

**Bohm:** Ja, reine Wellen. Ihre Bedeutung hängt von dem Verständnis ab, das hinter den Wellen steht.

**Weber:** Sie behaupten, der Hintergrund der Wellen bildet die wahre und tiefschürfende Quelle.

**Bohm:** Ja.

**Weber:** Sie haben auch betont, der Mensch könne sich mit jener Leere verbinden.

(Bohm geht dann darauf ein, der menschliche Verstand könne im Normalfall "Leere" gar nicht verstehen, da diese außerhalb des dreidimensionalen Bewußtseins liege.)

**Bohm:** Es reicht nicht, ein Bewußtsein in Betracht zu ziehen, welches über jenes dreidimensionale hinausgeht. Die Schwierigkeit liegt darin, daß wir dieses dreidimensionale Bewußtsein weiterhin dazu verwenden, uns in jenen unbegrenzten Raum hineinzuführen.

**Weber:** Um darüber zu kommunizieren?

**Bohm:** Um darüber zu kommunizieren. Meditation würde heißen, damit aufzuhören.

**Weber:** Das hört sich sehr nach mystischem Gedankengut an – wir haben unsere Wurzeln in der Unendlichkeit. Wodurch unterscheiden sich diese Gedanken von dem, was die großen Mystiker gesagt haben?

**Bohm:** Mir ist kein grundsätzlicher Unterschied bewußt. Aber was heißt mystisches Gedankengut? Das Wort "Mystik" trägt die Bedeutung von "Geheimnisvollem" in sich, etwas Verborgenem. Vielleicht kann der Normalzustand des Bewußtseins, welcher seine eigene Funktionsweise vor sich selbst versteckt und in ständigem Selbstbetrug verstrickt ist, berechtigterweise "mystisch" genannt werden. Oder wir bezeichnen diesen als "verschleiert" und seine Gegenform als "transparent".

**Weber:** Eine Transparenz bezogen auf die Ganzheit.

**Bohm:** Ja, im Gegensatz zu einer Verschleierung der Ganzheit.

**Weber:** Kierkegaard drückte das sehr treffend aus. Er sagte, Religion bedeute, transparent in die Kraft eingebunden zu sein, die den einzelnen erhält.

**Bohm:** Ja, genau das ist damit gemeint.

**Weber:** Wenn wir über Mystik sprechen, liegt mir eine wichtige Idee am Herzen, die ich gerne diskutieren und verstehen würde – die Vorstellung vom Licht. Das liegt mir besonders am Herzen, weil Sie Physiker sind. Licht wurde als die privilegierte Metapher in der mystischen Sprache und in lebendigen Religionen verwendet, was bis zu den Griechen und in die östlichen Kulturen zurückverfolgt werden kann. Dieses Symbol steht immer für unsere Vereinigung mit dem Göttlichen. Es wird von Licht ohne Schatten, einem alles durchflutenden Licht gesprochen, und es bildet eine der zentralen Metaphern bei Erfahrungen an der Schwelle zum Tod. Haben Sie irgendeine Hypothese dafür, warum Licht eine solche privilegierte Verwendung fand?

**Bohm:** Wenn Sie einen Bezug zur moderen Physik suchen (von Licht und noch allgemeiner von allem, was sich mit Lichtgeschwindigkeit bewegt), könnte man folgendermaßen argumentieren. Wenn ein Objekt auf Lichtgeschwindigkeit beschleunigt wird, ändert sich, entsprechend dem Relativitätsprinzip, sein innerer Raum und die innere Zeit, so daß sich die Uhren relativ zur Geschwindigkeit verlangsamen und die Entfernungen kürzer werden. Man würde keine zeitliche und räumliche Entfernung mehr zwischen zwei Endpunkten eines Lichtstrahles beobachten können. Diese wären in ständigem Kontakt. (Darauf wies bereits G. N. Lewis, ein physikalischer Chemiker, in den 20er Jahren hin.) Man könnte auch vom Standpunkt der gegenwärtigen Feldtheorie ausgehend statuieren, daß jene Felder fundamental sind, die eine sehr hohe Energie haben, für die die Masse vernachlässigt werden kann, welche sich mit Lichtgeschwindigkeit bewegt. Masse stellt ein Phänomen der Verbindung von Lichtstrahlen dar, die hin und her pendeln. Sie friert diese sozusagen in ein Muster ein.

Damit steht Materie für kondensiertes oder gefrorenes Licht. Licht wird nicht ausschließlich von elektromagnetischen Wellen repräsentiert, sondern in gewissem Sinne auch von anderen Wellen, die sich mit derselben Geschwindigkeit fortbewegen. So stellt jede Materie eine Kondensation von solchem Licht in Muster dar, das sich mit einer Durchschnittsgeschwindigkeit bewegt, die unterhalb der Lichtgeschwindigkeit liegt. Selbst Einstein spielte mit dieser Idee. Man mag hoffen, wenn wir uns mit Licht beschäftigen, könnten wir uns der fundamentalen Aktivität, auf der sich jede Existenz gründet, zumindest nähern.

**Weber:** Warum bildet Geschwindigkeit den entscheidenden Faktor?

**Bohm:** Lassen Sie mich die Frage umdrehen. Geht man, mit Piaget, von kleinen Kindern aus, erscheint Bewegung als die vordringliche Wahrnehmung. Sie sehen zuerst die Bewegung und ihren Verlauf in der Zeit, erst später nehmen sie die Entfernung wahr. Sie neigen zu der Feststellung, wenn sich etwas weiter fortbewegt hat, sei es schneller gewesen. Später lernen sie erst, wie es richtig ist. Sie bringen eine tiefere Wahrnehmung in die alltägliche explizite Ebene ein, auf der diese nicht angemessen ist.

In einem tieferen Wahrnehmungsbereich stellt Bewegung die ursprüngliche Realität der Wahrnehmung dar. Bewegungslosigkeit ergibt sich als Folge einer Aufhebung von Bewegung. Man sagt auch, Licht habe eine Nullgeschwindigkeit (Nullverschiebung). Indem wir es trotzdem Bewegung nennen, nähern wir uns nur dem allgemeinen Sprachgebrauch an. In seinem eigenen Bezugssystem gibt es weder Zeit, noch Raum noch Geschwindigkeit.

**Weber:** Was ist es denn?

**Bohm:** Es handelt sich nur um eine primäre Konzeption. Bewegen Sie sich immer schneller, werden die Zeitintervalle langsamer und die Entfernungen kürzer, entsprechend der Relativitätstheorie. Nähern Sie sich der Lichtgeschwindigkeit, schrumpfen Ihre eigene interne Zeit und Ihr eigener Raum zusammen. Hätten Sie Lichtgeschwindigkeit erreicht, könnten Sie von einem Ende des Universums zum anderen gelangen, ohne älter zu werden.

**Weber:** Bedeutet das nicht, einen zeitlosen Zustand erreicht zu haben?

**Bohm:** Das ist richtig. Grundsätzlich heißt das, daß Zeit einem zeitlosen Zustand entspringt.

**Weber:** Dieser ist primär, Zeit ist nur eine Ableitung, die ihn einfriert, einsperrt.

**Bohm:** Ja, sie sperrt ihn bis zu einem gewissen Maß ein, nicht absolut, aber dennoch zu einem Großteil.

**Weber:** Wenn Mystiker die Vision des Lichtes verwenden, benutzen sie es nicht nur als Metapher, für sie scheint es eine Realität zu haben. Sind sie auf eine Ebene von Materie und Energie gestoßen, auf der Zeit nicht existiert?.

**Bohm:** Das könnte sein. Wie ich bereits ausführte, besitzt der Verstand einen zweidimensionalen und einen dreidimensionalen Zustand. Er kann direkt in den Tiefen der impliziten Ordnung wirken, wo dieser (zeitlose) Zustand die primäre Situation ausmacht. Dann könnten wir die alltägliche Situation als sekundäre Struktur ansehen, die als Oberton der primären Struktur erscheint. Hier haben wir es erneut mit der Entscheidung zu tun, was betont wird und was das Nebenthema bildet – die zwei Möglichkeiten ein Thema in der Musik zu behandeln. Das gewöhnliche Bewußtsein entspricht der einen Möglichkeit, die andere Bewußtseinsform der zweiten.

**Weber:** Die gewöhnliche Musik kann sich in Lärm, Mißklang und Disharmonie verzerren. Für die Musik aus den Tiefenstrukturen ist das nicht möglich.

**Bohm:** Die gewöhnliche Musik ist nur in einem begrenzten Bereich möglich.

**Weber:** Sie ist harmonisch, wenn sie die tieferen Harmonien richtig widerspiegelt – die pythagoräische Harmonie der Sphären – doch die andere Musik kann niemals disharmonisch werden.

**Bohm:** Wir könnten diesen Standpunkt einnehmen. Nehmen wir an, es gäbe zwei Pole, von denen ausgehend wir tätig werden können. Dabei wäre es uns möglich, in dem gesamten Spektrum vom extremen bis hin zu dem gewöhnlichen Pol zu wirken. Aber wir glauben mit unserer verzerrten Anschauung, wir könnten an einem Pol oder in seiner Nähe tätig sein.

**Weber:** Wir haben die Tür bereits ins Schloß geworfen, als wir es noch gar nicht mußten.

**Bohm:** Ja.

**Weber:** Für die Mystiker existiert das Licht ohne Einschränkung. Das primäre klare Licht des *Tibetischen Totenbuches* erscheint einem sterbenden Menschen als erste Wahrnehmung. Bewegt er sich nicht darauf zu oder von ihm weg, spürt er weder Ehrfurcht noch Angst, oder manipuliert er es nicht auf eine Art und Weise, als wäre es ein äußeres Licht, verschmilzt er mit ihm und wird dadurch erlöst, *erleuchtet*. Christus spricht: "Ich bin das Licht." Ich habe mich immer gefragt, warum Licht? Aus der Sicht eines Physikers heraus meinen Sie, es habe mit der Nicht-Existenz von Geschwindigkeit und immerwährendem Kontakt zu tun.

**Bohm:** Licht ist auch das, was das Universum umschließt. Nehmen Sie zum Beispiel dieses Zimmer. Es ist von Licht durchflutet, welches in Ihre Pupillen eindringt und sich in ein Bild in Ihrem Gehirn entfaltet.

**Weber:** Sehen Sie darin eine Metapher oder einen tatsächlichen Zustand?

**Bohm:** Es ist Wirklichkeit, zumindest was die Physik betrifft.

**Weber:** Licht ist natürlich Energie.

**Bohm:** Es ist Energie und ebenso Information – Inhalt, Form und Struktur. Es bildet das Potential für alles.

**Weber:** Physiker sind nicht über ihr heutiges Verständnis von Licht glücklich, resultierend aus dem Teilchen-Welle-Dualismus.

**Bohm:** Ja, ich glaube, um das Licht zu verstehen, müssen wir die Struktur, die Raum und Zeit zugrunde liegt, tiefer durchdringen. Man erkennt die Verknüpfung dieser Probleme miteinander daran, daß das Licht die geläufigeren Strukturen von Raum und Zeit transzendiert, weswegen wir es niemals wirklich innerhalb dieser Struktur verstehen werden.

**Weber:** Wie würde die implizite Ordnung mit Licht umgehen?

**Bohm:** Mathematisch gesehen eher natürlicher, denn sie verschreibt sich nicht der Idee von getrennten Raumpunkten; für sie bedeutet die zugrundeliegende Realität etwas, das nicht lokalisiert werden kann, ebensowenig wie das Licht. Eine Sichtweise wäre zu behaupten, Licht bewege sich über eine Reihe von Zwischenstationen von einem Ort zu einem anderen, die andere verneint diese Anschauung vollständig. Für sie existiert Licht einfach, es *ist*.

**Weber:** Es ist an allen Zwischenpunkten?

**Bohm:** Punkte werden durch das Kreuzen verschiedener Lichtstrahlen definiert. Auf diese Weise manifestieren sie sich zumindest in unserer Wahrnehmung. Wir leiten einen Punkt aus der Beobachtung ab, daß viele Lichtstrahlen von ihm ausgehen, z. B. von einem Stern. Auf diese Weise können Punkte als Kreuzungen vieler Lichtstrahlen verstanden werden. Das Licht ist ursächlich, ein Nullvektor.
Hierbei handelt es sich um einen technischen Ausdruck, der die Erkenntnis dieser Tatsache aus physikalischer Sicht wiedergibt.

**Weber:** Hier hat jedes Materieteilchen miteinander Kontakt, ohne einen Zwischenraum.

**Bohm:** Ja, ein Kontakt ohne Zwischenraum.

**Weber:** Damit bildet Licht eine ununterbrochene, ungeteilte Ganzheit.

**Bohm:** So müßte man es betrachten, insbesondere im Hinblick auf die Quantentheorie, die aussagt, auch die Wirkung im Licht sei ungeteilt.

G. N. Lewis beabsichtigte ein Wirkungsquantum genau so zu erklären. Die Behauptung, Licht sei eine Welle, die sich kontinuierlich durch den Raum fortpflanzt, und gleichzeitig ein einzelnes Energiequant, das sich von einem Punkt zu einem anderen bewegt, ist sehr mysteriös. Wie könnte das möglich sein? G. N. Lewis meinte, diese Welle stehe für eine Art Abstraktion, in Wirklichkeit vollziehe sich in jedem Lichtstrahl ein unmittelbarer Kontakt zwischen Quelle und Empfänger. Für das Quantum würde das bedeuten, daß es keine Energieverteilung gäbe.

**Weber:** Damit wäre mit dem Vorgang weder Zeit, noch Austausch, noch Entfernung verbunden. Sie behaupten damit, es gäbe alles das nicht.

**Bohm:** Das ist mein Vorschlag. Die gängige Anschauung beleuchtet die ganze Sache von einer anderen Seite her. Man kann sich die verschiedenen Landkarten der Erde hernehmen; eine davon ist die Projektion von Mercator, die sich sehr gut für Gebiete nahe des Äquators eignet, an den Polen geht sie jedoch von einem unendlichen Raum aus. Daher können auch Landkarten einen falschen Aufbau aufweisen. So können wir schlußfolgern, daß die gewöhnliche Raum-Zeit eine Karte darstellt, die sich ganz gut für moderate Geschwindigkeiten eignet. Nähert man sich jedoch der Lichtgeschwindigkeit, ist ihr Aufbau ebenso falsch wie die Projektion von Mercator an den Polen.

**Weber:** Wir sprechen von Licht als klar, strahlend und energiegleich. Einige Mystiker schrieben ihm Eigenschaften, wie Liebe, Hingabe, Verständnis und eine Fähigkeit zur Heilung zu. Wenn Licht den Hintergrund von allem ausmacht, wie kann dann seine Beziehung zum Vordergrund gefaßt werden?

**Bohm:** Licht bildet jenen Hintergrund, der ganz eins ist, doch sein Informationsgehalt vermag völlig verschiedene Aspekte zu tragen. Licht kann die Information über das gesamte Universum beinhalten. Weiterhin besitzt Licht die Kapazität, über Interaktion verschiedener Strahlen (dies wird von der Physik heute innerhalb der Feldtheorie erforscht) Teilchen und die unterschiedlichen Strukturen der Materie zu erzeugen.

**Weber:** Sie haben den Begriff der *Information* betont, der mit *Wissen* um das Universum zu tun hat.

**Bohm:** Eine Art von Wissen.

**Weber:** Der andere Aspekt wäre mit seinem *Sein* verknüpft. Vielleicht gibt es einen undifferenzierten Bereich des Lichtes. Wenn es sich nun als *Sein* ausstrahlt, als Teilchen, mögen diese seinen "Schatten" oder seine begrenzte Ausdrucksform darstellen.

**Bohm:** Sie sind eine Ausdrucksform, aber sie bilden die kleinen Wellen auf dem ungeheueren Ozean des Lichtes. Dieses Meer aus Energie könnte man sich als Meer aus Licht vorstellen. Der Informationsinhalt könnte aber so gestaltet sein, daß für bestimmte Lichtstrahlen eine Prädisposition vorliegt, die jene zu einer Kombination veranlaßt, die sie sich hin und her bewegen läßt und nicht nur geradeaus, um auf diese Weise Teilchen zu generieren.

**Weber:** Bilden diese kleinen Wellen, diese Teilchen die Silhouette jenes Lichtes?

**Bohm:** Implizit für den Informationsgehalt des Lichtes könnte man dies so sehen. Für die Silhouette weiß ich es nicht. Irgend etwas müßte den Schatten werfen. Was könnte das sein? Das Licht selbst widmet sich der Teilchenerzeugung.

**Weber:** Um was zu bewirken?

**Bohm:** Ich weiß es nicht. Doch könnte dies einer Bereicherung des Universums dienen.

**Weber:** Um konsistent zu sein, müßte man noch betonen, daß das Licht einen Aspekt seiner selbst in Teilchen transformiert, damit jene Teilchen wiederum das Licht offenbaren.

**Bohm:** Das stimmt, sie werden das Potential des Lichtes auf neue Weise enthüllen. So bilden Licht und Teilchen zusammen eine höhere Einheit. Die meisten Physiker ziehen die Unendlichkeit einfach ab und behaupten, sie sei nicht wesentlich. Damit bleiben nur die Teilchen übrig, von denen sie annehmen, nur diese würden aussageträchtig sein.

**Weber:** Aber Sie meinen, dies sei falsch und oberflächlich, weil es hieße, genau das herauszunehmen, in dem diese Teilchen ihre Wurzeln und ihr Sein haben.

**Bohm:** Deswegen behaupte ich, die gegenwärtige Physik habe das Ganze nicht verstanden, sondern bestehe nur aus einem System, um empirische Resultate zu berechnen und zu überprüfen.

**Weber:** Wir haben dem Licht eine kosmologische, eine physikalische und eine metaphysische Interpretation gegeben. Wie steht es mit einer psychologischen und einer spirituellen? Warum verspüren Menschen, die in die Sphäre des Lichtes eintreten, einen unbeschreiblichen Frieden und Glück, obgleich Licht von den Physikern als neutral und wertfrei betrachtet wird?

**Bohm:** Der Geist mag nach einer ähnlichen Struktur aufgebaut sein wie das Universum, und in der zugrundeliegenden Bewegung, die wir leeren Raum nennen, existiert tatsächlich eine ungeheuere Energie, eine Bewegung. Die speziellen Formen, die im Geist aufscheinen, mögen analog zu den Teilchen sein. Ein Ertasten der Quelle des Geistes mag sich ähnlich wie Licht anfühlen. Der wesentliche Punkt liegt nicht darin, daß es sich um Licht handelt, sondern eher um jene freie, alles durchdringende Bewegung der Ganzheit.

**Weber:** Die Energie, die es in dem einzelnen heraufbeschwört, stellt eine integrierte Ganzheit dar, und vielleicht bedingt gerade das jenes tiefe Gefühl von Frieden.

**Bohm:** Ja. Oftmals wurde das Bild von dem Ozean verwendet, der, obgleich völlig aufgewühlt und sturmgepeitscht an der Oberfläche, am Meeresgrund vollkommen friedvoll bleibt.

*Wenn die Materie durch Nichtgleichgewichtsbedingungen gestört wird, strukturiert sie sich selbst; sie wacht auf. Tatsächlich stellt unsere Welt ein Nichtgleichgewichtssystem dar.*

Ilya Prigogine

*Der wesentliche Punkt ist, daß das Ausgangsmaterial nicht unbedingt von irgendwoher stammen muß ...Also kann das Universum mit einer Nullenergie beginnen und dennoch Materie hervorbringen.*

Stephen Hawking

*Materie bildet daher nur ein winziges Tröpfchen jenes Ozeans an Energie, in welchem sie relativ stabil und manifestiert ist.*

David Bohm

LAMA ANAGARIKA GOVINDA

Kapitel III

# MATERIE UND MAYA

Lama Anagarika Govinda

*So wie Sunyata nicht nur das Leersein von allen Bestimmungen einer begrenzten Eigennatur bezeichnet, sondern auch Ausdruck letzter Wirklichkeit ist, so ist auch Maya in diesem Sinne nicht nur das Negative, Verhüllende, die phänomenale Form, sondern jenes dynamische Prinzip, das allen Erscheinungen zugrunde liegt und sich nie in einem einzelnen, in sich abgeschlossenen Produkt, sondern nur im Prozeß, im Werden, im lebendigen Fluß, in unendlicher Bewegung offenbart.*

Lama Govinda

Das Geheimnis der Materie, über das Bohm im vorhergehenden Dialog gesprochen hat, wird nun aus der Sicht des Mahayana-Buddhismus betrachtet, den Lama Govinda vertritt, ein tibetischer Buddhist, ein Gelehrter und Weiser.

Lama Govinda war bereits in den Siebzigern, als ich ihn traf, schlank und zerbrechlich, mit großen, tiefblauen Augen und einem langen, weißen Bart. Er trug die safranfarbene und rote Robe der Vajrayana-Mönche. Trotz seines immer noch deutlichen deutschen Akzentes sah er wie das archetypische Bild eines östlichen Weisen aus.

Das Interview fand 1979 im Landhaus von Emily Sellon in Westchester, New York statt, der Herausgeberin von *Main Currents in Modern Thought* und selbst eine Studentin der östlichen Philosophie. Bei ihr hielt sich Lama Govinda immer auf, wenn er an der Ostküste war.

Lama Govinda strahlte die Einfachheit eines Kindes aus, wodurch ein bemerkenswerter Kontrast zu seiner ungeheuren Gelehrtheit und philosophischen Tiefe entstand, die ich in seinem Werk immer bewundert habe. Dieser Ausdruck der Unschuld war nur schwer einzuordnen. Neben seinem Gesicht mit diesen großen Rehaugen, mag auch die uneingeschränkte Freude, die Lama Govinda an einfachen Dingen des täglichen Lebens erlebte, zu diesem Eindruck beigetragen haben. Ich erinnere mich, wie er während einer Musikstunde in der Bibliothek saß und die Augen geschlossen hielt, seine Hände mit den langen Fingern ruhten auf den Lehnen seines Stuhles, und er war vollkommen in die Musik Mahlers versunken. Wie der Dalai Lama und Bede Griffiths – im Kontrast zu der viel strengeren Erscheinung Krishnamurtis – verbreitete Lama Govinda die Botschaft einfacher Lebensfreude.

Lama Govinda wurde 1898 in Deutschland geboren und starb 1986 in Kalifornien, wo er in der Nähe des Zen-Zentrums in Marin County (ein paar Kilometer nördlich von San Francisco) gelebt hatte. Er wurde als einer der weltweit führenden Gelehrten und Interpreten des tibetischen Buddhismus angesehen, eines Systems, das dem Mahayana-Buddhismus angehört. *Der Weg der weißen Wolken* (1966), eine Autobiographie seines irdischen und spirituellen Weges, erzählt die Suche, die ihn vom Studium der Religion und Philosophie in Deutschland, über die Universität von Neapel und das Studium des Pali und Sanskrit, letztlich nach Ceylon führte, wo er viele Jahre lang studierte und lehrte. Sein erstes Buch über Buddha (das aus seinen Studien in vergleichender Religionswissenschaft stammt) wurde veröffentlicht, als er 21 Jahre alt war. Er erzählt, wie er nach Norden in das Land des ewigen Schnees ging, um in Darjeeling an einer Konferenz teilzunehmen und sich in Tibet, seine Berge und das spirituelle Leben dort verliebte. Er berichtet weiter von seiner schnellen Entscheidung, das singhalesische "tropische Paradies" zu verlassen, um sich im Himalaya anzusiedeln.

Er lebte dort zwei Jahrzehnte lang als Mönchsgelehrter und Mitglied des Kargyupta-Ordens. Seine Studien mit Meistern aus tibetischen Einsiedeleien und Klöstern ermöglichten ihm eine direkte Erfahrung der Lehren des tibetischen Buddhismus, die er später mit jener Klarheit und Einsicht niederschrieb, für die seine Bücher berühmt sind. Nach ca. zwei Jahrzehnten in Tibet ließen sich er und seine indische Frau, die Künstlerin Li Gotami, in Indien, in einem Kloster nahe Almora, hoch im Himalaya, nieder. Er wurde der spirituelle Vorstand des *Arya Maitreya Mandala,* eines buddhistischen Ordens des tibetischen Vajrayana. Lama Govinda, bereits in den Achtzigern, verbrachte die letzten Jahre seines Lebens in der Gegend der Bucht von San Francisco, zuerst auf Allan Watts Hausboot in der Nähe von Sausalito, später in Mill Valley.

Lama Govinda beherrschte Sanskrit, die tibetischen, sowie auch einige europäische Sprachen. Er veröffentlichte viele Bücher über die buddhistische Philosophie und Religion. Eines davon, *Grundlagen tibetischer Mystik* (1960) wurde ein Klassiker auf diesem Gebiet und wird aufgrund seiner außergewöhnlichen Einsichten und der stilistischen Schönheit häufig zitiert. Er schreibt darin, der Schlüssel zur Weisheit liege verborgen im Verstehen der Beziehung des Einzelnen zum Universellen, in der Wahrnehmung der Einheit in der Vielheit, des Geistes in der Materie, des Sakralen im Säkularen und der Rolle des Individualbewußtseins innerhalb des kosmischen Bewußtseins. Diese Gedanken, die zum Teil in dem folgenden Dialog angesprochen werden, besitzen Parallelen in David Bohms *Philosophie der impliziten Ordnung*. Wie Bohm betont Lama Govinda die Notwendigkeit der Integration dieser Perspektiven, da ohne diese Harmonie unsere Existenz farblos bleibt.

Lama Govindas Leben spiegelt diese Bewegung in Richtung auf die Integration wider; sie wurde zum Leitmotiv seines Lebens. Er brachte mit erstaunlicher Ausgewogenheit das intellektuelle Leben eines Gelehrten, das kontemplative Leben eines Weisen, das meditative Leben eines Mystikers, das aktive eines Forschers und Bergsteigers, das Leben eines Kunstmalers der tibetischen Landschaft, das klösterliche Leben eines buddhistischen Ordens und das weltliche Leben eines Ehemanns in sich zur Harmonie. Er beschrieb sich selbst als "indischen Staatsbürger europäischer Herkunft und buddhistischer Gesinnung, der einem tibetischen Orden angehört und an die Bruderschaft der Menschen glaubt".

Wie alle Weisen in diesem Buch unterscheidet auch Lama Govinda zwischen dem Ego und der wirklichen Individualität, und wie die meisten Gesprächsteilnehmer dieses Buches begrüßt auch er die Integration von östlicher Mystik und westlicher Physik. Ich muß gestehen, daß ich die offenherzigen Kommentare über Krishnamurti etwas überraschend fand, dennoch erinnere ich mich, daß sein Tonfall in der für ihn charakteristischen Sanftheit und ohne jeglichen unfreundlichen Beigeschmack war. Von allen Personen in diesem Buch ähnelt Bede Griffiths, ein anderer westlicher Einwanderer nach Indien, Lama Govinda am meisten. In Kapitel 9 ziehe ich weitere Vergleiche zwischen diesen beiden Weisen.

**Weber:** Könnten wir über Materie und *Maya* aus der Sicht des Mahayana-Buddhismus sprechen? *Maya* wird oft als die "Illusion" (Schleier) mißverstanden und impliziert Täuschung und Realitätsverlust, aber ich nehme an, der Ausdruck sollte ursprünglich auf den kreativen Aspekt der Wirklichkeit hinweisen.

**Govinda:** Im Buddhismus handelt es sich um eine typische Auffassung. In der (Hindu-) Advaita-Lehre wird *Maya* als etwas angesehen, was den einzelnen von der Vollkommenheit trennt, im Buddhismus jedoch wird *Maya* sogar verehrt! Eine der Gottheiten wird Mahamaya genannt, eine schöpferische Kraft, ohne die wir nicht existieren könnten. Mit anderen Worten, in genau dem Augenblick, in dem man aufhört, *Maya* als *Maya* anzusehen, existiert *Maya* nicht mehr.

**Sellon:** Es erinnert an eine schöpferische Imagination, und schöpferische Imagination läßt die Welt entstehen.

**Govinda:** Genau. *Maya* stellt in der Definition der Hindus eine göttliche Kraft dar. Wenn dem so ist, wie kann es dann falsch sein? Also sollten wir es akzeptieren.

**Sellon:** In diesem Sinne ist die Welt das, was wir durch den Imaginationsakt geschaffen haben.

**Govinda:** Wir leben in dieser Welt, die wir geschaffen haben oder die durch unsere Sinne geschaffen oder auch begrenzt wurde. Aber da es sich nicht um die endgültige Welt handelt, sollten wir, falls es eine solche endgültige Welt gibt, die Welt in ihrer Begrenztheit anerkennen. Es scheint mir lächerlich, zu behaupten: "Ich möchte die Welt ohne *Maya* sehen". Niemand kann die Welt ohne *Maya* sehen, da sich jedermann in der Welt befindet; es ist unmöglich, sich außerhalb davon aufzuhalten. So ist die Vorstellung einer Welt an sich reiner Unsinn.

**Weber:** Wäre ein Buddha in der Lage, die Welt ohne *Maya* zu erkennen?

**Govinda:** Ich glaube nicht, daß ein Buddha in der gewöhnlichen Bedeutung des Wortes allwissend ist. Der Buddha kannte z.B. nicht die moderne Wissenschaft, wie die Physik. Aber er überragte andere Menschen insofern, als er um die wesentlichen Dinge des Lebens wußte. Er beschränkte sich auf praktisches Wissen. Er fragte: "Wie kann ich glücklicher werden? Wie kann ich es vermeiden, unglücklich zu sein?" Das war das Problem, das er sich selbst gestellt hatte und auch löste. Spätere Generationen haben versucht, den Buddha zu einer Art unerreichbaren Idealfigur zu machen, die vollkommen allwissend war, vollkommenen Klarblick, vollkommene Unbescholtenheit und noch weitere "Vollkommenheiten" besaß.

Daher bedeutet der Ausdruck *Avidya* nicht Unwissen im höchsten Sinne, sondern eher ein Nichtwissen, das sich auf das eigene Ego bezieht. Ein unwissender Mensch bezeichnet jemanden, der sein Ego als die letzte Realität ansieht, wogegen ein Mensch, der sein Ego überwunden hat, nicht unwissend ist. Daher wird das Wort *Avidya* mit "Unwissenheit" sehr schlecht übersetzt. Man sollte es eher Begrenzung nennen. Das Gegenteil von *Avidya* ist Befreiung. Befreiung wovon? Von Unwissen, von dieser falschen Begrenztheit des Ego. Das bedeutet vollkommene Offenheit. Daher würde ich *Nirvana* mit "Offenheit" übersetzen, denn *Nirvana* ist kein steriler Endzustand. Das wäre schrecklich. Meine Vorstellung von Nirvana ist nicht ewige Glückseligkeit, sondern vielmehr die einer Offenheit, die es uns erlaubt, uns weiterzuentwickeln.

**Weber:** Entspricht das dem Verlöschen der Illusion vom Ego, das aus dieser Offenheit zu anderen Bewußtheitszuständen führt?

**Govinda:** Ja, vielleicht. Ich würde allerdings nicht von einem vollständigen Verlöschen der Illusion vom Ego, sondern von der Überwindung dieser Illusion als etwas Statischem und Beschränktem sprechen. In dem Moment, in dem man erkennt, daß das Ego nur etwas darstellt, das man benötigt, um den Geist zu zentrieren ...

**Weber:** Ein Hilfsmittel?

**Govinda:** Ja, ein Hilfsmittel zum Handeln. Dafür benötigt man das Ego. Ich erwarte nicht, daß ein Mensch vollkommen ohne Ego ist.

**Weber:** Es sollte seinen ihm gebührenden Platz einnehmen.

**Govinda:** Ja, den rechten Platz. Das Ego sollte im Leben eines Menschen nicht zu bedeutend werden. Auch im Buddhismus, so glaube ich, liegt der richtige Weg zwischen den Extremen.

**Weber:** Glauben Sie, die meisten buddhistischen Texte stellen das klar genug heraus?

**Govinda:** Drei Viertel der buddhistischen Bücher sind nutzlos. Wir sollten uns um das Wesentliche kümmern, nicht um die Lehren an der Oberfläche. Die Oberfläche ist nur das, was sich geschichtlich während der Jahrhunderte angehäuft hat, was in früheren Zeiten eine Bedeutung gehabt haben mag – tatsächlich war das wohl so; wir sollten versuchen, das Wesentliche aus den Lehren zu nehmen, das für unsere eigene Gegenwart bedeutsam ist.

**Weber:** Sie haben gesagt, obwohl augenblicklich ein großes Interesse am Buddhismus und anderen östlichen Systemen bestehe, könne der Westen diese Einsichten nicht verstehen, wenn er nur die Form übernähme, er müsse sich bemühen, den wesentlichen Inhalt dadurch wiederzugewinnen, indem er ihn in eine neue Form kleide.

**Govinda:** Ich glaube, wir sollten unseren Verstand und unsere Gefühle dafür einsetzen, das Wesentliche zu erkennen. Das Wesentliche liegt nicht in dem, was andere Leute zu sagen haben, sondern vielmehr in dem, was wir selbst erfahren. Das heißt, wir sollten uns genau die gleiche Frage stellen, die sich der Buddha gestellt hat. Der Buddha war, historisch gesehen, der erste Mensch, der anfing, logisch zu denken. Vor ihm war alles nur eine Glaubensangelegenheit, und damals konnte man beinahe an alles glauben. Aber der Buddha hat zum ersten Mal gesagt: „Nicht was ihr glaubt ist wichtig, sondern was ihr tut, und was ihr seid, und was ihr fühlt. Nur wenn eine Lehre mit der eigenen Erfahrung übereinstimmt, dann sollt ihr sie akzeptieren. Ihr sollt nicht einmal meine eigenen Lehren vom Hörensagen übernehmen, sondern nur dann, wenn ihr sie, aus eurem eigenen Blickwinkel her betrachtet, versteht." Ich weiß nicht, ob es jemals einen anderen religiösen Führer gegeben hat, der eine ähnlich freie Haltung zeigte, mit Ausnahme vielleicht von Lao Tse.

**Weber:** Wenn eine wirkliche Synthese von östlichen spirituellen Einsichten und westlicher Wissenschaft möglich wäre, dann würden wir eine profunde Sicht des Universums bekommen.

**Govinda:** Ich glaube, wir sollten fähig sein, das Wissen, das wir durch die Wissenschaft erhalten haben, mit der Erfahrung von uns selbst in Einklang zu bringen. Dadurch würden wir die Wissenschaft "lebendiger" machen und unser Leben zur gleichen Zeit wissenschaftlicher gestalten. Wir benötigen beide Seiten. Der Westen braucht den Osten und der Osten den Westen. Wenn wir beide zusammenbringen, werden wir vollständig sein. Ost und West sind wie die zwei Seiten unseres Gehirns: die eine ist den Tatsachen zugewandt, die andere besitzt die Fähigkeit zur Imagination. Die Fähigkeit des Ostens zur Imagination sollte die Tatsachenorientierung des Westens kompensieren und umgekehrt.

**Weber:** Es könnte dazu noch ein weiterer Aspekt hinzugefügt werden. Wie Sie wissen, gibt es einige Autoren, die jetzt versuchen, in den alten Lehren des Ostens eine Parallele zu den Lehren der modernen Physik zu sehen, insbesondere Raum, Zeit und Energie betreffend.

**Govinda:** Ja, ich glaube, daß Capra zum Beispiel (*Das Tao der Physik*) wirklich recht hat. Die moderne Physik steht den östlichen Auffassungen näher als der mechanistischen Philosophie. Der Westen kommt dem Osten aus eigenem Antrieb heraus näher; eine Verschmelzung scheint daher möglich, denn es besteht kein Widerspruch mehr. Wenn man sich tief in die moderne Wissenschaft hineinbegibt, erkennt man, daß diese die alten Erfahrungen bestätigt. Auch heute noch ist unser Wissen vom Universum so vage, ja beinahe vernachlässigbar gering. Wir müssen zugeben, daß wir nichts wissen.

Das ist sehr wichtig. In der Tat bedeutet Unwissenheit Glückseligkeit. Ich muß zugeben, daß mir das, im Gegensatz zur üblichen Auffassung von *Avidya*, manchmal gefällt! Das Leben bekommt z. B. seine Bedeutung und seinen Wert hauptsächlich dadurch, daß wir *nicht* wissen, was geschehen wird. Nehmen Sie z. B. einen Menschen, der zu einem Fußballspiel geht. Wenn er das Ergebnis schon vorher wüßte, dann würde er sich während des Spiels nur wenig vergnügen. Es ist gerade das *Nicht*-Wissen – die Spannung zwischen dem Nicht-Wissen und dem Wissen – die unser Vergnügen bestimmt. Es wäre schrecklich, wenn wir wüßten, wie unser Leben in der Zukunft verlaufen würde.

**Weber:** Sie haben gesagt, eine Philosophie müsse aus der Bedingtheit ihrer eigenen Zeit heraustreten. In unserer eigenen Zeit ist es im Vergleich zur Weisheit unserer Vorväter schwierig geworden.

**Govinda:** Ich glaube, wir sollten uns von den Bedürfnissen unserer Zeit lenken lassen und nicht fragen, was unsere Vorväter getan haben, sondern vielmehr, was wir jetzt tun können. Unsere Vorväter haben unter Bedingungen gelebt, die ganz anders als die heutigen waren, und wir müssen versuchen, unseren eigenen Weg zu finden. Wenn man z. B. in einer großen Stadt lebt, dann muß man deren Lärm, Enge und hektisches Leben ertragen. Aber man kann auch inmitten von Lärm sehr ruhig sein. In burmesischen Klöstern haben die Mönche z. B. die Angewohnheit, wenn sie etwas auswendig lernen wollen, laut zu rezitieren. Sie machen sich keine Vorstellung von diesem Lärm! Ich könnte mir nichts vorstellen, was lauter wäre als so ein Kloster. Aber die Mönche fühlen sich nicht gestört, wie vielleicht

Menschen aus dem Westen, denn sie hören den Lärm einfach nicht mehr, und so stört dieser auch nicht ihren Frieden.

**Weber:** Ist die Meditation auch in der Abwesenheit einer klösterlichen Umgebung und einer klösterlichen Unterweisung wertvoll, inmitten der Hektik unseres westlichen Lebens?

**Govinda:** Ja, ich glaube schon. Es ist wirklich besser, ohne Unterweisung zu meditieren, denn die meisten Unterweisungen sind irreführend. Sehen Sie, was immer Sie einem anderen Menschen erzählen mögen, es gibt nur Ihre eigene Meinung wieder. Es mag alles für Sie stimmen, aber nicht für den anderen. Daher können Instruktionen etwas sehr Gefährliches sein. Ein wirklicher Guru ist nicht jemand, der versucht, sich anderen aufzuzwingen, sondern vielmehr jemand, der den Qualitäten des anderen zum Licht verhilft. Nur ein wirklich guter Psychologe versucht, seinen Schülern beizubringen, von *ihm* unabhängig zu werden.

**Weber:** Das erinnert an Milarepa, dem sein Meister immer wieder entmutigende Aufgaben gestellt hatte.

**Govinda:** Ja, ja. Kennen Sie übrigens die Geschichte, wie Milarepa seine verschiedenen Häuser gebaut hat? Dreieckige Häuser, runde Häuser, quadratische Häuser, usw. Aus diesen Entwürfen entstanden die Formen der verschiedenen *Chakras* im menschlichen Körper (*Chakras* sind Energiezentren im feinstofflichen, inneren Körper, die nach hinduistischer und buddhistischer Auffassung unser körperliches und emotionales Wohlbefinden regeln. Eine interessante Möglichkeit wäre, daß sich diese *Chakras*, man unterscheidet insgesamt sieben, aus dem zusammensetzen, was Bohm "feinstoffliche" Materie, nicht explizite (d. h. sichtbare), sondern implizite Materie nennt). So muß Milarepa ein *Chakra* errichten, um es dann wieder zu zerstören, dann das nächste aufbauen und wieder zerstören und so weiter und so fort. Man ist nur frei von dem, was man gleichzeitig schaffen und wieder zerstören kann. Das ist sehr wesentlich. Es läßt sich mit dem Vorgang der Meditation vergleichen, der von der Schaffung zur Auflösung der Formen verläuft.

**Weber:** Im Westen glauben wir, Meditation und Handeln müsse *sich abwechseln*. Wir ziehen uns zurück, wir meditieren, und dann gehen wir wieder unseren Beschäftigungen nach. Ist es möglich, inmitten unseres geschäftigen Handelns zu meditieren?

**Govinda:** Eine Meditation, die sich nicht im Handeln bewähren kann, ist nutzlos. In einem solchen Fall glaubt man, man habe etwas erreicht, während man in Wirklichkeit stehengeblieben ist. Aber wenn man das Ergebnis seiner Meditation im Handeln beweist, unterwirft man sich einer Art Kontrolle. Die Meditation sollte uns für alle Möglichkeiten öffnen. So wie sich eine Blume öffnet, um die Sonne hereinzulassen, so sollte alles, was uns in der Meditation begegnet, akzeptiert werden. Man sollte zu einem Gefäß werden, das wieder gefüllt wird. Die Ausdauer, die wir erworben haben, läßt uns handeln. Dann läuft alles vollkommen natürlich ab. In der Tradition der Tibeter z. B. kümmern sich die Menschen um ihre Aufgaben. Sie erfüllen ihr tägliches Pensum, sie kochen ihre Mahlzeiten, sie verrichten ihre Aufgaben, und alle diese Handlungen stellen einen Teil ihrer Meditation dar. Das ist wirklich die höchste Form der meditativen Praxis. Was sie tun, was sie denken, was sie erfahren – alles gehört zu ihrer Meditation. Aber diese Menschen haben sehr wenig Kontakt mit der Außenwelt.

Meditation ist in der Tat eine natürlichere Sache als wir glauben. Die meisten Leute halten die Meditation für einen speziellen Zustand außerhalb ihres Lebens und ihrer normalen Aktivitäten, aber sie nehmen sich nicht die Zeit herauszufinden, wer sie sind, und was mit ihnen geschieht. Die Meditation ist einfach ein natürlicher Zustand der Ruhe, in dem alle Dinge, die normalerweise in uns unterdrückt werden, aus uns herauszukommen vermögen. Heutzutage werden von den verschiedensten Menschen eine Menge Regeln über das Meditieren verbreitet: was man tun sollte und was nicht, und wie man es tun sollte. Aber ich betone immer: versucht nicht irgend etwas zu erzwingen; sammelt euch einfach nur. Bleibt nur für eine Weile in euch zentriert. Dann ist alles, was euch begegnet, was in euch aufsteigt, bedeutsam. Und je weniger man erwartet, desto mehr wird man erhalten. Ich meine, man sollte für die Meditation eine Art von positivem Interesse aufbringen. Die Intensität der Freude ist der beste Beweis für die Effizienz der Meditation. Wenn in jemandem mehr Freude erwacht, dann ist es die Sache wert. Wenn nicht, dann sollte man das Ganze nicht erzwingen.

**Weber:** Wenn einige Leute zum ersten Mal meditieren und eine höhere Dimension des Bewußtseins erfahren, empfinden sie Angst, denn sie befinden sich zum ersten Mal an einem solchen unvertrauten Ort.

**Govinda:** Ich sehe nicht, warum man sich fürchten sollte. Ich bin der Meinung, die Menschen sollten sich einfach wie ein Gefäß sehen, das es zu füllen gilt. Bis sie nicht selbst leer werden, können sie weder erfahren, erfüllt zu werden, noch können sie die Fülle mit Freude erfahren. Um zu wiederholen: Ich rate dazu, offen zu sein. Öffnen Sie sich!

**Sellon:** Glauben Sie nicht, es könne sich um die Angst handeln, das Ego zu verlieren, denn die meisten Menschen identifizieren sich selbst durch ihre Empfindung vom Ego mit diesem Ego? Das ist die vorherrschende Illusion. Sie hängen an der Vorstellung eines "Ich", denn sie haben den Eindruck, sie seien ohne Ego verloren. Es wäre dann niemand mehr vorhanden.

**Govinda:** Das mag sein. Diese Probleme ergeben sich erneut aufgrund des Unwissens über das eigene Selbst. Man stößt immer wieder auf den gleichen Punkt.

**Weber:** Dieses hebt die Trennung zwischen dem Säkularen und dem Sakralen auf und integriert das eigene Leben. Dies ist etwas, wonach wir alle streben.

**Sellon:** Es gibt jedem Handeln eine gewisse Bedeutung. Heute haben viele Menschen den Eindruck, ihr Leben sei bedeutungslos geworden. Wenn wir diese Dimension des Bewußtseins wiedergewinnen können, indem wir jedes Handeln als bedeutsam ansehen – es in dieser Geisteshaltung ausführen – würden wir den Sinn des Lebens wieder erfassen. Er ist ein Teil des Lebensrhythmus, nicht wahr, wie das

Einatmen und das Ausatmen.

**Govinda:** Genau. Deshalb glaube ich, eine der besten Meditationen ist jene über den Atem. Sie stellt einen der besten Wege dar, sich von der Wahrheit des *Anatman* (der Lehre, die besagt, es existiere kein unveränderliches Selbst im Menschen) zu überzeugen.

**Weber:** Würde das jemandem zu einer experimentellen Gewißheit vom *Anatman* verhelfen?

**Govinda:** *Anatman* impliziert nicht, es gäbe nichts Ewiges in uns, sondern vielmehr ist das Ewige als ein ständiges Geben und Nehmen zu verstehen. Nachdem man seinen Atem von außen in sich aufgenommen hat, verändert man ihn in sich und gibt ihn dann an die Natur zurück. Man kann nichts nehmen, was man nicht wieder zurückgibt. Alles im Leben – der Atem, das Essen oder der materielle Besitz – alles, was wir erhalten haben, müssen wir auch wieder zurückgeben.

**Weber:** Ferner haben Sie in Ihrem Buch über Meditation den Standpunkt vertreten, das Anhaften an irgendjemanden oder irgendetwas komme dem Tode gleich (*Schöpferische Meditation und Multidimensionales Bewußtsein*).

**Govinda:** Ich glaube, die Unbeständigkeit gehört zu den Dingen, die uns frei werden lassen. Wenn alles beständig wäre, ewig dauern würde und unveränderlich bliebe, wäre das eine schreckliche Situation, ähnlich wie jenes Problem mit diesen Kunststoffen, die nicht abgebaut werden können und die wir nie wieder los werden.

**Weber:** Der Begriff des *Anatman* verwirrt und ängstigt die Menschen, wenn sie versuchen, ihn mit dem Karma in Beziehung zu bringen. Karma wird als das Gesetz der universellen Gerechtigkeit beschrieben; was ich säe, werde ich auch ernten: alles, was ich zu tun beabsichtige, wird Folgen haben. Die Schwierigkeit ist, diese Folgen mit der Tatsache in Einklang zu bringen, daß es keinen unveränderlichen "Handelnden" gibt: den nämlich, der ernten wird.

**Govinda:** Es gibt einen Handelnden, aber keinen, der unveränderlich wäre. Das bedeutet, daß jeder Mensch eine Verkörperung der Lebenskraft darstellt. Aber diese Lebenskraft ist etwas, das fließt, wächst, sich entwickelt. Also kann man nicht behaupten, es gäbe einen isolierten Handelnden – jemanden, der in sich ruht und vom Rest des Ganzen getrennt existiert. Aber wir können dennoch von unserer Psyche sprechen, oder nicht?

**Weber:** Hier liegt das Problem, Lama Govinda. Auch wenn wir akzeptieren, das, was es auch immer sein mag, hänge mit Vorsätzen und Plänen zusammen und es sei kein Ding oder eine Substanz, dann stellt sich dennoch das Problem der Zuordnung zum Karma und zur Verantwortung für die entsprechenden Vorleben – Umstände, die dieser ganze Bereich in Bewegung gebracht hat, und die jetzt in "meinem" Leben zum Vorschein kommen.

**Govinda:** Was Sie Ihr Leben nennen, ist sozusagen Ihre Linie einer aufeinanderfolgenden Entwicklung. Das bedeutet, Sie erfahren eine unterschiedliche Manifestation Ihrer Lebensenergie, die in einer ununterbrochenen Folge weitergeht. In dieser Hinsicht unterscheidet sie sich von anderen Linien, aber als in sich nicht verschiedene Kraft. Das bedeutet in Wirklichkeit, daß sie verschieden und doch nicht verschieden ist.

**Weber:** Das scheint mir schwer begreiflich.

**Govinda:** Nun, Sie können davon ausgehen, daß alle Menschen Menschen sind, aber sich gleichzeitig voneinander unterscheiden. Daher tritt eine Einheit zugleich mit einer Verschiedenheit auf. Diese zwei Pole der Existenz ko-existieren immer gleichzeitig; der eine kann nicht ohne den anderen gefunden werden.

**Weber:** Sehen Sie denn keinen Konflikt mit der Vorstellung von *Anatman* – es gibt keine Seele, die Substanz besitzt, wie es die Hindus behaupten, und der Zuordnung zu einer persönlichen karmischen Verantwortung?

**Govinda:** Nein. Sie sind für Ihre Handlungs- und Entwicklungslinie verantwortlich, die sich konsequent entfaltet. Aber wenn Sie von Gerechtigkeit sprechen, ist das eine andere Frage. Wir können von Gerechtigkeit innerhalb unseres eigenen Bezugssystems sprechen. Aber es ist unmöglich, über die Natur zu moralisieren oder unsere ethischen Vorstellungen auf die Natur zu übertragen.

**Weber:** Erdbeben z. B. können nicht “ungerecht” sein.

**Govinda:** Genau. Und wir können nicht einmal sagen, ein solches Ereignis habe irgendetwas mit Karma zu tun. Die Naturkräfte handeln gemäß ihrer eigenen Natur. Sie sind weder gut noch schlecht, weder gerecht noch ungerecht.

**Weber:** In der Physik kennt man den Begriff der “Weltlinie eines Teilchens”, die dem vollständigen Ablauf seines Energieaustausches entspricht. Das klingt verwandt mit dem, was Sie ausgeführt haben.

**Govinda:** Ja. Ich meine, die neuesten Konzepte der Physik könnten uns möglicherweise ein besseres Verständnis dieser Bereiche bringen. Es ist z. B. sehr interessant, daß die moderne Physik davon ausgeht, jemand habe um so weniger recht, je mehr Logik er anwendet. Das weist klar auf die Grenzen unserer Logik hin. Das Universum scheint uns deswegen oft unvernünftig zu sein, weil wir unsere eigene Logik auf etwas anwenden, was nicht auf der gleichen Ebene behandelt werden kann. Wir können niemals sagen, wo sich ein Teilchen befindet und wie es sich verhält, und so können wir nur raten, oder es entweder als Teilchen oder als Welle definieren. Dennoch ist es weder das eine, noch das andere, sondern beides.

Sie haben beispielsweise nach der “Logik” der Reinkarnation gefragt. Ich glaube nicht, daß wir die Idee der Reinkarnation auf reine Logik reduzieren können. Da unser Anfang im Unendlichen liegt, und die Ursachen ebenfalls unbegrenzt sind, müssen die Kombinationen notwendigerweise auch unbegrenzt sein. Es ist unmöglich, derartige Zusammenhänge mit unserer linearen Logik zu erklären, denn Ursache und Wirkung sind, vom Standpunkt des Universums aus betrachtet, mehrdimensional. Ich war z. B. von der Beschreibung des Karma als “Energie der Gewohnheit” beeindruckt, wie sie im *Lankavatara Sutra* ausgeführt wird. Nachdem wir einmal etwas getan haben, sind wir gezwungen, das gleiche unter ähnlichen Umständen wieder zu tun. Karma ist in der Tat eine Energie der Gewohnheit, und in dem Augenblick, in dem wir unsere Gewohnheit ändern, verschwindet das Karma.

**Sellon:** Es ist auch eine Frage der Wahrnehmung, nicht? Sobald wir Dinge als unterschiedlich wahrnehmen, sind sie für uns verschieden.

**Govinda:** Ja, auch das ist richtig; es handelt sich um eine sehr subtile Angelegenheit. Daher identifiziere ich die Vorstellung von Karma mit der Vorstellung von Charakter, denn unser Verhalten bestimmt unseren Charakter.

**Sellon:** Das karmische Gesetz ist daher nicht mechanisch.

**Govinda:** Überhaupt nicht. Wie Sie sehen, fühlen sich die meisten Leute von der Vorstellung angesprochen, es gäbe so eine Art universeller Rache.

**Sellon:** Wenn ich es Dir nicht zurückzahlen kann, dann wird es das Universum tun!

**Govinda:** Karma ist ein sehr allgemeiner Ausdruck, der sehr Unterschiedliches bedeuten kann. Im Jainismus bezieht sich Karma auf die Wirkung einer Handlung, egal welcher Handlung. Die geistige Absicht hinter der Handlung ist dabei unerheblich. Im Buddhismus dagegen basiert Karma auf dem Willensentschluß, und nach seiner Lehre gibt es kein Karma ohne Willensentschluß.

In den Rechtswissenschaften der Neuzeit spricht man vom Motiv. Jemanden ermorden zu wollen ist nicht das gleiche, wie es zu tun. Dennoch wird das Motiv als wichtiger angesehen als das Ergebnis. Nehmen Sie z. B. einen Mann, der als Maurer auf einer Baustelle arbeitet. Er hält einen Ziegelstein in der Hand, der ihm entgleitet, hinunterfällt und jemanden tötet, der unten vorbeigeht. Dieser Mann wollte niemanden töten; es handelte sich um einen reinen Zufall, und daher würde er vor dem Gesetz nicht als Mörder gesehen werden. Aber wenn er einen Ziegelstein in der Hand hätte und seinen Feind sehen würde, der gerade unter dem Gerüst durchginge und falls er versuchen würde, ihn mit dem Ziegelstein zu töten, dann wäre er ein Mörder, auch wenn er sein Ziel verfehlt hätte, denn er *wollte* töten. Das entspricht dem Unterschied zwischen Jainismus, Hinduismus (obwohl letzterer verschiedene Erklärungen bietet) und

Buddhismus. Die buddhistischen Schriften heben klar hervor, daß das Karma durch den Willen bestimmt wird, denn sie sagen: “Cetanaham bhikkhave kammam vadami” (“Den Willen, oh Mönche, nenne ich Handlung”).

**Weber:** Können wir über die Beziehung von Leid und Mitgefühl hinsichtlich des Ego sprechen?

**Govinda:** Ich meine, ein Leben, völlig frei von Leid, wäre auch ein Leben ohne Mitgefühl. Denn Mitgefühl für andere macht für einen Arhat, einen Vollkommenen, das letzte Leiden aus. Sicherlich würde man nicht eine Existenz ohne Mitgefühl anstreben. Daher betrachten wir im Mahayana oder im Vajrayana die “Heiligen” aus diesem Grund als die größten Egoisten, weil sie Befreiung für sich selbst suchen; sie möchten in Frieden gelassen werden; sie möchten alles Leid zurücklassen; sie streben danach, die Schmerzen und die Verantwortung für das menschliche Leben zu fliehen. Das ist egoistisch.

**Weber:** Das Ego scheint Mitgefühl zu verhindern, wohingegen eine Individualität Mitgefühl zeigt.

**Govinda:** Individualität bildet nur einen Brennpunkt des Universums. Sehen Sie, Individualität ist nicht an Grenzen gebunden. Sie liegt vielmehr im Brennpunkt der Strahlung, die das ganze Universum enthält. Auf diese Weise steht Individualität nicht im Widerspruch zu Universalität.

**Weber:** Aber die Illusion vom Ego widerspricht derselben.

**Govinda:** Die Illusion vom Ego verhält sich unterschiedlich.

**Weber:** In der buddhistischen Meditation visualisiert man Gestalten wie einen Bodhisattva, der Mitgefühl ausstrahlt; verhindert das die Furcht vor dem Selbstverlust?

**Govinda:** Ja, bis zu einem gewissen Maß, denn man identifiziert sich mit seiner Vision und ist so fähig, sich selbst zu transzendieren.

**Weber:** Also ist das, was zurückbleibt, nicht ein “Nichts”, sondern etwas, das einen Menschen erfüllt.

**Govinda:** Das ist sehr wesentlich. Deshalb behaupte ich, *Sunyata* sei ganz und gar kein negatives Konzept. *Sunyata* bedeutet die schöpferische Leere, aus der heraus alles in das Sein tritt. Diese Vorstellung besitzt wiederum eine enge Parallele zur modernen Wissenschaft.

**Sellon:** Es ist eine Fülle, ebenso wie eine Leere.

**Govinda:** Eine gefüllte Leere (a plenum-void). Dieser Ausdruck, der von Evans-Wentz geschaffen wurde, ist eine recht zutreffende Umschreibung.

**Weber:** Könnten wir über diese Leerheit oder Egolosigkeit reden?

**Govinda:** Ich glaube, im allgemeinen beruht jedes religiöse Denken auf dieser Grundlage. Man muß seine Egoverhaftung überwinden. Es ist nicht so, daß man das Ego aufgibt, sondern man wird nicht mehr daran oder dadurch gebunden. Aber in diesem Augenblick befreit man sich von der Illusion, die einem vorgaukelt, das Ego sei eine unveränderliche Substanz; in diesem Moment erlebt man die Befreiung. Ursprünglich wurde in den *Upanischaden* Atman als ein universelles Zentrum im Selbst aufgefaßt: Atman ist Brahman gleich. In diesem Sinne kann es weitgehend akzeptiert werden. Aber diese Vorstellung von Brahman war zur Zeit des Buddha überhaupt nicht populär. Wenn er von Brahma spricht, dann meint er immer den persönlichen Brahma, niemals den universellen Brahman. Das zeigt, daß die Menschen in Buddhas Umgebung jene Vorstellung des Brahman, von dem die *Upanischaden* sprechen, zu jener Zeit noch nicht erreicht hatten.

**Weber:** Kann man das, was die Hindus als Brahman bezeichnen, mit dem, was der Buddha *Dharmakaya* (d. h. Wahrheit oder Gesetz) nennt, in Beziehung bringen?

**Govinda:** Ich denke, Brahman steht einfach für die Einheit der Welt. Eine der damit assoziierten Vorstellungen, die hauptsächlich in der *Advaita*-Philosophie vertreten wird, führt aus, der einzige Wert, der in der Welt zu finden sei, liege in der Einheit, und die einzige zentrale Illusion, die man überwinden sollte, sei die der Verschiedenheit. Aber es ist natürlich unmöglich, die Einheit zu akzeptieren und die Verschiedenheit zu verneinen, denn diese zwei Begriffe bilden entgegengesetzte Pole der gleichen Wirklichkeit. Wenn Einheit und Verschiedenheit gleichzeitig auftreten, kann ich verstehen, daß es Verschiedenheit in der Einheit geben kann. Aber die Einheit allein ist ohne Bedeutung. Sie ist wie ein Brei – ohne charakteristische Eigenschaften und ohne Unterschiede. Deshalb meine ich, das buddhistische *Advayta* unterscheidet sich vom *Advaita*, wobei *Advaita* das Eine gegenüber dem Vielen bedeutet – das Eine und nicht das Viele, oder die Verneinung des Vielen. Alles wäre in diesem Verständnis gleich. Diese Vorstellung steht Indien heute wirklich im Weg, denn was man auch immer diskutieren mag, die Inder werden uns sagen: "Oh, es ist alles eins; es ist alles das Gleiche". In der Tat ist es sinnlos, irgendetwas zu diskutieren, wenn jemand nicht die Einzigartigkeit und die Bedeutung der verschiedenen Dinge versteht.

**Sellon:** In der christlich-jüdischen Tradition liegt die Betonung auf der Individualität, der Einzigartigkeit der Person. Vielleicht ist diese im Westen überbetont worden, aber wir erkennen dadurch den anderen der beiden Pole.

**Govinda:** Sicherlich. Wir können in uns einzigartig sein, aber das bedeutet nicht, daß wir gänzlich von allem anderen getrennt sind. Es zeigt vielmehr, daß mein Standpunkt aus dem einfachen Grund einzigartig ist, weil ich einen bestimmten Punkt im Raum einnehme. Ich sehe die Welt von diesem Punkt aus, und da jeder andere einen anderen Punkt einnimmt, kann niemand die gleiche Welt sehen, die ich sehe. Daher sage ich, daß es keine Wirklichkeit an sich geben könne, denn wer wäre denn derjenige, der sie erfahren könnte? Ego und Atman sind in der populären Vorstellung mehr oder weniger zu einem Synonym zusammengewachsen. Daher mußte der Buddha von *Anatman* sprechen. Er hat sich niemals über die Wirklichkeit des Atman geäußert; er hatte einfach nur darauf hingewiesen, alles, was man denken könnte, alles, was man erkennen könnte, sei sicher *Anatman*. In dem Augenblick, in dem man es identifiziert, ist es nicht Atman. Also stellt *Anatman* eher einen psychologischen Begriff als eine Lehre dar. Ein solcher psychologischer Begriff ist ein viel sicherer Weg, mit dem Subjekt umzugehen, als jener, von der alten Auffassung des Atman zu sprechen, die für sich genommen schön ist; man kann das Subjekt dann nicht mit dem Ego verwechseln.

**Weber:** Also empfinden Sie es als Gefahr, wenn man einen solchen Punkt verallgemeinert und auf diese Weise mit einer Abstraktion zurückgelassen wird.

**Govinda:** Ja. Nehmen Sie z. B. Ramana Maharshi. Er war ein wundervoller Mensch, und ich bewundere ihn aufrichtig, aber ich kann mich nicht mit seinen Büchern anfreunden.

**Weber:** Was heißt das, Lama Govinda?

**Govinda:** Er sagte, seine erste Frage sei: „Wer bin ich?" Aber wenn man mit dieser Vorbedingung anfängt, geht man von Anfang an in die falsche Richtung, denn man sucht nach einem "Ich", das es nicht gibt.

**Weber:** Wie sollte er diese Frage formuliert haben?

**Govinda:** Er sollte gefragt haben: „Wer bin ich nicht?" Das wäre feinfühliger gewesen und – meinem Eindruck nach – psychologischer.

**Sellon:** Wenn er gefragt hätte: „Was ist dieses Ich?", wäre das dann auch anders gewesen?

**Govinda:** Ja. Wenn er gefragt hätte: „Was ist ein 'Ich'?", wäre er zu der Schlußfolgerung gekommen, es könne niemand wirklich das Ich definieren. In dem Augenblick, in dem er fragt, "Wer bin Ich", nimmt er von Anfang an ein "Wer" an und projiziert dies auf das "Ich".

**Weber:** Mit anderen Worten, er stellt eine falsche Anfangsgleichung auf.

**Govinda:** Er war natürlich ein überzeugter Anhänger des Vedanta, und so stimmt alles, was er sagte, mit der Vedanta-Lehre überein. Er ging besten Gewissens so vor, da bin ich mir sicher, und als Menschen schätze ich ihn sehr, aber er als Mensch war viel wichtiger als seine Lehren. In seiner Person verkörperte er einige der höchsten religiösen Ideen. Aber wenn er versuchte, diese Ideen in Worte zu fassen, dann scheinen diese Worte bloße Wiederholungen des Vedanta zu sein – nichts wirklich Originelles.

**Weber:** Was Sie vorher über diesen "Misch-Masch" des Ganzen gesagt haben, ist sehr interessant. Wir hatten im Westen eine ähnliche Situation, als Hegel Schelling entgegentrat und ihn dadurch lächerlich machte, daß er seine absolute "Leere" als die "unendliche Nacht, in der alle Kühe schwarz sind" bezeichnete, was gleichbedeutend mit einer Allgemeinheit ist, die keinen Inhalt besitzt.

**Govinda:** Ja, aber Hegel war auch einer der großen Verallgemeinerer – ein typischer Logiker. Er dachte sehr logisch und daher sehr wenig real. Er repräsentiert sozusagen den Höhepunkt dieser Art europäischen Denkens.

**Weber:** In Ihrem letzten Buch haben Sie gesagt, ein Mensch, der einmal einen Weg eingeschlagen habe, gleich welchen, sollte diesen besser weitergehen und nicht die Traditionen vermischen – einige Elemente aus dem Hinduismus, einige buddhistische – und sie dadurch aus ihrem Zusammenhang reißen. Stört Sie das sehr?

**Govinda:** Ja. Denn auch, wenn ich einen falschen Weg einschlage und ihm bis ans Ende folge und dann feststelle, daß er falsch war, ist das besser als nie einen Weg zu gehen. Ein zu wählerisches Verhalten führt nirgendwo hin, denn man fängt immer wieder falsch an – hier, dort und überall. Man muß immer wieder zum Ausgang zurück, um einen neuen Weg zu gehen, und am Ende kommt man nirgendwo hin.

Es ist wie beim Bergsteigen. Man kann sich dem Berg von Süden, von Osten, von Westen oder von Norden nähern. Jede dieser Richtungen eignet sich für einen Aufstieg. Aber was würde geschehen, wenn Sie im Norden anfangen, dann plötzlich Ihre Meinung ändern, zum Ausgangspunkt zurückgehen und zum Aufstieg erneut von Osten ansetzen? Auf halbem Weg nach oben denken Sie dann: „Nein, nein, das ist auch nicht gut", gehen nochmals zurück und beginnen das nächste Mal von Süden. Augenscheinlich wird man so niemals den Gipfel aus irgendeiner der Himmelsrichtungen erreichen, da man nie einen Weg zu Ende geht.

**Sellon:** Lama Govinda, Ihre Metapher setzt ein Handeln voraus, nicht wahr? Dennoch ist es möglich, eine Route vor Beginn zu studieren, und sie mit anderen Routen zu vergleichen. Was halten Sie vom Nutzen vergleichender Studien?

**Govinda:** Ich habe im Prinzip nichts dagegen, aber gleichzeitig herausgefunden, daß die meisten Leute, die vergleichende Religionswissenschaften studieren, kein wirkliches Wissen besitzen. Sie erreichen nichts, denn man kann bis in alle Ewigkeit vergleichen und vergleichen und vergleichen, ohne zu einem Ergebnis zu kommen.

**Sellon:** Das stimmt nur, wenn man Wissen sammelt und nicht die Verpflichtung eingeht, durch Erfahrung zu forschen. Aber wenn Sie wirklich nach Licht in einer dunklen Ecke suchen, die Sie sehr gerne verstehen möchten, kann dann diese Methode nicht hilfreich sein?

**Govinda:** Es ist nichts dagegen einzuwenden, verschiedene Traditionen zu vergleichen, wenn man einmal seinen Weg gefunden hat und nicht mehr aus der Bahn geworfen werden kann. Aber wenn man versucht, viele Dinge von hier und dort miteinander zu verbinden und alles mögliche dazuzufügen, wird man letztlich mit nichts enden.

**Sellon:** Mit anderen Worten, man sollte einem Lichtstrahl folgen?

**Govinda:** Ich glaube, das ist richtig. Man sollte seiner Überzeugung folgen: der Weg, zu dem man sich hingezogen fühlt, ist gut für den einzelnen. Andere Leute gehen vielleicht andere Wege, aber man kann wenigstens den eigenen Weg mit voller Überzeugung beschreiten.

**Sellon:** Sie meinen jedoch, man sollte seine eigene Wahl treffen?

**Govinda:** Ich würde sagen, man sollte am Anfang alles betrachten und prüfen. Soviel, daß man genug weiß, um eine wirkliche Wahl treffen zu können. Es ist klar, daß man etwas über Christentum, Hinduismus, Islam und Buddhismus wissen sollte, bevor man etwas akzeptiert, ohne von anderem zu wissen; denn wenn man etwas akzeptiert, ohne etwas anderes zu kennen, hat man keine Wahl getroffen, sondern eine Zufallsentscheidung gefällt. Deshalb sollte man einige Vorbereitungen treffen, sich selbst ein Urteil bilden, aber sobald man gewählt hat, diesem Weg mit Ausdauer treu bleiben.

**Sellon:** Einige Menschen, wie Seyyed Nasr, der islamische Gelehrte, sind der Meinung, man sollte der Tradition folgen, in die man hineingeboren wurde, denn auch wenn sich der einzelne dieser Tradition fremd fühlen sollte, sei diese dennoch der richtige Weg und ein Teil des entsprechenden kulturellen und spirituellen Erbes.

**Govinda:** Ich glaube, dies ist Unsinn. Es mag wahr sein, daß sich die meisten Leute innerhalb ihrer eigenen Tradition wohler fühlen. Aber ich bin nicht der Meinung, man *sollte* seiner eigenen Tradition folgen. Wenn man nicht von ihr überzeugt ist, sollte man auch nicht in ihr verhaften.

**Weber:** Das extreme Gegenstück zu Nasr wäre Krishnamurti, der behauptet, man sei per definitionem verloren, wenn man *irgendeinem* Weg folge. Man könne keiner Tradition folgen, das grenze schon an die Vergiftung des eigenen Brunnens. Wie wäre Ihre Antwort darauf?

**Govinda:** Ich glaube, Krishnamurti, der immer vom Unbedingten spricht, ist einer der bedingtesten Menschen der Welt. Er ist so bedingt, daß er einfach nicht aus seinem eigenen Denken oder sogar aus seinem eigenen Sprachgebrauch herausfindet. Er wird noch immer von den Erfahrungen seiner Jugend und seiner frühen Kindheit beeinflußt; seine Tragödie liegt darin, daß er diese nicht loslassen kann. Er ist ein intelligenter Mensch, aber in seinem eigenen Denken verhaftet; er dreht sich immer wieder im Kreis um die Frage der Existenz und verliert sich schließlich in reiner Abstraktion. Ich muß gestehen, ich höre Krishnamurti gerne; er ist ein sehr guter Redner, vollendet und angenehm. Aber wenn ich nach seinem Vortrag hinausgehe, bleibt der Eindruck, nichts gewonnen zu haben. Ebenso habe ich beobachtet, daß er diejenigen zurückgewiesen hat, die versucht haben, ihm zu helfen, denn er wollte nicht mit seinen eigenen Ideen konfrontiert werden. Natürlich besitzt ein Mensch ohne Humor wenig Weisheit, und Krishnamurti ist völlig humorlos. Er ist über den leichtesten Widerspruch oder die einfachste Frage ungehalten, die nicht in sein System paßt.

**Sellon:** Ich bin sicher, er würde die Vorstellung zurückweisen, er besäße ein System.

**Govinda:** Ja, natürlich. Aber tatsächlich versucht er vielen Prinzipien des Zen-Buddhismus zu folgen, auch wenn er behauptet, er hätte darüber in seinem ganzen Leben noch nichts gelesen. Ich kann jedoch nicht glauben, daß er noch nie etwas über Zen gehört hat.

**Weber:** Er behauptet, jede Tradition – jeder Weg, jede Vorstellung von einem Weg, jedes Ideal – bilde ein Hindernis auf dem Pfad. Ich folgere aus dem, was Sie sagten, daß Sie ziemlich genau das Gegenteil vertreten: daß diese Traditionen uns leiten und fördern können.

**Govinda:** Ja, in der Tat. Ich glaube, Krishnamurti würde sicherlich vom Studium der Gedanken anderer Leute profitieren. Er würde sie dann sicherlich besser verstehen. Meiner Meinung nach ist es eine Art Selbsterhöhung, wenn man sagt: „Ich bin von niemandem beeinflußt worden; ich bin ganz und gar ich selbst." Wir sind von vielen Menschen beeinflußt worden; wir alle müssen vielen Menschen dafür dankbar sein. Warum sollte man das nicht zulassen? Anstatt darüber zu spekulieren, nicht bedingt zu sein, sollte man sagen: „Ich möchte *universell* bedingt sein", d. h. nicht von einer Sache oder einigen Dingen beeinflußt werden, sondern von allen Dingen. Wir alle sind bedingt. Es ist besser, sich dies zuzugestehen. Der Fehler oder das Versagen der meisten Menschen besteht darin, daß sie glauben, nur von einem oder zwei Dingen beeinflußt worden zu sein. Sie erkennen nicht die unbegrenzte Bedingtheit, die uns das Leben auferlegt. Aber wenn wir die Totalität unserer Bedingtheit erkennen würden, wären wir größer als alle diese Dinge. Niemand in dieser Welt kann un-bedingt sein. Das ist unmöglich. Er sollte es auch nicht wünschen. Denn ein solcher Gedanke widerspricht dem Leben als Ganzem – läßt es bedeutungslos und langweilig erscheinen. Wir sollten immer anstreben, vom Ganzen, das selbst unbegrenzt ist, beeinflußt zu werden.

*Ich bin der Meinung, die Schöpfung hängt letztlich von einer nicht-physischen oder trans-physischen Wirklichkeit ab, einer geistigen Wirklichkeit in der Natur.*

Rupert Sheldrake

*Die ganze Natur ist entsprechend der Aktivität ihrer Bedeutung organisiert.*

David Bohm

*Was wäre denn unter den menschlichen Modellvorstellungen anthropomorpher, als zu sagen, alles ist eine Maschine? Maschinen sind ausschließlich und insbesondere menschliche Schöpfungen.*

Rupert Sheldrake

*Das Elektron beobachtet die Umgebung, soweit es auf eine Bedeutung in seiner Umgebung reagiert. Es handelt genauso wie die Menschen.*

David Bohm

RUPERT SHELDRAKE

Kapitel IV

# MORPHOGENETISCHE FELDER: DIE BEDEUTUNG DER NATUR

Rupert Sheldrake

*Diejenigen, die glauben, die Form sei nicht von Bedeutung, werden auch den Geist nicht finden, wohingegen die, die sich an die Form klammern, genau den Geist verlieren, den sie bewahren wollten. Form und Bewegung sind das Geheimnis des Lebens und der Schlüssel zur Unsterblichkeit.*

Lama Govinda

Das Gespräch mit Sheldrake ist der kontroverseste Teil dieses Buches. Ob dies mit Sheldrakes Alter zusammenhängt, bleibt eine offene Frage. Er ist als Anfangsvierziger der jüngste meiner Gesprächspartner, und vielleicht überraschen seine gewagten Theorien denjenigen weniger, der im England der sechziger Jahre aufgewachsen ist, wo gemeinsam mit Kalifornien eine Gegenkultur ihren Ursprung nahm. Aber eine Begegnung mit Sheldrake zerstört alle Klischees der Ära der Beatles, denn er ist in mancher Hinsicht der Inbegriff des britischen "Gentleman", der eine Eliteausbildung durchlaufen hat und tadellose Manieren besitzt.

Es ist vielleicht wichtig, dies hervorzuheben, denn Sheldrakes Theorien haben einen wahren Sturm verursacht. Anläßlich der Veröffentlichung seines Buches: *"Das schöpferische Universum: Die Theorie des morphogenetischen Feldes"* im Jahre 1981 hatte NATURE, eine der bedeutendsten wissenschaftlichen Zeitschriften Englands, dieses Buch “den besten Kandidaten seit vielen Jahren für eine Bücherverbrennung” genannt, während der nicht weniger angesehene NEW SCIENTIST erklärte: „Sicherlich liegt hiermit eine der wichtigsten wissenschaftlichen Untersuchungen über die Natur der biologischen und physikalischen Wirklichkeit vor.” Was ist also so bedrohlich aus der Sicht einer der führenden wissenschaftlichen Zeitschriften des 20. Jahrhunderts, um sie auf eine Sprache zurückgreifen zu lassen, die an die Inquisition oder an totalitäre Bücherverbrennungen erinnert? Diese Frage stellt sich umso mehr, als Sheldrakes einwandfreie wissenschaftliche Glaubwürdigkeit außer Frage steht.

Rupert Sheldrake studierte am Clare College der Universität von Cambridge Naturwissenschaften. Nach einjährigem Studium der Philosophie und Wissenschaftsgeschichte als Frank-Knox-Forschungsstipendiat in Harvard, kehrte er nach Cambridge zurück und schrieb zwischen 1967 und 1973 seine Doktorarbeit in Biochemie und Zellbiologie. In Cambridge war er Rosenheim-Forschungsstipendiat der Royal Society und forschte über die Entwicklung von Pflanzen und das Altern von Zellen. Sheldrakes Wunsch verstärkte sich, seine wissenschaftlichen Erkenntnisse dafür einzusetzen, Leiden zu verringern, und er beschloß, in Indien zu arbeiten. Zwischen 1974 und 1978 war er Mitglied des International Crops Research Institute for the Semi-Arid Tropics (Internationales Institut für landwirtschaftliche Forschung in den semiariden Tropen) in Haiderabad und arbeitete über die Physiologie tropischer Getreidearten. Auch heute verbringt er jedes Jahr vier Monate in Indien am gleichen Institut (ICRISAT) als wissenschaftlicher Berater für Pflanzenphysiologie. Er lebt dort nicht nach verschwenderischem westlichen Standard, sondern so wie seine indischen Kollegen. Seine Forschungen beschäftigen sich mit der Maximierung der Nahrungsmittelerträge, die Indien und andere Entwicklungsländer so dringend benötigen.

Ein Teil seines Aufenthaltes in Indien dient für ihn jedesmal einer inneren Einkehr. Diese findet Sheldrake in Shantivanam, Bede Griffiths‘ Ashram in Südindien, in dem Sheldrake innerhalb von achtzehn Monaten sein Buch schrieb. Während *"Das schöpferische Universum"* in wissenschaftlichen Kreisen kontrovers aufgenommen wurde, begrüßten holistisch gesinnte Intellektuelle anderer Berufsgruppen – von Kalifornien bis New York und in Europa und Asien – das Buch stürmisch. Für letztere wurde Sheldrake zu *dem* Biologen, ähnlich wie Bohm und Capra einige Jahre zuvor *die* Physiker gewesen waren. Es gibt heute auf der Welt kaum eine Konferenz über holistisches Denken oder über Wissenschaft und Mystik, ohne daß Sheldrake gebeten wird, die biologischen Wissenschaften zu vertreten, in denen sich das mechanistische Gedankenbild größtenteils noch behauptet.

Dies läßt sich ohne Zweifel der Verbindung von Sheldrakes Theorien, seiner gewinnenden Persönlichkeit und seinem Stil zuschreiben. Er ist ein klarer und eindringlicher Redner und trotz seiner radikalen Gedanken konservativ und sorgfältig in seiner Wortwahl. Er sieht eigentlich wie das Musterbild eines Engländers aus, mit rötlichem Teint, blauen Augen und feinen Gesichtszügen. Er besitzt volles, braunes, lockiges Haar, eine große und schlanke Gestalt sowie eine jugendliche Ausstrahlung, die über sein tatsächliches Alter hinwegtäuscht. An den vielen Plätzen, an denen ich ihn getroffen habe – Princeton, Indien, Cambridge (Massachusetts), New York und London – umgab ihn eine natürliche Unbefangenheit, und er erweckte den Eindruck, er passe überall hinein, vom kleinen Buchladen am Harvard-Square bis in ein staubiges indisches Dorf. Der größte Teil des nachfolgenden Gespräches fand in meiner Wohnung in Princeton statt, in der sich Sheldrake 1982 für mehrere Tage aufhielt; einige kürzere Abschnitte stammen aus einem Gespräch, das in *ReVision* veröffentlicht wurde, welches er und Bohm einige Wochen vorher in Ojai aufgezeichnet hatten; ein kleiner Teil ist das Ergebnis unserer transatlantischen Telefongespräche im letzten Sommer.

Sheldrakes Hypothese eines morphogenetischen Feldes bringt den Vitalismus wieder in die Biologie zurück, aber vom tieferen Verständnis her ist sie über die Biologie hinaus auch von Bedeutung für die anderen Naturwissenschaften, die Sozialwissenschaften, speziell die Psychologie, bis hin zur Politik. Eine der immer wieder auftauchenden Fragen in den Gesprächen dieses Buches lautet: Was, wenn überhaupt etwas, befindet sich hinter unserer sichtbaren Welt, und was lenkt die Lebewesen in ihr? Gibt es ein höheres Prinzip oder werden jene durch die ungeregelten mechanischen Antriebskräfte lebloser Moleküle gesteuert, die sich zufällig miteinander verbinden. Wie Bohm, der diese Frage in Kapitel 2 stellt, glaubt Sheldrake, etwas Erhabeneres als bloßer Zufall lenke die materielle Welt. Er postuliert die Existenz morphogenetischer Felder (von *morphe* = Form, und *genesis* = zur Existenz kommen). Diese unsichtbaren Felder, Matritzen jeder Art von Form, Entwicklung und Verhaltensweisen, können über Zeit und Raum hinaus wirken. Sie stellen über eine Distanz hinweg durch Wechselwirkung eine Verbindung unter den Lebewesen her, was auch für die Parapsychologie weitreichende Folgerungen mit sich bringt. Sheldrake erwähnt diesbezüglich häufig ein Beispiel: Die erste Verbindung eines Protons mit einem Elektron erzeugte das Wasserstoffatom und war der Grund dafür, daß solche Bindungen erneut auftraten und sich in einer bestimmten Form und mit einem bestimmten Verhalten bildeten, verursacht durch ein Phänomen, das er "morphische Resonanz" nennt. Sheldrake lehnt es ab, darüber zu spekulieren, wodurch das erste Wasserstoff- und Sauerstoffatom gelernt haben, sich zu einem Wassermolekül zu verbinden, indem er ausführt, dies entspreche dem sprichwörtlichen Dilemma von Huhn und Ei, dessen Lösung außerhalb der Wissenschaft liege.

Im nachfolgenden Gespräch erklärt Sheldrake die Grundlagen seiner Theorie und bringt sie in Zusammenhang mit Bohms Theorie der impliziten Ordnung. Achten Sie besonders auf seinen Standpunkt hinsichtlich Kreativität und Spontanität in der Natur, denn dieses Thema wird in Kapitel 10 wieder angesprochen, dem Gespräch mit Prigogine, und vergleichen Sie die Ähnlichkeiten und Unterschiede der Auffassungen beider. Sheldrake wird oft von Wissenschaftlern kritisiert, die ihm einen Mangel an empirischen Belegen für seine Theorie vorwerfen, ein Thema, mit dem er sich im Gespräch auseinandersetzt. Er hat ferner die internationale Gemeinschaft der Wissenschaftler gebeten, ihn dabei zu unterstützen, die Existenz von morphogenetischen Feldern experimentell zu überprüfen und Versuche vorzuschlagen, die diese einer Prüfung unterziehen. Die Tarrytown-Foundation hat einen Preis in Höhe von 10.000 Dollar für den besten Vorschlag eines Experimentes gestiftet, der bis Ende 1985 eingegangen ist; die BBC in London hat es Sheldrake ermöglicht, mit ihren Mitteln "Lernexperimente" mit einigen Millionen Zuschauern durchzuführen. Falls Sheldrakes Theorie richtig wäre, sollte die Lern*geschwindigkeit* bei jeder Gruppe neuer Teilnehmer exponentiell zunehmen.

**Weber:** Warum haben Sie Ihre Theorie der formbildenden Verursachung entwickelt?

**Sheldrake:** Weil die Biologie heute in einer tiefen inneren Krise steckt. Auf der einen Seite stehen Chemiker und Physiker, die auf dem Gebiet der modernen Biologie arbeiten und eigentlich sehr wenig über Tiere und Pflanzen wissen; sie kommen von der Biophysik oder Biochemie, die jetzt auch Molekularbiologie genannt wird, zur Biologie. Sie zerkleinern Organismen, kristallisieren aus ihnen Moleküle, analysieren diese Moleküle durch Röntgenstrukturanalyse mit physikalischen Standardtechniken, entwickeln Theorien über die Struktur von Molekülen und fangen dann an, über das Leben als Ganzes zu spekulieren. Diese Wissenschaftler, die heute die eifrigsten Verfechter dieser Art von mechanistischer Betrachtungsweise sind, sind an sich keine Biologen. Sie sind Physiker und Chemiker, die keine klassische biologische Ausbildung haben.

Diejenigen, die sich mit wirklichen biologischen Problemen beschäftigt haben, z. B. mit der Ausbildung der embryonalen Form, haben durchwegs eine starke Neigung gehabt, von der herrschenden Meinung abzuweichen. Zum Beispiel Driesch, einer der ersten, der sich von der mechanistischen Weltsicht abgewandt hatte, war Embryologe. Er wechselte um die Jahrhundertwende, als Folge seiner Experimente in der Embryologie, zur Schule des Vitalismus über, als die Ergebnisse immer wieder zeigten, daß der ganze Embryo mehr als die Summe seiner Teile ist. Er konnte zum Beispiel Teile von ihm ab-

schneiden und diese bildeten sich erneut; die Ganzheit wurde wiederhergestellt.
Er war der Meinung, diese Ergebnisse zeigten, daß man dieses Phänomen nicht analysieren oder durch eine mechanistische Betrachtungsweise erklären könne. Aber der Vitalismus kam in den zwanziger Jahren außer Mode. Die Wissenschaftler begannen, innerhalb des organizistischen Denkmodells zu arbeiten, das zum Teil von Whitehead übernommen wurde, der behauptete, es gäbe eine genau umgrenzte Eigenschaft von "Ganzheit", die es einem Organismus erlaube, sich zu entwickeln. Diese könne nicht auf eine Analyse seiner Teile reduziert werden. Zu dieser Zeit, im Jahr 1922, wurde die Idee der morphogenetischen Felder zuerst von Alexander Gurwitsch in Rußland und unabhängig davon 1925 von Paul Weiss in Wien eingeführt. Dieses Konzept wurde von Entwicklungsbiologen aufgestellt, die versucht hatten, einen Grund zu finden für diese Eigenschaft der "Ganzheit", die nicht auf die Wechselwirkung von Teilen zurückgeführt werden kann. Von Burtalanffy faßte 1933 in seinem Buch *"Modern Theories of Development"* diese unterschiedlichen Ansatzpunkte innerhalb des organizistischen Paradigmas zusammen und entwickelte später die "Allgemeine Systemtheorie". Eine Generation danach griff Waddington die Idee von den morphogenetischen Feldern in seinem Begriff von der Chreode auf. René Thom ließ seine mathematischen Theorien über die Morphogenese mit Waddingtons Ideen beginnen. Waddington hatte eine Reihe von Studenten, darunter auch Brian Goodwin, der fortfuhr, den Begriff der morphogenetischen Felder weiterzuentwickeln. Er ist ebenfalls Entwicklungsbiologe. Die Aufzählung ließe sich fortsetzen. Man sieht also, daß es in der Biologie eine lange Tradition des Nonkonformismus gibt, die sich langsam auf etwas hinbewegt, das über die mechanistisch-reduktionistische Weltsicht hinausgeht. Diese Tradition, der ich mich zugehörig fühle, hat es schon immer gegeben. Und sie war immer am stärksten unter Entwicklungsbiologen und Embryologen vertreten, wogegen die mechanistisch-reduktionistische Sichtweise eher unter Physiolo-

gen, Biochemikern und Biophysikern vorherrschend war.

**Weber:** Was ist das Wesentliche an ihrer Hypothese?

**Sheldrake:** Es ist am einfachsten, das Wesentliche zu erklären, wenn man mit den Problemen beginnt, mit denen sich diese Theorie hauptsächlich beschäftigt, in diesem Fall den Problemen der biologischen Morphogenese, der "ersten Realisierung" eines lebenden Organismus. Es handelt sich um die Aufgabe, die Formbildung bei Tieren und Pflanzen zu erklären. Der Grund dafür, warum es sich überhaupt um ein Problem handelt, liegt in Folgendem begründet: Wenn sich während des embryonalen Wachstums eine Form ausbildet, wird die Komplexität der Struktur immer größer, d. h. es wird mehr Form aus weniger geschaffen. Dabei handelt es sich um ein Problem, da bei diesem Prozeß keine klar erkennbare Grenze zwischen Ursache und Wirkung deutlich wird.

Normalerweise haben wir in unserem physikalischen Verständnis der Kausalität eine volle Entsprechung von Ursache und Wirkung. Impuls, Energie und Ladung einer gegebenen Reaktion sind vorher genauso groß wie hinterher. Deshalb können wir eine Gleichung aufstellen. Alle diese Dinge, mit denen sich physikalische Gleichungen beschäftigen, stellen in einer Reaktion konstante Größen dar. Aber Form ist etwas anderes: Wenn man eine Blume zu Asche verbrennt, bleiben Masse und Energie erhalten, aber die Form der Blume wird zerstört. Form ist keine Größe, die erhalten bleibt; wir können sie nicht exakt mit mathematischen Prinzipien beschreiben. Niemand vermag zu sagen, ob ein Hühnerembryo aus zehn oder zwölf Formeinheiten besteht. Versuche, quantitative Messungen der Form vorzunehmen, stellten sich in der Biologie als erfolglos heraus. Also befinden wir uns an einer Stelle, von der aus wir Form nicht zu definieren vermögen, aber wir *können* sehen, daß die Komplexität der Form zunimmt, und diese zunehmende Komplexität scheint jeder physikalischen Erklärung zu widerstehen.

In der Biologie mußte der mechanistische (oder reduktionistische) Ansatz die Komplexität der Form dadurch erklären, daß diese als

Ergebnis einer komplexen Wechselwirkung zwischen den Teilen eines Organismus resultiert. Aber darüber hinaus wurde nicht sehr viel mehr festgestellt. Wie Form entsteht, wird als Frage einfach offen gelassen.

Die Theorie der morphogenetischen Felder besagt nun, daß es ein Feld oder eine Raumstruktur gibt, die für die Formentwicklung verantwortlich ist. Falls dieses morphogenetische Feld existiert und eine vorher bestehende Form besitzt, und falls es den sich entwickelnden Organismus formt, würde es eine kausale Entsprechung geben. Man könnte dann auf etwas verweisen, das bereits die ungefähre komplexe Form besäße und den sich entwickelnden Organismus formte. Das morphogenetische Feld würde eine verursachende Rolle spielen. Der Organismus, der sich entwickelt, befände sich innerhalb des morphogenetischen Feldes, und das Feld würde die Formentwicklung des Organismus lenken und kontrollieren.

Das Feld besitzt aber nicht nur räumliche, sondern auch zeitliche Eigenschaften. Waddington demonstrierte dies durch sein Konzept der Chreode, welches durch Modelle von Tälern, durch die Kugeln auf einen Endpunkt zurollen, dargestellt werden kann. Dieses Modell sieht mechanistisch aus, wenn man sich zum ersten Mal damit beschäftigt. Aber wenn man darüber auch nur eine Minute nachdenkt, erkennt man, daß sich der Endpunkt, auf den die Kugel in das Tal zurollt, in der Zukunft befindet, und dieser Punkt die Kugel die ganze Zeit anzieht. Ein Teil der Aussagekraft dieses Modells beruht auf der Tatsache, daß, auch wenn man die Murmel auf einer der Talseiten hinaufhebt, diese wieder den Hang hinunterrollt und den gleichen Endpunkt erreicht. Dadurch wird die Fähigkeit eines lebenden Organismus dargestellt, immer wieder das gleiche Ziel anzusteuern, nachdem man ihn in seiner Entwicklung gestört hat – man schneidet einen Teil eines Embryos ab, und er vermag sich erneut zu bilden. Es wird dennoch der gleiche Endzustand erreicht.

**Weber:** Ich schließe aus Ihrem Buch, daß das morphogenetische Feld nicht eine Ursache in der gewöhnlichen Bedeutung des Wortes darstellt. Es wirkt nicht als *Urheber* der Form. In welcher Hinsicht kann dann das morphogenetische Feld als Ursache wirken?

**Sheldrake:** Ich glaube, das morphogenetische Feld kann als die Ursache der speziellen Form betrachtet werden. Aber es stellt sich das Problem, warum sich das morphogenetische Feld überhaupt mit dem entsprechenden, sich entwickelnden System verbindet. Warum wird das morphogenetische Feld eines Haushuhns einem normalen Hühnerei zugeordnet und nicht dem Ei eines Perlhuhns oder dem eines Menschen? Das hat etwas mit der Frage nach dem Ursprung zu tun.
Wir müssen hier zwei Punkte unterscheiden. Der eine liegt in der kausalen Rolle, die das Feld bei der Formentwicklung spielt, der andere in der Zuordnung des Feldes zu einem bestimmten System. Dieses hängt wiederum von der zuvor existenten Form ab. Auf diese Weise beginnt man niemals ohne Basis. In der biologischen Morphogenese besitzt alles seinen Ursprung in einem planmäßig gegliederten System, das aus einem zuvor existierenden Organismus abgeleitet wurde. Leben entwickelt sich immer aus einem anderen Lebewesen. Man wird niemals etwas wie spontane Zeugung finden.
In der Chemie dagegen existiert spontane Entstehung: Kristallisation kann in einer Lösung ohne einen zuvor existierenden Keim oder einen sogenannten Impfkristall stattfinden. Natürlich kann die Kristallisation schneller ablaufen, wenn man in die übersättigte Lösung ein entsprechendes Fragment des Kristalls gibt. Aber sie kann auch spontan eintreten. Das geschieht wohl deswegen, weil chemisch gesehen durch eine thermische Bewegung früher oder später eine Anordnung von Molekülen hervorgerufen wird, die der Anordnung im Kristall nahe kommt, und die daher als Keim fungiert. Bei lebenden Organismen ist dies nicht möglich, da der morphogenetische Keim (das ist der Ausdruck, den ich für diesen Ausgangspunkt der Entwicklung benutze) so komplex ist, daß eine erste Realisierung durch zufällige Veränderung innerhalb eines vorstellbaren Zeitraumes unmöglich ist. Der Keim muß schon vorgegeben sein, was auch durch Partizipierung an einem schon existierenden Organismus geschieht.

**Weber:** Was hat die Form erschaffen, die schon vorher existiert hat, und was stellte dann die Verbindung zum morphogenetischen Feld her?

**Sheldrake:** Nun, das führt uns auf das Problem zurück, wie wir zu irgendeinem ersten morphogenetischen Feld kamen, nämlich zum Problem der Kreativität. Wie Sie wissen, handelt es sich dabei um einen Punkt, den ich aus Sicht dieser Hypothese gerne offen lassen möchte, denn diese Hypothese beschreibt eigentlich einen Kopiervorgang. Für mich scheint es nicht notwendig, die Frage nach der Kreativität zu beantworten, obwohl ich in meinem Buch einige mögliche Antworten vorschlage.

**Weber:** Eine Hypothese für einen Kopiervorgang? Wie bezieht dies die genetische Kopierung oder genetische Vererbung mit ein?

**Sheldrake:** Ich behaupte, die Vererbung in lebenden Organismen schließt nicht nur Gene und DNA,* sondern auch morphogenetische Felder ein. Diese Felder werden aus früher bestehenden Organismen der gleichen Art durch den Vorgang abgeleitet, den ich morphische Resonanz nenne.

Am einfachsten kann man die morphische Resonanz verstehen, wenn man sie mit einem Radio oder Fernsehgerät vergleicht. Die Drähte und Transistoren des Radios wirken als Verstärker, der die Signale eines Senders empfängt. Der Ton, der aus dem Gerät kommt, wird durch die richtige Anordnung der Drähte und Transistoren und durch das Feld bedingt, auf das der Empfänger abgestimmt wurde, nämlich die Sendung. Wenn man die Drähte und Transistoren verändert, wird man die Sendereinstellung verändern. Man wird vielleicht einen anderen Sender empfangen oder einen gestörten Empfang haben. Ähnlich verhält es sich auch mit dem Ei. DNA und Proteine, die das Ei erzeugt haben, bedingen die "Sendereinstellung" dieser Spezies, und genau dies verbindet das System mit dem entsprechenden morphogenetischen Feld.

---

* DNA = DNS (Desoxyribonukleinsäure)

**Weber:** Wenn wir bei dem Beispiel bleiben, was ist dann der Sender? Würden Sie sagen, das morphogenetische Feld selbst sei die Ursache der Sendung?

**Sheldrake:** Genau.

**Weber:** In Ihrem Beispiel speichert das Feld die Ereignisse der Vergangenheit.

**Sheldrake:** Ja. Der Hauptzweck des Vergleichs mit einem Radio oder einem Fernseher ist, damit zu zeigen, daß zwei Faktoren beteiligt sein können. Sehen Sie, die häufigste Begründung eines Einwandes von Seiten der Mechanisten gegen die Idee, außer DNA und chemischen Substanzen gäbe es noch etwas anderes, das einen Anteil an einem Lebewesen besitzt, oder etwas anderes als nur das Gehirn sei am Zustandekommen des Bewußtseins beteiligt, liegt in der Tatsache, wenn man die chemische Zusammensetzung oder die DNA durch Genmanipulation oder Mutation verändert, erhält man auch ein anderes Ergebnis. Daraufhin schlußfolgert man, dies beweise, das Resultat sei nichts anderes als ein Produkt der DNA. Wir können dieses Argument im Zusammenhang mit der Biologie immer wieder hören; eingeschlossen wird auch die Behauptung, das Bewußtsein sei nichts anderes als eine Folgeerscheinung der Gehirnfunktion, denn bei einer Zerstörung des Gehirns werde auch das Bewußtsein verändert, oder falls man Drogen in den Blutkreislauf bringe, verändere man die Funktion des Gehirns. Ich beabsichtige mit meiner Analogie zu zeigen, daß alles dies stimmen könnte – man kann das System beeinflussen, indem man die chemische Zusammensetzung oder die DNA, die Proteine usw. verändert – dennoch muß dies nicht notwendigerweise allein für die Form verantwortlich sein.

**Weber:** Die große Stärke dieser Analogie liegt darin, daß eine Sendung die ganze Zeit über ausgestrahlt werden kann, aber, falls der Empfänger abgestellt wird, nichts mehr empfangen werden würde; dies könnte einige Leute dazu verleiten zu glauben, die Sendung würde vom Empfänger produziert.

**Sheldrake:** Wenn Sie das Beispiel noch ein wenig weiter führen, können Sie die Anwendung der mechanistischen Denkweise auf die Biologie mit dem Versuch vergleichen, die Bilder auf einem Fernsehschirm durch eine immer verfeinerte chemische Analyse der Transistoren, Kondensatoren und Drähte usw. zu verstehen und dabei vollständig die Abhängigkeit der Bilder von der Übertragung, die an einem ganz anderen Ort ausgestrahlt wird, außer acht lassen. Tatsächlich können weder Radio oder Fernsehen noch Lebewesen auf einfache Art und Weise in der Sprache der Chemie und durch die einfache Anordnung ihrer Teile erklärt werden. Aber die Mechanisten werden darauf entgegnen: „Nun gut, wir geben ja zu, daß wir es jetzt nicht erklären können, aber wir werden in Zukunft eine Erklärung dafür finden." Sie stellen damit undatierte Versprechungen auf. Die mechanistische Betrachtungsweise enthält einen wesentlichen Glaubensanteil und stellt keine wirklich streng wissenschaftliche Hypothese dar.

**Weber:** Auf welche Art und Weise unterscheidet sich davon die Hypothese der formbildenden Verursachung?

**Sheldrake:** Die Hypothese der formbildenden Verursachung läßt sich ähnlich wie die mechanistische Theorie überprüfen. Sie kann Experimenten der Art, wie ich sie in meinem Buch vorschlage, unterworfen werden. Ein Beispiel basiert auf der Überlegung, daß Ratten an einem Ort einen neuen Trick lernen, und dann Ratten der gleichen Art aufgrund der morphischen Resonanz den gleichen Trick weltweit schneller lernen sollten. Es könnten genaue Experimente durchgeführt werden, um diese Voraussage unter Verwendung normaler wissenschaftlicher Methoden zu überprüfen.

Aber selbst die mechanistische Biologie wird gezwungen, etwas ähnliches wie morphogenetische Felder anzunehmen. Diese werden in versteckter Form in Ausdrücken wie "genetische Programme" eingeführt. Ein genetisches Programm ist *nicht* das gleiche wie die DNA, da die gleiche DNA in allen Zellen des Körpers vorhanden ist, und sich dennoch Auge, Ohren, Niere und Leber ziemlich unterschiedlich voneinander entwickeln – wenn sie alle dem gleichen Programm folgen würden, könnte ihre Entwicklung nicht so unterschiedlich verlaufen. Also muß es etwas geben, das über der DNA steht und deren Entwicklung strukturiert. Diese Auffassung des genetischen Programms ist natürlich teleologisch: Programmierung ist etwas, das ein Ende oder ein Ziel beinhaltet. Sie sehen also, die mechanistische Theorie muß, sofern sie mit genetischen Programmen oder genetischen Instruktionen arbeitet, über die mechanistische Betrachtungsweise selbst hinausgehen. Wenn man diese Konzepte ernst nimmt, könnte man schlußfolgern, daß sie in Richtung der formbildenden Verursachung weisen. Diese Konzepte wurden nicht genau analysiert und sind eigentlich nicht mechanistisch.

**Weber:** Sie geben damit zu verstehen, daß diese Wissenschaftler von der Funktion eines Feldes Gebrauch machen, ohne es so zu nennen und sich dessen bewußt zu sein.

**Sheldrake:** Ja. Ich glaube, vieles von dem, was morphogenetische Felder verursachen können, ist mit dem vergleichbar, was von genetischen Programmen behauptet wird, und genauso, wie genetische Programme offensichtlich mit der DNA verbunden sind – wenn man die DNA verändert, verändert man auch das Programm – so sind auch morphogenetische Felder mit der DNA verbunden – wenn man die DNA verändert, so verändert man auch die "Sendereinstellung".

**Weber:** Also läßt sich Vererbung zum einen Teil auf den genetischen Keim im Organismus, zum anderen auf die morphische Resonanz mit dem morphogenetischen Feld zurückführen.

**Sheldrake:** Ja. Vererbung kennt zwei Seiten, die DNA und etwas mehr als die DNA, das morphogenetische Feld. Die morphogenetischen Felder haben eine ähnliche Bedeutung für das genetische Programm und, wie ich gerade gesagt habe, das genetische Programm ist nicht mit der DNA identisch. Die mechanistischen Denker setzen immer voraus, das genetische Programm könne begründetermaßen als ein Aspekt der DNA angesehen werden. Der Grund, warum ich dies für unmöglich halte, liegt in dem Wissen darüber, was die DNA vermag, welches in der Tat als Ergebnis der mechanistischen Forschung bekannt ist. Die DNA enthält eine Sequenz der chemischen "Buchstaben" des genetischen Codes, die in die Aminosäuresequenz von Proteinen übersetzt wird. Ein Teil der DNA ist eher direkt mit der Kontrolle der Proteinsynthese beschäftigt und dient nicht als Code für Proteine. Dies ist bereits gezeigt worden, und es klingt alles vernünftig und sehr interessant. Dadurch, daß die DNA den Code für die Aminosäuresequenz liefert, ermöglicht sie der Zelle, bestimmte Proteine herzustellen. Das ist *alles*, was die DNA kann.

Aber das Problem der Morphogenese beinhaltet nicht nur die Frage, wie die richtigen Proteine zur richtigen Zeit in die richtigen Zellen gelangen. Sie lautet vielmehr: Wie stellen es die Zellen, die diese Proteine beinhalten, an, eine bestimmte Form zu bilden; wie ordnen sich Zellen in einer bestimmten Form an und wie wird aus ihnen ein Organismus mit einer bestimmten Form. Die DNA hilft uns dabei zu verstehen, wie man zu den Proteinen kommt, die anscheinend die Ziegelsteine und den Mörtel beitragen, aus denen der Organismus gebaut wird, aber sie erklären nicht, wie Ziegelsteine und Mörtel sich zu einem bestimmten Muster oder einer bestimmten Form zusammenfügen. Die Vorstellung, die DNA forme den Organismus oder programmiere sein Verhalten, stellt eine ziemlich unzulässige Extrapolation dessen dar, was wir über die Funktion der DNA wissen. – Diese kodiert einfach die Aminosäuresequenz von Proteinen und spielt eine Rolle bei der Proteinsynthese.

**Weber:** Sie meinen also, das mechanistische Modell gehe, so wie es die Rolle der DNA erklärt, zu *weit?*

**Sheldrake:** Das ist richtig. Alles, was mit Vererbung und den Eigenschaften eines lebenden Organismus zu tun hat, wird innerhalb des mechanistischen Modells auf die DNA projiziert - alle ungelösten Probleme der Biologie werden der DNA zugeschrieben. Die DNA wird in meinen Augen weitgehend überschätzt. Die Biologen sehen sich gezwungen, für die DNA Rollen, Möglichkeiten und innere

Kräfte anzunehmen, die weit über das hinausgehen, was wir von der DNA wissen. So wird eine genaue und gut definierte Theorie über den Mechanismus, wie die DNA für die RNA* kodiert, und wie die RNA für Proteine kodiert, zu einer Art mystischer Theorie verzerrt, innerhalb der die DNA unerklärte Kräfte und Eigenschaften besitzt, die überhaupt nicht in exakten molekularen Begriffen faßbar sind. Soviel wäre zu den Phantasievorstellungen zu bemerken, die über die DNA bestehen, über Fähigkeiten, die die DNA besitzen soll, und die über das hinausgehen, was wir wirklich wissen. Diese vermuteten zusätzlichen Eigenschaften entsprechen meiner Meinung nach genau dem, was morphogenetische Felder vermögen.

**Weber:** Was sind die Eigenschaften morphogenetischer Felder, und wie unterscheiden sie sich von sichtbaren Objekten?

**Sheldrake:** Sehr allgemein gesagt sind Felder unsichtbar und mit unseren Sinnen nicht wahrnehmbar. Felder besitzen ebenfalls Eigenschaften räumlicher Muster. Das Gravitationsfeld ist ein räumliches Muster, und tatsächlich hat Einstein die Gravitation als Krümmung des Raumes selbst angesehen. Magnetische Felder haben räumliche Muster; z. B. lassen Eisenfeilspäne, die um einen Stabmagneten verteilt werden, das räumliche Muster dieses Feldes sichtbar werden. Die Struktur des Feldes ist vorhanden, ob man sie sichtbar werden läßt oder nicht, denn Felder verursachen räumliche Muster, die selbst unsichtbar sind. Sie können nur durch ihre Wirkung bemerkt werden; Gravitationsfelder wurden eingeführt, um Gravitationseffekte zu erklären, die wir aufgrund ihrer Wirkungen kennen. Elektromagnetische Felder wurden postuliert, um elektromagnetische Wirkungen zu erklären, und wir wissen von ihnen nur aufgrund dieser Wirkungen. Ich glaube, morphogenetische Felder sind in ähnlicher Weise räumlich vorhanden und nicht direkt sichtbar, und wir können sie nur durch ihre morphogenetischen Wirkungen bemerken.

---

* RNA = RNS (Ribonukleinsäure)

**Weber:** Lassen sie uns auf die morphogenetischen Felder selbst kommen. Sind sie *real* oder stellen sie nur nominalistische (d.h. nur dem Namen nach wirkliche) Kunstgriffe dar?

**Sheldrake:** Ich glaube, sie sind in dem gleichen Sinn real, wie wir normalerweise Gravitations- und elektromagnetische Felder als real ansehen.

**Weber:** In Ihrem Buch beschreiben Sie morphogenetische Felder als nicht energetisch. Würde das diese Art von Felder nicht von einem elektromagnetischen Feld unterscheiden, das Energie trägt und Ereignisse und Prozesse hervorrufen kann?

**Sheldrake:** Ja. Der Grund für meine Behauptung, die Felder selber seien nicht energetisch, liegt in der theoretischen Annahme, diese Felder hätten nicht-lokalen Charakter – würden nicht durch Zeit oder Raum schwächer – sie agierten jenseits von Raum und Zeit. Falls diese nicht-lokalen Felder an einem Energietransfer beteiligt wären, gäbe es keine Möglichkeit, ihnen diese Eigenschaften zuzuschreiben.

Diese Felder sind immer mit energetischen Systemen verbunden – sie interagieren immer mit energetischen Systemen. Der Grund für die Behauptung, sie würden selbst keine Energie tragen, liegt zum einen Teil an der Art und Weise, auf die sie von Ort zu Ort übermittelt werden (nicht-lokal), zum anderen daran, daß sich ihre Ursachenwirkung von der unterscheidet, mit der sich die Physik beschäftigt, welche sich immer energetisch erklären lassen. Die Frage nach der Form besitzt ein merkwürdiges Verhältnis zur Energie; erstere kann niemals ohne Energie oder Aktivität bestehen, denn ohne etwas, das wirklich vorhanden ist, oder Aktivität oder Energie besitzt, kann eine Form nicht physisch existieren.

**Weber:** Könnten Sie die Idee der morphischen Resonanz weiter ausführen?

**Sheldrake:** Sie beinhaltet die Vorstellung eines automatischen, selbstselektierenden Prozesses. Wenn Sie ein Klavier besitzen und bei diesem irgendeine Taste anschlagen, sagen wir das “A”, dann werden nur die “A”-Saiten und ihre Obertöne schwingen und nicht die “B”-Saiten. Die Oberschwingungen treten nur bei den entsprechenden Saiten auf. Es handelt sich um einen automatischen Selektionsvorgang – Ähnlichkeit allein verursacht diese Resonanz. Morphische Resonanz ist jedoch nicht genau das gleiche wie andere Arten von Resonanz, die alle energetisch, über einen Energietransfer, wirken. Das Wort “morphisch” verweist auf eine Form von Resonanz, die von der Ähnlichkeit der Form abhängt; d.h. eine Form wird eine andere ähnliche Form beeinflussen. Das Kriterium für das Auftreten von Resonanz ist die Ähnlichkeit der Form.

**Weber:** Warum postulieren Sie eine solche Vielzahl an morphogenetischen Feldern? Sind sie wirklich alle notwendig?

**Sheldrake:** Die Vielzahl der morphogenetischen Felder ergibt sich aufgrund der großen Zahl natürlicher Formen. Es gibt so viele verschiedene Arten von Pflanzen, Tieren, Insekten und Kristallen. Das Gravitationsfeld ist in dem Sinn einzigartig, als es ein einzelnes Feld ist, das ein vereinheitlichendes Prinzip verkörpert – ein vereinheitlichendes Prinzip, das für die gesamte Natur seine Gültigkeit besitzt. Die Formen, denen es, auf sich selbst gestellt, zur Existenz verhilft, haben einfache Kugelgestalt – die Sonne, die Erde, die Planeten oder der Mond. Die Schwerkraft ist eine Art formbildendes Feld. Aber es wirkt auf einem sehr niederen Differenzierungsniveau und erzeugt diese einfachen Formen, wie Kugeln, und ist natürlich auch für die, räumlich gesehen, flache Form der Ozeane verantwortlich. Dies reicht sicherlich nicht für die verschiedenen Formen von Tieren und Pflanzen aus, die wir um uns herum sehen. Daher bedarf es Differenzierteres als diese einfache Art von Feld, um die Unterschiede der Formen zu schaffen.

Elektromagnetische Felder sind, was die von ihnen generierten Formen betrifft, ebenfalls einfach. Auch sie *vermögen nicht* die Vielzahl von Formen zu erklären, die wir in der Natur vorfinden. Wenn wir uns den üblichen Feldern der Physik zuwenden, erkennen wir unterhalb der Größenordnung des Atoms schon eine Vielzahl von Feldern, wobei sich Physiker keineswegs dabei zurückhalten, soviele neue Felder einzuführen, wie sie für notwendig erachten. Betrachten wir z. B. die Felder der Quantentheorie: das Elektron-Positron-Feld, das Proton-Antiproton-Feld usw. Jedes subatomare Teilchen besitzt in der Quantentheorie sein eigenes Feld. So erhalten wir schon hier eine Überfülle an Feldern.

Jetzt mögen Sie einwenden, man sollte auf der Basis der Wirtschaftlichkeit nur ein Minimum an Feldern einführen. Die Pythagoreer würden sich natürlich wünschen, alle gegenständlichen Formen aus einigen grundlegenden Zahlenverhältnissen herleiten zu können, und ich glaube, einem großen Teil des neuzeitlichen wissenschaftlichen Gedankengutes liegt ein starkes Element pythagoreischen Denkens zugrunde. Diese Menschen glauben, Zahlen wären etwas Fundamentales und es sei befriedigender, die Verschiedenartigkeit der Dinge über feste Zahlenverhältnisse zu erklären. Diese Auffassung kann ich nicht teilen. Ich meine, Zahlen werden größtenteils überbewertet. Der Wunsch, die Natur auf einige wenige verständliche Prinzipien, Gleichungen oder Formeln zurückzuführen, scheint einigen mathematisch orientierten Geistern sehr attraktiv, aber die Mathematik zeigte sich bemerkenswert erfolglos, wenn sie auf die Biologie oder biologische Formen angewendet wurde.

**Weber:** So viel zu Pythagoras. Wie kann Ihre Hypothese mit Platons Blickwinkel verglichen werden?

**Sheldrake:** Das, was ich vorschlage, steht Aristoteles und seiner Vorstellung der formativen oder Formursache näher als normalerweise angenommen wird. Aber meine Hypothese ähnelt ebenfalls den Ideen Platons. Mein Konzept befindet sich irgendwo in der Mitte zwischen der nominalistischen und der realistischen Position, die beide zur Zeit des Mittelalters sehr heftig erörtert wurden. Ich meine, die Form eines Organismus ist von einem vorher existierenden Archetypus abhängig, der den sich entwickelnden Organismus bildet oder

formt. Die Vorstellung von prä-existenten Archetypen basiert auf Platon. Aber ich weise darauf hin, daß sich der vorher bestehende Archetypus aus den schon bestehenden Formen, den immanenten Formen *früherer* Systeme herleitet, was wiederum Aristoteles näherkommt. Demzufolge bezieht meine Hypothese sowohl aristotelisches als auch platonisches Gedankengut über die Form ein. Aber sie unterscheidet sich von beiden in dem Punkt, daß sowohl Platon als auch Aristoteles die Form als fest oder permanent ansahen.
Diese Idee wurde dann von christlichen Denkern aufgenommen. Augustinus zum Beispiel nahm an, die platonischen Archetypen wären Ideen im Geist Gottes, und da Gott der ewige Grund der Schöpfung sei, wären diese Ideen auch vor der Schöpfung existent gewesen, als Grundlage für die Entwicklung aller Dinge. Sicherlich waren aus der Sicht der aristotelischen Tradition die natürlichen Dinge und die verschiedenen Spezies unveränderbar. Diese aristotelische Ansicht wurde später auch von der christlichen Theologie übernommen und mit dem Schöpfungsbild der Genesis vereint. Man ging davon aus, daß unveränderliche Spezies existierten, die von Anfang an bestanden und sich seitdem nicht verändert haben. Hier liegt natürlich einer der Gründe, weshalb die darwinistische Evolutionstheorie so stark bekämpft wurde. Ich schlage nun eine evolutionäre Sicht der Dinge vor, in der diese Archetypen, die morphogenetischen Felder, die die Formen erzeugen und ausbilden, nicht als unveränderbar angesehen werden. Sie werden durch die Ereignisse in der Zeit beeinflußt, und vergangene Formen besitzen eine zusätzliche Wirkung auf sie. Das ist der Hauptunterschied zu den Theorien von Platon und Aristoteles.

**Weber:** Die Organismen beeinflussen die Felder, auf die sie abgestimmt sind, und von denen sie Informationen, Muster und Vorlagen beziehen. Sie sagen, der sich verändernde Organismus variiere den Hintergrund, das morphogenetische Feld selbst, im Lauf der Zeit. Ihre Auffassung ist dynamischer als die Platons und Aristoteles.

**Sheldrake:** Ja, ich sehe hier einen wechselseitigen Prozeß. Im üblichen

Verständnis des Platonismus oder auch des Aristotelismus gibt es eine unveränderbare Form, die *a priori* vorgegeben ist. Sie ist vorgegeben, weil sie entweder schon immer da war, oder weil sie als Idee im Geist Gottes besteht. Diese archetypische Form wird durch einen einseitigen Prozeß in diese Welt reflektiert. Das, was sich in der Welt der Phänomene ereignet, entspricht dem Schatten eines Archetypen. Die Vorstellung vom Schatten einer archetypischen Form läßt keinen wechselseitigen Prozeß zu. Im Gegensatz dazu schlage ich einen wechselseitigen Prozeß vor. Das morphogenetische Feld wird durch die räumlichen und zeitlichen Ereignisse in dieser phänomenalen Welt aufgebaut. Es hilft dabei, die Dinge in dieser Welt festzulegen und zu formen. Zudem beeinflussen die realen Formen dieser Welt rückwirkend die morphogenetischen Felder. Auf diese Art durchlaufen die morphogenetischen Felder selbst eine evolutionäre Entwicklung.

**Weber:** Das erinnert mich an die Theorien David Bohms: die Theorien von der impliziten Ordnung und den eingefalteten und entfalteten Dimensionen. Die Ähnlichkeit zu Bohm ist so groß, daß Ihre Theorie sogar als Teil seiner Theorie der impliziten Ordnung angesehen werden könnte. Wie sehen Sie die Beziehung zwischen den beiden Theorien?

**Sheldrake:** Als ich Bohms Arbeiten zum ersten Mal las, meinte ich auch, eine beträchtliche Ähnlichkeit erkennen zu können. Aber ich sah auch einen wesentlichen Unterschied. Die implizite Ordnung, die der expliziten Ordnung zugrunde liegt, scheint der Vorstellung von einer platonischen Welt der Formen, die der phänomenalen Welt zugrunde liegt, sehr ähnlich zu sein. Bohms Gebrauch des Ausdrucks "zeitlose Ordnung" ließ mich vermuten, diese Theorie stelle eine modernisierte Version des traditionellen Platonismus oder Neuplatonismus dar. Allerdings gibt er auch solche Beispiele zur Funktionsweise der impliziten Ordnung an, wie z. B. jenes, bei dem ein Tropfen Tinte in Glycerin "eingefaltet" ist und sich dann wieder aus dem Glycerin entfaltet – in denen sich die implizite Ordnung aus der expliziten Ordnung ableitet.

**Weber:** Das ist richtig. Aber er hat betont, das Beispiel sei nur eine konkrete Darstellung davon, wie die implizite Ordnung, die für uns unsichtbar ist, das enthalten könnte, was sich entfaltet hat, und was sich wieder einfalten kann. Aber genauso behauptet er, die explizite Ordnung sei von einer zuvor bestehenden impliziten Ordnung abhängig, die bereits existierte, bevor die explizite Version diese offenbar werden ließ.

**Sheldrake:** Falls es eine kontinuierliche Rückkopplung oder Introjektion von der expliziten zur impliziten Ordnung und dann von der impliziten zur expliziten Ordnung gibt, wie seine Beispiele es ausführen, würde der impliziten Ordnung nur insofern eine Vorexistenz zukommen, als sie der ersten Realisierung irgendeiner Ordnung in der expliziten Welt zugrunde liegt. Die explizite Welt spielt ebenfalls eine Rolle – in einem wechselseitigen Prozeß. Die implizite Welt beeinflußt die explizite und die explizite wirkt ihrerseits auf die implizite zurück. Beim nächsten Mal, wenn eine Form erneut in der expliziten Welt auftreten würde, besäße sie den anfänglichen Impuls der impliziten und den Einfluß zuvor bestehender expliziter Ordnungen einer ähnlichen Art. Dies entspricht meinen Thesen sehr gut. Der gleiche Gedanke wird mit recht unterschiedlichen Worten ausgedrückt, aber er ist komplementär.

Wie Sie wissen, muß man, wenn man einmal damit anfängt, das ganze Thema mit physikalischen Begriffen zu bekleiden – wie ich es mit den morphogenetischen Feldern tue – auch von morphischer Resonanz reden, dem über eine Art Resonanz ausgeübten Einfluß der vergangenen Formen auf die gegenwärtig bestehenden durch das morphogenetische Feld. Wenn man dagegen eine psychologische Sprache benutzt und Begriffe einer geistigen Denkweise verwendet, erhält man einen gangbareren Weg, um über den Einfluß der Vergangenheit nachzudenken, denn über mentale Felder kommt man auf das Gedächtnis. Man kann dieses Gedächtnis auch erweitern, wenn man sich das Universum im wesentlichen als gedankengleich vorstellt, wie es viele philosophische Systeme getan haben. Wenn das ganze Universum nun gedankengleich ist, könnte man ihm automatisch eine Art kosmischer Erinnerung zuschreiben, die sich entwikkelt. Es gibt Gedankenmodelle, die exakt diese Sichtweise einnehmen. Eines davon findet sich im Mahayana-Buddhismus – nämlich die Idee des *alayavijnana*, des Speichers des Bewußtseins, die starke Ähnlichkeiten zu der Idee vom kosmischen Bewußtsein aufweist. Die Theosophen haben, wie ich meine, einige Aspekte daraus in ihren Begriff der *Akasha-Chronik* übernommen. (*Akasha-Chronik* beinhaltet, daß jedes Ereignis, ob physisch oder mental, in den subtileren Ebenen des Raumes gespeichert wird, wo es als eine Art Datenbank für das Karma fungiert. Diese Sichtweise findet sich auch im tibetischen Buddhismus wieder).

**Weber:** Ihre Theorie läßt den Ursprung der Form offen und wendet sich dem weiteren Ablauf zu, nachdem diese zumindest einmal aufgetreten ist, aber Bohm postuliert, daß neue Formen aus der impliziten Ordnung heraus generiert in die explizite Ordnung hineingeworfen und dann in die implizite Ordnung reinjiziert werden. Das scheint der abweichende Punkt zwischen den beiden Theorien zu sein.

**Sheldrake:** Wir gehen ziemlich unterschiedlich vor. Bohm entwickelt eine Philosophie, innerhalb der die moderne Physik betrachtet werden kann. Es handelt sich um eine höchst nützliche Philosophie, die für die moderne Physik einen Hintergrund schafft und der Quantentheorie einen Sinn gibt. Ich meine, Bohms metaphysische Sicht ist vollkommen akzeptabel.

Ich dagegen stelle eine spezielle Hypothese zur Debatte, die sich im Rahmen der Naturwissenschaften bewegt, die der Methodologie der Naturwissenschaft genügt, und die im Sinne von Popper wissenschaftlich bestätigt oder widerlegt werden kann. Der Grund für meine Zurückweisung der Frage nach dem Ursprung der Formen liegt in meiner Annahme, die Frage nach der Kreativität liege außerhalb einer naturwissenschaftlich erlaubten Fragestellung. Ich gehe nicht davon aus, die Naturwissenschaft könne alles erklären. Sie kann sich nicht mit Dingen befassen, die jenseits der Natur liegen –

mit dem Ursprung der phänomalen oder realen Welt. Das ist nicht mehr das Feld der Naturwissenschaft, sondern jenes der Metaphysik.

**Weber:** Wenn nicht als Biologe, so machen Sie sich gewiß als philosophischer Mensch ihre Gedanken über Kreativität, vielleicht auch nur provisorisch.

**Sheldrake:** Ich habe natürlich meine eigene Auffassung. Ich wurde diesbezüglich sehr von Bergson beeinflußt. Wie Sie wissen, war Bergson sehr darauf bedacht, den grundsätzlich kreativen Charakter des evolutionären Prozesses aufzuzeigen. Er stellte immer wieder heraus, daß wir eine Tendenz besitzen, die Kreativität zu verleugnen. Wir sind nicht in der Lage, die Kreativität zu erklären. Sie schließt das vollkommen Neue, das Ursprüngliche mit ein. So ziehen wir es vor, zu behaupten, Kreativität sei überhaupt keine Kreativität, sondern nur die Konkretisierung von etwas "Archetypischem", das schon zuvor in latenter Form existent war. Diese Sichtweise leugnet echte Kreativität. Es wäre, als würde man davon ausgehen, alles sei schon von vornherein festgelegt worden, und die Evolution entspreche einem langen Teppich, der im Laufe der Zeit ausgerollt werden würde.

**Weber:** Sie gehen davon aus, die Kreativität bringe, falls sie ursprünglich und nicht "konserviert" sei, etwas wirklich Neues hervor und finde spontan statt. Sie kann nicht einfach an einem vorgegebenen Augenblick der Geschichte auftauchen, sondern muß sich spontan in diesem geschichtlichen Augenblick entfalten. Sie ist kein einstudierter Tanz, der bereits vorher entworfen wurde, sondern entspricht eher einer Improvisation.

**Sheldrake:** Genau. Daher wird eine Anschauung evolutionärer Kreativität, die mir entsprechen würde, immer eine solche sein, in der eine echte Neuentwicklung möglich ist. Falls ich mit David Bohm in der Aussage übereinstimmte, der expliziten Ordnung liege eine vorher existierende Ordnung zugrunde, möchte ich nun fragen: Woher kommt dann die vorher existierende implizite Ordnung? Denn rein auf sich selbst bezogen betrachtet, mit ihren neuplatonischen Obertönen, setzt sie eine statische und vorher existierende Ordnung voraus, die sich direkt auf Augustinus zurückführen ließe.

**Weber:** Ich meine aus meinen Gesprächen mit Bohm, behaupten zu können, daß er an eine sehr radikale Kreativität glaubt. Für Bohm ist die Natur eine dynamische Realität, welche die Kreativität die ganze Zeit über offenbar werden läßt. Würden Sie dem zustimmen?

**Sheldrake:** Ja. Aber ich bin nicht sicher, wieviel noch darüber hinaus gesagt werden kann. Ich stimme mit Ihnen überein, daß man das Gebiet des Unerklärlichen betritt, wenn man auf diese Fragen stößt, was ein weiterer Grund ist, weshalb ich darüber nicht viel spekuliere. Ich *denke* viel darüber nach, aber ich glaube, es handelt sich um einen Punkt, über den man niemals endgültige, vollständige oder zufriedenstellende Antworten bekommen wird.

**Weber:** Der Fortbestand der Erinnerung, sogar in kosmischem Maßstab, ist ein integraler Bestandteil ihrer Theorie.

**Sheldrake:** Ja.

**Weber:** Wo wird diese Erinnerung gespeichert? Wie können sich Naturgesetze ausbilden, wenn Sie von einer ständigen Kreativität und Spontanität ausgehen? Können diese beiden Betrachtungsweisen miteinander in Einklang gebracht werden?

**Sheldrake:** Ich glaube, natürliche Muster entsprechen eher Angewohnheiten als zeitlosen Gesetzen. Ich sehe keinen Konflikt zwischen der Vorstellung einer Angewohnheit und einem Gesetz. Wir wissen aus unseren eigenen Erfahrungen, daß Gewohnheiten die Grundlage bilden, auf der dann die Kreativität wirken kann. Die meisten Physiker nehmen an, der physikalischen Wirklichkeit würden zeitlose Gesetze zugrundeliegen. Das steht im Widerspruch zu unserer Ansicht, das Universum als radikal evolutionär zu betrachten. Ich glaube nicht, daß es tatsächlich irgendeine Grundlage für die Annahme gibt, die Naturgesetze seien zeitlos. Ich möchte folgendes anregen: Genauso, wie die morphogenetischen Felder durch Gewohnheit entstanden sind, entwickelten sich vielleicht alle Naturgesetze aus einer Gewohnheit heraus – sie haben sich vielleicht gemeinsam mit der Natur gebildet.

**Weber:** Können sich die Gesetze, die das Wasserstoffatom lenken, jemals ändern?

**Sheldrake:** Dazu folgendes: Wenn diese morphogenetischen Felder erst einmal entstanden sind, können sie nicht mehr abgeschafft werden. So gehe ich auch davon aus, daß Dinge, die einmal in das Fahrwasser der Gewohnheit eingelaufen sind, tatsächlich fortdauern werden.

**Weber:** In diesem Fall sind alle Felder, die jemals geschaffen wurden, noch vorhanden. Damit etwas anderes das Verhalten eines Wasserstoffatoms lenken kann, müßte ein anderes oder konkurrierendes Feld stärker als das gegenwärtige dafür verantwortlich werden.

**Sheldrake:** Ja. Es wäre aber für ein neues Feld nicht möglich, sich gegen die Präsenz des überwältigenden Einflusses einer vorher existierenden Gewohnheit durchzusetzen. Es kann nur der Fall eintreten, daß Felder höherer Ordnung Gewohnheiten von niederem Rang in einer neuen Synthese integrieren. Das läßt sich in der Chemie beobachten, wo wir Wasserstoffatome finden, die in Moleküle eingebaut werden. Die Wasserstoffatome behalten viele ihrer Gewohnheiten, allerdings werden diese innerhalb der höherwertigeren Felder einbezogen. Die Evolution schreitet nicht dadurch weiter, daß sie ihre grundlegenden Gewohnheiten ändert, sondern durch eine Integration grundlegender Gewohnheiten, die bis zu diesem Zeitpunkt entstanden sind, in komplexere Muster.

**Weber:** Ihr Buch betont, Stärke und Dominanz eines morphogenetischen Feldes würden in der Hauptsache durch die Anzahl der Organismen bestimmt, die es aufgebaut haben. Wie würden Sie dann den Einfluß außergewöhnlicher Menschen, wie Buddha oder Christus, sehen? Von der Anzahl her im Grunde auf sich selbst gestellt, war der Einfluß eines Buddha- oder Christus-Feldes von Anfang an sehr groß, schon bevor die Menschen Religionen um sie herum aufgebaut hatten.

**Sheldrake:** Es ist anzunehmen, daß nicht nur Quantität eine Rolle spielt, sondern auch ein Intensitätsfaktor einbezogen werden muß.

Die Beständigkeit und Intensität eines Gedankenmusters oder eines festen Vorsatzes bestimmen die Stärke eines Feldes. Wahrscheinlich gibt es auch eine negative Seite, z. B. die große Beständigkeit und Intensität eines Hitler-Feldes, das Millionen von Menschen mobilisiert und offensichtlich hypnotisiert hat. Deren eigene negative Impulse traten in eine morphische Wechselwirkung mit Hitlers starkem Feld.

**Weber:** Als ich diesen Punkt mit David Bohm diskutierte, meinte er, die Stärke eines Buddha-Feldes ließe sich, trotz der kleinen quantitativen Größe, aus einer Ganzheitlichkeit ableiten, die tief in der impliziten Ordnung verborgen liegt, der Ebene, aus der heraus Buddha wirkte. Auf dieser Ebene sind nur Mitgefühl und ein geordneter Zustand möglich, Haß oder Unordnung können hier nicht existieren.

**Sheldrake:** Ein Hitler-Feld versucht, ein begrenztes Ganzes zu schaffen, wie es für seine fanatische und ausschließliche Besessenheit vom deutschen Nationalismus der Fall war.

**Weber:** Sie haben klar hervorgehoben, die Frage nach der anfänglichen Schöpfung der Form nicht wissenschaftlich stellen zu können. Wie steht es mit der metaphysischen Seite? Im letzten Kapitel Ihres Buches entwerfen Sie vier verschiedene Ansätze und behaupten, alle seien mit der Hypothese der formbildenden Verursachung vereinbar.

**Sheldrake:** Die vier Hypothesen, die ich vorschlage, widersprechen einander nicht. Sie besitzen eine ineinander verschachtelte Beziehung; jede von ihnen ist in der vorhergehenden mit eingeschlossen. In gewisser Weise bin ich von allen vier Varianten überzeugt. Die erste stellt eine Art verfeinerten Materialismus oder Physikalismus dar, der nur die Wirklichkeit der physischen Welt gelten läßt. Dies schließt die morphogenetischen Felder mit ein, die meiner Meinung nach als Teil der physischen Wirklichkeit anzusehen sind – sie formen die physische Entwicklung der materiellen Systeme. Eine modifizierte materialistische Sichtweise würde hier stehenbleiben, denn aus physikalischer Sicht könnte sie keine Antwort auf die Frage nach dem Ursprung der neuen Formen oder Muster geben oder zugestehen, das Bewußtsein beinhalte noch mehr als physikalische Prozesse, die im Gehirn ablaufen. Ich halte dies für unbefriedigend, denn so bleiben die Fragen nach Kreativität und Bewußtsein offen. Deswegen geht die zweite Hypothese, die ich aufstelle, darüber hinaus. Sie geht von einem Etwas im menschlichen Bewußtsein aus, das neue Felder und Muster hervorzurufen vermag. Wir wissen aus der Geschichte der menschlichen Erfindungen und künstlerischen Kreativität, daß unser Bewußtsein neuen Formen und Mustern in dieser Welt zur Existenz verhelfen kann. Unsere Technik dient dafür als Beispiel. Wenn wir uns umsehen, nehmen wir überall Dinge wahr, die in der Vergangenheit nicht vorhanden waren – Wolkenkratzer, Autos, Flugzeuge, Schreibmaschinen, Computer usw. Hier handelt es sich jeweils um physische Gegenstände in der physischen Welt, die ihren Ursprung im menschlichen Denken nahmen. Wir könnten nun behaupten, dieses Bewußtsein müsse nicht mit den physischen Dingen dieser Welt identisch sein, die den Gesetzen der Wiederholung unterworfen sind, sondern diene als Quelle neuer physischer Formen und Muster.

Drittens, falls wir davon ausgehen, daß neue reale Formen – Kristallformen, Pflanzenformen, Tierformen – aus kreativen Vorgängen abgeleitet werden, die in unserem Bewußtsein stattfinden, müssen wir ein Bewußtsein annehmen, das über dem steht, welches wir erfahren. Auf die gleiche Weise, in der unser Bewußtsein normalerweise mit unserem Körper assoziiert ist und das kontrolliert, was wir erfahren und wie wir handeln, wäre ein immanentes Bewußtsein in der Natur mit der Natur und dem, was in der Natur vorgeht und was die Natur geschehen läßt, verbunden.

**Weber:** Aber es ist nicht *von der Natur verschieden.*

**Sheldrake:** Es ist nicht von der Natur verschieden.

**Weber:** Es hält sich irgendwie *bei* ihr auf, nicht in ihr.

**Sheldrake:** Richtig. Diese dritte Position umfaßt die zwei vorangegangenen Betrachtungsweisen. Die vierte Position geht von der Korrektheit dieser drei Betrachtungsweisen aus, weist der Natur selbst jedoch einen Ursprung *jenseits* der physischen Welt zu. Das Universum selbst besitzt einen Anfangspunkt, und sowohl die Kreativität im Universum als auch das Universum selbst verlangen nach einer Erklärung. Diese ist nur durch *etwas* möglich, das sich über oder jenseits des Universums aufhält – in diesem Sinne transzendent ist. Das würde der traditionellen theistischen Anschauung von der Schöpfung entsprechen, in der sich ein Gott jenseits, über und in der Natur befindet. Diese vier Betrachtungsweisen bilden einen metaphysischen Rahmen, in den man die Hypothese von der formbildenden Verursachung stellen kann. Ich meinerseits beziehe mich auf die vierte dieser Sichtweisen. Ich führe jedoch alle vier an, denn jede von ihnen enthält die vorhergehende.

**Weber:** Das läßt immer noch die Frage offen, woher die ursprüngliche Einsicht kommt, die es diesen höheren Feldern ermöglicht, sich selbst zu entwickeln. Also sind wir wieder beim Problem der Kreativität, in diesem Fall der der Verhaltensfelder. Die Frage könnte sich jedoch auch auf übergeordnete geistige Felder beziehen. Im Augenblick scheinen Sie den Standpunkt einzunehmen, dieses Problem sei für uns nicht lösbar.

**Sheldrake:** Nun, ich bin der Meinung, die Schöpfung hängt letztlich von einer nicht-physischen oder trans-physischen Wirklichkeit ab, die ihrer Natur nach geistig ist, um die traditionelle Terminologie zu benutzen, aber jemand anderes mag unterschiedlicher Ansicht sein.

**Weber:** Heutzutage scheint diesbezüglich einige Verwirrung zu herrschen. Eine Anzahl von Menschen haben unter dem Mantel des Holismus einen Vorschlag gemacht, der wie eine quasi-mechanistische, wenn auch leicht verschleierte Theorie aussieht. Dies könnte andere davon abbringen, einen Zugang zu echten holistischen Theorien zu finden. Können Sie diese Verwirrung klären?

**Sheldrake:** Theorien, die dem mechanistischen Reduktionismus entgegenlaufen, werden im allgemeinen als holistisch bezeichnet. Solche Theorien stellen auf die eine oder andere Weise heraus, daß mit der Zunahme der Komplexität von Systemen neue Eigenschaften auftauchen, die mehr sind als die Summe der Teile. Aber es gibt verschiedene Wege, durch die diese auftauchende Ganzheitlichkeit verstanden werden kann. Einige holistische Denker sehen diese Eigenschaften als latent vorhanden an, als innere Kräfte, die der Materie selbst zugeschrieben werden können. Es mag sein, daß sie von etwas sprechen, das einen mentalen Aspekt beinhaltet, wie z. B. Gregory Bateson annahm, aber sie meinen damit nicht, der mentale Aspekt existiere vor dem physischen System, mit dem er assoziiert wird, noch daß er in irgendeiner Art und Weise davon abgetrennt werden könnte. Eine solche Sichtweise stellt in der Tat eine Art verfeinerten Materialismus dar. Im Gegensatz dazu halten nicht-materialistische Denker die Ordnung, Planmäßigkeit und Kreativität von Organismen als direkt oder indirekt von einer nicht-physischen Quelle abhängig. Holisten der ersten Art, wie die gewöhnlichen Materialisten, verneinen grundlegende Lehrsätze der Religion, wie ein bewußtes Überleben des physischen Todes. Dagegen vermag der nicht-materialistische Holismus gut mit den verschiedenen religiösen Ansätzen zu harmonisieren. Viel Verwirrung resultiert aus der Annahme, alle anti-mechanistischen oder anti-reduktionistischen Denker würden miteinander in Einklang sein. Das ist nicht wahr. Die ewige Debatte zwischen atheistischen, pantheistischen und theistischen Sichtweisen der Wirklichkeit wurde nur auf ein neues Niveau gehoben.

*Eine einzelne Welt besitzt einen Anfang, aber für den Kosmos als Ganzen gibt es keinen Anfang.*

Dalai Lama

*Ich halte das Universum für völlig eigenständig. Es besitzt weder Anfang noch Ende, und es gibt darin weder Schöpfung noch Zerstörung.*

Stephen Hawking

*Was die implizite Ordnung betrifft, so könnte jeder neue Augenblick im Prinzip völlig unabhängig vom vorhergehenden sein – alles könnte vollkommen kreativ sein.*

*David Bohm*

**Kapitel V**

# KREATIVITÄT: DAS KENNZEICHEN DER NATUR

David Bohm

*Die Ewigkeit kann durch Ereignisse in der Zeit beeinflußt werden.*

David Bohm

Bohms Philosophie der impliziten Ordnung hat sich seit der Zeit vor vier Jahren, zu der die Diskussionen in Kapitel 2 stattfanden, weiterentwickelt. Ken Wilbers Vorwort, das diesem Gespräch, das zuerst in *ReVision* veröffentlicht wurde, vorangestellt war, soll als Zusammenfassung von Bohms Modell dienen:

*„Bohms Theorie geht von drei existentiellen Hauptbereichen aus: der expliziten Ordnung und einem Quellgrund jenseits von beiden. Die explizite Ordnung ist jene Welt der voneinander getrennten und isolierten Gegenstands-Ereignisse, die in Zeit und Raum existieren. Die implizite Ordnung wird als Sphäre definiert, in der sich alle Gegenstands-Ereignisse in eine vollkommene Ganzheit eingefaltet haben, eine Ganzheit und Einheit, die gleichsam der expliziten Welt der voneinander getrennten Gegenstände und Ereignisse "zugrundeliegt". Der Quellgrund (unsere Bezeichnung dafür) läßt sich nicht beschreiben und liegt jenseits gedanklicher Symbole. Er entspricht der Leere der Buddhisten, der dunklen Nacht der Seele der christlichen Mystiker, Nirguna Brahman des Vedanta usw. Die implizite Ordnung erinnert an morphogenetische Felder und daher werden auch diese in unserem Gespräch besonders diskutiert."*[10]

In dem folgenden Dialog fügt Bohm zu den drei bisher erwähnten einen weiteren Existenzbereich hinzu: die supra-implizite Ordnung. Sie wirkt als strukturierendes Prinzip für alle anderen Ordnungen, bildet ihre Quelle und transzendiert sie. Sie selbst wird wiederum durch die super-supra-implizite Ordnung und Bereiche, die im Nebel der Unendlichkeit jenseits menschlichen Denkens liegen, strukturiert. Ich bat Bohm, sich zu den Ähnlichkeiten und Unterschieden zwischen der impliziten Ordnung und Sheldrakes Theorie der morphogenetischen Felder zu äußern, insbesondere im Hinblick auf den Ursprung der Formen – woher kommt das erste Huhn, das ein Ei produziert, aus dem sich ein Huhn bildet?

Sie mögen sich erinnern, daß Sheldrakes Theorie dieses Phänomen nicht erklärt oder nicht erklären kann. Bohm jedoch schlägt einen Ursprung der organischen Formen in der impliziten Ordnung vor.

Bohm, Sheldrake und Prigogine (im Kapitel 10) sind fasziniert von der Kreativität der Natur, und alle drei bemühen sich um die Beziehung zwischen Vergangenheit und Gegenwart. Bohms Erklärung ermöglicht einen echten Dialog zwischen den begrenzten und den unendlichen Existenzbereichen, die sich so gegenseitig befruchten. Diese Anschauung ist sehr ungewöhnlich, denn in den meisten gängigen Theorien kann die Ewigkeit auf die Zeit einwirken (das Unendliche auf das Begrenzte), aber die Zeit vermag nicht die Ewigkeit zu beeinflussen. In Bohms Erklärungen werden einige technische Begriffe verwendet: Projektion, Injektion, Reprojektion und Reinjektion, die erklärt werden müssen.

Dazu soll erneut das Vorwort des Herausgebers in *ReVision* dienen:

*„Nehmen Sie als einfache Analogie den Ozean und seine Wellen: jede Welle geht aus dem gesamten Meer hervor oder wird von ihm ‘projiziert‘; diese Welle fließt dann in das Meer zurück, oder wird in die Ganzheit ‘injiziert‘, woraufhin dann eine andere Welle erscheint. Jede Welle wird dadurch von vorangegangenen Wellen beeinflußt, daß sie sich alle aus dem Meer erheben und in dasselbe zurückkehren, projiziert und injiziert werden.*

*Daher ist eine Art 'Kausalität' mit diesem Prozeß verbunden, wobei Welle A die Welle B nicht linear verursacht, sondern Welle A beeinflußt Welle B durch ihre Absorption in den Gesamtozean, der daraufhin die Welle B entläßt. Mit Bohms Worten ist die Welle B ein Teil der 'Reprojektion' der 'Injektion' von Welle A usw. ... Jede Welle wäre damit den vorausgegangenen Wellen ähnlich, aber würde sich von ihnen auch in bestimmten Aspekten unterscheiden, – der exakten Größe, der Form etc. Bohm schlägt eine Art 'Kausalität' vor, die jedoch durch die Gesamtheit des impliziten Ozeans vermittelt wird, und nicht durch die voneinander getrennten und isolierten expliziten Wellen. Das bedeutet letztendlich, daß eine solche 'Kausalität' nicht lokal wäre, denn das, was an irgendeinem Punkt des Ozeans geschieht, würde alle anderen Punkte beeinflussen. Dies entspricht Bohms Umformulierung der heutigen Quantenmechanik. In der folgenden Diskussion erläutert Bohm, daß die gegenwärtige Quantenmechanik mit ihrer üblichen Interpretation nicht in der Lage ist, die Nachbildung alter Formen oder die Vorstellung zeitlicher Abläufe zu erklären, ein Versagen, welches Bohm dazu anregte, seine Begriffe 'Injektion' und 'Projektion' für die implizite Ordnung einzuführen."*[11]

Eine andere wichtige Frage erhebt sich in diesem und zwei weiteren Gesprächen (Kapitel 6 und 10), die sich auf den Status der Naturgesetze bezieht. Sind diese Gesetze ewig oder unterliegen sie einem Wandel? Diese Frage hält nicht nur Bohm, sondern auch Sheldrake und Prigogine in ihrem Bann. Alle drei neigen zu einer dynamischen Interpretation der Naturgesetze, obgleich sehr unterschiedlich voneinander, wie Sie sehen werden.

Das folgende Gespräch fand im Frühjahr 1982 nahe dem Kennedy Airport in New York statt, wo ich Bohm kurz vor seiner Rückkehr nach London, von Ojaj kommend, traf. Da wir beide vor einigen Tagen lange Gespräche mit Sheldrake geführt hatten, waren dessen Theorie und die Bedeutung derselben in unseren Gedanken präsent und beeinflußten unsere Diskussion daher stark.

**Weber:** Lassen Sie uns auf die Beziehungen zwischen Ihrer Philosophie der impliziten Ordnung und Sheldrakes Theorie der morphogenetischen Felder eingehen. Worin besteht Übereinstimmung, wo lassen sich Unterschiede aufzeigen?

**Bohm:** Der größte Unterschied liegt darin, daß die implizite Ordnung allgemeingültiger ist. Sie bedarf keiner Theorie der morphogenetischen Felder, doch man könnte diese aus ihr heraus erklären. Die Existenz der impliziten Ordnung hängt nicht davon ab, ob es morphogenetische Felder gibt oder nicht. Doch mit der Theorie der impliziten Ordnung wäre eine Erklärung der morphogenetischen Felder möglich.

Man mag sich die implizite Ordnung als einen Basisgrund jenseits der Zeit denken, eine Totalität, aus der heraus jeder Augenblick in die explizite Ordnung projiziert wird. Für jeden Moment, der in die explizite Welt projiziert wird, gäbe es eine gegenläufige Bewegung, bei welcher dieser Moment zurück in die implizite Ordnung injiziert oder introjiziert werden würde. Wiederholt sich dieser Prozeß nun häufig, entwickelt sich eine konstante Komponente aus dieser Serie von Projektionen und Injektionen, d. h. es baut sich eine klare Gliederung auf. Durch diesen Prozeß würde die Tendenz zur Wiederholung oder Nachbildung von früheren Formen in der Gegenwart aufleben, was den morphogenetischen Feldern und der morphischen Resonanz von Sheldrake ähnelt. Ein solches Feld ließe sich weiterhin nirgends lokalisieren. Wird es wieder in die Ganzheit projiziert (die implizite Ordnung), könnte alles, was eine ähnliche Grundstruktur aufweist, miteinander in der Ganzheit verbunden werden oder in Resonanz treten, da dort weder Zeit noch Raum eine Relevanz haben. Sehen Sie, wenn sich die explizite Ordnung in die implizite Ordnung einfaltet, die keinen isolierten Ort besitzt, sind alle Orte und Zeitpunkte miteinander verwoben (so könnte man es ausdrücken), daher durchdringt sich ein Ereignis an dem einen Ort mit einem weiteren an einem anderen Ort.

**Weber:** Geschieht dieses miteinander Verweben, weil die Formen die

Dinge kohärent werden lassen oder in Resonanz bringen?

**Bohm:** Das ist richtig. Alle grundsätzlich ähnlichen Dinge werden innerhalb der Totalität der impliziten Ordnung besonders eng miteinander verbunden sein.

**Weber:** Sie ziehen sich gewissermaßen an, stehen in Resonanz.

**Bohm:** Ja.

**Weber:** In der impliziten Ordnung mag es ebenfalls zu einer Genesis einer Form kommen?

**Bohm:** Ja. Eine Form, die an verschiedene Orte der expliziten Welt projiziert werden würde, hätte bestimmte Tendenzen, die sich durch die beständige Wiederholung aufgebaut hätten, und dies würde den Anschein einer 'kausalen' Beziehung von der Vergangenheit zur Gegenwart vermitteln.

**Weber:** Sie meinen, die implizite Ordnung stelle die kreative Quelle neuer Formen dar, die dann nachgebildet würden. Ich glaube, es handelt sich um einen wichtigen Punkt, denn für mich zeigt sich ein Problem in Sheldrakes Theorie – eines, mit welchem er sich, wie er offen zugibt, z. Z. nicht beschäftigt und auch meint, sich nicht beschäftigen zu müssen – der Frage nach dem Ursprung der Form. Aber Sie behaupten, die implizite Ordnung könne ein Licht auf den Ursprung der Form werfen?

**Bohm:** Ja, das meine ich. Die Bedeutung der impliziten Ordnung liegt vor allem in dem Ansatz zu einer Diskussion über den Ursprung der Form aus dem Formlosen, vermittelt durch einen Prozeß der "Explikation" oder Entfaltung.

**Weber:** Besitzen die Formen eine Vorprägung in der impliziten Ordnung, ähnlich dem was Platon schrieb?

**Bohm:** Ich glaube, Sheldrake bemerkte, er unterscheide sich insofern von Platon, als er das Gefühl habe, die Formen seien nicht vollständig vorgeprägt, sondern unterlägen einer Entwicklung. Ich stimme dem zu und würde hinzufügen, daß sich die Form durch den Prozeß von Projektion und Injektion, Reprojektion, Reinjektion usw. entwickelt.

**Weber:** Damit gibt es einen Entwicklungsprozeß in der impliziten Ordnung?

**Bohm:** Ja. Eine Entwicklung der Form.

**Weber:** Wie läßt sich Kreativität in diesen Ablauf von Projektion, Injektion und Reprojektion einfügen?

**Bohm:** Soweit es die implizite Ordnung betrifft, könnte jeder neue Augenblick prinzipiell vollkommen bezugslos zu dem vorhergehenden sein – er wäre rein kreativ. Man könnte auch sagen, Kreativität sei ein Grundmuster der impliziten Ordnung, und wir hätten nur die Prozesse zu erklären, die *nicht* kreativ sind. Sehen Sie, normalerweise gehen wir davon aus, die Lebensgesetze seien nicht schöpferisch, und nur die gelegentlichen kreativen Ausbrüche bedürften einer Erklärung. Doch die implizite Ordnung dreht das herum. Sie stellt die Kreativität als Basis hin und sieht nur eine Notwendigkeit zur Erklärung der Wiederholungen. Hier kommt das morphogenetische Feld ins Spiel.

Die implizite Ordnung erklärt die morphogenetischen Felder als konstante Wiederholung aufgrund von Projektion, Injektion, Reprojektion und Reinjektion usw. Eine Form erscheint oder wird kreativ aus der Ganzheit projiziert, dann beeinflußt sie diese Ganzheit oder wird wieder in diese injiziert; in der impliziten Ordnung 'resoniert' sie mit ähnlichen Formen und wird dann in die explizite Ordnung reprojiziert. Der ganze Prozeß – das unaufhörliche Auftauchen und die folgende Absorption von Formen – basiert auf dem Einfluß vergangener Formen auf gegenwärtige und erlaubt zudem das Entstehen neuer oder kreativer Formen. Das morphogenetische Feld ist nur ein Feld, welches durch ständige Wiederholung relativ stabil geworden ist.

**Weber:** Das ist klar. Doch nun zu meinem Problem: sowohl Sie als auch Krishnamurti haben immer wieder betont, daß die Wiederholungen aus der Vergangenheit – Gedankenformen, Verhaltensmuster, Konditionierungen, alte Erinnerungen – das heutige Bewußtsein und die natürliche Intelligenz blockieren. Intelligentes Leben bedeutet, wie

Sie seit Jahren ausführen, soweit als möglich frei von der Vergangenheit zu leben. Nun sieht es so aus, als stellten Sheldrakes Theorie der morphischen Resonanz und Ihre eigenen Ideen über die ständige Wiederholung die Vergangenheit als wesentlich für das Verhalten und die Selbsterhaltung der Organismen dar. Dies scheint mit widersprüchlich.

**Bohm:** Nun, wir müssen der Vergangenheit den ihr gemäßen Platz zuweisen. Die Vergangenheit ist weder gut noch schlecht. Sie ist notwendig. Wir müssen *eine* Form haben – wir können nicht nur in der impliziten Ordnung leben. Krishnamurti spricht das Problem der Überschätzung und der Dominanz der Vergangenheit an und damit verknüpft der Zurückweisung der Kreativität, die sich ansonsten natürlich und angemessen ergeben würde. Die Vergangenheit muß bereit sein zu sterben, wenn sie ihre Pflicht getan hat. Doch sie will sich halten und führt so zu Schwierigkeiten. Die Vergangenheit selbst ist für sich, richtig angewendet, sehr nützlich. Sehen Sie, auch die Vergangenheit kann ihren Anteil an der Kreativität haben. Gäbe es absolute Kreativität – absolut Neues ohne Vergangenheit – würde nichts ständig existieren, weil alles im Moment der Schöpfung vergehen würde. Nichts könnte Bestand haben, wenn alles neu wäre. Es handelt sich daher um einen dialektischen Prozeß, der beide Seiten erfordert, Kreativität und Stabilität, die kreative Gegenwart und die relativ fixierte Vergangenheit.

**Weber:** Wie bezieht man dann die Vergangenheit richtig ein?

**Bohm:** Über die Intelligenz. Wir wollen die Vergangenheit weder ignorieren noch in ihr gefangen sein. Beginnt etwas aus der Vergangenheit einen Konflikt oder Verunsicherung hervorzurufen, müssen wir sie fallen lassen.

**Weber:** Auf die Frage, wie diese morphogenetischen Felder in die Gegenwart einwirken, skizziert Sheldrake vier philosophische Standpunkte. Er hält sie alle für kompatibel zu seiner These der morphogenetischen Felder. Einen davon nennt er modifizierten Materialismus, den zweiten das menschliche Bewußtsein, das bestimmte Felder erzeugt; den dritten Immanentismus, wobei sich das Universum selbst strukturiert und kreativ ist; als letzten die Anschauung, bei der die strukturierende Kraft die Natur transzendiert. Welcher Position würden Sie sich zuwenden?

**Bohm:** Die implizite Ordnung wäre mit dem Immanentismus, aber auch mit dem Transzendentalismus vergleichbar.

**Weber:** Könnte auch der modifizierte Materialismus zutreffen?

**Bohm:** Man könnte ihn heranziehen, müßte allerdings hinzufügen, daß die Materie in Begriffen der impliziten Ordnung zu verstehen wäre. Hegel ging davon aus, das Denken sei fundamental und die Natur sei Geist, der sich sich selbst gegenüberstellt, das Bewußtsein des Geistes selbst in der Natur. Marx drehte dies um und bezeichnete die Materie als fundamental und das Bewußtsein als Materie, die sich sich selbst gegenüberstellt. Sie könnten auch den Standpunkt einnehmen, weder Materie noch Geist seien fundamental sondern etwas Unbekanntes, das Sie tiefen oder impliziten Quellgrund nennen könnten. Letzterem fühle ich mich verbunden.

**Weber:** Ist dieser tiefe Quellgrund sich selbst bewußt?

**Bohm:** Ja, denn da er sowohl Materie als auch Geist umfaßt, müßte er in irgendeinem Sinne Bewußtsein tragen. Nehmen wir an, es gehe in die Richtung des Geistes, aber darüber hinaus. Es steht nicht tiefer, sondern darüber.

**Weber:** Dies hebt ihre Anschauung von Reduktionismus, Mechanismus oder Materialismus ab, denn diese Philosophien würden dem nicht zustimmen.

**Bohm:** Das würden sie wirklich nicht. Sehen Sie, Sie könnten einen materialistischen Standpunkt aufgreifen, der damit konsistent wäre, aber er müßte weit über die übliche Form des Materialismus hinausgehen.

**Weber:** Lassen Sie uns auf die Problematik der Formen zurückkommen: Handelt es sich um präexistente Modelle?

**Bohm:** Nein. Ein Modell wäre eine feste Form, und ich glaube nicht, daß es notwendig ist, dies zu prostulieren. Formen können sich aus dem heraus entwickeln, was jenseits der Formen steht.

**Weber:** Experimentiert das Universum?

**Bohm:** Ja, so könnte man es sehen. Es probiert verschiedene Formen aus. Natürliche Selektion erklärt, wie die Dinge, die einmal in Erscheinung getreten sind, überleben, aber sie gibt keinen Hinweis darauf, warum so viele Formen entstanden *sind.* Es scheint eine Tendenz zu herrschen, Struktur und Form zum Vorschein zu bringen, die aus sich heraus kreativ ist. Überleben oder natürliche Selektion stellt nur einen Mechanismus dar, der jene Formen auswählt, die weiterbestehen werden. Jede Form, die inkompatibel zu sich selbst oder zu ihrer Umwelt ist, wird vergehen.

**Weber:** Das heißt, auch das Universum durchläuft einen Lernprozeß.

**Bohm:** Ja, ich meine schon.

**Weber:** Mir kommt es so vor, als würde uns der Boden unter den Füßen weggezogen, als ob niemand das gesamte Bild kennen würde.

**Bohm:** Ich meine, das Wissen oder das, was wir als Wissen definieren, stellt nur eine begrenzte Kategorie dar. Daher mag "Wissen" ein zu stark begrenzter Begriff dafür sein. Das Wissen in unserem Sinne bezieht Zeit, Erinnerung usw. mit ein. Das Wissen der impliziten Ordnung müßte jenseits der Zeit liegen. Daher bin ich mir nicht sicher, ob man es überhaupt als Wissen bezeichnen sollte. Es stellt sich uns so dar, als würde es experimentieren. Das heißt, wenn man es aus dem begrenzten Blickwinkel der Zeit her betrachtet, ähnelt die Struktur einem Experiment.

**Weber:** Gibt es aus Ihrer Sicht begründete – ich bin geneigt zu sagen "wissenschaftliche" – Hinweise für die Existenz der morphogenetischen Felder oder die implizite Ordnung?

**Bohm:** Soweit ich weiß, gibt Sheldrake selbst zu, daß die Evidenz für die morphogenetischen Felder sehr gering ist, und es diesbezüglich noch weiterer experimenteller Hinweise bedarf.

**Weber:** Aber er ist auch der Meinung, seine Theorien seien überprüfbar. Sind Sie auch dieser Ansicht?

**Bohm:** Ja. Sie sind ebenso überprüfbar wie jede andere Theorie. Es gibt keine Möglichkeit, eine so allgemein gehaltene Theorie zu widerlegen, obgleich es möglich wäre, Hinweise zu sammeln, die sie unwahrscheinlich werden ließe. Soweit es um die Theorie der impliziten Ordnung geht, wäre es noch schwieriger, Beweismaterial zu diskutieren, da diese noch allgemeiner gehalten ist. Der einzige "Beweis", den ich anführen könnte, wäre, daß es sich um eine Sichtweise handelt, die zu einer *Gesamtsicht* des Themas führt. Zudem meine ich, sie verspricht, wahrheitsgetreu zu sein. Das ist auch schon alles, was ich dazu sagen könnte.

**Weber:** Sie erwähnten ein paar Ungereimtheiten in der Quantenmechanik und der Relativitätstheorie, von denen Sie annehmen, die implizite Ordnung könnte diese Schwierigkeiten besser behandeln als die gängigen Theorien. Könnten Sie das näher ausführen?

**Bohm:** Nun, in gewissem Sinne stellt die Quantenmechanik gar keine Theorie dar – es handelt sich ausschließlich um einen Algorithmus, der dazu dient, bestimmte Ergebnisse zu berechnen. Sie bietet keine Möglichkeit, diese Ergebnisse zu erklären oder zu verstehen. Um den Gleichungen der Quantenmechanik einen Sinn zu verleihen, betrachtet man die Wahrscheinlichkeit, mit der irgend etwas mit Hilfe von Meßgeräten beobachtet werden kann. Aber dieses Meßgerät setzt sich aus denselben Teilchen zusammen, über welche eine Aussage gemacht werden soll. So benötigt man ein anderes Meßgerät, um diese Situation beurteilen zu können usw., ein Prozeß, der sich unbegrenzt fortsetzen läßt. Alle diese Probleme basieren auf der Behauptung, diese Form der Quantenmechanik stelle die absolute Wahrheit dar – die allgemeinen Gesetze der Quantenmechanik dürften nicht angetastet werden. Das scheint heute eine allgemeine Schlußfolgerung oder auch explizite Annahme in der Physik zu sein. Dabei handelt es sich nur um einen sehr begrenzten mathematischen Formalismus, und es ist nicht sehr einsichtig, weshalb sich die Wissenschaftler dagegen sträuben, diesen zu ändern. Es fehlt völlig eine Beschreibung von Bewegung und Prozeßablauf. In der heutigen Quantenmechanik kann nur eine isolierte Beobachtung beschrieben werden, der Bewegungsablauf muß aufgrund von jeweils anderen Beobachtungen assoziiert werden. Es gibt keine Möglichkeit, das, was wirklich mit einem Teilchen zwischen diesen isolierten Momenten geschieht, zu diskutieren, um den Gesamtprozeß zu beschreiben. Nur das ist meßbar, was durch ein Gerät in einzelnen Momenten beobachtet werden kann. Im Gegensatz dazu erlaubt es die implizite Ordnung, den Prozeßablauf, das Kontinuum und den Kontext zu diskutieren.

**Weber:** Aber würden nicht die meisten Physiker dagegenhalten, bei der Quantenmechanik handele es sich um eine verläßliche Theorie, da sie, im Gegensatz zu anderen Ansätzen, auch funktioniere.

**Bohm:** Nun, niemand hat bisher bewiesen, daß eine andere Vorgehensweise *nicht funktioniert*. Niemand hat das überhaupt erst probiert. Man ist einfach auf den fahrenden Zug aufgesprungen, weiter nichts. Man mag sich gar nicht den Kopf über andere Ansätze zerbrechen, was mir als die Hauptschwierigkeit erscheint. Man geht davon aus, bei dieser gängigen Quantenmechanik hielte man die absolute Wahrheit in den Händen, und die meisten Studenten wissen gar nicht, daß es auch etwas anderes geben könnte.

**Weber:** Doch die Physiker verweisen immer auf die Voraussagen und die Kontrolle hinsichtlich der Natur, die aufgrund der Quantenmechanik möglich wurde, und behaupten, dies rechtfertige die Quantenmechanik ausreichend.

**Bohm:** Aber sicherlich beweist dies nicht die Wahrheit der Quantenmechanik. Es zeigt nur, daß wir ein gutes Werkzeug besitzen und damit auf bestimmte Fragen die richtigen Antworten erhalten. Beschränkt man sich auf diese Fragen, scheint die dahinterstehende Theorie natürlich unanfechtbar.

**Weber:** Mit welchen Bereichen und Fragen sollten sich dann Ihrer Meinung nach Physiker auseinandersetzen? Welche Fragen sollten sie stellen, die sie bisher nicht in Betracht ziehen?

**Bohm:** Einige der Fragen, die ich bereits angesprochen habe: Fragen über den Eigenbezug, den Bewegungs- und Prozeßverlauf, die Beschreibung *aufeinanderfolgender Momente*. Ihr Hauptinteresse an diesem Punkt ist, einfach Zahlen zu erhalten, die mit den experimentellen Ergebnissen übereinstimmen, das ist alles. Jede Frage, die nicht schnell zu diesem Ziel führt, wird als sinn- und bedeutungslos angesehen.

**Weber:** Würden diese Menschen nicht anführen, das, was Ihnen am Herzen liegt, gehöre nicht in das Feld der Physik, sondern der Philosophie?

**Bohm:** Das ist nur ein anderer Ausdruck für die Behauptung, es sei sinnlos, denn ihrer Meinung nach verschwenden Philosophen nur ihre Zeit.

**Weber:** Das heißt, Sie ziehen, wie bereits in unseren früheren Diskussionen, den Schluß, die Physik stecke den Rahmen für sich selbst zu eng.

**Bohm:** Absolut, und ich meine, dabei handelt es sich um eine moderne Tendenz. In der Vergangenheit, noch in den zwanziger und dreißiger Jahren, hatten die Physiker ein viel umfassenderes Interessengebiet. Menschen wie Heisenberg, Bohr, Eddington und Einstein haben sich mit wesentlich weiter gesteckten Fragen beschäftigt.

**Weber:** Sie meinen, heutzutage tut dies fast niemand mehr?

**Bohm:** Nur sehr wenige. Ich bin der Ansicht, die physikalischen Lehren sind degeneriert; sie sind immer stärker dogmatisiert und mechanisiert worden, was beklagenswert ist. Alle jene Fragen, die in den dreißiger Jahren so lebendig waren, sind vollkommen verschwunden. Studenten werden nur die Gleichungen präsentiert, und man behauptet, dies sei die Quantenmechanik. Die nächste Generation schreibt dann Bücher auf dieser anämischen Basis, und jeder vergißt die tiefen philosophischen Fragen, die dem ganzen physikalischen Ansatz zugrunde liegen.

**Weber:** Ich würde gerne auf die morphogenetischen Felder zurückkommen. Sheldrake verwendet eine Fülle von morphogenetischen Feldern, selbst für ganz spezielle Dinge – den Bewegungs- und Sinnesapparat, die Organe usw. – untergliedert er zu stark, oder sind alle diese Felder notwendig?

**Bohm:** Ich glaube nicht, daß es sich um ein wirkliches Problem handelt. Ein morphogenetisches Feld stellt einfach den bestimmenden Organismus oder die lenkende Einheit dar. Die Natur kennt eine Fülle von verschiedenen Formen, daher sollte sich diese Fülle auch in den morphogenetischen Feldern widerspiegeln. Wir könnten diese Vielfalt jedoch auf eine einheitlichere Weise verstehen, wenn wir die Möglichkeit einer hierarchischen Ordnung dieser Felder in Betracht ziehen würden – die eher speziellen Felder sind in allgemeineren enthalten, die selbst wiederum Untergruppen von noch umfassenderen und allgemeineren Feldern darstellen usw. Die Vielfalt zeigt sich uns deutlich, aber es gibt immer eine größere und "ursprünglichere" Einheit. Ich glaube, Sheldrake würde dem zustimmen.

**Weber:** Aber in der impliziten Ordnung haben sie die Unterteilungen auf ein Minimum beschränkt. Sie sprachen von Ebenen der Implikation und Entfaltung, von der Feinheit und Zustandsdichte der Materie, von höherer Energie oder Kraft. Darüber hinaus scheint es, als würden sie Unterbereiche verneinen.

**Bohm:** Weil ich die Theorie allgemein halten möchte. Aber Unterbereiche können in Betracht gezogen werden; allerdings wären alle diese Unterbereiche nur relativ, nicht absolut. Deswegen betrachte ich die Möglichkeit einer Hierarchie.

**Weber:** Stellen morphogenetische Felder, in dem Sinne wie Sie sie verstehen, wirkliche und konkrete Kräfte dar, oder handelt es sich nur um eine Kommunikationsform, um ein Geschehen zu beschreiben?

**Bohm:** Es handelt sich nicht nur um "Worte". Ich meine, der Vergleich mit einem Radioempfänger ist gar nicht schlecht. Eine Radiowelle wird von einer Radiostation ausgestrahlt, diese besitzt eine Form (z.B. Musik), und diese Form, die von einer sehr schwachen elektromagnetischen Welle getragen wird, wird von einer Antenne aufgefangen. Wenn die Musik aus dem Radio kommt, nahezu die gesamte Energie aus der Steckdose in der Wand, aber die *Form* kommt von der sehr schwachen elektromagnetischen Welle, die durch die Antenne aufgefangen wurde. Durch diesen Prozeß wird eine starke Energie (aus der Steckdose) mit Hilfe einer sehr schwachen (aufgefangen mit der Antenne) moduliert. Genauso können Sie sich ein formendes oder morphisches Feld als einen subtilen Aspekt der impliziten Ordnung vorstellen, der sich auf dichteren oder expliziten Energien ausdrückt.

**Weber:** Und gewissermaßen von ihnen getragen wird.

**Bohm:** Richtig. Betrachten Sie als ein weiteres Beispiel einen Samen: Die Energie und die Nahrung stammen von der Sonne, der Luft, der Erde, dem Wasser und dem Wind; der Same selbst besitzt nur sehr wenig Energie. Aber auf irgendeine Weise enthält der Same die Form der Pflanze, und diese winzige Energie oder Form prägt sich allen anderen Faktoren ein und bestimmt so die Pflanze. Diese winzige Energie beherrscht den ganzen nachfolgenden Wachstumsprozeß, so daß sich das Gesamtsystem darauf ausrichtet, diese Pflanze und keine Katze, keinen Hund oder dergleichen entstehen zu lassen.

**Weber:** Hier scheinen wir an einen entscheidenden Punkt gekommen zu sein: Ist es wesentlich, ob die modulierende Energie stark oder schwach ist? Sheldrake bejaht diese Frage.

**Bohm:** Er sagt, das morphische Feld habe *überhaupt keine* Energie. Ich meine jedoch, er sollte diese Aussage auf "wenig" Energie modifizieren, wie eine Radiowelle. Wie dem auch sei, es wäre konsistent mit meiner Theorie der impliziten Ordnung, das formative Feld als schwach anzusehen, als subtile Energie – subtil verglichen mit den gewöhnlichen Größenordnungen mechanischer Energie.

**Weber:** Wir sind immer noch nicht zu einem Verständnis des Begriffes "Kreativität" gekommen – des Ursprungs neuer Formen, nicht nur ihrer Abbildung, nachdem sie bereits existieren. Sie sagten, die Natur verfolge einen tiefgründigen Plan oder eine Intention, die sich nicht notwendigerweise in den expliziten Formen zeige. Sie haben eine Verbindung zwischen dieser tiefen Intention, die Kreativität bedeutet, und der Schöpfung neuer Ganzheiten vorgeschlagen. Könnten Sie diese Idee weiter ausführen?

**Bohm:** Wenn Sie die Natur anschauen, können Sie das Auftauchen kunstvoller und komplexer Formen beobachten, die sich nicht aus dem reinen Streben nach Überleben erklären lassen. Wenn unser Begriff der Zeit postuliert, jeder Augenblick sei kreativ, birgt jeder Moment die Möglichkeit der Entstehung neuer Formen, zusätzlich zu der Erhaltung der bestehenden. Daher könnte man sagen, die Natur sei ständig und planmäßig mit der Erforschung neuer Strukturen beschäftigt, und sobald diese die Fähigkeit zum Überleben besitzen (durch den Prozeß der Wiederholung), werden sie sich aufbauen und stabil werden.

**Weber:** Wie fügt sich das Bilden von immer umfassenderen Ganzheiten in diesen Ablauf ein?

**Bohm:** Der ganze Bereich von Ganzheit, kreativer Ganzheit, ist in der impliziten Ordnung enthalten. In der impliziten Ordnung sind Ganzheiten, oder besser potentielle Ganzheiten, vorhanden, die realisiert, entfaltet oder aktualisiert werden können, der Gesamtheit aller Bedingungen entsprechend.

**Weber:** Die Natur besitzt also gewissermaßen eine Intuition oder eine kreative Einsicht, indem sie jene Ganzheiten erschafft oder realisiert.

**Bohm:** Ja. Es entspricht in etwa unseren eigenen plötzlichen kreativen Einsichten mentaler Art. Der generelle Tenor der impliziten Ordnung beinhaltet, daß das Geschehen in unserem eigenen Bewußtsein und jenes in der Natur der Form nicht vollkommen verschieden sind. Daher besitzen Denken und Materie eine ähnliche Ordnungsstruktur; wir können diese Idee noch dahingehend ausweiten, daß unsere Kreativität und Einsicht auch eine Parallele innerhalb der Natur findet. Aus dieser Perspektive heraus vermögen wir den Dualismus zwischen Materialismus und Idealismus zu transzendieren.

**Weber:** Wie?

**Bohm:** Indem wir der Natur oder der Materie ebenfalls Kreativität und Einsicht zuschreiben. Die Formen der Materie selbst stellen dann die Ergüsse dieser Kreativität oder Einsicht dar. Diesbezüglich ist die Natur lebendig, wie Whitehead sagen würde, bis in ihre tiefsten Schichten hinunter. Sie ist auch intelligent. Damit hat sie, ebenso wie wir, mentale und materielle Aspekte. Es gibt daher keinen wirklichen Dualismus mehr.

**Weber:** Wenn die Natur Materie gebiert, Formen entstehen läßt, birgt dieser Prozeß einen *Hinweis* auf ihre kreative Intelligenz.

**Bohm:** Ja. Obgleich sich nichts davon im gewöhnlichen oder empirischen Sinne beweisen läßt, vermag diese Sichtweise zu erklären, warum wir diesen Formenreichtum haben, der jenen, der sich aus reinen Überlebenzwängen ergeben würde, bei weitem übersteigt. Wie würden Sie beispielsweise die Entstehung einer solch komplexen Form wie des menschlichen Gehirns erklären?

**Weber:** Nach Ihrer Theorie ergäbe es sich als Konsequenz der kreativen Experimente der Natur.

**Bohm:** Ja, aus der Einsicht der Natur, ihrer tiefgründigen Einsicht.

**Weber:** Sie implizieren, die Natur stelle einen Organismus dar, einen lebendigen, planvollen Organismus?

**Bohm:** Ja, wie bereits erläutert, einer voll tiefer Intuition, Kreativität und Zielbewußtsein.

**Weber:** Sie könnten weiter ausführen, die Natur habe uns geschaffen, um sie zu suchen, und dies Ziel mache unseren inneren Antrieb aus. Dies mag selbst die Ursache für unseren Wissensdurst, die Wissenschaft eingeschlossen, sein.

**Bohm:** Wir suchen natürlicherweise nach unserem Ursprung. Das wäre eine Sichtweise. In diesem Sinne ist Natur viel mehr als es oberflächlich betrachtet den Anschein hat. Dies wäre eine Möglichkeit, eine Form von erweitertem Materialismus auszudrücken. Aber – und dies ist der springende Punkt – man könnte es ebensogut Idealismus, Geist oder Bewußtsein nennen. Die Trennung der zwei – Materie und Geist – ist eine Abstraktion.

**Weber:** Weil sie an ihrem Ursprung eine Einheit bilden?

**Bohm:** Der Quellgrund bildet immer eine Einheit.

*Wir verstehen die Gesetze der Chemie und die meisten Menschen sehen kein Geheimnis darin.*

Stephen Hawking

*Ich glaube, wir leben in einer Welt, die uns nicht überlassen wurde. Sie ist nicht wie ein offenes Buch, in dem wir dieses oder jenes Kapitel lesen können. Wir besitzen Hinweise, Fragmente.*

Ilya Prigogine

*Man kann annehmen, daß die letzte Quelle unermeßlich ist und sich nicht von unserem Wissen her fassen läßt.*

David Bohm

Kapitel VI

# Materie als Bedeutungsfeld

David Bohm und Rupert Sheldrake

*In der Transzendenz des Ego wird das Eröffnen neuer Organisationsebenen – neuer Geistesebenen – die Kette des Bewußtseins reicher. Im Unendlichen fällt es mit dem Göttlichen zusammen.*

Jantsch

Es war ein kalter Januartag im Jahre 1985, aber mein Zimmer, von dem aus man den Russell Square in Londons bekanntem Bloomsbury-Distrikt in der Nähe des Britischen Museums überblicken konnte, war angenehm warm und mit einer erwartungsvollen Atmosphäre erfüllt. Sheldrake war aus seiner Wohnung in Newark-on-Trent gekommen, das etwa eine Stunde entfernt lag, und Bohm kam aus Edgeware, einem Vorort von London, in dem er lebt. An diesem Morgen spürte ich die emotionale Kraft der Ideen, über die wir diskutierten. Was in einer winterlichen müden Atmosphäre begonnen hatte, endete in einem energiegeladenen Gedankenaustausch. Wir hatten uns zuvor schon viele Male getroffen und gemeinsam vor einigen Monaten an einem Symposium über Wissenschaft und Mystik in Cambridge, Massachusetts, teilgenommen. Aber unsere besondere Harmonie an diesem Morgen ging über eine kollegiale Freundschaft hinaus und schien irgendwie mit der Größe der Ideen verbunden zu sein, die wir zu durchdringen suchten.

In diesem Dialog kommen viele der schwierigen Probleme, die bisher in diesem Buch angesprochen wurden, zu einem Höhepunkt. Leben wir in einem sinnlosen Universum, in dem sich materielle Moleküle durch blinden Zufall bewegen, wie die Mechanisten behaupten –

oder ist die Materie lebendig und, zumindest ein wenig, bewußt? Nimmt sie an dem “Tanz” teil, der allem eine Bedeutung verleiht, wie sowohl Bohm als auch Sheldrake vorschlugen? Die letztere Auffassung ist wohl die attraktivere, aber sie ist unbewiesen (Sheldrake hatte uns schon früher von einer Begegnung mit einem bekannten Harvard-Wissenschaftler erzählt, der zugegeben hatte, er hoffe, obwohl er der Meinung sei, Sheldrake besitze noch keine genügende wissenschaftliche Evidenz für seine Hypothese der morphogenetischen Felder, seine Theorie möge sich als wahr erweisen).

Der Todfeind vieler Ideen, die in diesem Dialog vorgestellt werden, scheint die Ockhamsche Rasiermesser–These zu sein, die jedem Studenten der Wissenschaft und Philosophie in den ersten Semestern beigebracht wird. Sie ist auch als Prinzip der einfachen Hypothesen bekannt und beinhaltet, daß man die Anzahl der Hypothesen nicht über das strikte Maß der Notwendigkeit hinaus erhöhen dürfe. Daher sollte man nicht eine Vitalkraft in der Materie postulieren (oder noch schlimmer, den Atomen oder Genen ein Bewußtsein zuschreiben), wenn eine einfache mechanistische Erklärung ausreicht. Wir haben gelernt, daß eine Verletzung dieser These bedeutet, in eine anthropomorphe Falle zu geraten, was sowohl von Wissenschaftlern als auch von Philosophen gefürchtet wird.

Um so überraschender war dann, daß in diesem und dem darauf folgenden Dialog die These Ockhams und das ”Du sollst nicht anthropomorph sein” von den Wissenschaftlern selbst attackiert wurde. Sowohl Bohm als auch Sheldrake stellten die Unfehlbarkeit dieser Prinzipien in Frage, indem sie deren selbstverständliche Rationalität untergruben. Sie prüften nicht nur Ockhams These, sondern auch die Möglichkeiten einer Wissenschaft, die von jedem Anthropomorphismus befreit wäre. Dies bereitete den Weg für die schwierige Frage am Ende dieses Kapitels: Hat die Natur als Ganzes eine Bedeutung und – wenn dem so ist – sind wir dann nur passive Beobachter oder nehmen wir aktiv an ihr teil?

Aber die Möglichkeit eines bewußten Universums, das eine innere

Bedeutung besitzt, wird dem immer ähnlicher, was Lama Govinda, Br. Bede, der Dalai Lama und andere Mystiker zu beschreiben versuchen. Die Kosmologie, die hier vorgestellt wird, lädt zum Vergleich mit der Kosmologie Ilya Prigogines ein, der sich in Kapitel 10 zurückhält, auf Mystik oder "ewige Wahrheiten" einzugehen. Obwohl sich Prigogine, Bohm und Sheldrake in vielen Punkten unterscheiden, ähneln sie sich in anderen wiederum unerwartet. Stephen Hawking, der in Kapitel 11 unbeirrt die Position Ockhams verteidigt, widerspricht den meisten Ideen, die Bohm und Sheldrake in diesem Dialog vertreten, ebenso denen Prigogines.

**Weber:** Was ist Materie? Was ist ein Feld: Was ist Bedeutung? Wie stehen diese drei Begriffe miteinander in Beziehung? In welcher Hinsicht ist die Materie ein sinngebendes Feld?

**Bohm:** Besonders im Westen wird allgemein akzeptiert, das Geistige und das Physische als voneinander verschieden, aber auch irgendwie miteinander verwandt anzusehen; jedoch wurde noch nie zufriedenstellend eine Theorie ihrer Beziehung entwickelt. Ich schlage vor, beide nicht wirklich als getrennt zu betrachten, sondern das Geistige und das Physische als zwei Aspekte zu behandeln, wie die Form und der Inhalt einer Sache, die nur gedanklich, nicht real, getrennt werden können. Die Bedeutung bildet die Brücke zwischen den beiden Aspekten.

**Weber:** Was heißt Bedeutung?

**Bohm:** Wir können Bedeutung nicht direkt definieren, denn wir setzen voraus, daß wir die Bedeutung der Bedeutung kennen, wenn wir über etwas diskutieren. Also müssen wir uns langsam dem nähern, was Bedeutung bedeutet. Soma steht für Körper, so lassen Sie uns verallgemeinern und es den physischen Anteil nennen. Der andere, der geistige Anteil, wird durch die Signatur oder Bedeutung des von uns wahrgenommenen Dinges klassifiziert.

**Weber:** Dieser Teil ist nicht klar.

**Bohm:** Die Bedeutung ist offensichtlich von subtiler Beschaffenheit.

Statt zu sagen, jemand entscheide, zu handeln oder auch nicht zu handeln, nachdem er eine Bedeutung verstanden habe, schlage ich vor, davon auszugehen, daß die Bedeutung selbst die Handlung vollzieht. Es gibt dafür viele Beispiele. Wenn man z.B. in einer dunklen Nacht einen Schatten sieht, vollzieht sich in dem Augenblick, in dem man glaubt, einen Angreifer vor sich zu haben, eine Adrenalinausschüttung und eine Aktivierung des ganzen Körpersystems. Diese Reaktion wird nicht bewußt herbeigeführt, es passiert ganz einfach durch die Erkenntnis der Bedeutung.

**Weber:** Die Bedeutung beeinflußt die Materie sofort und verändert sie,um eine bestimmte Verhaltensweise hervorzurufen.

**Bohm:** Das ist ganz alltäglich. Auch wenn man willentlich handelt, geschieht dies, weil man die Notwendigkeit dazu erkennt. Die Bedeutung der Notwendigkeit veranlaßt Sie zum Handeln.

**Weber:** Wenn man in den schemenhaften Umrissen nicht einen Angreifer sieht, sondern einen harmlosen Schatten, bleibt die Materie relativ ruhig.

**Bohm:** Wenn jemand als Feind erkannt wird, verhält sich die Materie anders, als wenn derselbe als Freund angesehen wird.

**Weber:** Dies würde erklären, auf welche Weise Materie und Bedeutung unauflöslich miteinander verbunden sind; sie sind Teil ein und derselben Sache.

**Bohm:** Es ist für die meisten Menschen schwer zu verstehen, daß auch die materielle Seite eine Bedeutung besitzt. Aber die Erfahrung zeigt ihre Berührung mit beiden Seiten. Sie ist die Brücke zwischen dem Geistigen und dem Physischen.

**Weber:** Halten Sie das für klar, Rupert?

**Sheldrake:** Ich möchte David fragen, ob die Bedeutung mit irgendeinem Ziel unauflöslich verbunden ist.

**Bohm:** Die Beziehung zwischen der Bedeutung und einem Ziel oder Zweck erfordert eine genauere Betrachtung. Zuerst steht Bedeutung nur für die scheinbare oder tatsächliche Aktivität, die aus allem wahrnehmbaren heraus resultiert. Dies kann dann in einem Gedankenprozeß reflektiert und immer wieder betrachtet werden sowie eine

Art von Bedeutung verursachen, die verinnerlicht wird, aber dennoch Aktivität bleibt. In diesem Fall handelt es sich um Gedankenaktivität. Gedanken stellen eine neurophysiologische Aktivität dar.

**Weber:** Aber beantwortet das Ruperts Frage vollständig, inwiefern Bedeutung, teleologisch, immer mit einem Zweck verbunden ist?

**Sheldrake:** Können wir eine solche Betrachtungsweise von der Teleologie trennen? Ich vermute nicht.

**Bohm:** Es gibt vielleicht kein bewußtes Ziel für die Art und Weise, wie Sie Bedeutungen wahrnehmen, dementsprechend handeln und reagieren. Das Ziel liegt nur dann impliziert vor, wenn man aufgrund vergangener Erfahrungen auf den Schatten reagiert, dem Angreifer entfliehen möchte.

**Weber:** Dies wäre eine Art von Ziel. Es gibt aber vielleicht unmittelbare Ziele, die man nur schwerlich teleologisch nennen kann.

**Sheldrake:** Aber wir müssen nicht voraussetzen, jemand habe sich seiner Ziele bewußt zu sein, um ihnen eine Teleologie zuzuordnen. Wenn man sich mit dem Verhalten von Tieren beschäftigt, beispielsweise dem Nisten von Vögeln, kann man sicher davon ausgehen, daß der Vogel sein Nest mit dem Ziel baut, Eier in dieses Nest zu legen. Der Vogel, der das Nest baut, mag sich dieser Ziele nicht bewußt sein und es aus einer ganz anderen Perspektive als wir sehen, aber die meisten Menschen würden davon ausgehen, es handele sich um ein zielgerichtetes Verhalten; auch die Neo-Darwinisten stimmen dieser Anschauung zu, wenn sie über Anpassung und selektive Vorteile sprechen. Auf diese Weise setzt die Teleologie nicht ein bewußtes Ziel voraus.

**Bohm:** Hier mag es sich um eine implizierte Vorgehensweise und in diesem Sinne um ein Ziel handeln. In einigen Fällen erfolgt die Reaktion so schnell, daß wir nicht einmal sagen können, sie habe ein Ziel. Falls sich die Bedeutung sehr schnell entwickelt hat, reagiert sie beinahe von selbst und drängt auf diese Weise das Zielbewußtsein in den Hintergrund.

**Weber:** In dem Beispiel, das Rupert erwähnt hat, könnte man es Instinkt nennen. Wie ist die Beziehung des Instinktes zu Bedeutung und Zweck?

**Sheldrake:** Das Studium des Instinktes oder angeborenen Verhaltens zeigt, daß in der Tat eine Beziehung zu bestimmten Dingen, bestimmten Bedeutungen besteht. Die klassische Ethologie, so wie sie von Tinbergen und Lorenz betrieben wurde, hat gezeigt, daß Tiere auf etwas reagieren, das wir als Stimulus bezeichnen, nämlich auf besondere Merkmale ihrer Umgebung, die eine Bedeutung für Sie besitzen. Es wäre nicht leicht, diese Ergebnisse ohne den Begriff der Bedeutung zu verstehen. Ein männliches Rotkehlchen wird während der Paarungszeit andere männliche Rotkehlchen angreifen, und es konnte gezeigt werden, daß die Ursache dafür deren rote Brust ist. Die rote Farbe korreliert mit einer Bedeutung. Sie bedeutet etwas ähnliches, wie die Anwesenheit eines anderen Männchens, das das eigene Territorium verletzt. Wenn man ein ausgestopftes Rotkehlchen vorzeigt, wird es ebenfalls angegriffen – aber nicht so heftig wie ein lebendiges. Aber wenn man ein ausgestopftes Rotkehlchen ohne rote Brustfedern nimmt, dann verhält sich das angreifende Rotkehlchen ganz anders. Wenn man nur ein Bündel von roten Federn nimmt und sonst nichts, dann greift es die roten Federn an. Also ist dieser Kennzeichenstimulus das bestimmte Merkmal in der Umgebung, das dem Ganzen eine Bedeutung verleiht. Es handelt sich um eine angeborene Reaktion.

**Weber:** In Ihrem Beispiel klingt das so selbstverständlich, daß ich mich frage, ob die Bedeutung für ein Rotkehlchen etwas ähnliches ist wie die Bedeutung von etwas anderem für einen Menschen. Mir kommt es so vor, als würden wir dieses Beispiel überstrapazieren?

**Sheldrake:** Ich glaube nicht. In dem Beispiel, das David angeführt hat, ergab sich die Bedeutung automatisch. Die Vorstellung eines Schattens als nächtlicher Angreifer zeigt sich in unserer eigenen Welterfahrung auch sehr spontan. Gerade der Vorgang der Wahrnehmung schließt eine Art impliziter Begriffsbildung ein, eine Kategorisierung unserer Umgebung, und ordnet ihr daher im Verhältnis zu anderen Dingen und zu uns selbst eine Bedeutung zu. Unsere bewußte Erfahrung läßt sich von diesem Prozeß nicht trennen, ebensowenig wie ein großer Teil unserer unbewußten Erfahrung.

**Weber:** Aber wollen wir bis zu der Behauptung gehen, das Rotkehlchen besitze ein Bewußtsein?

**Sheldrake:** Das habe ich nicht gesagt, sondern nur, daß dieses Ding für das Rotkehlchen eine Bedeutung hat.

**Bohm:** Lassen Sie uns Bedeutung von Bewußtsein unterscheiden. Die Bedeutung ist eine Form des Bewußtseins, aber nicht notwendigerweise des "bewußten" Bewußtseins. Wenn wir von einem Wissen des Bewußtseins sprechen, dann bezieht sich das auf ein "bewußtes" Bewußtsein und ein "unbewußtes" Bewußtsein.

**Weber:** Derjenige, der auf den Schatten mit psychosomatischen Streßsymptomen reagiert, stellt ebenso wie das Rotkehlchen ein Beispiel für unbewußtes Bewußtsein dar.

**Bohm:** William James schlug vor, die Bedeutung als in der Aktivität liegend zu verstehen, die durch das Signal verursacht wird. Spontane Aktivität mag vielleicht eine tatsächliche, aber auch eine scheinbare Aktivität in dem Sinne darstellen, daß sie als eine von vielen Möglichkeiten beginnt, von denen nur eine einzige wirklich ausgeführt wird. Man könnte beispielsweise die Information im Computer, die in einem Siliziumchip gespeichert ist, als verursachendes Element weiterer Aktivität des Computers verstehen. Die Aktivität wäre dann die Bedeutung dieser Information. Tatsächlich kann man die Bedeutung niemals völlig definieren, denn sie hängt vom Zusammenhang ab. Daher liegt es am Zusammenhang, der den ganzen Hintergrund und das Wissen des jeweiligen Menschen beinhaltet, ob eine bestimmte Zusammensetzung von Licht und Schatten einem Angreifer oder nur einem Schatten entspricht.

**Weber:** Umfaßt der Zusammenhang auch das Wesen des Wahrnehmenden?

**Bohm:** Nicht nur sein gesamtes Wissen, sondern auch seinen Charakter.

**Weber:** Wir haben dieses Thema vom Standpunkt des Individuums aus beleuchtet. Aber Sie beide konzentrieren sich mit Ihrer Arbeit sowohl auf das Individuelle als auch auf ein Feld, welches sich jenseits des Individuellen befindet. Lassen Sie uns nun das Ganze vom Standpunkt jenes Feldes aus betrachten.

**Bohm:** Ich möchte die DNA als eine Aktivität der Bedeutung auffassen. Wie man weiß, gleicht die DNA einem Code oder einer Sprache. Sie wird von der RNA gelesen. Entsprechend dem Zusammenhang liest die RNA verschiedene Segmente der DNA und entnimmt ihnen ihre Bedeutung, die Synthese verschiedener Proteine. Die Sprache der Genetiker erkennt diese Rolle von Information und Bedeutung stillschweigend an.

**Weber:** Handelt es sich um einen gebräuchlichen Ausdruck, wenn wir sagen, "die RNA 'liest' die DNA"?

**Sheldrake:** Ja. Die DNA wird in die RNA transkribiert und die RNA darauf in ein Protein translatiert.

**Weber:** Also handelt es sich wirklich um eine informations- und bedeutungsorientierte Sprache.

**Bohm:** Man kann nicht über Information diskutieren, wenn man die Bedeutung ausläßt. Wenn man definieren möchte, was Information ist, kann man Gregory Batesons Worte anführen: "Sie ist ein Unterschied, der den Unterschied verursacht", aber das genügt nicht, denn jeder Unterschied verursacht einen Unterschied. Ich würde von einem Unterschied der Form ausgehen, der den Unterschied des Inhaltes oder der Bedeutung verursacht. Auf einer gedruckten Seite verursacht ein Unterschied der Form einen Unterschied der Bedeutung.

**Weber:** Gerade dies gilt für Worte.

**Bohm:** Es ergibt sich ein Unterschied der Aktivität, die diese gedruckte Seite verursacht, oder der Aktivität, die der Computer verursacht. Oder die DNA. Also akzeptieren die Molekularbiologen die Bedeutung und Information, wenigstens stillschweigend, als real.

**Sheldrake:** Mehr als nur stillschweigend, denn die meisten von ihnen benutzen die Metapher des genetischen Programms, durch welches, wie man vermutet, das Verhalten in Form der DNA programmiert wird. Die DNA existiert vor der Programmierung und enthält ein Ziel oder einen Zweck. Die Idee eines genetischen Programms bedeutet, daß die Biologie die Metapher der Computerprogramme und der Informationssprache übernommen hat. Diese durchdringt die moderne biologische Theorie. Eine andere Vorstellung von der Bedeutung wird über den extremen Neodarwinismus Dawkins und die Soziobiologie in die Genetik eingebracht.

**Weber:** Die egoistischen Gene?

**Sheldrake:** Ja. Nach Dawkins denken diese egoistischen Gene, manipulieren, rechnen, erschaffen Körper und tun eine Menge dessen, was wir normalerweise mit Leben und Geist assoziieren. Alle diese Eigenschaften wie Bedeutung und Zweck werden auf die innersten DNA–Moleküle projiziert. Dieser Ansatz geht natürlich nicht über die gegenwärtige biologische Theorie hinaus, den meisten, wenn nicht sogar allen, biologischen Phänomenen Bedeutung zuzuordnen.

**Weber:** Aber was sind Bedeutungsfelder?

**Bohm:** Ich meine, wir sollten uns hier der Physik zuwenden. Die erste Reaktion eines Wissenschaftlers wäre vielleicht, dies als eine Art von Sprache anzusehen, die die Biologen sprechen, aber in Wirklichkeit ist natürlich alles aus kleinen Partikeln aufgebaut, welche keine Bedeutung tragen, wenn man sie nur genügend im Detail analysiert. Die Quantenmechanik schließt eine Analyse aus. Ich habe dies in bezug auf die implizite Ordnung diskutiert, aber auch mit Blick auf ein anderes Modell, welches ich die kausale Interpretation der Quantentheorie genannt habe. Beide sind tatsächlich eng miteinander verwandt, aber ich glaube nicht, daß wir dies hier im Detail entwickeln können.

**Weber:** Könnten Sie es wenigstens in groben Zügen erläutern?

**Bohm:** Es handelt sich um ein von mir vorgeschlagenes Modell, mit der Annahme, ein Elektron als ein Teilchen anzusehen, das aber seinerseits von einem Feld, der Wellenfunktion, umgeben ist, welches der

Schrödinger-Gleichung gehorcht. Feld und Teilchen sind nie voneinander getrennt. Die Mathematik impliziert, daß dieses Schrödinger-Feld auf eine neue Art und Weise auf das Teilchen einwirkt. Das geschieht so: Der Vorgang hängt nur von der Form des Feldes und nicht von dessen Intensität ab. Daher handelt es sich nicht um eine mechanische Aktion, wie die einer Welle, die einen Korken oder ein Schiff bewegt. Sie ähnelt eher einer Radarwelle, die ein Schiff durch einen Autopiloten lenkt. Daraus kann man folgern, daß diese Welle als Information wirkt, als eine Form, die eine Aktion hervorruft, die deren Bedeutung darstellt.

Man mag dagegen einwenden: „Wie können Sie ein Elektron als ebenso komplex wie ein Schiff oder einen Computer ansehen?" Meine Annahme richtet sich gegen die ganze Tradition, die davon ausgeht, immer einfacheres Verhalten zu finden, je kleiner die analysierten Teilchen werden. Aber das Gegenteil ist der Fall; quantenmechanisches Verhalten unterscheidet sich sehr von mechanischem Verhalten und weist äußerst subtile Eigenschaften auf. Nur große Massen gehorchen den einfachen mechanischen Gesetzen, ebenso wie nur große Menschenmassen einfachen statistischen Regeln gehorchen. Individuell betrachtet verhalten sie sich bei weitem subtiler.

Ein Grund dafür, warum man nicht geglaubt hatte, jemals eine physikalische Interpretation der Quantentheorie finden zu können, basierte auf dem Problem des mehrdimensionalen Raumes. Man ging von der Frage aus: "Was bedeutet ein mehrdimensionaler Raum physikalisch?" Aber wenn wir ihn als Informationsfeld betrachten, wird diese Fragestellung klarer, denn wir wissen, daß die Information in jeder dimensionalen Komplexität strukturiert ist. Daher gibt es keinen Grund, warum wir nicht davon ausgehen sollten, das Informationsfeld um das Elektron herum befinde sich in einem mehrdimensionalen Raum. Die Bedeutung dieses Feldes bestimmt die Beziehung der Teilchen untereinander. Dies könnte darauf hinweisen, daß Dinge, die weit voneinander getrennt, dennoch miteinander verbunden sind. Mehr noch, es bedeutet, daß die Wechselbeziehungen dieser Teilchen auf eine Art und Weise vom Zustand des Ganzen abhängig sind, die nicht von vornherein den Teilchen zugeordnet werden kann. Das Ganze besitzt eine übergeordnete Bedeutung, die noch vor den Teilchen selbst rangiert.

Es verhält sich wie mit der Choreographie eines Tanzes. Elektronen in einem supraleitenden Zustand z. B. bewegen sich in einer regulären koordinierten Weise und werden so nicht gestreut. Im Normalzustand verhalten sie sich wie eine unorganisierte Menschenmenge. Wenn man dies nun mit einem Ballett vergleicht, könnte man sagen, die Wellenfunktion im supraleitenden Zustand entspreche dieser Choreographieanweisung – einer Art von Information – und der Tanz der Bedeutung der Choreographie. Es ist der Wellenfunktion möglich, eine spezielle Form einzunehmen, mathematisch wird das *faktorisieren* genannt, in der die verschiedenen Tänzer alle voneinander unabhängig sind. Im allgemeinen ist dies nicht der Fall. Das erklärt, warum es bei höheren Temperaturen Unabhängigkeit und klassisches Verhalten gibt. Aber je kleiner die Temperaturen werden, desto geringer wird die Unabhängigkeit. Es existieren noch andere Bedingungen, die ein quantenmechanisches Verhalten begünstigen, aber im allgemeinen begünstigt eine hohe Temperatur die Unabhängigkeit der verschiedenen Tänzer, worauf das System in seine voneinander unabhängigen Teile zerfällt. Die Bedeutung der ganzen choreographischen Anweisung liegt darin, die Zahl der unabhängigen Tänze und ihren Inhalt festzulegen. Um diese Analogie eines Ballettanzes noch zu verbessern, wollen wir annehmen, die Choreographie der Wellenfunktion sei nicht festgelegt, sondern hänge vom Anfangszustand der Teilchen ab. Der Tanz würde sich entsprechend des Anfangszustandes der Tänzer verändern.

**Weber:** Also Improvisation, nicht strikte Choreographie?

**Bohm:** Ja, als ob sich die Choreographie entsprechend der Schrödinger-Gleichung entwickeln würde, als ob es Regeln gäbe, durch die sich der Tanz selbst ständig verändert. Dies bietet Ihnen ein gutes intuitives Bild von der Bedeutung der Quantenmechanik. Wir können annehmen, die grundlegenden Eigenschaften der Materie – die, die für die Chemie, die Supraleitfähigkeit, die DNA, das Leben selbst, verantwortlich sind – resultieren daraus. Sie resultieren nicht aus der Mechanik, sondern aus diesen Eigenschaften. Es gäbe keine Chemie und keine Moleküle, wenn es nicht diese Eigenschaften gäbe.

**Sheldrake:** Warum wird diese Folgerung der Quantenmechanik, wenn sie so anschaulich ist, nicht von den Chemikern und Biologen ernster genommen?

**Bohm:** Der Grund liegt in der Geschichte der Physik. Anfang 1927 hatte DeBroglie etwas Ähnliches auf dem Solvay-Kongress vorgestellt, aber die meisten Physiker waren dagegen, denn bei vielen von ihnen handelte es sich um Positivisten, denen dieses Modell nicht entsprach; es besaß zu viele Anteile, die nicht verifizierbar waren. Zum zweiten hatte DeBroglie einige der schwerwiegendsten Einwände von seiten Paulis, die das Mensch-Körper-Problem betrafen, nicht beantwortet. Er sah sich dazu nicht in der Lage. Drittens mochte Einstein das Modell nicht – aber aus einem anderen Grund, denn es war nicht-lokal. Da niemand das Modell favorisierte, wurde es nicht angenommen. DeBroglie selbst verlor das Interesse daran und gab es auf.

**Weber:** Das ist ein gutes Beispiel für Thomas Kuhns Behauptung (In: *Die Struktur wissenschaftlicher Revolutionen*): Wissenschaftliche Paradigmen werden entsprechend der Interessen oder Vorstellungen akzeptiert oder abgelehnt, die unter den Wissenschaftlern zu einer gegebenen Zeit vorherrschen.

**Bohm:** Ja, und das Ergebnis war die gegenwärtige physikalische Interpretation, für die Bohr der eifrigste Verfechter war, und die besagt, die Quantenmechanik beschäftige sich mit nichts anderem als mit Phänomenen. Sie kann keinen Zustand diskutieren; die Quantenmechanik stellt nur statistische Regeln für die Verknüpfung von Phänomenen auf. Sie wurde zu einem akzeptierten Paradigma. Man hat vergessen, woher es stammt. Man weiß nicht einmal, ähnlich wie bei Stammeslegenden, daß man sie besitzt.

**Weber:** Wollen Sie damit sagen, diese automatische Reaktion der Physiker stelle ein Analogon zur unmittelbaren Reaktion (im obigen Beispiel) auf den Schatten dar?

**Bohm:** Ja. So verhält es sich mit Paradigmen. Man nimmt, so wie dieses Paradigma durch Übereinstimmung akzeptiert wird, auf die gleiche Weise die Sinneseindrücke in der Dunkelheit auf – und reagiert unmittelbar auf die Situation, entsprechend den vorherbestimmenden Einflüssen.

**Weber:** Gilt das auch für Paradigmen auf einer sehr hohen und subtilen Ebene?

**Bohm:** Der Prozeß läuft dann eben auf einer sehr subtilen Ebene ab.

**Sheldrake:** Dies könnte man auch auf ganze Kulturen anwenden. Denn die eigene Kultur beinhaltet eine ganze Reihe von Werten, Bedeutungen und Reaktionen, wobei die meisten von ihnen vollkommen automatisch wirken.

**Weber:** Von Ihrem Standpunkt aus betrachtet, Rupert, würden dann auf diese Art und Weise Formen im morphogenetischen Feld aufgebaut, die dann die automatischen Reaktionen verstärken und auf das entsprechende Verhalten im expliziten Bereich rückwirken.

**Sheldrake:** Ja, genau dies habe ich vorgeschlagen. Es gibt hier zwei getrennte Bereiche. Der erste ist das Wesen des Feldes im Verhältnis zur Bedeutung: Die Felder bilden die Schnittflächen zwischen Materie und Bedeutung. Sie organisieren das, was wir Materie oder vielmehr Energie nennen. Und sie organisieren es in Übereinstimmung mit dem, was wir als Bedeutung erkennen können. Ich weiß nicht, ob David dem zustimmen kann.

Zweitens kommt die Frage auf, wie diese Felder zu dem wurden, was sie sind. Obwohl ein Bedeutungsfeld, wie von David sehr klar dargestellt, ein Feld ist, das eher von der Form als von der Intensität abhängt, gibt es Situationen in der Natur, in denen verschiedene Bedeutungsfelder miteinander konkurrieren. Dies geschieht in der Biologie, wenn man zwei verschiedene Spezies miteinander kreuzt, von denen jedes ein verschiedenes Verhaltensmuster und ein unterschiedliches instiktives Verhalten besitzt. Falls es dabei zwei formative Felder gibt, die auf das gleiche System einwirken, entsteht zwischen beiden eine Art von Konflikt. Sie können miteinander um die Kontrolle über die Materie konkurrieren und dabei zwei verschiedene Bedeutungen hervorrufen. Wir besitzen dafür visuelle Analogien, wie z. B. den Neckerschen Würfel*, bei dem das gleiche Soma zwei unterschiedliche Bedeutungen annehmen kann. Das Bild kann zwischen den beiden Formen hin- und herspringen. Man kann es in der einen oder der anderen Form sehen.

**Bohm:** Es gibt eine sehr große Anzahl von Möglichkeiten, dieselbe Situation zu sehen, und dennoch gibt es etwas Unveränderliches, welches das Konzept des Objektes entstehen läßt.

**Weber:** Eines ist nicht klar: Stimmen Sie darin überein, was ein Feld ist? Rupert sagt, es stelle die Schnittfläche zwischen Materie und Bedeutung dar.

**Bohm:** Ja, die Bedeutung ist die Brücke zwischen der mentalen und der physischen Seite. Die Wellenfunktion ist eine Art mentaler Aspekt des Elektrons, der Informationsgehalt, der dessen Natur bestimmt. Aber die Quantenmechanik sieht das etwas begrenzter. Es gibt vielleicht ein Supra - Quantenfeld, ein Supra - Quantenpotential, das seinerseits das Quantenfeld organisiert.

**Weber:** Aber wir erhalten dann eine unendliche Regression: Es könnte viele dieser Potentiale geben, von denen jedes ein Unterniveau organisiert – wohin führt uns das?

**Bohm:** In das Unbekannte. Wir müssen davon ausgehen, daß die Bedeutung immer in einem Zusammenhang gesehen werden muß. Es gibt keine Bedeutung, die in sich vollständig ist. Es existiert immer die Frage nach Inhalt und Zusammenhang: ein gegebener Bedeutungsinhalt hängt vom Zusammenhang ab, man kann ihn niemals exakt definieren. Der Zusammenhang ist ein anderer Inhalt, der sei-

---

* Begriff für den Effekt, daß ein perspektivisch gezeichneter Würfel erst von "rechts oben" und dann plötzlich von "links unten" betrachtet erscheint. (Anm. d. Übers.)

nerseits von einem Zusammenhang abhängig ist.

**Weber:** Der Zusammenhang und die Bedeutung *für wen*?

**Bohm:** Der, der die Bedeutung versteht, ist ein Teil des Zusammenhangs.

**Weber:** Jetzt sprechen wir über Menschen. In der Welt des Menschen ist es natürlich, sich auf Bedeutung, Information, Interpretation und Zusammenhang zu beziehen. Wird es nicht viel schwieriger zu wissen, was es heißen könnte, über den Zusammenhang oder die Bedeutung vom Standpunkt des Elektrons aus zu sprechen?

**Bohm:** Genau das habe ich gerade angesprochen. Die Wellenfunktion gibt uns den Informationsgehalt, und die Aktivität steht für dessen Bedeutung. Das Elektron verhält sich ganz ähnlich wie wir, wenn wir auf eine Situation reagieren. Ich meine, man muß bereit sein, einige seltsame Ideen abzuwägen, wenn man versucht, etwas Seltsames wie die Quantenmechanik zu verstehen. Sonst muß man sich mit Berechnungen begnügen.

**Weber:** Man könnte behaupten, Sie betrachten die Materie anthropomorph, wie es unsere Vorfahren getan haben.

**Bohm:** Ich weiß nicht, ob sich das ändern läßt. Die mechanistische Denkweise besitzt ebenfalls eine anthropomorphe Sicht. Die Idee einer Kraft stammt aus der persönlichen Erfahrung bei der Bewegung von Gegenständen. Dann geht man darüber hinaus und bezeichnet Kraft als universell.

**Weber:** Stört Sie das nicht, Rupert, daß David dem Elektron eine Art von Bewußtsein, unserem eigenen analog, zuordnet?

**Bohm:** Nicht Bewußtsein, sondern eine Art von Bedeutung.

**Sheldrake:** Ich halte dies alles für sehr sinnvoll.

**Weber:** Nicht eine Bedeutung für uns, sondern eine Bedeutung für sich selbst.

**Bohm:** Wenn man sagt, die DNA besitze eine Bedeutung, für wen besitzt sie denn diese?

**Weber:** Das ist die Frage. Für sich selbst oder für uns?

**Sheldrake:** Richard Dawkin glaubt, sie trage sie für sich selbst. Die

DNA ist in Beziehung zu ihrem eigenen Überleben ein selbstbezogenes “egoistisches Gen”.

**Weber:** Man könnte das umgehen, wenn man von einem reflexiven Feedback-System ausgeht. Es lebt! Aber was für einen Sinn hätte es denn, zu behaupten, das Elektron verhalte sich wie etwas Lebendiges. So wie Sie es ausdrücken, klingt es, als besitze das Elektron ein Minimum an Leben.

**Bohm:** Vielleicht tut es das! Was für einen Sinn hätte es zu sagen, es lebt nicht? Die Elektronen müssen sich in vielfacher Hinsicht seltsam verhalten; sie sind zur gleichen Zeit Welle und Teilchen und gehen von einem Zustand in den anderen über, ohne den Zwischenzustand zu durchschreiten – und sie tun alles Mögliche, was nicht verstanden sondern nur berechnet werden kann. Geht man nicht davon aus, daß es lebendig ist, sollte man sagen, das Elektron stelle ein vollkommenes Geheimnis dar, und alles, was man tun könne, sei, statistisch zu berechnen, wie es sich, phänomenologisch gesehen, bei bestimmten Messungen verhält.

**Weber:** Man könnte ein Gegenargument aufstellen: Wir wenden ein menschliches Modell an, das uns das Verständnis erleichtert, da wir aus dem frustrierenden erkenntnistheoretischen Dilemma entkommen möchten, nicht zu wissen, ob es sich um eine Welle oder ein Teilchen handelt.

**Bohm:** Genau das haben die Mechanisten getan!

**Weber:** Wie?

**Bohm:** Durch die Idee von mechanischen Systemen und Kräften; diese zeigt ein menschliches Modell der Bewegung von Gegenständen.

**Weber:** Von außen betrachtet. Aber Sie stellen das Argument auf, das Elektron bewege sich selbst aus irgendeinem Grund von innen heraus.

**Bohm:** Nun, warum sollte es dies nicht tun. Die Menschen waren daran gewöhnt zu glauben, alles bewege sich aus sich selbst heraus; dann haben wir nach und nach ein Paradigma geschaffen, das diese Anschauung verneint.

**Weber:** Die mechanistische Sichtweise des 17. Jahrhunderts, das Universum als Uhrwerk!

**Sheldrake:** Was wäre von allen menschlichen Modellvorstellungen anthropomorpher, als zu behaupten, alles sei eine Maschine? Die Maschinen sind vollständig und spezifisch menschliche Schöpfungen. Sie beruhen auf einer speziellen Art menschlichen Handelns.

**Bohm:** Tatsächlich liegt das daran, daß man auf die Materie alles mögliche projiziert, was man mit seinem Körper tun kann.

**Weber:** Vielleicht vertrauen wir so darauf und betrachten sie mit mehr Respekt; denn während wir zugeben, die Maschine zu bauen und zu programmieren, können wir uns auch davon zurückziehen. Dann ist es so, als würde sich die Natur neutral in dieser Maschine zeigen, und wir vergessen, daß wir die Urheber sind.

**Sheldrake:** Im traditionellen Modell ist das Universum eine Maschine, die von Gott geschaffen wurde, so wie wir die Urheber der Maschine sind.

**Weber:** Bei Descartes und Newton.

**Sheldrake:** Das traditionelle mechanistische Modell war eine konsequente und folgerichtige Anwendung des Maschinenbeispiels. Eine Maschine ist ohne ihren Urheber und Konstrukteur bedeutungslos.

**Weber:** Aber dann sagen Sie, das mechanistische Modell sei extrem anthropomorph.

**Bohm:** Offensichtlich!

**Weber:** Dies ist noch nie hervorgehoben worden.

**Sheldrake:** Dieser Sachverhalt ist sehr deutlich. Tatsächlich war das Hauptargument der Theologie des frühen 19. Jahrhunderts jenes der Annahme eines zielgerichteten Planes, in dem die natürliche Welt der lebenden Tiere und Pflanzen eine außergewöhnliche Anpassung an deren Lebensumstände und Umgebung zeigt. Wenn wir sie als Maschinen betrachten – und die Theologen hatten keine Probleme mit diesem Gedanken, sie Maschinen zu nennen – setzt man einen Konstrukteur voraus. Genau dieses Argument wollte Darwin überwinden, als er betonte, man benötige keinen Konstrukteur; alles könne zufällig durch natürliche Auslese geschehen. Darwins Theorie versuchte, das Problem des Plans zu erklären – das Grundproblem, mit dem sich Darwin auseinandersetzte – und zwar durch den Einfluß des Zufalls und die physikalischen Gesetze. Offen gesagt ist die Maschinenanalogie durch und durch anthropomorph.

**Weber:** Das ist faszinierend!

**Bohm:** Warum sollte es denn nicht anthropomorph sein. Wenn man glaubt, der Mensch bilde eine Manifestation des Universums, findet man sicherlich Modelle des Universums in sich.

**Weber:** Hier stoßen wir wieder auf das hermetische Diktum.

**Sheldrake:** Wenn das Elektron und das Atom nicht lebendig sind, wie kommt es dann, daß der lebende Organismus aus Elektronen und Atomen besteht? Das führt auf direktem Weg zum Vitalismus. Eine Verneinung des Lebendigen oder etwas dem Leben entfernt ähnlichem in nicht-lebendigen Systemen führt uns zu der Frage, wie das Leben in lebende Systeme integriert wird.

**Weber:** Das scheint ein Geheimnis zu sein. Aus dem, was wir gesagt haben, folgt deshalb, daß man sein anthropomorphes Modell wählt, egal wie man auch vorgeht. Man kann dem nicht entkommen. Es handelt sich, leicht abgewandelt, um das Kantsche Dilemma.

**Bohm:** Warum handelt es sich um ein Dilemma?

**Weber:** Die Wissenschaft strebt nach Objektivität und möchte ihre eigenen Werte und subjektiven Ansichten vor der Türschwelle zurücklassen. Nun behaupten wir, dies sei unmöglich.

**Bohm:** Man erreicht vielleicht Objektivität, aber das Modell stammt nicht vom Objekt ab; es stammt aus dem schöpferischen Handeln des Geistes.

**Weber:** Warum stimmen die Wissenschaftler dem nicht zu?

**Bohm:** Das Modell des Objekts kommt nicht zu uns und sagt: "Mein Modell ist x, bitte gebrauche dieses Modell."

**Weber:** Wir haben betont, das Elektron besitze eine Art von Bewußtsein. Auf welche Weise wirft das ein wenig Licht auf die Idee seiner feldähnlichen Umgebung?

**Bohm:** In der Quantenmechanik besitzen wir durch die Wellenfunktion Informationsfelder und vielleicht Supra-Quantenfelder, die möglicherweise das Quantenfeld selbst organisieren. Diese Felder existieren nicht in der Raum-Zeit, aber sie befinden sich, wenigstens mathematisch gesehen, in diesem multidimensionalen Raum. Raum und Zeit sind ebenfalls anthropomorphe Konzepte. Es sind Bedeutungen. Wenn Sie sagen, diese Supra-Wellenfunktion stelle selbst keinen organisierenden Raum und keine organisierende Zeit dar, wie wir sie kennen, kommen Sie auf ein Feld, das eine unterschiedliche Natur besitzt. Aber die raum-zeitliche Bedeutung und das Feld der Supra-Wellenfunktion stehen vielleicht in Kontakt miteinander, ebenso wie vielleicht alle relevanten Bedeutungen.

**Weber:** Das ähnelt Ruperts These, die Bedeutung schwinge in verschiedenen Frequenzen, die sich aneinander anpassen, ihre Information weitergeben, diese speichern und sie im morphogenetischen Feld wiedergeben.

**Bohm:** Es existiert vielleicht ein Kontakt auf dieser Ebene, aber die Teilchen, die ihren Tanz ausführen, richten sich nach ihren eigenen Wellenfunktionen. Aber sehen Sie, die höheren Ebenen könnten die Teilchen auf den niedrigeren Ebenen beeinflussen.

**Weber:** Der Tanz der Bedeutung in vielen Dimensionen entspricht Ihrer Vorstellung vom Bedeutungsfeld?

**Bohm:** Es handelt sich um eine Art von Feld, denn es ist nirgendwo lokalisiert und manifestiert sich selbst nicht an einem bestimmten Ort.

**Weber:** Es transzendiert die begrenzten Einheiten und erklärt diese.

**Bohm:** Ja. Um auf das Quantenfeld, das Informationsfeld, zurückzukommen: Man könnte fast sagen, die Elektronen bildeten den Unterschied zwischen Teilnahme und Wechselwirkung. Wenn es eine allgemeine Auffassung von der Bedeutung gibt, nehmen die Elektronen an einer gemeinsamen Aktivität oder einem gemeinsamen Tanz teil, wogegen die mechanistische Sicht besagt, sie würden nur in Wechselwirkung treten, aneinander stoßen. Auch eine Wechselwirkung stellt eine Bedeutung dar – ein Teilchen zu sein ist Bedeutung.

Mechanisch zu sein ist Bedeutung. Es ist unmöglich, keine Bedeutung zu sein. Bedeutung läßt sich tatsächlich auf diese Weise verstehen.

**Weber:** Das erinnert an Spinoza, der alles als System der Ausdehnung, der Materie, oder als System des Bewußtseins, was wir Bedeutung nennen, aufgefaßt hat; er betrachtete diese Systeme nicht als zwei Realitäten, sondern als zwei Ausdrucksformen *einer* zugrundeliegenden Wirklichkeit. Sie verweisen nicht auf zwei Wirklichkeiten, wie bei Descartes oder irgendeinem anderen Dualisten; sie beziehen sich auf eine Wirklichkeit, die in diesen beiden Formen wahrgenommen werden kann. Was das Bedeutungsfeld betrifft, so ist dieses Feld für David primär; es ist der Organisator dessen, was sich in ihm vollzieht.

**Bohm:** Man kann vielleicht annehmen, es gäbe eine Energie, die relativ ungeformt ist, und die vom Feld organisiert wird und letztlich die Teilchen hervorbringt.

**Weber:** Wie sieht das Rupert?

**Sheldrake:** Das Feld baut die Einheiten auf. Meine Anschauung ähnelt der Davids. Das Feld organisiert die Energie. Das Feld und die Energie können nicht wirklich voneinander getrennt werden. Es gibt keine Energie in einer vollkommen freien Form. Beide sind wichtig. Die Energie verleiht einer Sache eine Art Wirklichkeit oder Aktivität. Das Feld organisiert das Ganze. Beide sind miteinander verwandt.

**Weber:** Würden Sie beide darin übereinstimmen, wie sich das organisierende Feld aufbaut?

**Bohm:** Wir beschäftigen uns mit verschiedenen Dingen. Von der Seite der Physik her betrachtet man bestimmte Dinge im Hinblick auf verfügbare Hinweise. Man könnte annehmen, das chemische Molekül besitze ein Feld, nämlich das Schrödinger-Feld, welches das Molekül organisiert, und daher gibt es keine so scharfe Unterscheidung zwischen Feld und Teilchen. Das organisierende Feld ist überall präsent und ich möchte ein organisierendes Suprafeld vorschlagen, welches die Wellenfunktion organisiert und ebenfalls auf alle anderen Felder ausstrahlt, so daß wir zwei verschiedene Bereiche betrachten können, in denen sich die Organisation vollzieht.

**Weber:** Als Philosoph möchte ich anführen: "Geht noch einen Schritt weiter zurück: Wie ist das Feld dort hingekommen?" Was ist seine wirkliche Ursache? Sie liegt nicht in der Biologie, nicht in der Physik. Was ist es? Reine Gedanken?

**Bohm:** Gegenwärtig stellt die Physik oder die kosmologische Forschung die Frage nach dem Ursprung des Universums, bei dem in den ersten Sekundenbruchteilen eine tiefgreifende Evolution stattgefunden hat, in der ursprünglich weder Teilchen, noch Raum, noch Zeit oder etwas anderes uns bekanntes, vorhanden waren. Danach hat sich alles irgendwie entwickelt. Man setzt als selbstverständlich voraus, daß die Gesetze der Quantenmechanik während des ganzen Prozesses die gleichen waren, obwohl sich alles andere verändert hat. Man setzt dies voraus, obgleich man von der Annahme ausgeht, die Quantenmechanik beziehe sich auf nichts anderes als auf Messungen, obwohl es unmöglich ist, etwas zu messen, wenn nichts Meßbares vorhanden ist.

**Sheldrake:** Welche Meinung haben Sie zu der Frage, ob die Naturgesetze immer schon die gleichen waren, oder ob sie sich nach und nach entwickelten?

**Bohm:** Ich glaube aus dem Blickwinkel der impliziten Ordnung heraus, daß uns der Begriff der formativen Felder, die nach und nach notwendig werden, hier weiterhilft. Auch die moderne Physik verweist auf diesen Gedanken, wenn sie davon ausgeht, es habe eine Zeit vor dem Urknall gegeben, bevor irgendeine der Einheiten, wie Moleküle, Quarks und Atome, überhaupt existiert haben. Wenn Sie nun anführen, es gäbe unveränderliche und ewige Gesetze, die für Moleküle und Atome gelten, wie würden Sie dann argumentieren, wenn Sie jene Zeit betrachten, bevor Atome und Moleküle existierten? Die Physik kann darüber keine Aussage machen. Sie kann nur feststellen, daß diese Partikel zu einem bestimmten Zeitpunkt gebildet wurden. Also hätte es eine wirkliche Entwicklung gegeben, in der ein bestimmtes Feld immer notwendiger geworden ist. Dies gilt auch dann, wenn man eine Substanz so weit herunterkühlt, bis sie sich verflüssigt; man erhält zuerst kleine Flüssigkeitströpfchen, die beinahe noch flüchtig sind und dann immer größer und fester werden. Jetzt erklären die Physiker dieses Verhalten, indem sie behaupten, die Gesetze der Moleküle seien ewig; die Moleküle bildeten eine bloße Konsequenz dieser Gesetze oder leiteten sich aus diesen Gesetzen her. Aber verfolgen Sie dies Argument bis zum Anfang zurück: Wo waren die Moleküle? Nun, sie waren ursprünglich Protonen und Elektronen, die ursprünglich Quarks waren, die wiederum ursprünglich Subquarks waren. Und das Ganze bewegt sich bis auf eine Ebene zurück, in der keine der Einheiten existiert haben, die wir kennen, und so verwischt sich das ganze Schema. Es steht Ihnen natürlich frei, zu behaupten, im allgemeinen seien die notwendigen Felder nicht ewig konstant; diese würden sich ständig bilden und entwickeln.

**Sheldrake:** Ich glaube, das momentan übliche und wissenschaftliche Bild hat sich damit noch gar nicht auseinandergesetzt. Sehen Sie, die Wissenschaft beginnt mit einer Art neuplatonischem, neupythagoräischem Begriff – der Vorstellung von zeitlosen Gesetzen – der in der Wissenschaft sehr lange als selbstverständlich angenommen wurde. Ich glaube, die Evolutionstheorie hat in der Biologie den Impuls zu einer Veränderung ausgelöst. Es gab damals eine evolutive Sicht der Wirklichkeit von Tieren und Pflanzen, aber es wurde noch immer angenommen, es gäbe einen zeitlosen Hintergrund für die Welt der Physik, die Welt der Atome und Moleküle. Jetzt sind wir zur Kosmologie des Urknalls gelangt, die weitgehend akzeptiert wird. Also gibt es jetzt die Vorstellung eines ganzen Universums, das sich in radikaler Entwicklung befindet. Und das, so glaube ich, verursacht eine Krise und sollte auch eine Krise verursachen. Die Vorstellung von zeitlosen Gesetzen, die schon immer existiert haben, und die irgendwie Raum und Zeit durchdringen, verliert viel an Bedeutung, wenn es einen tatsächlichen historischen Urknall gegeben hat, denn man steht dann vor dem Problem: Wo waren die Gesetze vor dem Urknall?

**Bohm:** Sie sollten dies bis zu dem Punkt zurückentwickeln, an dem die gegenwärtige Quantenmechanik gerade entstanden ist, d. h. die ganze formative Struktur der Quantenmechanik entwickelte sich vielleicht als Bedeutungsfeld aus einer anderen Sachlage heraus, usw.

**Weber:** Das "usw." ist der interessanteste Teil. Was bedeutet es?

**Bohm:** Die eigene Natur der Bedeutung liegt darin, daß diese immer in einem Zusammenhang steht. Jeder Versuch, über etwas nachzudenken, abstrahiert den Inhalt, der sich dann im Hintergrund befindet oder den Zusammenhang ausmacht. Hier stoßen wir an die Grenzen des Denkens. Das Denken erfaßt nicht unbedingt das Ganze, aber es erfaßt einen Aspekt davon; etwas wird daraus abstrahiert und der Rest. als Zusammenhang berücksichtigt. Daher ist es für das Denken nicht möglich, alles aufzunehmen und festzuhalten. Nach Gödel gilt dies auch in der Mathematik. Auch im mathematischen Denken werden Annahmen gemacht.

**Weber:** Gab es ein Bedeutungsfeld, bevor Raum und Zeit begonnen haben, bevor die Quantenmechanik je die Bühne betreten hat? Eine reine Manifestierung des Bedeutungsfeldes?

**Bohm:** Es scheint, als ließe es sich nicht finden, wenn man nach außen schaut, denn jeder Blick nach außen führt zu abstrahiertem Inhalt, der in einem Zusammenhang steht.

**Weber:** Dann wollen wir eben nicht nach außen schauen. Sollten wir uns nach innen wenden?

**Bohm:** Hier stoßen wir wirklich auf unsere unmittelbarste Erfahrung mit der Bedeutung. Wenn man die Bedeutung auf dieser tieferen Ebene erfahren möchte, muß man dorthin gehen, wo man sie am direktesten erfahren kann.

**Weber:** Zu einem nach innen gerichteten Bewußtsein, Selbst-Bewußtsein?

**Bohm:** Zu dieser tieferen Ebene, ja.

**Sheldrake:** Wenn Soma und Bedeutung die Methode sind, mit der alle diese Felder arbeiten, und wenn das "Universum" als Ganzes das Soma ist – wo liegt dann die Bedeutung? Die Bedeutung des Universums kann nicht in der Materie des Universums verborgen liegen. Das bringt uns natürlich auf die Frage nach der Natur Gottes, der Natur des Bewußtseins oder des höchsten Geistes, der Natur der Bedeutung selbst.

**Bohm:** D. h., auf die Frage nach dem Zweck all dieser Aktivität.

**Weber:** Wenn das physische Universum das *Soma* ist, wie bei Spinoza – der Körper der Natur oder der Körper Gottes – dann ist das Nicht-Soma oder die Bedeutung der Geist des Kosmos oder der Gedanke der Natur. Die Bedeutung bildet daher einen Teil *aller* Seinsebenen. Rupert bringt den Begriff der Bedeutung, des Geistes oder Gottes auf diesem höchsten Niveau, das wir artikulieren können, ein. Da alle Bedeutung zielgerichtet und aktiv ist, summiert sich dies zu der Forderung, alles nehme an der Evolution des Universums teil – auf allen Ebenen, vom subatomaren, biologischen, historischen und sozialen Bereich, bis hin zu etwas jenseits all dessen, worüber wir nur vage Vermutungen anstellen können. Ist dies eine zu weitgehende Verallgemeinerung?

**Bohm:** Es handelt sich um das teilnehmende Universum.

**Weber:** Es ist teilnehmend, aber Physiker wie John Wheeler meinen dies in dem sehr eingeschränkten Sinn, daß der Beobachter auf irgendeine Weise immer ein Teil des Ergebnisses darstelle.

**Bohm:** Aber ich behaupte, daß alles sowohl Beobachter als auch beobachtetes Ojekt ist.

**Weber:** Lassen Sie uns diesen Gedanken weiterverfolgen.

**Bohm:** Das Elektron beobachtet die Umgebung, indem es auf eine Bedeutung in seiner Umgebung reagiert. Dies entspricht dem Verhalten von Menschen. Das Wort "beobachten" bedeutet sammeln, aufmerksam sein.

**Weber:** Also beobachtet uns das Elektron?

**Bohm:** Es sammelt über uns, über das ganze Universum, Informationen. Es sammelt das Universum *auf* und antwortet dementsprechend. Daher handelt es sich um Beobachten, wenn Sie dies wörtlich nehmen möchten.

**Weber:** Das Elektron tut dies auf seine Weise, biologische Systeme auf die ihnen gemäße. Sicherlich zeigt sich dies am anschaulichsten in den Bereichen von Gesellschaft, Psychologie und Politik. Dies scheint einleuchtend. Funktioniert es auch auf auf feinstofflicheren Ebenen, wie z.B. der des Feldbewußtseins? Wenn die Bedeutung aktiv ist, dann stellt das Bewußtsein die Bedeutung dar. Das Bewußtsein ist im wesentlichen Bedeutung, ob man sich der Bedeutung bewußt ist oder nicht.

**Bohm:** Wenn man alle Bedeutung entfernen würde, wo wäre dann das Bewußtsein? Alles, dessen man sich bewußt ist, ist Bedeutung.

**Weber:** Was macht Bedeutung für eine Amöbe aus, die angetrieben und stimuliert wird, Rupert?

**Sheldrake:** Ich möchte das Wort "mental" gebrauchen, wenn David "Bewußtsein" sagt. Wenn man in dem Wort "Bewußtsein" unbewußtes und nicht bewußtes Verhalten mit einschließt, stellt für eine Amöbe, die angetrieben wird oder in eine saure Umgebung gerät, diese "ungünstige Umgebung" die Bedeutung dar. Die Amöbe entfernt sich daraus.

**Weber:** Sie reagiert und lernt sogar, und wir verwenden auch auf der Ebene der Amöbe dafür das Kriterium der Bedeutung.

**Bohm:** Auf eine bestimmte Weise gilt dies auch für das Elektron. Es gibt keine scharfe Trennung. Die Bedeutung ist nicht nur das, was mit Bewußtsein zu tun hat, sondern umfaßt auch die ganze Aktivität des Bewußtseins; die Bedeutung handelt auf irgendeine Weise spontan. Wenn man nun den ganzen Inhalt und die Aktivität entfernt, was bleibt uns dann noch vom Bewußtsein, wenn nicht die Bedeutung?

**Weber:** Sie sagen, es handle sich um dessen wesentlichen Anteil.

**Bohm:** Die Essenz des Bewußtseins liegt in der Bedeutung.

**Sheldrake:** Und die Essenz der Bedeutung im Handeln.

**Bohm:** Bedeutung ist Handeln.

**Weber:** Gibt es denn überhaupt irgendetwas ohne Bedeutung? Wir haben immer wieder geantwortet, dies sei nicht möglich.

**Sheldrake:** Es mag vielleicht für bestimmte Menschen oder Dinge in einem bestimmten Zusammenhang möglich sein.

**Weber:** Dann ergibt sich deren Bedeutung folgendermaßen: Es fehlt ihnen an Bedeutung, und diese Menschen nehmen von vornherein an, sie sollten eine Bedeutung haben, jedenfalls wenn man sich Heidegger und Sartre anschließt.

**Bohm:** Wenn man sagt, "Etwas ist mechanisch", besitzt dies eine Bedeutung. Wenn man sagt, "da steckt nicht viel dahinter", trägt dies eine Bedeutung. Was auch immer man über eine Sache sagt, bedeutet etwas. Wenn man sich einer Sache überhaupt bewußt ist, dann bedeutet dies etwas.

**Sheldrake:** Es gibt viele Dinge, deren man sich nicht bewußt ist.

**Bohm:** Gut, dann weiß man es eben nicht. Über was auch immer man sich bewußt ist, bedeutet etwas. Jedes Handeln besitzt eine Bedeutung. Jedes Handeln, das sich daraus ableitet, ist ein Teil der Bedeutung. Richtige Bedeutung hieße für uns, *unsere* Bedeutung stünde mit der Bedeutung der Sache selbst im Einklang.

**Sheldrake:** Aber wir haben unsere eigenen Bedeutungen. Der Weizen besitzt z.B., wie viele Gräser, eine bestimmte Bedeutung aus sich heraus, für uns erhält er besondere Bedeutung, denn er stellt die Grundlage unseres Ackerbaus dar.

**Bohm:** Beide müssen übereinstimmen, wenn es richtig sein soll; sie brauchen nicht identisch zu sein.

**Sheldrake:** Übereinstimmen, ja. Wenn wir vom Weizen eine falsche Vorstellung bekommen hätten, dann würden wir ihn heute nicht sehr erfolgreich anbauen.

**Bohm:** Der Weizen hätte für uns eine bestimmte Bedeutung; nämlich die, ihn zu essen und alles mögliche mit ihm zu tun. Aber wenn wir sagten, Felsen hätten diese besondere Bedeutung für uns, wäre dies falsch.

**Weber:** Könnten wir schlußfolgern, daß wir uns, je mehr wir uns der Bedeutung des Universums annähern, die dieses für sich selbst besitzt, immer stärker der richtigen Bedeutung annähern?

**Bohm:** Das stimmt mit Einschränkungen, denn wir sind ein Teil des Universums und unsere Bedeutung bildet einen Teil des Universums. Jedes Mal, wenn wir eine neue Bedeutung schaffen, entspricht das der Verbindung einiger Moleküle mit dem Zweck, eine größere Bedeutung zu manifestieren. Sie bewegen sich alle gemeinsam und tanzen innerhalb der größeren Bedeutung. Daher sind wir ein Teil dieser Bewegung, wenn wir eine neue Bedeutung des Universums in uns schaffen, und diese ganze Bewegung muß kohärent sein und darf nicht nur ein übereinstimmendes Abbild des Äußeren in unserem Inneren darstellen.

**Weber:** Dies ist mir nicht klar.

**Bohm:** Nehmen wir z.B. an, wir würden die Bedeutung auf die Gesellschaft übertragen. Karl Marx hat gesagt, die Gesellschaft besäße für uns die Bedeutung eines Ortes, an dem sich Klassen befänden und die Menschen sich gegenseitig ausbeuteten, womit sie aufhören sollten. Marx hat durch die Schöpfung dieser Bedeutung, die er auf andere Menschen übertragen hat, bereits eine Veränderung in der Gesellschaft verursacht. Mit anderen Worten: Die Bedeutung bildet einen Teil dessen, worüber er spricht, und mit der er entweder übereinstimmt oder nicht übereinstimmt. Hitler hoffte, sein Anspruch stehe in Übereinstimmung. Andere Menschen behaupteten, dem sei nicht so.

**Weber:** Das Problem liegt darin: “Befinden wir uns wieder bei der Korrespondenztheorie der Wahrheit”? Gibt es übereinstimmende Bedeutungen, die sich mit den Objekten der Bedeutung phasengleich verhalten, die sich näher an einigen grundlegenden Bedeutungen befinden als andere? Steht Marx dem Wesen der Dinge näher als Platon oder das Christentum?

**Bohm:** Das Problem ist, daß die Bedeutung dazu beiträgt, gerade das zu schaffen, was ihre Bedeutung ausmacht. Daher kann man nur fragen: "Vollzieht sich alles ohne Konflikt, ohne Bruch"?

**Weber:** Wenn dies das Kriterium ausmacht, gibt es eine Korrespondenztheorie der Wahrheit, die Spinoza und nicht Platon nahekommt. Diese fragt: "Funktioniert das Ganze als eine Einheit"? und nicht: "Spiegelt es eine ideale Wahrheit wieder"?

**Bohm:** Die Reflexion ist sekundär. Die Bedeutung, die man einem Radiogerät zuordnet, spiegelt dessen tatsächliche Struktur wider, denn diese ist im Grunde mechanisch und entspricht nicht Ihrer Bedeutung. Aber was man von anderen Leuten hält, welche Bedeutung man ihnen gibt, und was man mitteilt, kann nicht auf diese Weise getrennt werden. Es wird zu einem Teil von uns.

**Weber:** Also läßt sich das Bedeutungsfeld sowohl auf die Materie als auch auf das Bewußtsein anwenden; es organisiert wirklich alles.

**Bohm:** Wir müssen hinzufügen, daß wir in der Physik nicht in einer Lage waren, mit viel Aufmerksamkeit zu verfolgen, wie sich das allgemeine Bedeutungsfeld entwickelt hat. In der Biologie können wir, wie Rupert meint, die Evolution dieses formativen Feldes so diskutieren, wie er darüber spricht. In der Physik kommen wir dem am nächsten, wenn wir über den Ursprung des Universums nachdenken. Gegenwärtig scheint es eher etwas früh, diese Fragen in der Physik zu diskutieren.

**Weber:** Warum werden die Dinge durch ihre Bedeutung organisiert? Ist es sinnlos zu fragen, was die Bedeutung der Bedeutung ist?

**Bohm:** Man kann diese Frage stellen, aber es verhält sich mit ihr wie mit Gödels Theorie. In Ihrer Antwort müssen Sie immer von Voraussetzungen ausgehen. So kann man nur fragen: "Können wir diese Frage auf einer tieferen Ebene stellen, um sie dann auf einer breiteren Grundlage zu verstehen?"

**Sheldrake:** Ich glaube, dazu wird es immer unterschiedliche Meinungen geben. Diese existieren bereits 2500 Jahre oder länger. Es wird immer Leute geben, die behaupten, jede Bedeutung, die wir dem Universum geben, stelle nur einfach eine Projektion unseres Verstandes dar, und das einzige, was wir wissen könnten, sei das, was wir von den Dingen sehen könnten. Nun beinhaltet diese Sichtweise tatsächlich, die Wirklichkeit im wesentlichen als geheimnisvoll anzusehen. Wir sind nur in der Lage, bestimmte Aspekte davon zu erkennen. Die Vorstellung, wir würden die Realität jemals wirklich erkennen, ist eine Illusion.

**Weber:** Kant!

**Sheldrake:** Dann gibt es Menschen, die behaupten, unsere Welt sei voller Bedeutung, sie stelle eine Art unscharfer und provisorischer Abbildung einer idealen Welt der mathematischen Formeln dar.

**Weber:** Platon!

**Sheldrake:** Bei dieser Interpretation verdanken wir die Unvollkommenheit unserer Welt der Dunkelheit oder dem Eigensinn der materiellen Welt, der die rationale Welt unvollständig widerspiegelt. Diese dritte Sichtweise wurde in der Welt der Antike am weitesten bei Aristoteles entwickelt. Es handelt sich um die Lehre des Hylomorphismus: Form und Materie stellen zwei Seiten der gleichen Sache dar. Da seine Interpretation der Bedeutung hinsichtlich der Dinge, die einen Zweck oder ein Ziel besitzen, teleologisch ist, läßt die Bedeutung beider Seiten eine Sache im Zusammenhang erscheinen und definiert ebenfalls eine Einheit ihrer verschiedenen Aspekte, die mit ihrem Ziel verwandt ist. Meiner eigenen Sichtweise liegt die aristotelische Tradition zugrunde. Auf jeden Fall gibt es eine übereinstimmende Tradition der Weltsicht, die dem, worüber wir reden, ähnelt.

**Weber:** Wir könnten das auch auf die östlichen Vorstellungen übertragen, bei denen Bewußtsein oder ein Bedeutungsfeld im Vordergrund stehen und sich selbst als Materie niederschlagen. Die These der Identität von Brahman und Atman im Hinduismus ist mit dem, worüber wir gesprochen haben, grundsätzlich verwandt. Von diesem Standpunkt aus betrachtet entspricht sie Selbst–Bewußtsein und Bedeutung; von einem anderen aus gesehen entspricht sie dem manifestierten Universum. Diese Idee findet sich in einer Vielzahl kultureller Strömungen wieder: der aristotelischen, spinozischen, hinduistischen und auch buddhistischen. Natürlich bleibt die unbeantwortbare Frage die: "Was ist der Punkt, auf den die Entwicklung einer Sache zielt"? Wir sind Partner in der Evolution; wir verändern das Sein, indem wir die Bedeutung verändern. "Warum?"

**Bohm:** Welche Antwort möchten Sie gerne hören? Es gehört zu unserer Natur, eine übereinstimmende Bedeutung zu suchen, denn wir sind Bedeutung. Eine nicht übereinstimmende Bedeutung heißt, daß wir in irgendeiner Hinsicht nicht ganz gesund sind. Unser Sein wird dann nicht das richtige sein. Nur das Ziel, ganz zu werden, inspiriert die Suche nach einer übereinstimmenden Bedeutung. Wir befinden uns jetzt nicht an einem geeigneten Ausgangspunkt, um Ihre Frage in der Tiefe zu verstehen, denn es gibt in unserer Gesellschaft kaum eine übereinstimmende Bedeutung. Die Menschen nehmen mehr oder weniger selbstverständlich an, es gäbe keine. Sie können es sich kaum vorstellen, wie es wäre, eine zu besitzen. Dies ist, wie ich hoffe, ein vorübergehender Zustand. Wenn es eine allgemeine, übereinstimmende Bedeutung gäbe, die in dem Sinne, wie ich es erklärt habe, wahr wäre und nicht auf Selbstbetrug beruhte, würde man ihren Wert ohne Frage genauso akzeptieren, wie man es akzeptiert, gesund zu sein. Man fragt sich nicht: "Warum sollte ich gesund sein"?

**Weber:** Sie sprechen hier über Ganzheit. Die andere mögliche Antwort, die bisweilen gegeben wurde – bei Hegel, zum Beispiel – ist, daß unsere Bedeutung die implizite Bedeutung des ganzen Kosmos für sich selbst beleuchtet. In diesem Sinne sind wir Partner, Informationszentren, die registrieren, verschlüsseln und das Geschehen beeinflussen. So ist nicht nur unser Wohl, sondern auch das Wohl des Ganzen mit eingeschlossen.

**Bohm:** Aber wenn ein Teil der Bedeutung beeinträchtigt ist, dann wird das Ganze ebenfalls beeinträchtigt, denn wir stehen mit allem anderen in Beziehung.

**Weber:** Also sprechen wir darüber von der Ebene des Individuums, des Feldes und des Suprafeldes aus.

**Bohm:** Ja.

**Weber:** Ist die große Theorie der Vereinheitlichung, nach der die Physiker suchen, unserem supra–organisierenden Feld ähnlich?

**Bohm:** Ja, unbedingt.

*Wenn man liebt, gibt es niemals eine reine Identität, denn an der Liebe sind immer zwei beteiligt und dennoch werden die zwei zu einem. Dies ist das große Geheimnis.*

Br. Bede Griffiths

*Wenn einmal Erregung, Anhaften und Besitzdenken* nicht *vorhanden sind, dann entstehen Liebe und Mitgefühl.*

Krishnamurti

*Ich meine, daß ein Leben, gänzlich frei von Leid, auch ein Leben ohne Mitgefühl wäre. Denn Mitgefühl für andere ist für einen Arhat, einen Vollkommenen, das letzte Leiden.*

Lama Govinda

HIS HOLINESS, THE DALAI LAMA

Kapitel VII

# Mitgefühl als Feld und Leere

Seine Heiligkeit, der Dalai Lama von Tibet

*Eines Tages, wenn wir Wind, Wellen, Gezeiten und Schwerkraft gemeistert haben werden, können wir sie uns nutzbar machen ... die Energien der Liebe. Dann wird der Mensch zum zweiten Mal in der Geschichte der Welt das Feuer entdeckt haben.*

Teilhard de Chardin

Von allen Gesprächspartnern in diesem Buch handelt es sich wohl um denjenigen, dessen Vergangenheit von den meisten Legenden umgeben ist. Der Mann, den zu interviewen ich gekommen war, besaß hervortretende Backenknochen und weit voneinander entfernte, intelligente Augen, die von Brillengläsern eingerahmt wurden. Sein Kopf war kahlgeschoren, und er trug die traditionelle burgunderrote und safrangelb umrandete Robe der Mönche des Gelugpa–Ordens, mit dem er offiziell verbunden ist (obwohl er tatsächlich das Oberhaupt aller tibetischen Buddhisten ist). Der Dalai Lama, damals ein Mittvierziger, strahlte eine Vitalität und Stärke aus, die an die Herkunft seiner Vorfahren aus den Bergen erinnern ließ. Er sprach ein exzellentes Englisch und war mit den westlichen Gebräuchen vertraut; so bastelte er am Tonband herum, als dessen Funktion gerade etwas gestört zu sein schien.

Seine Heiligkeit, der 14. Dalai Lama, wurde als Tenzin Gyatso 1935 in Taktser, einem kleinen Dorf in Nordosttibet, in einer Bauernfamilie geboren. Im Alter von 2 Jahren wurde er von einer Delegation gefunden, die in ganz Tibet auf der Suche nach einem Nachfolger für den kurz zuvor verstorbenen 13. Dalai Lama herumgereist war, einer Delegation, die aus einer Vielzahl von Gründen dieses besondere Kind entdeckt hatte. Nachdem er in Einklang mit der tibetischen Tradition die üblichen Prüfungen bestanden hatte, wurde Tenzin Gyatso als Reinkarnation seines Vorgängers erklärt und so im Alter von 5 Jahren der spirituelle und weltliche Führer des tibetischen Volkes.

Wie ein Großteil der männlichen Bevölkerung Tibets wurde das Kind in buddhistischer Philosophie und Religion unterrichtet und erhielt mit 25 Jahren den Doktorgrad der buddhistischen Philosophie (Grad eines Geshe Lharampa). Bis zu diesem Zeitpunkt mußte er eine Reihe von schwierigen Prüfungen an drei berühmten Klosteruniversitäten – Drepung, Sera und Ganden – bestehen und wurde von zwei Dutzend Gelehrten und Logikern geprüft, in einer Prüfung, von der gesagt wird, er habe sie mit Auszeichnung bestanden. Er bezog seine Wohnung im Potala in Lhasa und trat 1950, im Alter von 16 Jahren, sein offizielles Amt als Dalai Lama von Tibet an. 1959 mußte er wegen der chinesischen Militärbesetzung Tibets ins Exil gehen. Er floh mit vielen tibetischen Landsleuten über den Himalaya nach Nordindien. Seit damals ist Dharamsala der Sitz der tibetischen Exilregierung und die Heimat zahlreicher tibetischer Flüchtlinge, deren Sache er bei seinen Besuchen in der ganzen Welt vertritt. Er hat die meisten Staatsoberhäupter der Welt sowie den Papst getroffen, und auch bei einem Treffen mit kommunistischen chinesischen Führern versucht, die Lage der Tibeter zu verbessern und sich für den Weltfrieden einzusetzen.

Die tibetischen Buddhisten glauben, der Dalai Lama, dessen Titel "Ozean der Weisheit" bedeutet, treffe die Entscheidung, aus Mitgefühl für das Leiden anderer, das er zu lindern versucht, wiedergeboren zu werden. In seiner Autobiographie *Mein Land und meine Leute* erklärt der 14. Dalai Lama, seine einfache bäuerliche Herkunft erleichtere es ihm besonders, sich in die Lage der Armen Tibets zu versetzen.

Der Dalai Lama wurde von vielen Universitäten und Regierungen auf der Welt geehrt, und er wird zu vielen Konferenzen in Amerika und im Ausland eingeladen. Vor unserem Interview hatte er an der Universität von Wisconsin Vorträge gehalten; danach folgte ein Seminar in Harvard. Wie Lama Govinda und Br. Bede scheint der Dalai Lama viele seiner Ideen in seinem Leben umzusetzen. Er ist ein ruhiger und gesetzter Mensch, der seine Bemerkungen durch häufige Lachanfälle unterbricht, wie so viele Tibeter, die ich bisher getroffen habe. Als ich ihn einige Jahre zuvor im Newark Art Museum gesehen hatte, schrieb er das unter Tibetern verbreitete unkomplizierte Lachen, für das Menschen aus dem Westen wiederholt eine Erklärung suchten, den buddhistischen Ideen über das Leben zu. In Kapitel 9 wird Br. Bede darauf zurückkommen, wenn er den buddhistischen *Dhammapada* zitiert: "In Freude leben wir".

Das Interview fand 1981 an einem frischen Julimorgen in Olcott statt, dem von Bäumen umgebenen Gelände der Theosophischen Gesellschaft von Amerika in Wheaton, Illinois, am Tag, bevor der Dalai Lama einige Vorträge vor einem sachverständigen Publikum zu halten hatte, das in dieser kleinen Stadt im amerikanischen Mittelwesten zusammengekommen war. Während des folgenden Abendvortrages sprach er sich vor ca. 850 Menschen, unter denen sich interessierte Laien und Gelehrte der nahen Universität von Chicago und anderer Universitäten der Gegend befanden, für universelle Toleranz und Mitgefühl aus.

Ihn begleiteten eine Reihe anderer Mönche, seine Mitarbeiter aus dem Tibetbüro in New York und Dr. Jeffrey Hopkins, ein buddhistischer Gelehrter der Universität von Virginia, der als Übersetzer für den Dalai Lama fungierte, wenn ein besonders diffiziles metaphysisches Thema diskutiert wurde. Die Beziehung zwischen beiden war unkompliziert und so aufeinander abgestimmt, daß die Konversation kaum merklich vom Englischen in das Tibetische und zurück ins Englische ging. Ich konnte das gleiche Talent des Dalai Lama, vor einem sehr großen Publikum zu reden, drei Jahre später im Amherst College beobachten, wo er eine fünftägige Konferenz über "äußere und innere Wissenschaft" leitete. Obwohl in diesem Gespräch das Interesse des Dalai Lama an der Physik nicht zum Ausdruck kommt, wird es in Kapitel 13 stark betont, in dem er über dieses Thema mit David Bohm diskutiert.

In dem vorliegenden Dialog konzentriert sich der Dalai Lama auf eine der fundamentalen und schwierigsten aller buddhistischen Auffassungen: die Leerheit oder "Leere" (*sunya*). Mit diesem Ausdruck bezeichnet man den nichtbedingten Grund allen Seins (verwandt mit dem Urgrund aus David Bohms supra-impliziter Ordnung in Kapitel 2), über den wir uns nur in Symbolen verständigen können. Die Menschen vermögen ihn als Zustand undifferenzierter Einheit jenseits aller Subjekt-Objekt Differenzierung und jenseits von Raum und Zeit zu erfahren. Die Buddhisten verstehen ihn als höchsten Bewußtseinszustand, in dem die letzte Wirklichkeit direkt erfahren wird. Buddha bezeichnete ihn als Zustand, der "nicht geboren, nicht gemacht und nicht geschaffen" wurde, der jenseits der Ausdrucksfähigkeit der menschlichen Sprache und des menschlichen Denkens liegt, womit er dem nahe zu kommen scheint, was Kant als "das Numinose" umschrieb. Aus diesem Zustand der Ganzheit resultiert wirkliches Mitgefühl. Mitgefühl – der zentrale ethische Wert im Buddhismus – darf daher nicht als bloße Emotion, sondern vielmehr als eine Kraft, die in der Wirklichkeit selbst verankert ist, verstanden werden.

In diesem Gespräch verdeutlicht der Dalai Lama auch die Idee des *Karma,* der buddhistischen Theorie von Aktion und Reaktion oder der universalen Verursachung. Wie Lama Govinda schon in Kapitel 3, betont er eher die starke Verbindung des Karma mit der Intention und weniger die Verknüpfung mit dem Resultat unseres Handelns. Während eines früheren Gespräches erklärte mir der Dalai Lama, er empfinde keinen Haß für die Chinesen, die sein Land überfallen, seine Leute vertrieben und sogar die Klöster durch Folter und Mord zerstört haben. Er verstehe die Tragödie, wie er betonte, als eine Herausforderung und Gelegenheit, Mitgefühl zu praktizieren. Er erklärte, im Buddhismus sei "die Art zu lieben eine Liebe, die man auch für jemanden besitzen kann, der einem Schaden zufügte." [12] Dieser Sinn für Direktheit und Mitgefühl waren die herausragenden Eindrücke, die ich von diesem Menschen gewonnen habe, der gesagt hat: "Meine Religion ist sehr einfach – meine Religion heißt Freundlichkeit".[13]

**Weber:** Können wir über das Mitgefühl sprechen? Was ermöglicht Mitgefühl, diese Form nicht-bedingter Liebe, von der Sie sprechen? Kann es durch bloße Absicht oder den Willen, mitfühlend zu sein, entstehen?

**Dalai Lama:** Beide Faktoren sind daran beteiligt. Erstens sollte man den Willen dazu aufbringen und sich dann ständig bemühen, auf diese Weise zu denken. Im allgemeinen ist der Hauptpunkt der, daß wir durch unsere eigene Erfahrung die Bedeutung von Freundlichkeit erkennen können. Wenn sich jemand uns gegenüber freundlich verhält, schätzen wir das sehr. Wenn wir jemandem gegenüber ein freundliches Verhalten zeigen, wissen wir aus unserer eigenen Erfahrung heraus, daß jener dies sicherlich ähnlich schätzen wird. Wir streben in unserem eigenen Bereich, auf internationaler Ebene, auf individueller familiärer Ebene, Frieden und Harmonie an, und beide beruhen auf Freundlichkeit und vernunftgemäßem Denken. Das gilt für die Menschen ganz allgemein, ob sie nun Gläubige oder Nichtgläubige sind. Auf diese Weise kultiviert man die Freundlichkeit.

Für die Gläubigen gibt es vielleicht mehrere Gründe und Techniken, unterschiedliche Wege, sich darin zu üben. Wenn jemand der Theorie von einem Gott zuneigt, der Theorie eines Schöpfers, besteht für ihn die ganze Menschheit aus Geschwistern eines Vaters. Auch mit unserem gesunden Menschenverstand fassen wir eine Familie, in der zwei Geschwister miteinander streiten, als etwas negatives auf, und jeder kennt streitende Geschwister. Damit kann es keinen anderen Weg geben, als den, in Eintracht zu leben und für einander im wahren Sinne Brüder zu sein, da alle Männer und Frauen Kinder eines Schöpfers sind. Wenn man Gott einmal als die höchste Wirklichkeit oder höchste Macht akzeptiert hat, ist es einleuchtend, daß es unsere Pflicht ist, den Wünschen Gottes entsprechend zu handeln. Da Gott die Menschheit geschaffen hat, dienen wir einem Teil Gottes, wenn wir der Menschheit dienen. Wir vermögen Gott nicht zu berühren, nicht zu sehen. Und nur zu beten, scheint uns nicht genug. Die Liebe zu Gott, die sich in Handeln ausdrückt, wird zum

Dienst an der Menschheit.

Nun akzeptieren andere Gläubige (wie die Buddhisten oder die Jainisten) nicht die Vorstellung eines Schöpfers. Sie glauben an die Selbstschöpfung. Wir akzeptieren die Theorie der Wiedergeburt, die Theorie von Ursache und Wirkung, das Karma, das von unserem eigenen Willen geschaffen wird. Wir möchten glücklich sein. Das Ergebnis,. das Glück, stammt aus guten Ursachen oder guten Taten. Wenn man glücklich sein möchte, muß man die Ursache für das Glück selbst schaffen. Auch unsere ferne Zukunft hängt ab von unserem gegenwärtigen Leben. Dieses Leben wird maximal hundert Jahre bestehen. Verglichen mit der unbestimmt langen Zukunft sind hundert Jahre sehr kurz. Daraus können Sie erkennen, daß es vielleicht für hundert Jahre einen maximalen Gewinn gibt, wenn sich Ihr ganzes Denken auf Wohlstand und materielle Dinge (aller Wohlstand gehört in dieses Leben) konzentriert. Darüber hinaus bringt Ihnen das nichts. Wenn Sie diesen Planeten, diesen Körper, verlassen, werden Sie keinen einzigen Pfennig mitnehmen können. Ihr ganzes Geld, egal wieviel, können Sie nicht mitnehmen. Das einzige, was Sie begleitet, sind Ihre *Verdienste (Verdienste* entsprechen im Buddhismus dem guten Karma, welches aus selbstlosem Handeln resultiert, die sich in einem oder mehreren Leben anhäufen). Also muß man das gegenwärtige Leben maximal nutzen, um aus dieser unbegrenzten Zukunft eine günstige Zukunft zu machen. Das heißt, Verdienste zu erwerben. Der beste Weg, um Verdienste zu erwerben, ist der Dienst an anderen. Die beste Sicherung der Verdienste geschieht durch die Kontrolle des Zorns. Zorn zerstört. Der Zorn zerstört eine große Menge an Verdiensten. Wenn man dementsprechend denkt – denkt, denkt, denkt – dann erhält man mehr Vertrauen, mehr Überzeugung, und es wird möglich, dies alles aus eigener Überzeugung zu tun.

**Weber:** Ich kann verstehen, daß wir die Welt verändern würden, wenn wir wirklich miteinander freundlich umgingen, selbst im normalen täglichen Leben. Aber eine Art von Überhöflichkeit kann nur ein

Teilresultat unserer Entscheidungen und unseres Denkens über die Welt sein. Erfordert diese Art von Mitgefühl, von der Sie sprechen, etwas Tiefergehendes, wie eine direkte Harmonie mit der eigenen Buddha-Natur?

**Dalai Lama:** Ich meine nicht. Wenn ich spreche, werde ich am Anfang sicherlich von einigen buddhistischen Vorstellungen beeinflußt. Aber in dem Moment, in dem ich mich selbst äußere, denke ich nicht als Buddhist, sondern als Mensch.

**Weber:** Ganz gleich, wie wir es nennen, kommt es doch selten vor. Sie haben von der Liebe gesprochen, die man sogar für seine Feinde empfinden sollte.

**Dalai Lama:** Richtig.

**Weber:** Das ist für die meisten Menschen sehr schwierig. Meine Frage ist: Was ermöglicht den wenigen, die diese Feindesliebe wirklich aufbringen, dieses Verhalten?

**Dalai Lama:** Wenn wir Ereignisse genau analysieren, sehen wir, daß Feinde nicht für immer und ewig existieren. Aus chinesischer Sicht waren die Vereinigten Staaten in früheren Jahren der Feind Nummer eins. Aber jetzt sind sie Freunde geworden. Also muß man nach dem Punkt streben, der Vorteile bringt. Wenn man mehr Vorteile aufgrund eines feindseligen Verhaltens erhält, lohnt es sich, ein feindseliges Verhalten zu zeigen. Glaubt man, es sei vorteilhafter, eine freundliche Haltung einzunehmen, sollte man dies tun. Daher tritt bei Politikern, auch bei den chinesischen Kommunisten, den Russen oder allen anderen, diese Haltung nicht unmotiviert auf. Es gibt vielleicht einige Ausnahmen, aber im allgemeinen ändert sich das Verhalten aufgrund von Überlegungen, durch Abwägen von Sachverhalten. Wenn wir uns anderen gegenüber feindselig verhalten und Haß erzeugen, wird das Endergebnis mit Sicherheit, von einer umfassenden und tiefergehenden Perspektive aus betrachtet, negativ sein. Wenn wir das verstanden haben, erkennen wir, daß ein feindseliges Verhalten nicht gut ist. Es ist bei weitem besser, eine freundliche Haltung einzunehmen. Dies gilt auch, wenn ein Mensch nach unserer Einschätzung, eine falsche Haltung einnimmt, und man daher schließen könnte, man habe unter diesen besonderen Umständen eine harte, feindselige Haltung einzunehmen. Aber wenn man dies überdenkt, eher langfristige Interessen im Auge behält, stellt man fest, daß man mit Freundlichkeit viel weiter kommt und trotz der Einstellung des anderen eine freundliche Haltung zeigen sollte. So meine ich jedenfalls.

**Weber:** Sie sagen, es handele sich nicht um oberflächliche Höflichkeit, sondern die Menschen – selbst Politiker – entdeckten durch eine umfassendere Sicht der Dinge den Vorteil eines freundlicheren Verhaltens. Sie erkennen, daß sich die Dinge besser durch Kooperation als durch Konflikt regeln lassen.

**Dalai Lama:** Ja.

**Weber:** Daher nehmen sie ein freundlicheres Verhalten ein, nicht notwendigerweise, weil ihnen mystische Einsichten zu der Einheit des Lebens zuteil wurden. Stimmt das so?

**Dalai Lama:** Richtig. Trotz ihres Unwillens werden sie durch die Umstände gezwungen, eine freundlichere Haltung einzunehmen. Kein spiritueller Grund oder ein Erspüren der "Buddha-Natur" oder dergleichen. Sie haben nur an ihren größeren Vorteil gedacht, nicht an ein zukünftiges Leben, nicht an Gott, nicht an Buddha, sondern als Menschen und vom Standpunkt des Menschen aus. Die Umstände selbst teilen uns mit: Verursacht keinen Haß mehr. Ihr braucht Freundlichkeit und Harmonie. Das ist meine Einstellung dazu, und so nähere ich mich ihr auf dieser Ebene und auf diese Weise an.

**Weber:** Aber wenn das Motiv so lautet, erwirbt man trotzdem karmische Verdienste, denn dann benutzt man die Freundlichkeit doch nur als Mittel und in berechnender Art und Weise?

**Dalai Lama:** Lassen Sie uns dies untersuchen. Es gibt Handlungen, die ohne Motiv ausgeführt werden und solche, die geplant wurden, aber noch nicht zur Ausführung gelangt sind. Weiterhin kann man Handlungen unterscheiden, die mit Absicht getan werden und solche, die keinem von alledem entsprechen. Also haben sie vom spirituellen

Standpunkt aus betrachtet etwas Gutes getan, aber es geschah nicht aus religiöser Motivation (*Bodhicitta*).

Der Fall, über den wir diskutiert haben, gehört zur Kategorie, in der man Gutes getan hat, woraus Gutes resultiert, zumindest nicht Schlechtes (Lachen). Es ist gut.

**Weber:** Es hilft natürlich der Welt, aber ist es auch besser für das Individuum, das diese Berechnungen anstellt?

**Dalai Lama:** Wenn die Welt Frieden erhält, erfährt dieser Mensch auch Frieden. Auch wenn er nicht gläubig ist, wird ihm durch diese Handlung etwas Gutes zuteil.

**Weber:** Es bewegt die Menschen zutiefst, wenn sie Sie über Liebe und Mitgefühl den Feinden gegenüber sprechen hören. Ich kann z.B. verstehen, daß man für einen Feind, der im Gefängnis sitzt, nicht Vergeltung und Rache fordern sollte. Aber es scheint mir schwerer zu verstehen, wie Liebe und Mitgefühl für einen Feind aufkommen können, der noch mächtig ist und fortfährt, anderen zu schaden. Wie kann man solche Menschen lieben?

**Dalai Lama:** Für jemanden, der an Gott glaubt, gelten die Gründe, die schon zuvor genannt worden sind. Sie mögen aber auch erkennen, daß seine Handlungen in gewisser Weise gegen den Willen Gottes gerichtet sind, und Sie von diesem Standpunkt aus gesehen für denjenigen, der gesündigt hat, mehr Mitgefühl aufbringen.

**Weber:** Während er gerade dabei ist, so zu handeln?

**Dalai Lama:** Richtig. Als Buddhisten berücksichtigen wir nicht nur dieses Leben, sondern auch zukünftige. Von diesem Standpunkt aus gesehen, häuft dieser Mensch schlechtes Karma an. In der Zukunft wird er den Konsequenzen gegenüberstehen. Wenn Sie dies feststellen, werden Sie ihm mit mehr Mitgefühl begegnen. Alles hängt davon ab, wie klar Sie selbst die Folgen schlechter Taten erkennen. Wenn Sie eine größere Vorstellungsfähigkeit besitzen, werden Sie über sein Verhalten noch mehr besorgt sein.

**Weber:** Wie sehen Sie die Frage, inwiefern man Schritte ergreifen sollte, um dessen Handlungen zu unterbinden?

**Dalai Lama:** Theoretisch gesehen, mag Gewalt unter seltenen und besonderen Umständen akzeptabel sein. Das wird aus einer der Geschichten um Buddha deutlich, die als Gedicht überliefert wurde. Es gab einmal den Kapitän eines Schiffes, auf dem sich 500 Händler befanden, und unter diesen 500 war einer, der die anderen 499 Händler töten wollte, um an deren Besitz und Wohlstand zu kommen. Der Kapitän war eine der früheren Inkarnationen Buddhas; in einem früheren Leben war er ein Bodhisattva, aber noch kein Buddha. Er warnte davor, derartige Gedanken zu realisieren. Trotz mehrerer Warnungen hörte dieser Zeitgenosse nicht auf den Buddha, gab seine Pläne nicht auf, sondern feilte sie noch aus. Da entschied sich der Kapitän zu handeln, um die 499 Menschen zu retten und die Sünde des Mordes an 499 Menschen zu verhindern, indem er diesen einen Menschen tötete. Um diesen Menschen zu retten, beging er selbst eine Sünde, nämlich die Tötung dieses Menschen. Er tötete diesen Menschen aus diesem Motiv heraus und unter diesen Umständen.

Theoretisch gesehen ist dies absolut richtig. Wenn man diesen Menschen seinen Plan hätte ausführen lassen, hätte er die Sünde begangen, 499 Menschen zu töten und wäre später mit den schlimmen Folgen konfrontiert worden. Durch seinen Tod wurde sein gegenwärtiges Leben verkürzt, weiter nichts. Mit den schwerwiegenderen Konsequenzen seiner geplanten Tat verglichen, verblaßt dieses Leiden. Der Kapitän besaß keine selbstsüchtigen Motive, wie "Ich möchte nicht töten", was in diesem seltenen Fall ein selbstsüchtiges Motiv gewesen wäre. Also handelte er.

So ist Gewalt unter bestimmten Umständen, und wenn sie wirklich auf reinen Motiven beruht, erlaubt, um die schlechten Taten anderer zu verhindern. Es mag beispielsweise notwendig sein, um Handlungen anderer zu unterbinden, tatkräftig und mit Gewalt zu reagieren. Aber man sollte dabei nicht sein äußerstes Mitgefühl und seine mitfühlenden Gedanken verlieren. Sehen Sie, es lassen sich zwei Arten der Motivation unterscheiden: eine, die ursächlich bedingt ist und eine andere, die zur Zeit der tatsächlichen Handlung aufkommt. Die spontane Motivation und die distanzierte Motivation. Die distanzierte oder ursächliche Motivation wird durch Mitgefühl und Liebe ausgedrückt. Die spontane Motivation entspricht einer Art von Zorn. Dieser Zorn selbst ist ohne Zweifel schlecht; aber um aus spontaner Motivation heraus tatkräftig zu handeln, ist bisweilen Zorn nötig. Hier liegt die Hauptursache für zornige Gottheiten.

**Weber:** Im *Tibetischen Totenbuch*?

**Dalai Lama:** Richtig, richtig.

**Weber:** Diese Geschichte zeigt uns, daß es selbstsüchtiger gewesen wäre, *nicht* zu töten, um selbst rein zu bleiben, und es damit anderen zu ermöglichen, Karma für die Tötung von 499 Menschen anzuhäufen. Unter diesen Umständen handelte es sich um ein selbstloses Motiv, denn der Kapitän wußte um die karmischen Konsequenzen für jenen Menschen aufgrund dieser *einen* Tötung. Trotzdem hielt er unter diesen Umständen diese Handlungsweise für berechtigt.

**Dalai Lama:** Das stimmt.

**Weber:** Also meinen Sie wirklich, das Motiv und nicht die Tat sei am wichtigsten. Die Motivation verändert die Bedeutung der Handlung, richtig?

**Dalai Lama:** Richtig, sehr richtig. Wir halten die Methode für nicht so wesentlich. Die hauptsächliche Konzentration sollte sich auf das Motiv und das Ergebnis richten. Wiederum sind eine gute Tat und eine schlechte Tat nicht voneinander unabhängig; sie hängen von den Umständen ab. Hinsichtlich ihrer Tugend oder Untugend gibt es Handlungen, denen aufgrund ihrer Existenz eine Tugend oder auch Untugend zugeschrieben werden kann, und es gibt eine Tugend oder Untugend aufgrund des Motives; und schließlich aufgrund von Assoziationen. Damit wird klar, daß eine Handlung als solche im absoluten Sinne nicht als gut oder schlecht angesehen werden kann. Töten ist generell schlecht; dennoch ist unter diesen Umständen Töten gut. Das setzt wiederum die Theorie der Leere voraus.

**Weber:** Können Sie mehr über die Leere sagen? Die Menschen im Westen meinen, die Leere entspreche dem Nicht-Sein.

**Dalai Lama:** (Gelächter) Hier liegt ein Mißverständnis vor. Leere stellt ein einfaches Wort dar. Grob gesagt verhält es sich so: Die Dinge hängen voneinander ab. Daher sind sie von ihrer Natur her nicht grundlegend unabhängig. Unabhängigkeit und Abhängigkeit widersprechen einander. Es gibt keine dritte Möglichkeit. Da die Dinge also voneinander abhängig sind, kennt die Natur keine "Unabhängigkeit". Hier liegt die Bedeutung der Selbstlosigkeit und Leere.

**Weber:** Das ist mir nicht klar: Leere, aber warum Selbstlosigkeit?

**Dalai Lama:** "Leer" bedeutet selbst-los, ohne Selbst, ohne eine innewohnende Existenz, die Abwesenheit einer innewohnenden Existenz. Es verhält sich wie mit der Null; die Null selbst bedeutet nichts. Aber dennoch hat sie einen Wert. Ohne Null könnten wir weder die Zahlen Zehn noch Hundert bilden. Ähnlich verhält es sich mit der Leere: Sie ist Leere und zur gleichen Zeit die Grundlage von *allem.* Das können wir erforschen. Wenn wir das tun, können wir kein *Ding* finden. Wir werden nur auf die Leere stoßen. Ihrer Natur gemäß entspricht die Existenz der Dinge nicht ihrer Erscheinung. Da es etwas gibt, ein Objekt, können wir dies untersuchen, denn das bedeutet, es gibt etwas Tiefergehenderes. Aber dessen eigene Natur besitzt keine innewohnende Existenz.

**Weber:** Ist die Leere mit dem universellen Bewußtsein oder universellen Mitgefühl verwandt?

**Dalai Lama:** Das verhält sich anders. Universelles Mitgefühl steht für die moralische und ethische Seite. Es handelt sich um einen gewöhnlichen Aspekt, im Gegensatz zum höchsten Aspekt. Es ist ein subjektiver Aspekt, vom Standpunkt der Erscheinungsform des Objektes her gesehen, welches leer ist. Die Leere bildet das Wesen des Objektes. Aufgrund dieser Leere erscheint und vergeht es. Ein Lebewesen wird geboren und stirbt, das Leiden kommt und geht, das Glück kommt und vergeht. Dies alles, alle diese Veränderungen, Erscheinen und Vergehen, werden ermöglicht durch die Leere, durch die Natur der selbst-losen Existenz. Wenn das Leiden, das Leiden wie auch die Glückseligkeit, unabhängig voneinander auftreten würden, könnten sich beide nicht verändern. Wenn sie nicht von wechselseitigen Ursachen oder Faktoren abhängen würden, gäbe es keine Veränderung. Weil die Leere wirklich existiert, werden diese Änderungen und Transformationen der Objekte, die selbst leer sind, möglich. Gerade die Veränderung und Transformation der Objekte selbst gibt einen Hinweis, ein Zeichen für die Existenz der Leere. Von diesen Objekten aus betrachtet, die diese Qualität der Leere besitzen, entwickelt sich Mitgefühl.

**Weber:** Tiefe Meditation ermöglicht die Erfahrung dieser Leere.

**Dalai Lama:** Natürlich. Ohne Meditation, ohne eine tiefe Meditation, kann man nicht in dieser Leere (*Sunya*) aufgehen. Man vermag sie nicht zu verstehen. Ansonsten handelt es sich nur um leere Worte. Verstehen aufgrund verbaler Bilder allein ist nicht genug. Der nächste Schritt heißt, Nachdenken, Nachdenken, Nachdenken, um daraus eine Überzeugung werden zu lassen. Wenn man einmal Weisheit erlangt hat, die aus Reflexion resultiert, kann man zielgerichtet über das meditieren, was man verstanden hat. Dann konzentriert sich der Geist nicht nur völlig auf das Objekt, sondern wird nach und nach auch immer feinfühliger. Letztlich, wenn alle fünf Sinnesorgane (hinsichtlich ihrer Tätigkeit) ruhen, und Ihr sechster Sinn (d.h. die etwas oberflächlichere Schicht des Bewußtseins) ebenfalls immer feinfühliger wird, tritt der höchste, innerste und subtilste Teil des Geistes in eine Art Vereinigung mit der Leere. Das ist die wirkliche Tiefenerfahrung der Leere. (Der Buddhismus lehrt, wir würden sechs Sinne besitzen; Sehen, Hören, Riechen, Schmecken, Fühlen und mentales Bewußtsein oder "Geist-Bewußtsein"; letzteres hängt mit dem Alltagsverstand zusammen, der registriert, die Dinge miteinander in Beziehung setzt, kombiniert und die Sinneseindrücke speichert. Es handelt sich hierbei nicht um die höchste Ebene des Geistes oder des Bewußtseins).

**Weber:** Zuerst muß man völlig darin eintauchen; es muß eine wirkliche Erfahrung vorhanden sein, dann findet der Geist, der darüber reflektiert, in immer feinere Dimension seiner selbst: Handelt es sich um diese Kombination von Erfahrung und Reflexion?

**Dalai Lama:** Ja, der Geist wird immer subtiler, und es wird ständig einfacher, eine völlige Absorption zu erfahren, stärker und stärker von der Wirklichkeit der Leere absorbiert zu werden.

**Weber:** Ist dies schwierig ohne Lehrer, besonders hier im Westen?

**Dalai Lama:** Es ist schwer, zu dieser Erfahrung zu kommen. Das setzt viel Vorbereitungen und Zeit im Praktizieren voraus. In besonderen Fällen, bei einem besonders außergewöhnlichen Menschen, handelt es sich vielleicht um eine Frage von Jahren. In wenigen Jahren reift diese tiefere Erfahrung, aber im allgemeinen rechnen wir in Zeitaltern (*kalpas*). Daher gibt es keine Eile. (Gelächter).

*Die Mathematik erwies sich in der Biologie und beim Studium der biologischen Formen als bemerkenswert erfolglos.*

Rupert Sheldrake

*Wir beginnen gerade, eine mathematische Theorie über irreversible Prozesse zu entwickeln, die objektiv gesehen existieren.*

Ilya Prigogine

*Irgendwo hinter diesen Molekülen gibt es etwas noch feinstofflicheres, das wir Mathematik nennen, und das alles lenkt.*

David Bohm

Kapitel VIII

# Mathematik: Der mystische Kristall des Wissenschaftlers

David Bohm

*Das ganze Universum ist ein mathematischer und harmonischer Ausdruck der endlichen Repräsentationen des Unendlichen.*

F.L. Kunz

In diesem Gespräch dringt David Bohm tiefer in die Parallelen zwischen Wissenschaft und Mystik ein als im Jahre 1979, als wir dieses Thema in London diskutierten, tiefer sogar als zu irgendeinem anderen Zeitpunkt, seit ich ihn kenne. In jener Londoner Diskussion ("Der Mystiker und der Physiker: Ist ein Dialog zwischen ihnen möglich?") betonte er die trennenden Aspekte zwischen diesen zwei Menschentypen ebenso stark wie ihre Gemeinsamkeiten, doch in dem folgenden Gespräch führt er verstärkt hin auf einen gemeinsamen Impuls hinter Mystik und Wissenschaft. Ihn beschäftigt die Bedeutung der Mathematik, für die Bohm eine engere Verbindung zu einer spirituellen als zu einer materiellen Realität sieht. Warum sollte die Mathematik – etwas Unsichtbares, Nicht-Physisches – die gewaltige Beherrscherin der Materie sein, die selbst sichtbar und physisch ist? Bohm stimmt mit Poincaré und Einstein überein, Mathematik könne ein Mysterium darstellen. Ein zentraler Abschnitt dieses Dialoges beschäftigt sich mit dem Mysterium der Kreativität. Ob dieses selbst zu einem Einblick in die Mystik oder Mathematik verhilft, interessiert Bohm weniger als der Prozeß als solcher. Der Mathematiker, ebenso wie der Mystiker, glaubt, daß eine plötzliche Einsicht ihren Ursprung in Bereichen außerhalb seiner selbst hat. Bohms Betonung plötzlicher kreativer Einblicke – als Reorganisation alter Strukturen – reizt zu einem Vergleich mit Ilya Prigogines Theorie der dissipativen Strukturen aus Kapitel 10.

Das folgende Gespräch wurde im April 1985 in meinem Haus in Princeton geführt, wo sich Bohm für einige Tage aufhielt. Die Rückkehr nach Princeton nach fünfundzwanzig Jahren war eine emotionale Erfahrung für Bohm und, wie er sagte, der Höhepunkt einer dreiwöchigen Vortragsreihe durch die Vereinigten Staaten, die ihn an die Notre Dame Universität, die Universität von Texas in Austin (auf Einladung von John Archibald Wheeler, mit dem er dort auch diskutierte), das Ramapo College und die Rutgers Universität führte. Zudem hielt er einen Vortrag vor der UNO über die Anwendungsmöglichkeiten der impliziten Ordnung auf den Weltfrieden.

Bevor ich auf die Reaktionen der akademischen Welt auf diese Vorträge eingehe, möchte ich etwas zu der wachsenden "David Bohm-Bewegung" hier und in Europa sagen. In den letzten fünf Jahren wurde er zur Kultfigur oder zu einer Art Guru für eine große Zahl von Menschen, die seine Arbeit als Brücke zwischen dem wissenschaftlichen und dem spirituellen Pfad ansehen. Man bittet ihn für nahezu jede nationale oder internationale Konferenz, die sich mit diesem Thema beschäftigt, um einen Vortrag, und seit kurzem werden ganze Treffen um seine Ideen herum ausgerichtet. Auf diesen Konferenzen wird er von anderen Physikern, Studenten und Scharen junger Leute mit ganz unterschiedlichem Hintergrund, deren Vorstellungen er aber in irgendeiner Weise aufgegriffen hat, zu einer Sehenswürdigkeit hochstilisiert. Da Bohm ein ausgeprägt zurückhaltender Mensch ist, nur dann nicht schüchtern, wenn er – mit geistvoller Passion – von seinen Theorien spricht, überrascht ihn diese begeisterte Verehrung.

Eine vielschichtigere und bisweilen auch zwiespältige Reaktion charakterisiert seine Anerkennung durch akademische Kreise. Bohm wird in seinem Beruf anerkannt, seine Bücher über Quantenmechanik und Relativität haben ihm zu einer hohen Reputation verholfen. Der Bohm-Aharonov-Effekt, in Kapitel 2 bereits erwähnt, bescheinigt ihm seine Qualifikation in der Physik. Aber viele seiner Kollegen sind befremdet aufgrund seiner Hinwendung zur Philosophie, verstört durch sein Interesse am *Bewußtsein* und der Stellung, die es in seinen Schriften einnimmt. Ich sah, wie sich beide Reaktionen in faszinierendem Kontrast während Bohms Vorträgen an der Rutgers Universität und der Universität in Princeton zeigten. An der Rutgers Universität stellte Bohm seine Theorie der impliziten Ordnung für Laien verständlich dar, indem er die "imaginativen Modelle" zur Sprache brachte, die er für unser Verständnis von der Physik als so wichtig erachtet (siehe Kapitel 2). Der Kreis der Zuhörer, der sich vom klassischen Physiker bis hin zum Humanisten erstreckte, war in seinen Reaktionen gespalten. Viele Menschen hatten das Gefühl, wie sie mir später mitteilten, sich in der Gegenwart eines tiefschürfenden und kreativen Geistes zu befinden, und sie waren gefangen von dem bedeutungsvollen Bild des Universums, welches Bohm aufscheinen ließ. Andere, hauptsächlich Wissenschaftler, zeigten sich befremdet und verwirrt darüber, wie er Physik und Mystik einander näher brachte. Sie bestritten nicht die Daten, sondern eher seine Interpretation derselben. Natürlich fühlten sie sich unbehaglich angesichts der Attacken Bohms auf die unzulässige Voreingenommenheit hinsichtlich der physikalischen Gleichungen, zum Schaden von imaginativen Modellen - für die Leser dieses Buches bereits ein bekanntes Argument.

Bohms Vortrag innerhalb des mathematisch-physikalischen Kolloquiums an der Universität in Princeton (am nächsten Tag) stand in signifikantem Kontrast zu dem ersten Vortrag. Vor einem randvollen Auditorium von Mathematikern und Physikern erläuterte Bohm seine kausale Interpretation der Quantenmechanik und seine Theorie der verborgenen Variablen fast ausschließlich an Hand von Gleichungen, mit denen er Tafel auf Tafel vollschrieb. Sein Vortrag wurde enthusiastisch aufgenommen und erstreckte sich über Stunden wissenschaftlichen Austausches und der Beantwortung von Fragen. Nicht ein Zuhörer unterstellte Bohm mystische Tendenzen. Später fragte ich ihn, ob seine Darstellungen in Princeton (die für mich zu speziell gewesen waren, um ihnen zu folgen) denselben Bereich abdeckten, wie jene an der Rutgers

Universität am Abend zuvor, was Bohm bejahte. Die philosophische Aussage jedes Vortrages war im Grunde gleich.

Etwas ähnliches ereignete sich am nächsten Abend auf einem kleinen Fest zu Ehren Bohms, zu dem ich meine Kollegen aus den Bereichen Mathematik, Physik und Philosophie der Physik eingeladen hatte. Anfänglich wappneten sich meine Kollegen gegen die Fülle von Ideen, die Bohm erläuterte, und widersprachen der bedeutsamen Rolle des Bewußtseins innerhalb der Physik, die Bohm vertrat. Im Verlauf des Abends verlagerte Bohm seine Überlegungen von der Sprache auf Gleichungen. Die Wirkung war dramatisch. Plötzlich kam allgemeine Zustimmung aus den Reihen anderer Wissenschaftler auf, und die Stückchen Papier, die mit Gleichungen bedeckt waren, wurden am Eßtisch hin und her gereicht. Als Bohm später die Sprache erneut auf seine "imaginativen Modelle" brachte, konnte ich amüsiert feststellen, wie jeder sich so gab, als verstünde er, was gemeint war.

**Weber:** Sehen Sie irgendeine Beziehung zwischen Wissenschaft und Mystik?

**Bohm:** Das hängt von der Definition der beiden ab. Versteht man unter Wissenschaft eine Meß- und Experimentiermethode, gibt es kaum einen Berührungspunkt. Aber Wissenschaft läßt sich auch umfassender verstehen.

**Weber:** Wie lautet Ihre Definition von Wissenschaft?

**Bohm:** Der Versuch, die Wirklichkeit der Natur in ihrer Ganzheit zu begreifen. Bei dieser Definition beginnt sie sich mit Bereichen zu überlappen, an denen auch Mystiker interessiert sind.

**Weber:** Welche Bereiche sind das?

**Bohm:** Die Frage nach der Natur der Realität. Die Beschäftigung mit der Materie kann uns zu der Frage führen, ob es irgendetwas jenseits der Materie gibt, oder ob Materie so subtil ist, daß sie jenseits von dem liegt, was wir gewöhnlich unter Materie verstehen.

**Weber:** Erkundeten wir Materie soweit wie nur möglich, würden wir innerhalb von ihr etwas finden, was uns auf etwas jenseits derselben verweist?

**Bohm:** Ja, Materie ganz gewöhnlicher Art. Die extreme religiöse Anschauung postuliert die absolute Transzendenz jenseits der materiellen Sphäre. Auf der anderen Seite steht die gewöhnliche weltliche Sichtweise, und dann mag es noch etwas dazwischen geben. Einige Menschen behaupten, die implizite Ordnung bilde die Welt zwischen der transzendenten und der irdischen Seite.

**Weber:** Halten auch Sie sie für eine dazwischenliegende Welt, oder umfaßt sie selbst eine Vielzahl solcher Welten?

**Bohm:** Letztendlich kann man das Transzendente nicht vom Denken her erfassen, daher läge jene Definition irgendwo dazwischen. Es gibt eine unendlich subtilere Welt als die gewöhnliche, und wenn Sie an etwas Transzendentes glauben, wird Ihnen das helfen zu verstehen, wie dies langsam in die alltägliche Welt gefiltert wird. Eine Alternative besteht darin zu statuieren, das Transzendente - Gott zum Beispiel - erschaffe direkt die Maschinerie des Universums und repariere sie auch bisweilen. Das hat man zur Zeit Newtons angenommen, aufgrund eines Bündnisses zwischen Theologie und Wissenschaft, die jeweils hofften, damit dem eigenen Ziel zu dienen. Die Theologie wollte z.B. Zweige wie die Alchemie oder das Rosenkreuzertum und die Hexerei herausdrängen, um die völlige Transzendenz Gottes zu betonen. Newton war sowohl Wissenschaftler als auch Theologe.

**Weber:** Natürlich sprechen wir eher über Mystik als über Theologie, zwischen denen ein großer Unterschied besteht.

**Bohm:** Aber Newton war Theologe und Mystiker. Er war an Alchemie interessiert und gleichzeitig Wissenschaftler. Er stellte in vieler Hinsicht eine Kombination, eine vielleicht widersprüchliche Kombination, von all dem dar. Früher, bis zum siebzehnten Jahrhundert, waren Mystik, Theologie und Wissenschaft tatsächlich stark ineinander verwoben. Langsam entwickelten sie sich auseinander, indem die Evolution voranschritt und auch solche Theorien aufkamen.

**Weber:** Dies scheint insbesondere für das neunzehnte Jahrhundert zuzutreffen, als sich die Mechanik ihren Platz eroberte und ältere spirituelle, phytagoräische Wurzeln der Wissenschaft ablöste.

**Bohm:** Dies hat in der Form überlebt, wie Physiker von der Essenz der Welt als einem mathematischen Formalismus denken.

**Weber:** Aber sie haben sie ihrer inneren Bedeutung beraubt, die Pythagoras betont hatte, insbesondere jener als Widerspiegelung des Göttlichen.

**Bohm:** Viele mögen so vorgegangen sein, doch Sir James Jeans sagte beispielsweise: "Gott ist Mathematiker". Mit anderen Worten gesagt hatten einige von denen, die die Quantentheorie entwickelt haben, wahrscheinlich etwas ähnliches im Hinterkopf: Eddington, Jeans, Schrödinger, selbst Heisenberg. Mir wurde durch Carl Friedrich von Weizsäcker berichtet, Heisenberg sei im Alter als "der Buddha" bekannt gewesen, weil er eine eher östliche Anschauung vertreten habe, und sein Gesicht einen Buddha-ähnlichen Ausdruck angenommen hatte.

**Weber:** Es verwundert tatsächlich, warum so viele große Physiker dieses Jahrhunderts ein mystisches Aussehen zu haben scheinen. Wir sollten "mystisch" jedoch präzisieren: Können wir uns auf einen "Sinn für die Einheit der Dinge" einigen?

**Bohm:** Ja. Mystik entspricht einem Sinn für den direkten Kontakt mit der endgültigen Realität in ihrer Ganzheit.

**Weber:** Der Physiker strebt nach direktem Kontakt mit der endgültigen Natur der Dinge. Erreicht er diese Einheit?

**Bohm:** Zumindest hofft er diese Einheit. Physiker sprechen von der großen Vereinheitlichungstheorie, bei der alles miteinander verknüpft wäre, der gesamte Kosmos ließe sich in einer Gleichung verstehen. Dies weist auf die Hoffnung nach Einheit hin, die hinter den Grundlagen der modernen Wissenschaft steht.

**Weber:** Ich habe das immer gespürt. Tatsächlich läßt sich diese Tendenz in dem Bestreben nach Verstehen, angefangen bei den Vorsokratikern, aufzeigen. Sie suchten nach der Einheit hinter der Vielheit, was sich schon bei Thales aufzeigen läßt: eher eine Substanz als Millionen von Variablen.

**Bohm:** Ja. Ein Prinzip, eine Substanz. Eine Seite sucht nach der Einheit innerhalb der Materie, die andere behauptet, die Einheit der Welt sei im Grunde spiritueller Natur, und Materie sei durch den Geist, die Intelligenz geschaffen worden.

**Weber:** Der moderne Physiker ähnelt eher einem Materialisten.

**Bohm:** Grundsätzlich ja, ausgenommen seine starke Betonung der Mathematik, was gleichbedeutend ist mit der Behauptung, Gott sei ein Mathematiker. Wenn Sie Mathematik so stark in den Vordergrund rücken wie die heutigen Wissenschaftler, ohne physikalisches Bild von der Materie, implizieren Sie stillschweigend, die Essenz der Welt stelle etwas abstraktes, fast spirituelles dar.

**Weber:** Mathematik ist reines Denken.

**Bohm:** Richtig. Wie Sie es nirgendwo in der Materie finden.

**Weber:** Sie behaupten, die heutigen Physiker, die am wenigsten irgendetwas Spirituellem zugeneigt sind, wären praktisch gezwungen, anzunehmen, es befinde sich so etwas jenseits der Materie.

**Bohm:** Stillschweigend zumindest. Physiker mögen solche Gedanken nicht akzeptieren, aber sie weisen der Materie Eigenschaften zu, die jenseits dessen sind, was als materiell angesehen wird. Es handelt sich insofern eher um eine spirituelle Qualität, wenn wir sie als mathematische Ordnung ausweisen, die die Materie durchzieht, und die sich nicht in materiellen Begriffen ausdrücken läßt.

**Weber:** Halten Sie dies für ein ästhetisches Prinzip oder etwas noch tiefergehendes, welches sie dazu veranlaßt, vorzugsweise nach einem endgültigen Gesetz zu suchen und nicht nach drei oder vier verschiedenen? Ist das ein spiritueller Antrieb, ohne daß sie es bemerken?

**Bohm:** Wahrscheinlich handelt es sich um einen menschlichen Anreiz, denselben der die Menschen auch zur Mystik, Religion oder Kunst treibt.

**Weber:** Sie meinen, dieser grundsätzliche Anreiz, der auch die materialistischsten Physiker erfüllt, könne nicht durch Voraussage und Überprüfung erklärt werden.

**Bohm:** Es erschiene ihnen sehr langweilig, zu sagen: "Wir machen nur Voraussagen und kontrollieren diese." Wenn Sie mit jemandem wie Penrose oder Hawking sprechen würden, so bezweifle ich ihre Zustimmung zu diesem Satz.

**Weber:** Aber sie wären auch nicht glücklich darüber, wenn wir sie unbewußt mystisch nennen würden.

**Bohm:** Nein, das würden sie für absurd halten. Doch mag dies an den gewählten Worten liegen. Wissenschaftler sind gezwungen, eine sachlich orientierte Sprache zu wählen, um von ihren sach-orientierten Kollegen verstanden zu werden.

**Weber:** Um in dieser erlauchten Gemeinschaft respektiert zu werden.

**Bohm:** Ja, und nach und nach geht es ihnen in Fleisch und Blut über.

**Weber:** Sie meinen also, daß hinter ihren empirischen Ansätzen für die Physik die Suche nach der zugrundeliegenden Einheit steht.

**Bohm:** Woran sollten sie sonst interessiert sein? Zum Beispiel Stephen Hawking, er ist aufgrund seiner Krankheit kaum in der Lage, irgendetwas zu tun, und doch drängt es ihn danach zu verstehen, was hinter den Dingen liegt. Er möchte nicht nur Voraussagen über die Natur machen, um diese dann überprüfen zu können. Warum treibt er sich selbst so stark an?

**Weber:** Wahrscheinlich würde er antworten: "Ich möchte verstehen."

**Bohm:** Ja, aber Sie können Dinge über verschiedene Ansätze verstehen: Warum dieses Streben nach Einheit?

**Weber:** Er könnte erwidern: "Das zeigt, daß wir den Ursachen der Dinge näherkommen." Er würde eine rationale Rechtfertigung wählen, keine spirituelle.

**Bohm:** Er könnte so antworten. Aber andere Wissenschaftler sehen einen ästhetischen Wert in der Einheit.

**Weber:** Feynman sagt, jene, die die Mathematik nicht verstehen, würden die Schönheit des Universums nicht erkennen. Schönheit entwickelt sich im Zusammenhang mit Ordnung, Schlichtheit und anderen pythagoräischen oder platonischen Kategorien.

**Bohm:** Ordnung, Schlichtheit und Einheit gemeinsam mit etwas, was hinter allem steht, und was wir nicht zu beschreiben vermögen.

**Weber:** Verspüren die großen Geister der Physik etwas davon?

**Bohm:** Ja.

**Weber:** Wenn sie sagen, "sie reden wie Bohr, aber denken wie Einstein", meinen Sie das damit?

**Bohm:** Nein. Das bezieht sich auf etwas viel Simpleres. Bohr brachte die Idee der vielschichtigen Natur unserer Gedanken über die Realität ins Spiel, während Einstein gemeinsam mit Boltzmann darauf bestand, daß unsere Konzepte, die die Abstraktionen oder gewöhnlichen Erfahrungsebenen darstellen, eindeutig sein sollten, um eine konkrete Bedeutung aufzuweisen. Die meisten Physiker stimmen mit Einstein überein; Bohrs Aussagen sind für sie viel zu subtil, um sie anzusprechen.

**Weber:** Subtil in positiver Bedeutung?

**Bohm:** Sowohl gut als auch schlecht. Er bringt ein paar gute Gedanken und einige, die ich für falsch halte.

**Weber:** Wissenschaftler und Mystiker sehen in der Materie, in dem Sinn, wie Sie dieses Wort gebrauchen, etwas sowohl immanentes als auch transzendentes.

**Bohm:** Der Mystiker betrachtet Materie als das immanente Prinzip der Einheit, was der Wissenschaftler implizit auch tut. Einige würden über die Materie hinausgehen, um diese zu transzendieren. Diese Mystiker neigen dazu, die Materie unter Betonung des transzendenten Prinzips abzuwerten.

**Weber:** In gewisser Hinsicht tendieren sie dazu, andererseits auch wieder nicht. Sie erkennen die göttliche Handschrift in der Materie, weshalb sie diese eher *hochschätzen* als abwerten.

**Bohm:** Ja. Sie würden die wahre Bedeutung der Materie in ihrer Funktion als Medium für das Transzendente sehen.

**Weber:** Oder in ihrer Wirkung als Spiegelbild desselben.

**Bohm:** Ebenso wie die Gedanken zwischen dem *Jetzt* und den vergangenen Erfahrungen vermitteln. So ähnelt Materie in dieser Hinsicht dem Denken.

**Weber:** Sie bildet ein Fenster zu den Dingen, eine begrenzte Version der Ganzheit, die nur Hinweise auf diese Gesamtheit zu geben vermag.

**Bohm:** Ja. Der Materialist würde sagen: "Materie ist die grundlegende Substanz der Realität, der Geist bildet eine Struktur der Form darin."

**Weber:** Wie würden Sie diese Aussage widerlegen?

**Bohm:** Solche Ansichten sind kaum zu widerlegen, man kann sie nur diskutieren. Vielleicht ist keine davon wahr. Sie stellen nur Betrachtungsweisen der Realität dar. Vielleicht müssen wir alle Anschauungen transzendieren.

**Weber:** Natürlich kann der Mystiker niemals einen Beweis für seine Behauptungen antreten.

**Bohm:** Ebensowenig wie der Materialist.

**Weber:** Das scheint mir schwieriger zu verstehen zu sein.

**Bohm:** Er kann keinen Beweis erbringen, daß nichts außer Materie existiert, er kann nur erklären, er sähe keinen Grund, die Existenz von etwas anderem anzunehmen.

**Weber:** Die Last des Beweises liegt jedoch bei demjenigen, der behauptet, es gäbe noch etwas anderes, zumindest behaupten das viele Philosophen. Ein geläufiges Beispiel wäre, daß man Indizien anführen muß, wenn man annimmt, es gäbe kleine grüne Männchen auf dem Mond. Die Kritiker gehen nicht von der anderen Seite an das Problem heran, indem sie sagen: "Es könnte möglich sein, da nichts dagegen spricht."

**Bohm:** Ja, aber das führt zu der Frage: "Was kann als Indiz akzeptiert werden?" Wenn Sie Hinweise ausschließen, weil Sie annehmen, das Nichtmaterielle könne nur der Materie entstammen, haben Sie sich festgerannt. Der Materialist sagt: "Ich gehe davon aus, alles materialistisch erklären zu können, daher kann ich mentale Erfahrungen nicht als Indiz anerkennen." Wo könnten wir in diesem Fall auf einen Hinweis stoßen? Ich kann anführen, daß ich sehr subtile Dinge jenseits der Materie wahrnehme. Gehen wir davon aus, ich fühlte so, ich sei ein Mystiker oder Künstler. Der Materialist widerspricht mir: "Nein! Wir können beweisen, daß jede Erfahrung eine physische Ursache hat, und wir glauben, dies alles wird sich eines Tages materialistisch erklären lassen. Daher schließe ich ihre Erklärung aus."

**Weber:** Wie würden Sie darauf antworten?

**Bohm:** Ich würde erwidern, er habe damit keinen Beweis geführt, und seine Argumente würden mir nicht stichhaltig erscheinen. Vieles von dem, was Menschen glaubten, hat sich später als falsch herausgestellt. Im neunzehnten Jahrhundert nahm man an, alles ließe sich auf mechanistische Erklärungen zurückführen, und heute erkennen wir vieles davon als unzutreffend. Da auch die Wissenschaft des zwanzigsten Jahrhunderts begrenzt ist, können wir nicht erwarten, alle unsere Vermutungen, die aufgrund der Wissenschaft dieses Jahrhunderts bestehen, würden sich erfüllen.

**Weber:** Ein solcher Wissenschaftler würde behaupten, er befände sich aufgrund des Ockham'schen Rasiermessers, dem Prinzip der Sparsamkeit, auf der richtigen Spur.

**Bohm:** Das neunzehnte Jahrhundert hätte ebenso argumentiert: "Wir haben alles außer der Materie gestrichen, ganz wie es das Ockham'sche Rasiermesser gebietet. Unsere Ideen über die Materie lauten so und so." Aber sie haben sich in der Materie selbst geirrt. Materie hat sich als wesentlich subtiler erwiesen als angenommen wurde, sowohl aus der Sicht der Quantenmechanik als auch der Relativitätstheorie.

**Weber:** Impliziert "subtil" spirituell?

**Bohm:** Es geht in dieselbe Richtung. Subtil ist das, was unantastbar, unsichtbar, real ist. Als wir diesen Punkt gestern mit Robert Weingard, einem Philosophen der Physik, diskutiert haben, fragte ich ihn, ob Mathematik als Eigenschaft der Materie angesehen werden könnte. Er schien nicht darauf zu antworten.

**Weber:** Er sagte, sie liege im Universum selbst begründet.

**Bohm:** Aber ergibt sie sich aus den Eigenschaften der Materie? Wenn man sagt: "Materie war zuerst da", muß Mathematik eine Folge der Materie sein. Aber warum sollte dann Mathematik, ein Ausdruck der Materie, das Ganze beherrschen. Wir erleben die Mathematik nicht als Folge der Materie. Wir können annehmen, sie beschreibe die Materie, und das scheint sich auch bis zu einem gewissen Punkt zu bewähren, aber dies impliziert nicht, daß Materie Mathematik ist. Wir könnten mit Jeans sagen, Gott gestalte die Materie nach mathematischen Formen, da er Mathematiker sein. Aber solange Sie der Materie nicht einen Geist zuschreiben, verstehe ich nicht, wie Materie mathematisch sein könnte.

**Weber:** Weist das auf einen Konsistenzfehler jener hin, die für Materialismus im starren Sinne plädieren?

**Bohm:** Sie nehmen sich selbst und ihre Mathematik aus der Diskussion heraus und behandeln sie stillschweigend wie reinen Geist. Sie zeigen nicht auf irgendeinen Punkt der Materie, von dem die Mathematik entspringen soll. Letztendlich mögen sie dahingehend argumentieren, der Gesamtmechanismus lasse Mathematik entstehen, was nur eine Vermutung darstellt. Im Grunde handelt es sich um eine Form des Denkens, denn Mathematik läßt sich nicht in Objekten finden. Mathematik bildet den einzigen Weg zur Erfahrung von Objekten, sie zeigt uns ihre Bedeutung für uns auf.

**Weber:** Die Nicht-Platoniker der Mathematik sagen, es handele sich um eine Ordnungsstruktur des menschlichen Verstandes, und sie existiere außerhalb desselben gar nicht.

**Bohm:** Nun gut, lassen Sie uns zustimmen. Von der modernen Physik wissen wir, daß das einzige, was wir über Materie wissen, diese Gleichungen sind. Arbeitet man mit diesen Gleichungen, erhält man aus irgendwelchen mysteriösen Gründen korrekte Ergebnisse. Sie wissen nicht, was die Mathematik bedeutet. Aber sie kennen nur Mathematik. Damit behaupten sie tatsächlich, Mathematik gebe die Materie wahrhaftig wieder.

**Weber:** Diese Schlußfolgerung entspricht nicht ihrer ersten. Zuerst haben Sie gesagt, Mathematik sei im Grunde genommen spirituell, aber jene würden das nicht erkennen oder gäben nicht zu, daß diese etwas mit dem Geist zu tun habe.

**Bohm:** Wenn wir davon ausgehen, nur der Mensch handele so, ist das kein großer Unterschied zu der Aussage, Spiritualität sei eine Eigenschaft der Materie in Form des Menschen. Haben sie aber ein Bild der Materie, welches unabhängig von der Mathematik existiert, und Sie beschreiben diese nur mathematisch, würde es sich um eine konsistente Sichtweise handeln. Doch die Menschen besitzen kein derartiges Bild. Es gibt nichts außerhalb der Mathematik.

**Weber:** Dann sitzen diese wieder in derselben Falle, es als *unsere* Ordnung der Natur anzusehen, nach der nicht notwendigerweise auch das Universum aufgebaut ist.

**Bohm:** Diese Sichtweise beinhaltet auch, daß alles, was wir wissen, von uns entdeckt wurde, wobei wir in diesem Fall das Universum nicht kennen. Es könnte vollständig geistig, physisch oder ganz anders sein.

**Weber:** Die andere Sichtweise führt uns näher an eine spirituelle Interpretation heran.

**Bohm:** Menschen wie Heisenberg vertraten die Meinung, die er als platonisch ansah, Mathematik stelle die Essenz der Wirklichkeit dar. Er spürte, die mathematische Ordnung besitze ein objektives Sein in der Materie und bilde deren essentielle Grundlage. Doch die mathematische Ordnung scheint etwas sehr, sehr subtiles und abstraktes zu sein und dem, was wir normalerweise unter Geist verstehen, sehr nahe zu kommen. Der Geist wurde immer als etwas sehr subtiles angesehen, etwas, was zuweilen Intelligenz genannt wurde. Später sagten die Wissenschaftler: "Nein, es handelt sich nur um ein paar Moleküle, die logisch denken." Aber irgendwo jenseits dieser vielen Moleküle gibt es etwas noch subtileres, das wir Mathematik nennen, und welches all dies ordnet.

**Weber:** Ihre Frage lautet: Wie kam es dazu, welchen Status besitzt es, und welche Bedeutung kann man ihm zumessen?

**Bohm:** Ja. Insbesondere: Was bedeutet es?

**Weber:** Meinen Sie persönlich, Gott geometrisiere?

**Bohm:** Nein, das wäre nur bildlich gesprochen. Ich weiß nicht, warum Mathematik so wichtig ist. In der heutigen Zeit hat sie einiges bewirkt. In einer anderen Zeit mag dies ganz anders sein.

**Weber:** Handelt es sich um den kosmischen Geist, der sich rational ausdrückt.

**Bohm:** Das mag sein.

**Weber:** Der Mystiker, der die Materie betrachtet, sagt, allem liege eine Ordnung zugrunde, und das Ganze habe eine innere, tiefe Bedeutung. Würde ein Wissenschaftler diese erkennen, wenn er sich nur intensiv genug mit der Materie beschäftigt?

**Bohm:** Ich weiß es nicht, aber diejenigen, die in Gebieten wie Teilchenphysik oder Kosmologie arbeiten, schreiben der Mathematik eine klare Bedeutung zu. Sie beginnen bei den Gleichungen und erarbeiten sich dann ein imaginatives Bild, welches für die Interpretation der Gleichungen steht. Die Gleichungen bilden jedoch die Quelle für alles folgende.

**Weber:** Was ist der Status der Gleichungen?

**Bohm:** Ich weiß es nicht, sie führen heutzutage einfach zu einem Ergebnis.

**Weber:** Ein rationaler Mystiker wie Platon, der auch eine hohe Wertschätzung der Mathematik besaß, schreibt in *Staat VI,* Mathematik sei nur die dritte Ebene, die vierte liege jenseits dessen, was kommunikabel sei, die mathematische Sprache eingeschlossen. Er beschuldigt die Mathematik, noch immer unbewiesene Axiome und Annahmen zu verwenden. Daher befinde sie sich noch auf der Ebene unterhalb der endgültigen Schwelle zur Realität, auf welcher die Wirklichkeit klar erkannt werden könne.

**Bohm:** Und doch haben viele Mathematiker höchsten Ranges – wie Gödel und andere – eine fast mystische Haltung der Quelle ihrer mathematischen Erkenntnis gegenüber. Sie kennen nicht die Quelle ihrer Mathematik und bezeichnen diese als "mysteriös". Auch Poincaré und Einstein sagten dies.

**Weber:** Nannten sie Mathematik insgesamt mysteriös oder nur ihr eigenes mathematisches Verständnis?

**Bohm:** Ihre neuen mathematischen Erkenntnisse. Einstein vertrat die Ansicht, das ganze Universum sei im Grunde mysteriös, die endgültige Realität sei mysteriös. Was dem nahekommt, was die Mystiker sagen.

**Weber:** Ja.

**Bohm:** Einstein muß gefühlt haben, daß er dieses Mysterium wirklich erkannte, warum hätte er sonst diese Worte gebraucht.

**Weber:** Dies könnte auf einen Großteil der Physiker zutreffen, die in Grenzgebieten arbeiten und Ideen wie Ganzheit, Ehrfurcht – besonders in der Kosmologie – prägen, und die die Einheit jenseits der Dinge, Schönheit und Symmetrie spüren. Es scheint, als ahnten sie durch ihre eigene Arbeit etwas noch Größeres.

**Bohm:** Ja. Ich glaube viele Physiker spüren, daß sie an etwas rühren, das über ihr Wissen hinausgeht – an eine Art Wahrheit.

**Weber:** Ihre Herausforderung besteht darin, das, was sie spüren, in Worte zu fassen.

**Bohm:** Ja, in die Sprache mathematischer Formeln.

**Weber:** Die hochgradig stilisiert, formalisiert und deutlich ist. Sie haben sie mit einer Partitur verglichen. Dahinter liegt die Musik des Universums verborgen.

**Bohm:** Ja, so könnte sich auch Platon geäußert haben.

**Weber:** Platon und Pythagoras. Liest ein Musiker die Partitur, erkennt er das, was darin verborgen ist. Auf einen Physiker hat die Beschäftigung mit der Mathematik einen ähnlichen Effekt wie das Lesen der Partitur für die Musik des Universums auf den Musiker.

**Bohm:** Ja, er begreift Partituren.

**Weber:** Der Mystiker schafft dies ohne Sprache. Er behauptet, er vernähme die innere Musik ohne jegliche Partitur. Irgendetwas kann ihn dazu führen, er benötigt keine formalisierte Sprache, um seine Wahrnehmung auf die Quelle der Dinge zu lenken.

**Bohm:** So lautet die Behauptung.

**Weber:** Lassen Sie uns über die Methodologie sprechen. Der Physiker scheint sich auf die Außenwelt zu richten, der Mystiker auf die Innenwelt: Handelt es sich nur um ein Klischee, oder vollzieht sich der Ablauf wirklich so?

**Bohm:** Der Mathematiker schaut nach innen und nach außen. Die Physik betont den Beweis durch ein äußeres Experiment, indem sie versucht, von dieser äußeren Erfahrung zu abstrahieren. Einstein, Boltzmann und andere Physiker glaubten, die Ideen rührten eher von der Gesamtwahrnehmung her als von der Betrachtung begrenzter Bereiche. Hier mag eine Hauptquelle der Mathematik liegen.

**Weber:** Das ist mir nicht klar.

**Bohm:** Viele mathematische Begriffe sind stark durch die übliche Wahrnehmung von der Welt beeinflußt.

**Weber:** Ich schrieb einmal, Meditation sei für den Mystiker das gleiche wie die Mathematik für die Physiker. Würden Sie zustimmen?

**Bohm:** Vielleicht, aber das ist schwer zu entscheiden. Der Mathematiker muß bestimmte Operationen ausführen, um seine Gedanken zu definieren und zu ordnen. Würde ein Mystiker das auch für die Meditation tun?

**Weber:** Ja. Meditation beinhaltet eine geistige Ausrichtung und das Beiseitestellen von Dingen, die diese tiefe Wahrnehmung stören würden. Der Mystiker dringt so tief wie nur möglich ins Bewußtsein ein, der Physiker in die Materie. Könnte man dies so ausdrücken?

**Bohm:** Ja. Aber für den reinen Mathematiker müssen wir fragen: Womit beschäftigt er sich? In gewisser Weise geht er auf Bewußtseinsaspekte ein, obgleich diese durch materielle Erfahrungen inspiriert sein mögen. Haben diese jedoch das Bewußtsein erreicht, bemüht er sich, das zu erkennen, was sich bewußtseinsmäßig vollzieht und eine Ordnung in sich selbst besitzt.

**Weber:** Erfindet oder kreiert der Mathematiker die Mathematik?

**Bohm:** Darüber ist spekuliert worden. Ein Großteil wurde ohne Zweifel erfunden, doch er mag bisweilen auch eine inspirierende Wahrnehmung aufnehmen. Als z.B. Newton einen Apfel vom Baum fallen sah, erkannte er plötzlich, daß auch der Mond fällt, und entwickelte daraus seine Idee der Gravitation. Hier handelte es sich um die direkte Wahrnehmung einer Abhängigkeit, die zuvor blockiert war. Ähnlich erkannte Archimedes, als er ins Bad stieg, daß das dadurch verdrängte Wasservolumen unabhängig von der Form des in das Wasser gebrachten Objektes ist. Dies war für ihn eine so bedeutende Erkenntnis, daß er sein berühmtes "Heureka" ausrief. Für Newton muß es eine ähnliche Erfahrung gewesen sein. Diesen plötzlichen Erkenntnissen liegt eine sehr intensive und ungewöhnliche Leidenschaft zugrunde.

**Weber:** Eine starke Energie?

**Bohm:** Ja. Dann entwickelt sich eine Kreativität.

**Weber:** Durch diese starke Energie.

**Bohm:** Ja.

**Weber:** Dabei könnte es sich um die Gemeinsamkeit zwischen Mystiker und Wissenschaftler handeln. Es scheint, als würde der Schleier der Natur in diesem Moment vor ihren Augen zurückgezogen.

**Bohm:** Der Schleier des Verstandes teilt sich. Der Verstand ist in dem gefangen, was er als gegeben annimmt. Der gewöhnliche Verstand, mit seinem niedrigen Energiespiegel, beschäftigt sich immer wieder mit denselben Dingen und nimmt stets erneut Bezug auf seine alten Annahmen, aber jener hohe Energiespiegel löst den Nebel auf, so daß der Verstand auf einer neuen Ebene wirken kann.

**Weber:** Das ist wunderbar. Ich würde gern auf den Blickwinkel des Mystikers und des Physikers hinsichtlich der Materie zurückkommen. Sie behaupten, wenn der Physiker die Materie wirklich verstehen würde, könnte er sich nicht als "Materialist" im üblichen Sinne des Wortes bezeichnen.

**Bohm:** Ja.

**Weber:** Gerade das hat der Mystiker seit tausenden von Jahren gelehrt.

**Bohm:** Es stellt sich die Frage, ob Materie recht grob und mechanisch ist oder immer feiner und feiner und damit ununterscheidbar von dem wird, was Menschen Geist nennen. Sie haben geschrieben, im Idealismus stehe die Form am Anfang. Ein Vorschlag wäre, daß die Form eine Energie ergreift, die wiederum eine bestimmte Aktivität und letztendlich eine feste materielle Struktur bedingt. Nehmen Sie diesen Gedanken auf, der von vielen modernen Physikern verfolgt wird, würde damit die Unterscheidung zwischen Idealismus und Materialismus teilweise verwischt werden. Ich möchte noch eine Definition von Gregory Bateson anführen, die besagt, die unterschiedlichen Formen führten zu der Unterscheidung zwischen Inhalt und Bedeutung. Die Form vermag sich in Bedeutung und Energie niederzuschlagen. Wenn Sie eine gedruckte Buchseite lesen, eine Form, setzt die Bedeutung eine Energie frei, aus der heraus Sie handeln. Damit könnten wir behaupten, die Unterscheidung zwischen Idealismus und Materialismus sei untergraben, löse sich allmählich auf.

**Weber:** Dies würde auch eine neue Definition für den "Materialismus" mit sich bringen. Ein echter Materialist wäre damit auch spirituell engagiert.

**Bohm:** Ja, es würde auch dem "Idealismus" eine neue Bedeutung geben.

**Weber:** Idealismus hätte eine Wurzel auf der Ebene physischer Manifestation.

**Bohm:** Ja. Dies würde implizieren, materielle Aspekte, wie einfach sie auch sein mögen, wären immer mit dem Geist verbunden. Das Elektron würde eine stark rudimentäre Form des Geistes beinhalten, unser Verstand liegt auf einer anderen Ebene, und vielleicht gibt es noch höhere Formen des Geistes auf noch anderen Ebenen.

**Weber:** Im Gegensatz zu einigen Menschen, die die Gültigkeit einer Abbildung der Physik auf mystische oder alte, weise Traditionen ablehnen, stellen Sie diese nicht in Frage, solange Sie sorgfältig ausgeführt wird.

**Bohm:** Was für eine Art von Abbildung?

**Weber:** Zum Beispiel jene, die Capra in seinem Buch *"Das Tao der Physik"* aufzeigte. In *"Quantum Questions"* kritisierte Ken Wilber diesen Ansatz und ähnliche Versuche und hielt sie für unzutreffend. Ihre Arbeit unterliegt ohne weiteres derselben Kritik.

**Bohm:** Ein Teil der alten Allianz zwischen Wissenschaft und Theologie zur Zeit Newtons bestand darin, die Materie so "materialistisch" wie nur möglich zu machen, um, wie wir bereits ausführten, die Transzendenz Gottes zu betonen. Ken Wilber verfolgt in etwa diesen Ansatz.

**Weber:** Wilber führt aus, Materie stehe am unteren Ende des hierarchischen Universums, welches er als große Seinskette identifiziert. Die oberen Stufen umfassen die unteren, aber nicht umgekehrt. Menschen, die dies ignorieren, machen sich nach Wilbers Meinung einer Art Reduktionismus schuldig.

**Bohm:** Aus meiner Sicht heraus reduziere ich nichts. Reiner Idealismus würde die Materie auf einen Aspekt des Geistes einschränken. Hegel bietet dafür ein Beispiel. Reiner Materialismus beschränkt den Geist auf einen materiellen Auspekt, genau das, was wir bei einem Großteil der modernen Wissenschaft beobachten können. Mein Ansatz ist nicht darauf ausgerichtet, eine Seite stärker auf Kosten der anderen zu reduzieren als dies durch die Beschränkung der Form auf den Inhalt der Fall sein würde.

**Weber:** Spinoza schreibt, für jeden Aspekt der Materie gäbe es einen begleitenden Bewußtseinsaspekt und umgekehrt. Könnten Sie dem zustimmen?

**Bohm:** Sie sind miteinander verwoben. Es handelt sich um wechselseitige Kategorien der Realität, stetig miteinander verbunden, wie sich auch Form und Inhalt bedingen. Jeder Inhalt besitzt eine Form, und jede Form hat gleichzeitig einen Inhalt. Anders ausgedrückt, ist alles Materielle auch geistig und alles Geistige materiell. Aber es gibt unendlich mehr subtile materielle Ebenen als uns bewußt sind.

**Weber:** Oder uns jemals bewußt werden können?

**Bohm:** Ja, wir könnten uns den Mystiker als jemanden vorstellen, der mit ungeheueren Tiefen der subtilen Materie oder des Geistes, wie wir es auch nennen wollen, in Kontakt kommt.

**Weber:** Einer Tiefe, für die eine Unterscheidung keinen Sinn mehr macht?

**Bohm:** Ja. Anstelle der Benutzung des Wortes "Kontakt" können wir sagen, der Mystiker gehe in sie ein.

**Weber:** Platon schreibt, "die Form beibehalten und eine Einheit mit ihr eingehen."

**Bohm:** Ja. Trifft man keine Unterscheidung zwischen Geist und Materie, wird es faßbar, daß man in sie einzugehen vermag. Nimmt man an, Materie sei rein materiell, wie könnte man dann in sie eingehen? Geht man von etwas rein Geistigem aus, müssen wir uns dies als weit Entferntes vorstellen und schaffen so eine mysteriöse Klippe. Doch was geschieht, wenn wir annähmen, diese Klippe existiere gar nicht?

**Weber:** Die *Upanischaden* nennen dies "näher als selbst das Nächste".

**Bohm:** Ja, aber dann vertreten wir weiterhin eine Entfernung wie zwischen Form und Inhalt, die im gewöhnlichen Denken zu groß erscheint; es läßt diese Entfernung starr und kraß werden.

**Weber:** Lassen Sie mich Ihre Worte gebrauchen. Wie geht man in diese Tiefen ein?

**Bohm:** Der Mystiker strebt danach. Der reine Mathematiker geht stillschweigend davon aus, daß er genau das tut, nämlich in die Quelle der Wahrheit eingeht.

**Weber:** Handelt es sich um reine Gedanken, die reine Gedanken kontemplieren?

**Bohm:** Ja, aber er hat das Gefühl, die Quelle der Wahrheit stehe dahinter. Viele Mathematiker glauben, es handele sich um eine Erkenntnis der Wahrheit, jenseits dessen, was artikulierbar ist.

**Weber:** Und daß sie über das mathematische Verstehen mit dem, was dahinter liegt, in Verbindung kämen.

**Bohm:** Ja.

**Weber:** Die Vorgehensweise des Mystikers ist schwer zu erklären. Aber wir haben über subtile Materie gesprochen, und das erinnert an Meister Eckhart, den vielleicht größten westlichen Mystiker. Er sagte: „Um die Natur selbst zu finden, müssen alle Formen zerbrochen werden."

**Bohm:** Nun, jede Form innerhalb der Natur ist relativ äußerlich. Die Frage ist, was ihr zugrundeliegt.

**Weber:** Sucht der Mystiker nicht nach einer Antwort darauf? Er bemüht sich, die allumfassende Ebene zu erreichen und jede Begrenzung oder Eigentümlichkeit abzustreifen.

**Bohm:** Ja, um an etwas Allgemeingültigem innerhalb des Bewußtseins zu rühren, etwas immer weniger Beschränktem, das zu etwas Universalem führt.

**Weber:** Das hört sich nach dem an, was Meister Eckhart mit "die Natur selbst" gemeint haben muß. In diesem Buch habe ich die Frage aufgebracht: „Stellt die Suche nach Einheit in der Wissenschaft in sich einen spirituellen Weg dar?" Für mich ist die Antwort positiv. Was meinen Sie?

**Bohm:** Für die heutige wissenschaftliche Vorgehensweise ist das nicht notwendigerweise zutreffend. Doch liegt ihr endgültiges Ziel wahrscheinlich darin, zur Einheit zu finden, wie wir bereits festgestellt haben.

**Weber:** Führt dies zu Anthropomorphismus und letztendlich zu Skeptizismus unserem Wissen gegenüber?

**Bohm:** Dieses Problem kann durch die Annahme überwunden werden, der Mensch stelle in gewisser Weise den Mikrokosmos des Universums dar. Wir sind eingefaltet in das Universum.

**Weber:** Ist dies das fehlende Glied, die letzte Stufe?

**Bohm:** Ja, alle unsere Erfahrungen geben uns einen Hinweis auf die Wirklichkeit, da auch wir real sind.

**Weber:** Wir scheinen immer wieder auf das hermetische Prinzip zurückzukommen.

**Bohm:** Ja, wenn es nicht postuliert wird, bliebt immer unerklärt, weshalb Mathematik irgendeinen Bezug zur Realität haben sollte. Wigner stellte z. B. fest, es sei ein völliges Mysterium, warum Mathematik funktioniere. Ohne dieses Postulat müßten wir weiterfragen: Warum sollte die Manipulation von Symbolen irgend etwas mit dem zu tun haben, wie sich die Wirklichkeit verhält?

**Weber:** Kants Problem bestand darin: Wir werden niemals in der Lage sein, die Dinge so zu erkennen, wie sie wirklich sind, denn wir geben den Erfahrungen unsere eigene Struktur, daher versperren wir den Weg zu dem Ding an sich durch unsere eigenen inneren Kategorien.

**Bohm:** Ich würde antworten: „Ich selbst bin das Ding an sich." Dies scheint mir ein Ausweg aus Kants Falle. Zumindest bin ich *auch* ein Ding an sich.

**Weber:** Zumindest kann ich zu einer Harmonie, zu einer Entsprechung mit dem Ding an sich kommen, was Kant verneinte.

**Bohm:** Ja. Ich habe Anteil an den Dingen an sich.

**Weber:** Daher handelt es sich nicht um eine fremde Realität, sondern um meine eigene.

**Bohm:** Ja, dies entspricht der Lehre Hegels. Geht man nicht davon aus, gibt es absolut keine Erklärung; alles ist rein zufällig, die Erfolge der Mathematik eingeschlossen. Wigner und Einstein meinten, das größte Mysterium liege darin, daß sich das Universum verstehen ließe.

**Weber:** Steven Weinberg hat das ebenfalls gesagt. Eine seiner Veröffentlichungen schließt mit der Bemerkung, das Erstaunlichste wäre, wenn sich zeigte, daß alles, was wir bezüglich des Universums für wahr *halten*, auch tatsächlich wahr *wäre*.

**Bohm:** Wenn wir das Universum begreifen und an ihm teilhaben, und wenn das Universum an uns teilhat, gibt es eine Basis für die Annahme, wir könnten selbst eine Bedeutung haben.

**Weber:** Damit hätten wir einen anderen Ansatzpunkt zur Mystik. Der Mystiker tritt in sein eigenes inneres Sein ein, da er spürt, daß in ihm das Universum verborgen liegt.

**Bohm:** Ja. Im Grunde gibt uns dies den einzigen Schlüssel in die Hand, um zu verstehen, warum Wissenschaft und Mathematik überhaupt funktionieren.

*Wenn wir ans Licht treten, stoßen wir auf die fundamentale Aktivität, in der die Existenz gründet … Das Licht ist das Potential aller Dinge.*

David Bohm

*Aus diesem Grund schätze ich Dionysios Areopagita so sehr. Er spricht von der göttlichen Dunkelheit … An diesem Punkt trifft man auf Gott.*

Br. Bede Griffiths

*Man könnte sich diesen Ozean an Energie als Ozean voller Licht vorstellen.*

David Bohm

*In einem hinduistischen Tempel bleibt das innere Heiligtum immer dunkel … Wenn man in das innere Heiligtum eintritt … das Zentrum des eigenen Seins, erfährt man Gott in der Dunkelheit.*

Br. Bede Griffiths

*Ihr ganzes Bewußtsein … erscheint in der Abhängigkeit von diesem Geist klaren Lichtes.*

Der Dalai Lama

FATHER BEDE GRIFFITHS

Kapitel IX

# DER WEG DES WEISEN

Bruder Bede Griffiths

*Es gibt zwei Flügel, die den Menschen über das Irdische hinausheben – Einfachheit und Reinheit. Die Einfachheit verlangt nach Gott: die Reinheit entdeckt ihn und erfreut sich an ihm.*

Thomas von Aquin

Bruder Griffiths saß im Lotossitz auf dem Boden der kleinen Veranda seiner Hütte in Shantivanam, die teilweise ein westliches Kloster, teilweise ein östlicher Ashram ist, und erzählte – auf mein Bitten hin – von dessen Entstehung und seiner eigenen Geschichte. Es gibt eine ganze Reihe von Ähnlichkeiten zwischen Bruder Bede Griffiths und Lama Govinda: beide lebten seit Jahrzehnten fern ihrer Heimat in Asien, beide sind Suchende und Mönche, beide versuchen den Osten mit dem Westen und die Wissenschaft mit der Mystik zu versöhnen, beide betonen die allen Religionen zugrundeliegende Einheit und bekennen sich doch eindeutig zu einer bestimmten Religion und folgen dieser in ihrem Leben: der eine Katholik (römisch-katholisch), tibetischer Buddhist der andere. Ihr Auftreten und ihr Stil erinnern an Weise! Beide sind Verkörperungen des Grundsatzes, daß "Arbeit", "Forschen" und "Verwirklichung" das Leben eines Weisen ausmachen.

Bruder Bede Griffiths wurde 1906 in einer mittelständischen englischen Familie geboren. Sein Abschlußexamen legte er in Oxford ab, wo er ein enger Freund von C. S. Lewis und anderen Literaten wurde. Vom industrialisierten England zunehmend enttäuscht, wurde er Katholik und trat in ein Benediktinerkloster ein, um sein Leben Studium und Gebet zu widmen. Seiner Neigung zur indischen Philosophie und Religion folgend, ging er 1955 nach Indien, wo er seitdem lebt. Als Lehrer der vergleichenden Religionswissenschaften und der christlichen Theologie scheint Bruder Bede auch eine seltene Integration von Körper, Seele und Geist erreicht zu haben. Er ist groß und schlank, fast hager, und seine Muskulatur spiegelt die ‚Jahre harter Arbeit unter der indischen Sonne wider. Breite Wangenknochen, tiefliegende blau-graue Augen und ein strahlendes Lachen beherrschen sein asketisches Gesicht. Er denkt ökumenisch und international, wie auch seine Ausführungen in dem folgenden Gespräch zeigen werden.

Obwohl Bruder Bede zweifelsohne Christ ist, trägt er das safranfarbene Gewand (*kavi*) des indischen Heiligen und geht meist barfuß. Sogar nach 30 Jahren in Indien ist sein englischer Akzent unverfälscht, was eine interessante Mischung ergibt. Der Satchitananda-Ashram, Shantivanam, liegt einige Kilometer westlich der Stadt Tiruchirapalli in Südindien, am Ufer des heiligen Flusses Cauvery, “des Ganges von Südindien”.

“Shantivanam” – “Wohnstatt des Friedens” – ist einc meditative Einsiedelei, die sich gleichermaßen an christlichem wie auch hinduistischem Gedankengut orientiert. Wir saßen nach indischer Sitte auf dem Boden. Alles an Bruder Bede, alles in seiner Hütte und im Ashram vermittelte die Botschaft der Einfachheit. Dies ist von zentraler Bedeutung für Bruder Bedes Leben und seinen Ashram, den er seit 17 Jahren leitet.

“Das Wirken ohne Bindung” ist für ihn ein Leitmotiv seit seiner Studienzeit in Oxford. Er betont, das Sicherheitsdenken sei der Ruin für ein religiöses Leben sowie für viele Klöster gewesen.

Shantivanam liegt im Herzen des ländlichen Indiens, dessen Gebräuche sich während der Jahrhunderte nur wenig geändert haben. Bruder Bede empfindet deutlich, daß die Mitglieder der Gemeinschaft wie die Inder in der Umgebung leben sollten, was, zusammen mit dem Bekenntnis zu einem Urchristentum, einen äußerst einfachen Lebensstil bedingt. Der Ashram versorgt sich beinahe selbst. In einem Reisbeet wird eigener Reis angebaut; daneben gibt es Kokosnüsse, Gemüse, Früchte und Milch. Darüber hinaus wird der Ashram von Zuwendungen der Besucher unterstützt, die zum Meditieren kommen und die für ihren Aufenthalt bezahlen können. Der Ashram selbst berechnet nichts, wodurch es kein festes Einkommen gibt. Bruder Bede sagte, daß sie so von Monat zu Monat lebten, manchmal von einer Woche zur anderen, und er fügte hinzu, "dies sei so, wie es sein sollte".

Für einen Außenstehenden erscheint dies alles hart, aber für den, der länger im Ashram und in Indien lebt, reicht es völlig aus; ein ruhiges Leben, das sich vorwiegend mit der Freiheit von endlosen künstlichen Bedürfnissen beschäftigt. Um Bruder Bede und das Leben im Ashram gibt es eine spürbare Atmosphäre von Streßlosigkeit und Ruhe, als ob die Zeit unwichtig wäre. Ein Tag in Shantivanam beginnt, wie die Tage überall in Indien, mit dem Morgengrauen. In der kleinen Kapelle wird gebetet, wobei einige schon vorher bei Sonnenaufgang am Ufer des Cauvery-Flusses meditiert haben. Die vegetarischen Mahlzeiten werden nach indischer Sitte ohne Besteck auf dem Boden eines einfachen Eßraumes eingenommen, und obwohl ausreichend, sind sie von einer asketischen Kargheit. Die Gemeinschaft versammelt sich täglich viermal, um zu meditieren und hinduistische, buddhistische und christliche Gebete zu singen, wobei Räucherstäbchen und Kerzen angezündet werden. Sowohl indische wie auch westliche Teilnehmer folgen dabei der universellen Vision von Bruder Monchanin.

Es gibt eine bescheidene Bibliothek mit Büchern über alle religiösen Traditionen, über Philosophie und Theologie. Die Bibliothek enthält auch Bruder Bedes eigene Werke: "*The Golden String*", eine Autobiographie seiner spirituellen Suche. "*Return to the Center*", Gedanken zur Einheit der Religionen; "*Christ in India*", Aufsätze über einen christlich-hinduistischen Dialog; "*The Marriage of East and West*" *, eine vergleichende religiös-philosophische Betrachtung, und auch sein letztes Werk "*The Cosmic Revelation*", ein Buch über die *Veden*. Bru-

* dt. Übers.: Die Hochzeit von Ost und West, Salzburg 1983

der Bede hat an Konferenzen über Wissenschaft und Mystik teilgenommen, gemeinsam mit Personen wie Capra und natürlich Sheldrake, zu dem er eine besonders enge Beziehung zu haben scheint. Obwohl Bruder Bede an seinem zurückgezogenen Fleckchen verwurzelt ist, das er ganz offensichtlich liebt, ist er gebildet und kultiviert und hält den Kontakt zu den intellektuellen Strömungen der modernen Welt.

Um die Besucher unterzubringen, die aus der ganzen Welt hier zusammenkommen, gibt es kleine Zimmer, die Mönchszellen ähneln. Das soziale Leben des Ashrams spielt sich um den Innenhof herum ab, wo die Menschen beim 11-Uhr-Tee oder Nachmittagstee miteinander reden, umgeben von großen Palmyra-Bäumen und Blumen, Kühen und Rindern, die in nächster Nähe weiden, ohne vom Leben der Menschen getrennt zu sein, wie es nicht nur im ländlichen Indien sondern auch in den Städten üblich ist.

Das Gespräch wurde während mehrerer Tage im Januar 1983 aufgezeichnet. Ich verließ den Ashram mit dem Eindruck von einem verwurzelten Menschen: verwurzelt in der gesamten Natur, in der Erde Indiens, im christlichen Glauben. Mir wurde berichtet, die Dorfbewohner betrachteten ihn als *Sannyasin*, als heiligen Mann, was ihn auch für mich umfassend beschreibt. Ein *Sannyasin* nicht in der Theorie, sondern im täglichen Leben, der ein Leben freiwilliger Armut und minimalen Konsums lebt, ganz gleich, welche Unbehaglichkeiten dies auch immer mit sich bringen mag. Ich bin solcher Einfachheit als Philosophie begegnet, habe sie aber nur äußerst selten verwirklicht gefunden. Aber für Bruder Bede ist dies ganz natürlich und wurde zu einem Teil von ihm, und er verneint, etwas Besonderes oder Heiliges zu tun. Es ist diese Einfachheit, mit der Einfachheit umzugehen, die anspornt, anziehend wirkt und inspiriert – nicht all das Aufheben, das Menschen unternehmen, die unablässig darüber reden oder Bücher schreiben.

Was mir an diesem Gespräch mit Bruder Bede besonders gefällt, ist die Diskussion über das Licht. Sie mögen sich an das 2. Kapitel erinner, in dem David Bohm und ich darüber nachdenken, warum Licht das klassische Symbol für die mystische Erfahrung ist. Auch der Dalai

Lama unterstützt im 13. Kapitel diese Sichtweise. Bruder Bede eröffnet, wie Sie sehen werden, einen ganz ungewöhnlichen Blickwinkel, indem er die "göttliche Dunkelheit" als die tiefste Metapher für die religiöse Erfahrung verwendet. Bruder Bedes durchdringende Erkenntnisse über Krishnamurti haben in gewisser Weise jene von Lama Govinda im 3. Kapitel angeregt.

**Weber:** Ihr Lebensstil, Bruder Bede, ist Teil Ihrer Lehren, und er wirkt auf jene von uns sehr inspirierend, die in der Komplexität und Vielschichtigkeit, die wir mit Notwendigkeiten gleichsetzen, gefangen sind. Sie leben hier im ländlichen Indien unter ziemlich kargen Bedingungen. Das ist etwas, was die meisten von uns nicht könnten, und für einen äußeren Betrachter scheint dies Opfer und Selbstverleugnung zu verlangen, obwohl das falsch gewählte Worte sein mögen. Was ermöglicht dieses Leben hier?

**Griffiths:** Um aufrichtig zu sein, ich würde die Betonung nicht auf Selbstverleugnung und Opfer legen. Indien ist für mich vielmehr zur Erlösung geworden, und ich empfinde ein Leben in dieser Einfachheit viel erfreulicher als das, was ich im Westen mit all seinen Komplikationen haben würde. Ich bin schrittweise dahin gekommen. Als ich anfänglich als Benediktinermönch nach Indien kam, richteten wir einen kleinen Ashram in einem Stil ein, den ich damals als sehr einfach empfand. Obwohl wir Tische, Stühle, Löffel, Gabeln und Betten hatten, sowie europäische Kleidung trugen, dachte ich, es handele sich um ein gutes und sehr einfaches Modell. Aber nach einigen Monaten bemerkte ich, daß kaum jemand in der Nachbarschaft solche Dinge besaß. Somit begann ich, die indische Kultur als etwas ganz anderes zu begreifen. Schrittweise gewöhnten wir uns daran, die Angewohnheiten eines indischen Ashrams anzunehmen – barfuß zu gehen, auf dem Boden zu schlafen, beim Beten und Essen auf dem Boden zu sitzen und mit den Händen zu essen. Dies alles geschah schrittweise und erschien mir nach einiger Zeit sehr natürlich. So betrachte ich es eigentlich gar nicht als Opfer.

Es gibt aber noch einen zweiten Aspekt. Um spirituell frei zu sein, sollte man an nichts hängen. Man mag Dinge benutzen, sollte aber nicht an ihnen hängen. Das Leben in einem sehr einfachen Stil bietet eine der besten Möglichkeiten, um diese Losgelöstheit zu erlernen. In Indien ist es, teils bedingt durch das Klima, möglich, in fast unvorstellbarer Einfachheit zu leben, und ich habe erfahren, daß dies ein wunderbarer Weg zur inneren Freude und Freiheit ist. Dies hat mich gelehrt, daß das im Westen errichtete, ausgeklügelte System materieller Annehmlichkeiten nicht notwendig ist, um sich am Leben richtig erfreuen zu können. Nach einem kurzen Aufenthalt im Ashram empfinden viele Menschen die unzähligen Dinge, die sie vorher als unentbehrlich betrachtet haben, als nicht mehr notwendig.

**Weber:** Was benötigt ein spirituell Suchender wirklich, und was haben Sie als *Sannyasin* hier an diesem friedvollen Ort gefunden?

**Griffiths:** Ich glaube, wenn Sie in einer friedvollen Umgebung leben, die zur natürlichen Welt eine Beziehung hat, ergibt sich daraus ein Gleichgewicht und eine Harmonie im Leben und in Ihrer gesamten Beziehung zu den Menschen und zu Gott. Dics ist der Grund, warum ich gegen die Zivilisation in Form von Städten bin. Ich glaube, kleine Städte wie Athen, Florenz oder Rom haben ihre Bedeutung, aber so große Konglomerate wie New York und London sind nicht mehr menschlich. Wir sollten mehr Dezentralisation und menschliche Gemeinschaften betonen. Es ist wesentlich, eine Gemeinschaft zu schaffen, die in Harmonie mit ihrer natürlichen Umgebung existiert. Was menschliche Beziehungen betrifft, ist es das Beste, verhältnismäßig kleine, überschaubare Gemeinschaften zu bilden, in denen die Menschen sich gegenseitig kennen. Dies sind die Bedingungen, die ich für das Wachstum der Menschheit und für die Ausdehnung des göttlichen Geistes für notwendig erachte. Das setzt eine ökologische Umgebung, eine menschliche Umgebung voraus; eine liebevolle Gemeinschaft ist notwendig. Dann ist man offen für das Göttliche und kann es täglich, ja stündlich in seinem Leben erfahren.

**Weber:** Hat das mit einer engen Verbindung zur Natur zu tun?

**Griffiths:** In enger Verbindung zur Natur zu leben, ist sehr wichtig! Für mich ist die große Entdeckung in Indien die Entdeckung der Heiligkeit! In Indien ist alles heilig: die Erde ist heilig; die Nahrung, das Wasser und auch ein Bad ist heilig; ein Gebäude ist heilig. Hier lebt man noch immer im alten "sakralen" Universum; das bedeutet für mich alles. Ich bekam durch Wordsworth und die romantischen Dichter diesbezüglich Lichtblicke. Aber in Indien fand ich dies alles in den Dörfern und ebenso unter den Menschen noch lebendig. Ich fühle richtig, daß ich jetzt das entdeckt habe, was ich als Zwanzigjähriger in England verhältnismäßig blind gesucht habe.

**Weber:** In Oxford. "*The Golden String*" erzählt ihre Geschichte, wie Sie das "hyper-intellektuelle" Denken und die ganze industrielle Welt, die Verschandelung der früheren Schönheit zurückweisen. Von den Kirchen wurden Sie ergriffen, die noch immer von Schönheit erfüllt waren, aus einer Zeit, in der die Schönheit noch organisch war. Ihre Reaktion war damals, mit ihren Freunden eine Art Kommune zu gründen.

**Griffiths:** 1930 in Gloucestershire. Es war ein Abenteuer in der Dunkelheit. Aber ja, ich kann jetzt erkennen, daß ich eine Art von Leben zu ergreifen suchte, welches ich heute hier leben kann.

**Weber:** Hier in Indien ist alles heilig. Warum ist das bei uns nicht so?

**Griffiths:** Das ist die große Veränderung, die gerade in den letzten 500 Jahren geschehen ist. Von frühester Zeit an lebten Männer und Frauen überall auf der Erde in diesem geheiligten Universum, ob es nun die australischen Aborigines, die amerikanischen Indianer oder die afrikanischen Stämme waren; sie alle nahmen ein lebendiges Universum wahr, von dem die Menschen ein Teil sind. Und diese göttliche Kraft, welcher Name auch immer ihr gegeben wurde, durchdringt die Erde, das Wasser, die Luft und ebenso Ihr eigenes Wesen. Sie gehören zu diesem geheiligten Universum. Aber im 16. Jahrhundert begann die Zerstörung dieses geheiligten Universums, und entsprechende Gedanken daran wurden als Aberglauben betrachtet. Es war eine wohlüberlegte Tat, vom Heiligen wegzukommen und alles zu rationalisieren. Erst jetzt, in den letzten 50 Jahren, entdecken wir das Gefühl für das Heilige von neuem.

**Weber:** Aber Sie empfinden, daß es in Indien eine ungebrochene Tradition des Heiligen gibt?

**Griffiths:** Ja, aber diese wird heute mit vereinten Kräften zerbrochen. Die westliche Kultur dringt auf jeder Ebene in Indien ein, bis hinein in die Dörfer. Sogar seitdem ich hier bin, haben sich die Werte der Menschen verändert. Die jüngere Generation übernimmt die westlichen Werte, während die ältere Generation an den traditionellen Idealen festhält. Aber es bleibt ein verlorener Kampf!

**Weber:** Im Westen gibt es ironischerweise die umgekehrte Bewegung. Einige der jüngeren Generation wenden sich dem Osten zu, schauen auf die amerikanischen Indianer oder auf die ökologische oder die Zurück-zur-Natur-Bewegung. Sie sind sich der Tragik des Verlustes dieser Werte bewußt und kämpfen dagegen.

**Griffiths:** Dies ist paradox. Der junge Inder blickte nach Westen: Ingenieurwissenschaften, Medizin, jede Form des Industrialismus. Damit kommen gleichzeitig alle westlichen kulturellen Werte. Aber in unserem Ashram erleben wir eine Invasion von jungen Menschen aus dem Westen, die nach dem Ausschau halten, was ihnen der Osten geben kann.

**Weber:** Denken Sie, daß da etwas im Sinne von Hegel geschieht – These, Antithese und Synthese?

**Griffiths:** Offen gesagt, fühle ich eine kommende Synthese! Das mag noch einige Zeit dauern und auch nicht ohne größere Konflikte abgehen, aber ich glaube – so wie ich es in meinem Buch *“Die Hochzeit von Ost und West”* dargelegt habe – an eine grundsätzliche kulturelle Wandlung. Der Westen entdeckt den Osten und der Osten umgekehrt den Westen. Vielleicht gibt es eines Tages eine Vereinigung der grundsätzlichen Werte aus beiden Bereichen.

**Weber:** Haben wir diese tiefen Werte identifiziert, durch die diese Vereinigung kommen könnte?

**Griffiths:** Letzten Februar (1982) habe ich in Bombay an einer Konferenz über die Begegnung von westlicher Wissenschaft und östlicher Weisheit teilgenommen. Ich habe dort empfunden und empfinde auch jetzt noch, daß die westliche Wissenschaft sehr weit in die Tiefe vorgedrungen ist, und die philosophischen Folgen dieser gesamten wissenschaftlichen Bewegung nun langsam Gestalt annehmen. David Bohms Gedanke der impliziten Ordnung stellt eine philosophische Idee von grundsätzlicher Bedeutung dar. Der Westen versucht sich ernsthaft auf diesem Wege. Seit der Zeit von Ram Mohan Roy, zu Beginn des 19. Jahrhunderts, hat es im Osten eine Wiederbelebung des Hinduismus gegeben: ferner durch Ramakrishna, Vivekananda, Rabrindranath Tagore, Sri Aurobindo und Ramana Maharshi. Der Hinduismus erfuhr eine Renaissance. Ein Großteil ist lediglich oberflächlich, aber es zeigt sich auch eine tiefe Durchdringung der fundamentalen Bedeutung der hinduistischen Kultur. Vielleicht sollte ich auch unseren Gründer erwähnen, Vater Monchanin, ein französischer Mönch, der diesen Ashram 1950 gründete. Wir verdanken ihm alles: er erklärte, er empfinde die Notwendigkeit, zum *Ursprung* von Hinduismus und Christentum zu gehen, bevor sich daraus Systeme und Theologien entwickelt hätten. An dieser Quelle kann eine Begegnung stattfinden!

**Weber:** Ich würde gerne wissen, was Sie von dem Gedanken halten, man könne in allen religiösen Bewegungen zwei Richtungen unterscheiden: die exoterische und die esoterische. Die esoterische kommt dem Ursprung sehr nahe, an dem alle Religionen eine Einheit bilden; die exoterische enthält die mehr peripheren und unterschiedlichen Elemente. Es besteht die Forderung, die religiöse Vision habe *eins* und vereinheitlicht zu sein, zum Beispiel in Bohms impliziter Ordnung – einige Stufen bevor sie innerhalb verschiedener Kulturen ausgedrückt wird. Auf dieser Ebene ist sie ganzheitlich und braucht nicht in dieses oder jenes Symbolsystem übersetzt zu werden.

**Griffiths:** Das würde meiner Sichtweise entsprechen: es gibt eine ursprüngliche Wahrheit, die ich "das göttliche Mysterium" nenne und die, sobald man sie auszudrücken beginnt, auch als Buddha oder Jesus, in die zeitliche Welt eintritt, und die Verzerrungen beginnen. So gibt es im Innersten jeder Tradition diese ewige Wahrheit, aber jede Tradition drückt diese in einer ganz besonderen Weise mit historischen, kulturellen und sprachlichen Begrenzungen aus. Heutzutage sollten wir diese innere Wahrheit in einer jeden Tradition erkennen. Ich stimme mit Clemens von Alexandrien überein, der der Meinung war, die wahre Gnosis sei *in* der Kirche zu finden. Die Menschen erkennen nicht, wie tiefgehend das mystische Verstehen innerhalb der Kirche, bei Clemens von Alexandrien, Origenes und der gesamten alexandrinischen Schule war; ebenso wie bei dem Hl. Gregor von Nyssa, einem großen Platoniker, und schließlich bei der interessantesten Person, Pseudo-Dionysios Areopagita, vermutlich ein syrischer Mönch des 6. Jahrhunderts, der die gesamte platonische Weisheit ins Christentum einbrachte. Es gab die Kirchenväter und Scholastiker, wie den Hl. Thomas von Aquin; für ihn war Dionysios eine Autorität. So fand die gesamte wirklich gnostische Weisheit Eingang in die orthodoxe Tradition. Aber um das 14. Jahrhundert begann sich diese Tradition zu verhärten, und es entstanden viele wesentliche Verzerrungen. Aber bis zum 13. Jahrhundert besaß die orthodoxe Tradition diese tiefe *esoterische* Weisheit!

**Weber:** War diese für jene Menschen erfahrbar?

**Griffiths:** Ja, es zeigt sich zum Beispiel in den byzantinischen Ikonen oder den Kathedralen wie Chartres und auch in Personen wie Dante. Der Gnostizismus und verwandte Bewegungen bewahrten bestimmte Aspekte; aber mir scheint, als ob sich die esoterische Haupttradition innerhalb der Kirche hielt und erst ab dem 14. Jahrhundert langsam verlorenging. Im 19. Jahrhundert waren dann nur noch Fragmente übrig, und nun sind wir wieder dabei, einiges neu zu entdecken.

**Weber:** Wird diese Tradition in der Kirche wieder lebendig werden können?

**Griffiths:** Ja, die Dinge haben sich seit dem vatikanischen Konzil enorm verändert. Es öffnete Fenster und Türen! Wir sind nun für alle diese Traditionen wieder offen. Es geht langsam, und viele Menschen wehren sich dagegen. Einige behaupten, es handele sich um Teufelswerk, aber ich denke, die meisten werden der Bewegung der Wahrheit gegenüber offen sein, wo immer sie auch gefunden wird. Die Vereinigung der "Neuen Wissenschaft" mit der orientalischen Mystik kann zum Beispiel eine erneuerte und vertiefte christliche Orthodoxie hervorbringen.

**Weber:** Was ist notwendig, um die Wissenschaft dorthin zu bringen?

**Griffiths:** Das Problem besteht darin, daß die Kirche im Mittelalter ihre Theologie auf dem Platonismus und der aristotelischen Philosophie aufgebaut hat, die natürlich sehr in die Tiefe gingen und ein wunderbares System hervorgebracht haben. Aber dieses System ist nicht länger gültig – die Physik des Aristoteles ist seit langer Zeit überholt - und das ganze System, obwohl es noch immer tiefreichende Einblicke vermitteln kann, ist nicht mehr länger adäquat. Wir werden nun aufgefordert, die Entdeckungen der modernen Wissenschaft und der östlichen Mystik zu berücksichtigen, die, wie Sie wissen, viele Berührungspunkte aufweisen, und daraus eine neue Theologie entstehen zu lassen, die viel passender wäre.

**Weber:** Sie sagen, wenn die Vitalität des Christentums länger weiterbestehen und sogar einen noch stärkeren Impetus bekommen soll, darf es nicht in einer Weltsicht verankert sein, die sich wissenschaftlich nicht mehr aufrechterhalten läßt. Es müßte sich mit einer zeitgemäßen Wissenschaft verbinden; mit der Quantenphysik, mit Einsteins Physik, mit Bohms Syntheseform, um sich auf diesem Hintergrund aufzubauen. Aber wird der besondere christliche Blickwinkel darin seine eigene dynamische Kraft zum Ausdruck bringen können?

**Griffiths:** Ja, ich glaube es wird einen großen Widerstand gegen derartige neue Gedanken innerhalb der Kirche geben, aber genau wie in der Wissenschaft ist dies unvermeidlich. Die alte Sichtweise hat einfach keinen Bestand mehr, somit werden sich die neuen Ideen schrittweise durchsetzen, und wir werden eine neue Vision von der Welt beobachten können, die auch eine neue Theologie einschließen wird. Eine äußerst aufregende Zukunft!

**Weber:** Bewegen wir uns auf eine Spiritualisierung der Physik zu?

**Griffiths:** Wir hatten Besuch von einem sehr interessanten Astronomen, Kim Malville, aus Colorado, der das deutlicher als jeder andere, den ich kenne, zum Ausdruck brachte. Er empfindet das Universum wirklich als eine Manifestation des Heiligen – er bezeichnet es mit einem Wort von Mircea Eliade als "Hierophanie". Die Wissenschaft selbst ist die Wiederentdeckung der heiligen und ehrfürchtigen Wirklichkeit des Universums. Wir kommen zurück zu der alten Vorstellung eines Mikro- und Makrokosmos, in der der Kosmos sich selbst in uns reflektiert, eine Vision, die in der Renaissance verlorenging, als sich die Spaltung zwischen der Person des Menschen als Beobachter und dem materiellen Universum außerhalb desselben vollzog.

**Weber:** Somit wäre das Zusammenkommen von Wissenschaft und Spiritualität längst überfällig?

**Griffiths:** Es handelt sich um ein sehr großes Ereignis, und wir beginnen gerade erst, den Anfang davon zu sehen. Es ist eine Veränderung in der gesamten kulturellen Umgebung.

**Weber:** Wie kann man dies alles in unser Leben und Handeln umsetzen?

**Griffiths:** Mein Ausgangspunkt ist die Meditation. Für mich ist die Meditation das Mittel, durch welches man über die Welt der Sinne und weiterhin über das Denken hinausgelangen kann. Dann beginnt man etwas von einer transzendenten Realität zu erfahren. In dem Maße, wie diese Erfahrung wächst, verändert sich Ihre gesamte Haltung gegenüber anderen Menschen und der Welt, die Sie umgibt. Das Ziel eines Ashrams ist es, ein Zentrum zu schaffen, in dem diese Werte gelebt werden können. Die Menschen, besonders viele der Menschen, die hierher kommen, erleben heutzutage eine Zunahme des Lebensdruckes im Westen, besonders in den Städten. Das ganze System ist so organisiert, daß es extrem schwer geworden ist, diese Vision zu verwirklichen. Deswegen glaube ich, es ist notwendig, diese Zentren zu schaffen, von denen ich gesprochen habe. In diesem Zusammenhang beginnt sich die Realität dieses transzendenten Mysteriums wieder zu manifestieren, und wir beginnen erneut, diese Realität zu erfahren.

**Weber:** Wir haben gesagt, alles sei heilig. Hat das eine bestimmte Bedeutung im christlichen und eine andere im platonischen oder östlichen Zusammenhang, mehr symbolisch im einen, mehr pantheistisch im anderen?

**Griffiths:** Dabei handelt es sich um eine wichtige Frage. Das Gespür für das Heilige führt oft zu einer Art Pantheismus. Ich denke, die Christen waren aus diesem Grunde davor sehr auf der Hut. Ich glaube, obwohl es eine bestimmte Art von Pantheismus in Indien gibt, daß die alte Tradition der *Veden,* der *Upanischaden* und der *Bhagavad-Gita* nicht pantheistisch ist. Es zeigt eine Vision des total Immanenten und des total Transzendenten. Hier liegt die Realität des Heiligen – die Manifestation des einen göttlichen Mysteriums in der Erde, im Wasser, und dies ist eine grundsätzlich christliche Idee, jene biblische Vorstellung vom Menschen als Ebenbild Gottes. Aber die andere Seite, das Universum selbst als heilig anzusehen, welches Gott widerspiegelt, dies ist wesentlich ungewöhnlicher im Westen.

**Weber:** Die Vorstellung von *ahimsa* (Sanskrit: "Ehrfurcht vor dem Leben") scheint daher dadurch widerrufen zu werden, daß Gott jedem Menschen das Recht zum Herrschen gegeben hat.

**Griffiths:** Beherrschung der Erde – das war eine sehr unglückliche Redewendung.

**Weber:** Wenn Gott "pflegen" gesagt hatte, so wie Sie Ihre Herden pflegen, dann wäre dies etwas anderes gewesen, aber "Beherrschung" entwickelte sich schließlich zur legitimen Ausbeutung. Sie sagen "immanent" und "transzendent": alles ist vom Göttlichen durchdrungen, aber das Göttliche selbst ist unerschöpflich.

**Griffiths:** Ja, es ist in der Welt, aber auch jenseits aller Manifestationen.

**Weber:** In der Gita gibt es eine wunderbare Stelle, wo Krishna zu Arjuna sagt: "Mit einem Atom von mir erhalte ich das ganze Universum". Und er führt weiter aus, er sei heller als tausend Sonnen. Das vermittelt eine Vorstellung der Ungeheuerlichkeit des Ganzen; nur ein Atom ist ausreichend, und unendlich viele bleiben übrig. Ist dies nicht ein gutes Beispiel für Gottes Immanenz und Transzendenz?

**Griffiths:** Es ist ein sehr gutes! Die totale Transzendenz wird in der *Gita* sehr deutlich. Krishna sagte: "Ich bin der Geschmack und das Wasser!" – er ist alles. Der paradoxe Ausspruch des großen tamilischen Mystikers Manikkar Vasaggar besagt: "Du bist alles, was ist und, Du bist nichts, was ist". Alles und nichts: *Neti, neti*: nicht dies, nicht das (aus den Upanischaden).

**Weber:** Bruder Bede, wie würden Sie Ihre ganz eigene Vision des Christentums umschreiben?

**Griffiths:** In der biblischen Tradition, die semitisch ist, wird vor allem die Transzendenz Gottes betont, und die Immanenz tritt vergleichsweise zurück. Wieder wird der Mensch zum Beherrscher des Universums; und der Gedanke der Erde als Mutter, von der er abhängig ist, wird verworfen. Man betrachtete diese Vorstellung als zu den umliegenden Völkern mit ihren Naturgottheiten gehörig, und somit wurde sie abgelehnt. Alle Arten von Heiligung, wie jene der Erde, des Mondes, der Sterne und der Sonne gingen verloren. Aber wenn die biblische Sichtweite durch die orientalische ergänzt wird, erhält man ein tieferes Verständnis; mit anderen Worten: Gott ist nicht nur die transzendente Göttlichkeit des alten Testaments, sondern auch die immanente Gottheit der gesamten Hindu-Tradition. So sind die beiden Weltanschauungen grundsätzlich gegensätzlich. Ich glaube, die christlichen Kirchen müssen heute die Weltanschauung des Orients entdecken. Sie haben dies bisher noch nicht getan. Erst jetzt begegnen wir wirklich Hinduismus, Buddhismus, Taoismus, Konfuzianismus, der gesamten asiatischen Kultur, und hier liegt, so empfinde ich, die Aufgabe der nächsten tausend Jahre.

**Weber:** Ist neben Menschen wie Ihnen und dem verstorbenen Thomas

Merton von dieser Bewegung viel sichtbar?

**Griffiths:** Sie befindet sich noch ganz im Embryonalstadium. Aber ich bin in letzter Zeit viel in Europa und Amerika herumgereist, und ich war überrascht, ein Gären beobachten zu können. Es könnte an vielen Orten noch nicht sehr weit an die Oberfläche gelangen, aber die Bewegung ist erwacht.

**Weber:** Ich schickte Ihnen Bischof Hunthousens wortgewaltige Rede über "Glauben und Abrüstung", in der er uns ermahnte, "das Kreuz auf uns zu nehmen" und sogar beim Widerstand gegen die nukleare Bewaffnung unser Leben zu opfern. Er ist ein inspirierender Mann.

**Griffiths:** Ja, sehen Sie, über diese Dinge hätte man vor einiger Zeit noch nicht nachgedacht.

**Weber:** Sie strahlen eine so einfache Art von Freude an allen Dingen aus, woher nehmen Sie diese?

**Griffiths:** Viel davon kommt von Indien. So viele Menschen, die hierher kommen, empfinden die Heiligkeit, dieses Gefühl der kosmischen Einheit, des kosmischen Mysteriums. Für mich fing das mit Wordsworth und Shelley an. Als Junge geriet ich dadurch in eine Art von Ekstase. In Indien ist das Gefühl, in der Mitte eines kosmischen Mysteriums zu leben, universell, und die ganze Kunst Indiens, Tanz, Tempel, Rituale, sogar die Art zu gehen und sich zu kleiden, alles wird von dieser Haltung geprägt. Hinzu kommt die Empfindung des Freiwerdens, die Erfahrung Gottes, wenn man beginnt, sich von seinem eigenen Denken und seinen Begrenzungen zu befreien, und dieses *ananda* zu entdecken, diese Seligkeit, die das Universum zur Entfaltung bringt.

**Weber:** Bildet dies eine notwendige Vorbedingung dafür, daß man sein kleines Selbst losläßt?

**Griffiths:** Dies ist das Geheimnis!

**Weber:** Sie sagten "Es bedeutet für mich kein Opfer, sondern Freude". Aber wenn Sie nicht gelernt hätten, Ihr kleines Ich loszulassen, hätten Sie das nicht erfahren können.

**Griffiths:** Das ist die ganze Kunst. Ein Opfer bringt immer recht negative Bedeutung mit sich: töten, zerstören. Aber es ist ein Loslassen, das befreit. Es ist im *dhammapada* des Buddha wunderschön ausgedrückt. “In Freude leben wir!”

**Weber:** Indem man etwas aufgibt, wird man mit etwas gefüllt.

**Griffiths:** Ja, aber man gibt sich selbst auf.

**Weber:** Sie sagten: es ist eine tägliche Angelegenheit. In Madras, während dieses kleinen Seminars, das wir mit Krishnamurti veranstaltet hatten, sagte er zu aller Bestürzung, wenn man einen anderen Menschen auf die gleiche Weise, auf der gleichen Ebene, mit der gleichen Intensität treffe, dann verstehe man den anderen wirklich – und dies sei Liebe. Es gibt dann nichts mehr dazwischen, keine Schranken. Er führte weiter aus, es sei Liebe und es sei auch Meditation. Einige Teilnehmer sagten: “Ich habe dieses Erlebnis schon gehabt, ich weiß, wie es ist”, worauf Krishnamurti erwiderte: “Aber was geschah anschließend? Warum waren Sie nicht verwandelt?” Die Angesprochenen erwiderten: “Es läßt nach einiger Zeit nach. Manchmal kann ich es tun und manchmal nicht“. Dann machte Krishnamurti eine grundsätzliche Aussage: “Wenn es nicht immer da ist, nachdem es schon zuvor dagewesen war, dann bedeutet dies, es ist nie wirklich dagewesen, und Sie haben sich selbst getäuscht.” Das rief große Verwirrung hervor. Es ist entweder dies oder das oder gar nichts – keine Abstufung, keine Veränderung, keine Entwicklung. Wie auch andere, hatte ich Schwierigkeiten, dies so zu akzeptieren. Was ist Ihre Meinung diesbezüglich?

**Griffiths:** Ich glaube, hier liegt ein schwacher Punkt in Krishnamurtis Lehre. Dieser beruht auf seinen sehr außergewöhnlichen Erfahrungen. Er wuchs in der theosophischen Gesellschaft auf. Die ganze Organisation wurde um ihn herum errichtet, und er bemerkte, daß er die Gesellschaft verlassen mußte. Er führte einen totalen Bruch herbei, wodurch sein spirituelles Leben etwas einsam wurde; eine wunderbare Erfahrung, die er dabei für sich machen konnte. Es war vollkommen ausfüllend, und alle Schritte auf dem Weg dorthin wurden für ihn nebensächlich. Aber ein normaler Mensch braucht diese

Schritte. Das ist der Grund, warum ich glaube, daß ein Ritual seine Bedeutung hat, *bhakti* und devotionale Gesänge haben ihren Platz, Gebete sind wichtig, Gemeinschaft hat ihre Bedeutung. Dies alles sind Wege zu etwas hin. Es ist ein wenig wie die Unterscheidung im Zen zwischen plötzlicher und stufenweiser Erleuchtung, und ich glaube stark an die stufenweise Erleuchtung. In der Tat haben sehr viele Menschen eine sehr verborgene, aber sehr reale Wahrnehmung dieses transzendenten Mysteriums, ohne in der Lage zu sein, es zu benennen. Es mag sehr verborgen sein, und es mag zu bestimmten Zeiten verschwinden, aber es ist immer da, und es kann immer wieder erneuert werden. Nur sehr selten tritt ein Stadium ein, bei dem man ganz darin lebt.

**Weber:** Tatsächlich sagen Sie gerade das Gegenteil von dem, was Krishnamurti ausführte. Sie erläutern, wenn man es einmal gehabt hat, kann man es niemals mehr ganz verlieren. Man hat einen Schimmer von etwas erfahren, was jenseits in der Zeit liegt.

**Griffiths:** Ja, es befindet sich nicht in der Zeit.

**Weber:** Wie kann das, was nicht in der Zeit ruht, jemals ganz in der Zeit verlorengehen?

**Griffiths:** Ich glaube, jedes menschliche Wesen ist in irgendeiner Weise für dieses transzendente Mysterium offen. Oft geschieht es durch eine sehr kleine Begebenheit – durch Freundlichkeit anderen Menschen gegenüber, durch Liebe zur Natur oder durch Schönheit – ohne sich dessen ganz bewußt zu werden, kommen sie in Kontakt mit diesem transzendenten Mysterium.

**Weber:** Wenn Sie eine "Wesenheit" in der Natur sehen, diese Kokosnusspalme zum Beispiel: ist es Gott oder ein Ausdruck Gottes, oder stelle ich die falsche Frage?

**Griffiths:** Das ist eine sehr schwierige Frage. Im Osten, im Hinduismus, sagt man, es sei Gott. Aber für einen Christen läßt sich dies nur sehr schwer nachvollziehen, und ich würde es immer vorziehen, zu sagen, Gott ist *in* dem Baum, und der Baum in Gott, aber der Baum ist nicht Gott, und dies bedeutet für mich einen großen Unterschied. Weil Gott *neti, neti,* keine Sache, ist. Er steht hinter den Dingen.

**Weber:** Er ist kein Gegenstand, der wahrgenommen werden kann, was Kierkegaard "den grünen Papagei mit dem roten Schnabel" genannt hat. Dies ist für ihn gleichbedeutend mit Heidentum.

**Griffiths:** Ja, ich glaube, wir müssen die östlichen Texte, die *Upanischaden* und ähnliche Schriften sehr vorsichtig interpretieren, da sie häufig eine Sprache benutzen, in der gesagt wird: "Diese ganze Welt ist Brahman", was sich pantheistisch anhört; aber später korrigieren sie diese Aussage durch die Worte: "Brahman ist dies nicht". Somit handelt es sich sehr oft um ein sprachliches Problem, und wenn man die pantheistischen Ausdrücke aufgreift und ihnen eine metaphysische Bedeutung zuweist, kann man sie falsch interpretieren. Wir sollten sie immer auch im Lichte anderer Textstellen auslegen. Ich glaube nicht, daß der Hinduismus als solcher pantheistisch ist.

**Weber:** Glauben Sie nicht?

**Griffiths:** Nein, überhaupt nicht.

**Weber:** Und der Buddhismus?

**Griffiths:** Auch der Buddhismus nicht.

**Weber:** Der keinen Gott in unserem Sinne kennt.

**Griffiths:** Nun, das wirft eine sehr interessante Frage auf. Wir benutzen ein Wort wie "Gott" und denken, es trage eine definierte Bedeutung. Tatsächlich aber hat das Wort "Gott" unendlich viele Bedeutungen, und keine davon ist allein zutreffend. Ein Wort wie dieses deutet auf etwas hin, das hinter den Worten und den Dingen steht. Aus diesem Grund wollte der Buddha es nicht benennen. Wenn man damit beginnt, Gott zu benennen, schafft man ein Idol, beginnt dieses Konzept zu idolisieren.

**Weber:** Und hat es damit begrenzt. Wenn Sie das Wort "Gott" gebrauchen, Bruder Bede, dann beinhaltet es Ihre eigene sorgsam gewählte Bedeutung dieses Wortes. Es trägt nicht die konventionelle Bedeutung.

**Griffiths:** Thomas von Aquin sagte ausdrücklich, Gott könne nicht benannt werden. Das nächste, führte er weiter aus, was ihm begriffsmäßig ähnelt, sei das "Sein". Er ist das "Ich *bin*", ähnlich wie in der *Katha-Upanischad*, in der steht: "Wie können wir von ihm sprechen, außer wenn wir sagen: "ER *ist*"? So schrieb Thomas von Aquin: "Gott kann nicht benannt werden." Dionysios hat eine ganze Abhandlung über die göttlichen Namen verfaßt, in der er lehrt, man müsse sich in die Dunkelheit begeben, um zu Gott zu gelangen. Aber Meister Eckhart macht natürlich einen Unterschied zwischen Gott und Gottheit, und dies klärt das Ganze vielleicht.

**Weber:** Wenn er schreibt: "Es gibt nichts im Universum, was Gott so sehr ähnelt wie die Stille", so meint er damit, daß Worte nur verfälschen, und in der Stille erhebt sich nichts über das andere. Man bevorzugt keinen Gesichtspunkt oder irgendeinen Begriff und hat dadurch nichts ausgesplittert.

**Griffiths:** Ja, dies entspricht wieder Bohms impliziter Ordnung und führt zurück zu dem Einen. Hier liegt der Grund dafür, warum wir immer in den beiden Welten leben müssen: auf der einen Seite in der Welt der Vielheit, wo wir eine Beziehung zu Menschen und Dingen aufbauen müssen; auf der anderen Seite sollten wir auch in jedem Augenblick über diese Welt hinausgehen und begreifen, daß es der Eine ist, der in dieser Person, diesem Ding, meiner Handlung anwesend ist.

**Weber:** Wenn wir diese Dimensionen integrieren könnten, würde die Heiligkeit unsere täglichen Handlungen prägen, und wir uns gegenseitig anders behandeln.

**Griffiths:** Das ist der Punkt. Er verändert Ihre Haltung.

**Weber:** Wie können wir das lernen?

**Griffiths:** Meditation heißt das Geheimnis. Wenn man diese Realität in sich selbst erfährt, beginnt sie alles zu durchdringen.

**Weber:** Besteht die Gefahr, daß Meditation zur Selbsterhöhung oder zum Selbstzweck führt?

**Griffiths:** Hier liegt eine große Gefahr. Die größte Gefahr besteht darin, nach einer Gotteserfahrung zu streben, was gleichbedeutend ist mit der Suche nach der Widerspiegelung Gottes im eigenen Inneren – in den eigenen Gefühlen oder Gedanken. Man glaubt, Gott gefunden zu haben, aber Gott hat sich zurückgezogen. Man muß jedesmal über sich selbst hinauswachsen. Das ist der Grund, weshalb wahrscheinlich viele Menschen, die ein praktisches Leben führen, sehr selbstlos und äußerst hingebungsvoll sind, ein tiefes Gotteserlebnis erfahren, ohne es zu wissen und ohne danach zu streben. Den meisten Menschen werden nur Ahnungen zuteil.

**Weber:** Kennzeichnet diesen Zustand ein gewisser Sinn der Einheit mit anderen und Mitgefühl mit ihnen?

**Griffiths:** Ja. Der vollkommene Sinn mündet natürlich in die totale Einheit. Karl Rahner, der große deutsche Theologe, den ich mehr als irgend jemanden sonst bewundere, sagte einmal, wenn man jemanden wirklich vollkommen und selbstlos liebt, begegne man Gott in dieser Person. Rahner besitzt über seine Theologie hinaus wirklich mystische Einblicke, was seinen Worten meiner Ansicht nach einen außerordentlichen Wert verleiht.

**Weber:** Es gibt eine ganze Schule strebender Mystiker und Meditierender, die den abtötenden Charakter der Theologie empfinden – wie sie ihre schwere Hand auf die mystischen Erfahrungen legt. Aber sie spüren auch, daß dies nicht notwendig geschehen müßte.

**Griffiths:** Nichts muß notwendig geschehen. Thomas von Aquin selbst schrieb diese schrecklich logische, rationale *Summa Theologica* und resümierte dann am Ende seines Lebens: “Alles, was ich geschrieben habe, erscheint mir wie leeres Stroh, verglichen mit dem, was ich gesehen habe.” Dann übernahmen seine Nachfolger das System, wiederholten alle Rationalisierungen und Konzeptionen und verloren dabei dieses Verständnis. Hier liegt der Grund dafür, warum man über die theologischen Begriffe hinaus zur Quelle mystischer Erfahrung gelangen muß, der sie eigentlich dienen sollten.

**Weber:** Einige Menschen erkennen das Auftauchen einer planetarischen Kultur. Können Sie Ihre Vision von der Vermählung von Ost und West beschreiben?

**Griffiths:** Da gibt es verschiedene Aspekte. Zuerst hat sich das wissenschaftliche Verständnis des Universums geändert – hin zu einem Energiefeld, nicht mehr nur einfach ein materialistisches, mechanisches Modell. Dies öffnet Physik, Biologie und Psychologie für die spirituelle Dimension der Realität. Es macht auch die westliche Wissenschaft und Philosophie aufnahmefähig für die orientalische Mystik und Philosophie. Ich bin gespannt, wie weit Wissenschaft und Mystik sich zum Christentum, als Religion, in Beziehung setzen werden. Nach meinem Wissen hatte das Christentum im östlichen Palästina seinen Ursprung und breitete sich von dort immer weiter westwärts aus. So hat sich seine Kultur, Theologie, Struktur und sein Lebensstil in einer westlichen Form entwickelt. Für einen heutigen Hindu ist das Christentum eine fremde Religion, eine westliche Religion. Mir wird deutlich, wie der christliche Glaube, der rein christliche Glaube, – so wie er von Jesus vermittelt wurde – in der orientalischen Tradition ausgedrückt, gelebt und gleichzeitig von einem modernen westlichen wissenschaftlichen Denken unterstützt werden kann. Ich bin an der Konvergenz dieser drei Aspekte interessiert.

**Weber:** Diese Elemente können miteinander vermählt werden. Gibt es etwas, was nicht vereinigt werden kann?

**Griffiths:** Auf der tiefsten Ebene finde ich nichts Unvereinbares. Je tiefer man sich in den Hinduismus und Buddhismus hineinversenkt, um so mehr erkennt man eine fundamentale Einheit mit dem Christentum. An der Oberfläche gibt es viele Unterschiede und Widersprüche, und sogar unter der Oberfläche scheinen immer noch Probleme auf. Aber je tiefer man eindringt, um so mehr konzentriert sich alles auf das Eine. Das ist meine Vision der Zukunft: in jeder Religion gelangt man, wenn man zu den tieferen Lehren weiterschreitet, zu der ursprünglichen Quelle. Wir kommen von dem Einen und kehren auch wieder dahin zurück. Aber an der Oberfläche ist keine Verbindung möglich. Synkretismus vermischt alles miteinander an der Oberfläche – man nimmt je ein Stückchen Buddhismus, Hinduismus und Christentum und vermischt alles miteinander. Was wir Ökumene nennen, geht unter die Oberfläche und strebt nach einer Vereinigung in dem Einen, der Quelle. Das ist die wahre Ganzheit.

**Weber:** Gilt das auch für das Gebet und die Meditation in ihrer Tiefe?

**Griffiths:** Ja. Wiederum ist es eine Frage der Ausrichtung. Gebet, besonders in der christlichen und semitischen Tradition, richtet sich an einen himmlischen Gott. Der Mensch empfindet sich als der Sünder der Erde, der sich Gott dem Vater im Himmel gegenüber öffnet und eine von oben kommende Gnade empfängt. Dies besaß immer einen dualistischen Zug. Bezeichnend in dem Zusammenhang ist die stehende oder knieende Haltung beim christlichen Gebet – man bezieht sich immer auf etwas, was jenseits meiner selbst liegt. Im Osten stellt die Meditation die natürliche Form dieser Bezugnahme dar – man sitzt und nimmt Gott in sich selbst wahr. In einer bestimmten Weise bilden diese Wege Gegensätze, aber mir erscheinen sie eher komplementär. Natürlich haben wir in der hinduistischen Tradition *bhakti* und *jnana. Bhakti* ist die Liebe und ergebungsvolle Zuwendung zu Gott, und in ihr liegt immer ein dualistisches Element. Auf der anderen Seite gibt es *jnana,* Wissen, Kontemplation, bei der man einfach die eigene Einheit wahrnimmt. Viele Hindus halten *bhakti* und *jnana* letztendlich für übereinstimmend. Auf einer bestimmten Ebene bilden Sie wieder Gegensätze, aber auf der tiefsten Ebene existieren sie als Einheit.

**Weber:** Ein offensichtlicher Unterschied besteht darin, daß das Gebet in der jüdisch-christlichen Tradition in Verbindung zur Sünde steht und damit eine ethische Dimension erhält. Meditation hat mit *avidya,* Unwissenheit und deren Überwindung zu tun und daher mit einer epistemologischen Dimension. Nichts kann von außen erbeten werden. Man versucht sich von *avidya* zu befreien, d.h. von dem Fehler, Dinge nicht so zu sehen, wie sie wirklich sind.

**Griffiths:** Das ist ein wichtiger Unterschied. Für den Orientalen bedeutet das, was wir Sünde nennen, Unwissenheit. Die Beziehung zu Gott und dem Unendlichen wird in Begriffen von Bewußtsein erfahren, eine niedrigere Form von Bewußtsein entwickelt sich in eine höhere. Aber in der jüdisch-christlichen Tradition wird die Beziehung zu Gott in Begriffen von Sünde und Rechtschaffenheit verstanden; es handelt sich um eine moralische Tradition. In der Praxis erscheinen sie oft als Gegensätze, aber ich glaube, Sünde und Unwissenheit stehen miteinander in Beziehung. Die Sünde liegt im Wollen, die Unwissenheit im Bewußtsein, somit haben die beiden einen gemeinsamen Bezug. Ich würde mit der semitischen Sichtweise übereinstimmen, der grundsätzliche Unterschied – das, was uns von Gott trennt – liege im Wollen. Das führt uns zu einem anderen Punkt: in der Hindu-Tradition ist Gott *sat-chit-ananda,* Sein-Wissen-Seligkeit, ein Zustand reiner Bewußtheit, die höchste Seligkeit spendend. Im Christentum wird er aber nicht auf einen reinen Bewußtseinszustand beschränkt. Hier tritt eine Gemeinschaft der *Liebe* hinzu. Die Trinitätslehre ist von diesem Gesichtspunkt her faszinierend: Gott ist Sein, Weisheit und Wissen. Aber dieses Sein drückt sich in Worten aus und kommuniziert durch die Liebe. Somit ist die Gottheit selbst Kommunion, persönliche Beziehung. Ich sehe darin eine typisch christliche Sichtweise. Sie enthüllt das Sein als grundsätzlich auf Beziehung beruhend. Ich war von der Bemerkung von Suzuki überrascht, die große Leere des Mahayana-Buddhismus sei nicht einfach statisch, sondern dynamisch zu verstehen. Er sagte, es gäbe eine Notwendigkeit zur Differenzierung in der Leere und zur gleichen Zeit die Notwendigkeit, immer in ihr zu verharren. Schöpfung, die Manifestation des Einen in der Vielheit, bildet das Ergebnis dieser Notwendigkeit zur Differenzierung. Dies könnte auf die Trinitätslehre angewendet werden.

**Weber:** Steht christliche Liebe gleichbedeutend zu *ahimsa* im Hinduismus und Mitleid (*karuna*) im Buddhismus?

**Griffiths:** Sie sind in vielen Beziehungen gleich, aber das Mitleid des Buddha und *ahimsa*, vielleicht sogar noch mehr *prema* oder Liebe im Hinduismus, sind sehr eng mit der christlichen Barmherzigkeit verwandt. Doch trägt jeder dieser Begriffe seinen eigenen Charakter. Sowohl in der hinduistischen als auch der buddhistischen Tradition gehen die Personen in das Höchste ein, während in der christlichen Tradition die höchste Wirklichkeit personal oder interpersonal ist, weshalb für uns die höchste Stufe in einer Kommunion liebender Menschen liegt.

**Weber:** Könnten Sie das noch ein wenig weiter ausführen, Bruder Bede?

**Griffiths:** Durch das Wissen empfangen wir in unserem Inneren die Formen der Dinge: wir schauen nach außen und sehen die Bäume, die Erde, den Himmel und nehmen diese Formen in unser Inneres auf. Wir kommunizieren mit den Dingen durch das Wissen, in der bewußten Wahrnehmung. Aber in der Liebe gehen wir aus uns heraus, wir geben uns einem anderen hin, jeder gibt sich selbst dem anderen, aber ohne sich selbst dabei zu *verlieren*, man findet sich selbst. Das ist das Mysterium der Vereinigung in Gott, mit Gott – der Vater und der Sohn werden zu einer völligen Einheit und sind trotzdem voneinander verschieden, und das trifft auch für die Beziehung Mensch-Gott zu. Wir sind eins, und doch sind wir unterschiedlich. Es kommt niemals zu einem totalen Verlust des Selbstes. Im Bewußtsein besteht reine Identität, aber in der Liebe gibt es niemals reine Identität, weil Liebe immer zwei umfaßt, und doch werden die beiden Eins. Das ist das große Mysterium, ein Paradoxon.

**Weber:** Die indische Metapher vom Ozean und dem Tropfen, der mit dem Ozean wieder verschmilzt, trifft dann für das Christentum nicht ganz zu.

**Griffiths:** Sie ist nicht adäquat, nein. Man kann sagen, der Tropfen verschmelze mit dem Ozean, aber auch, der Ozean sei im Tropfen enthalten. In der neuen Wissenschaft wird das Ganze im Teil vorhanden sein, wie auch das Teil im Ganzen, was sehr wichtig ist. Im höchsten Zustand wird das Individuum vollkommen erwacht, ganz verwirklicht sein, aber sich auch in vollkommener Vereinigung mit allem anderen befinden. Es gibt dafür ein oft verwendetes Bild, das auf dem Spiegel aufbaut. Ein Licht wird in jedem Spiegel reflektiert, jeder

Spiegel reflektiert dieses Licht und gleichzeitig aber auch die anderen Spiegel. Damit läßt sich alles differenzieren und bildet doch eine Einheit.

**Weber:** Leibniz prägte den Satz, alle Monaden würden sich gegenseitig widerspiegeln, nachdem Gott sie zuerst in Harmonie gebracht habe. Für den Osten wird es wahrscheinlich schwierig sein, eine göttliche Inkarnation von diesem Blickwinkel aus zu verstehen. Im Osten wird sie mehr zyklisch und fast wie ein *Amt* angesehen, das von vielen großen erleuchteten Wesen (*Avataren*) in unterschiedlichen Epochen eingenommen wurde. Für den Westen stellt die göttliche Inkarnation einen einmaligen Höhepunkt in der Geschichte dar.

**Griffiths:** Ich glaube, hier liegt der Unterschied zwischen linearer und zyklischer Zeit. Die orientalische Sichtweise ist zyklisch; ein *Avatar* erscheint wieder und wieder, der hebräische und christliche Blickwinkel ist linear, die Zeit bewegt sich auf einen Endpunkt hin. Wir sprechen von einer Eschatologie. In der hinduistischen Tradition taucht z.B. ein Ramakrishna auf, andere folgen ihm, usw., andere sind erfolgreich, nichts ist endgültig. In der christlichen Tradition dagegen bewegen sich die ganze Schöpfung und die Menschheit auf einen Endpunkt zu. Jesus steht an diesem Punkt, führt alles zur Vollendung. An diesem Punkt findet ein Zusammenfließen aller Dinge in Zeit und Raum statt, an einem Kulminationspunkt, an dem Raum und Zeit transzendiert werden. Bei der Auferstehung werden Raum und Zeit dann in die Unendlichkeit aufgenommen. Dies nennt T.S. Elliot "Schnittpunkt der Zeitenlosigkeit mit der Zeit".

**Weber:** Hat Buddha, als er die Erleuchtung unter dem Bodhibaum erfuhr, auch diesen Schnittpunkt berührt?

**Griffiths:** Ja. Ich glaube, es gibt viele Stufen, auf denen sich das Unendliche in der Zeit manifestiert, ja sogar die gesamte Schöpfung bildet eine Manifestation des Ewigen in der Zeit. Aber man kann dabei viele Grade unterscheiden – zuerst im physischen Universum, wo sich die Kraft Gottes manifestiert, aber das Leben nicht gegenwärtig ist. Dann tritt das Leben ins Universum. Im normalen menschlichen Bewußtsein – jenes göttliche Bewußtsein, das *chit*, manifestiert sich, aber es bleibt in den meisten Menschen verborgen. In den großen Sehern – bei Buddha oder den *rishis* (Sehern), findet sich eine bestimmte Transparenz. Für einen Christen, denke ich, wäre Jesus der Punkt, an dem sich die totale Transparenz in einem Menschen verwirklicht hat. Die Gottheit konnte sich ganz den Menschen geben. Hier trifft sich alles.

**Weber:** Wie sieht die Rolle des Mystikers von der christlichen Sicht her aus?

**Griffiths:** Die christliche Mystik hat ihren Anfang im Neuen Testament, mit Jesus. Jesus besaß eine einzigartige Gotteserfahrung, die er mit dem Wort "*abba*" beschrieb. Man behauptet nun, dieses Wort "*abba*", Vater, sei ein Wort voll wunderbarer Intimität. Jesus kannte sich selbst in seiner Beziehung zu Gott und empfand sich in ganz besonderer Weise als Sohn seines Vaters. Keiner außer dem Vater kennt den Sohn. Keiner außer dem Sohn kennt den Vater. Er besaß diese ganz besondere Beziehung der Einheit mit dem Vater – Einheit in der Gemeinsamkeit. Das war eine mystische Erfahrung. Der Geist bildet die Selbst-Kommunikation Gottes. Der Sohn ist die Offenbarung, der Geist die Kommunikation, und zu Pfingsten kommt der Geist über die Jünger, und *sie* haben nun Anteil an dieser mystischen Erfahrung. Die frühe Kirche durchzog das sehr starke Gespür, diese mystische, göttliche Erfahrung könne durch die Bischöfe vermittelt werden. Aber sobald sich eine Organisation herausbildet, entfernt sie sich mehr und mehr von ihrer Quelle und wird zu einer zunehmend menschlichen Wirklichkeit. Obwohl sich die mystische Tradition immer innerhalb der Kirche fortsetzte – man kann bis auf den heutigen Tag heilige Menschen in ihr finden – bewirken Organisation, dogmatische Formeln und das System der Sakramente ihre Verdunkelung. Sie wurden zu ihrer Offenbarung geschaffen, stattdessen verdecken sie diese. Aber ich empfinde zur Zeit eine neue Öffnung. Sicher erhält die mystische Tradition das eigentliche Leben der Kirche. Ohne diese wird alles andere bedeutungslos.

**Weber:** Sie meinen, diese Charakteristika könnten Offenbarungen sein, aber die Menschen betrachten sie als Endpunkte anstatt als Leitlinien: sie erfordern unsere Einsicht und Selbst-Transformation?

**Griffiths:** Ganz genau. Sehen Sie, die Jünger hatten diese unglaubliche Christus-Erfahrung. Sie versuchten Worte und Formeln zu finden, um sie auszudrücken. Wir brauchen begriffsmäßige Formen, um die Realität für uns zu fokussieren. Die Nachfolger übernahmen diese Formeln und verloren das, was durch sie ausgedrückt werden sollte. Und somit verhärtete sich der Inhalt zum Dogma. Man muß ihn wieder befreien, aber das ist schwierig.

**Weber:** Dies wirft noch eine weitere Frage über eine Annahme auf, die der östlichen Philosophie implizit ist. Können wir, christlich gesehen, *Gott werden*?

**Griffiths:** In gewisser Weise ist dies eine sprachliche Schwierigkeit. Der hl. Athanasius, der größte Lehrer über die Göttlichkeit des Christus, sagte, Gott sei Mensch geworden, damit der Mensch Gott werden könne. Aber es hängt wirklich davon ab, wie man diese Worte versteht. Karl Rahner schlägt eine sehr interessante Interpretation vor. Er meint, in jedem menschlichen Wesen liege eine Fähigkeit zur Selbst-Transzendierung. Jenseits unseres Körpers, jenseits der gewöhnlichen Seelenfunktion, sind wir offen für die transzendente Realität. Diese *Kapazität* ist jederzeit in uns präsent und kann wachsen. Wenn sie zur Vollkommenheit reift, wird es dem menschlichen Wesen möglich, sich Gott *ganz* hinzugeben. Rahner meint, mit Jesus fand sich ein menschliches Wesen, in dem diese Fähigkeit zur Selbst-Transzendierung vollkommen verwirklicht war, sodaß er Gott werden konnte. Er konnte sich selbst in einer vollkommenen Einheit mit Gott wahrnehmen, und Gott konnte sich ihm ganz schenken. Jeder von uns vermag sich selbst zu transzendieren und die Einheit mit Gott zu erfahren. Aber dies bedeutet nicht, wirklich Gott zu werden (wie im indischen *advaita*), da Gott immer jenseits steht. Das menschliche Wesen ist immer beschränkt, und obwohl wir uns selbst zu transzendieren vermögen und dadurch dieses Geschenk des göttlichen Lebens erhalten, ist es niemals vollkommen in uns. Wie Thomas von Aquin ausführt, sind wir nicht allumfassend: wir umfassen Gott nicht. Obwohl wir mit ihm eins sind und seine Liebe erfahren, bleibt Gott jedoch gleichzeitig immer jenseitig.

**Weber:** Die Tatsache, daß Christus eine Wesenheit war, die dies vermochte, wirft die Frage auf – wer war er? War er ein Mensch, der spirituell hoch entwickelt war, und der deshalb *lernen* konnte, diesen Schritt zu vollziehen, oder war er von Anfang an eine von uns unterschiedliche, andere Art von Wesenheit?

**Griffiths:** Ich glaube, wir müssen im strengen christlichen Sinne antworten: Jesus war ein Mensch. Er gehörte dieser Menschheit an, besaß einen jüdischen Körper sowie die Psyche eines Juden und entsprach seiner Zeit. In diesem Sinne ist er vollkommen Mensch und teilt mit uns die gesamte menschliche Realität, Leid und Tod eingeschlossen. In ihm, wie in allen Menschen, liegt eine Fähigkeit zur Selbst-Transzendierung. Aber in ihm, so verstehe ich es, ruhte diese Kapazität ohne jegliche Beschränkung. In der Tiefe des Geistes war er offen für die *vollkommene* Wirklichkeit Gottes, so daß Paulus schrieb, "in ihm wohnte die ganze Fülle der Gottheit körperlich". Er ist vollkommen eins mit Gott und vollkommen eins mit der Menschheit. Der Rest von uns hat unterschiedliche Grade der Offenheit zum Göttlichen verwirklicht. Wir nehmen alle entsprechend unserer Fähigkeit am göttlichen Leben, göttlichen "satchitananda", teil, aber immer besteht eine Grenze.

**Weber:** Warum gab es diese außergewöhnliche Offenheit und Fähigkeit zur Selbst-Transzendierung *ausgerechnet in Jesus*? Hätte dies auch vorher passieren können, oder passierte es vorher, sagen wir fünfhundert Jahre früher, mit Buddha? Kann es sich, außer in der eschatologischen Dimension, wieder ereignen? Kann es jemals wieder als ein historisches Ereignis stattfinden?

**Griffiths:** Im christlichen Verständnis würden wir "nein" sagen. Es war eine besondere historische Offenbarung. In Jesus kam es zu einem bestimmten historischen Ende und Abschluß, worin sich die gesamte

Wirklichkeit offenbarte. Dies verneint aber nicht die Tatsache, daß sich das göttliche Mysterium in ganz verschiedenen Religionen, in vollkommen verschiedenen Erfahrungen offenbart. Aber sie sind alle auf dieses letzte eschatologische Ereignis bezogen.

**Weber:** Vor einigen Jahren fand ein kleines Seminar mit Krishnamurti und einer Gruppe Akademikern in Ojai, Kalifornien, statt, und wie so oft auf solchen Konferenzen gab es nicht nur Anregungen, sondern auch eine Enttäuschung. Am Ende dieser Tage tauchte immer wieder eine Frage auf, die hier wichtig ist. Sie wurde folgendermaßen formuliert – und ich möchte sie auch bezüglich des historischen Jesus fragen – war dieser ein *Mensch*, der perfekt schwimmen gelernt hatte, oder war er ein *Fisch*? Wenn er ein Fisch war, dann handelte es sich um eine andere Spezies, und wir dürfen nur wenig Hoffnung haben. Wenn er ein Mensch war, kann es grundsätzlich jeder lernen. Hier liegt die alles entscheidende Frage.

**Griffiths:** Sicherlich, denke ich, ist er ein Mensch. Für mich besteht eine der großen Schwächen des modernen Christentums in der Tatsache, daß seit der Zeit des Konzils von Nicäa, im 4. Jahrhundert, Jesus praktisch vom menschlichen zum göttlichen Bereich gewechselt hat. Sie haben niemals wirklich die menschliche Realität verneint, aber es wurde stark betont, daß er Gott ist. Er wurde mehr als Gott, der auf die Erde gekommen ist, denn als Mensch dargestellt. Aber der Brief an die Hebräer bringt sehr deutlich zum Ausdruck, wie der Mensch Jesus vor Gott steht und sein Weinen und seine Tränen Gott zeigt, ihm, der in der Lage war, ihn zu retten. Und er wurde errettet durch seine göttliche Ehrfurcht. So steht er als Mensch vor Gott. So ist es deutlich, daß er zu uns gehört. Dennoch ist er gleichzeitig der Punkt, an dem wir über uns hinausgehen und eins werden mit Gott.

**Weber:** Könnte grundsätzlich irgendein christlicher Mystiker oder irgendein tief ergebenes menschliches Wesen dieses noch einmal vollziehen?

**Griffiths:** Ich glaube, in einem bestimmten Sinne liegt hier der wesentliche Punkt. Der Hebräer-Brief nennt ihn den Vorkämpfer unseres Glaubens. Er ist der Eine, der über sich hinausgegangen ist. Er hat den Weg geöffnet, der nun für alle bereitet ist, um einzutreten und an seiner Erfahrung Gottes teilzunehmen, Söhne im Sohn zu werden, teilzunehmen im Hl. Geist. Ich hoffe – wenn ich nur lang genug am Leben bleibe, ein weiteres Buch über dieses Thema zu schreiben, in dem ich zeigen möchte – ich will eine hinduistische Redewendung verwenden – daß Jesus als *Mensch* in seiner einzigartigen Weise Gott *verwirklichte*. Denn es ist ein ganz einzigartiger Weg.

**Weber:** Würde das von der orthodoxen Kirche akzeptiert werden?

**Griffiths:** Ich denke, es ließe sich in einer annehmbaren Weise ausdrükken. Die Betonung müßte nun darauf gelegt werden, daß Jesus zu wachsen hatte, Aramäisch lernen und schrittweise die Bibel studieren mußte, um seine Aufgabe zu entdecken. Bei der Taufe wurde ihm eine Art Einweihung zuteil, und schließlich stand er noch den Fragen von Leiden und Tod gegenüber. Nur schrittweise realisierte er, daß er aufgerufen war, dies alles auf sich zu nehmen, und erst bei der Auferstehung überschritt er menschliche Begrenzungen und wurde gänzlich identisch mit dem Werk. Aber die ganze Zeit bewegte er sich auf diese Erfüllung hin.

**Weber:** In *"Die Hochzeit von Ost und West"* stellen Sie heraus, daß das heutige Christentum als Religion nicht wachsen könne, bis es seinen rein westlichen Stil mit der Betonung des rational Maskulinen ablege. Sie sagen, Glauben stelle eine Funktion unseres intuitiven weiblichen Aspektes dar. Möchte der Osten mehr Wissen als Glauben?

**Griffiths:** Nein, Glaube ist lediglich ein vorläufiges Stadium des Wissens, Wissen im tiefen Sinne von *jnana*. In der Tat heißt Glauben im streng traditionellen Sinne Erleuchtung des Bewußtseins. Es entspricht der Öffnung des Bewußtseins für eine transzendente Realität, ähnlich einem Samen stellt es eine Öffnung, ein Beginnen dar, und der Glaube muß in die Erfahrung hineinwachsen. Vielleicht liegt einer der größten Unterschiede der christlichen Tradition, verglichen mit dem Mittelalter, darin, daß wir seitdem mehr zum intellektuellen Wissen neigen, zur Theologie; ein Glaube, der zur Theologie wurde, aber nicht ein Glaube, der zur Erfahrung reifte.

**Weber:** Glaube in Ihrem Sinne steht nicht synonym für Überzeugung.

**Griffiths:** Nein, wir machen heute diesen Unterschied.

**Weber:** Glaube ist eine Bewegung hin zu einer lebendigen Erfahrung, die eine Veränderung erfordert und nicht nur eine Zustimmung zu einem Glaubensartikel.

**Griffiths:** Genau. Überzeugung rettet niemanden. Thomas v. Aquin macht da einen interessanten Unterschied zwischen *fides informes* und *fides formata. Fides informes* entspricht dem, was wir Überzeugung nennen würden. Man glaubt an Gott, an Christus, an die Kirche, aber es verändert nicht den einzelnen. Glaube wird nicht von der Liebe oder einer verwandelnden Kraft bewegt. Er ist hilfreich, soweit er führt; aber diese Art von Überzeugung ist äußerst begrenzt. Sein *fides formata* auf der anderen Seite ist "Glaube, der durch die Liebe arbeitet", verwandelnder Glaube, der den einzelnen dem Göttlichen gegenüber öffnet. Das ist ungeheuer wichtig, weil es Millionen und Millionen von Christen gibt, die glauben, ohne einen echten Glauben zu besitzen.

**Weber:** Der eine handelt *von* der Realität, und der andere bewegt sich auf ihre Erfahrung zu.

**Griffiths:** Ja, genau.

**Weber:** Wie alle Mystiker, Bruder Bede, betonen Sie unsere direkte Gotteserfahrung. Mit Platon angefangen, mit seinem Symbol der Sonne als höchste Realität, bildete Licht die bevorzugte Metapher. Ist das auch für Sie so?

**Griffiths:** Nein. Hier liegt der Grund, weshalb ich Pseudo-Dionysios Areopagita so sehr schätze. Er spricht von der göttlichen Dunkelheit: Sie müssen alle bildlichen Vorstellungen übersteigen, alle Gedanken hinein in die göttliche Dunkelheit versenken. Hier trifft man Gott.

**Weber:** In Dunkelheit, nicht in "göttlichem Licht"?

**Griffiths:** Nein, Dunkelheit.

**Weber:** Das ist einzigartig, nicht wahr?

**Griffiths:** Ja.

**Weber:** Weil die religiöse Metapher...

**Griffiths:** ...immer "Licht" ist.

**Weber:** Von wem wurde er beeinflußt?

**Griffiths:** Der Gedanke stammt von Gregor von Nyssa, der den Höhepunkt der Reise der Israeliten durch die Wüste darin sah, daß Moses auf den Berg stieg, um Gott in der Dunkelheit zu treffen, in der Wolke auf dem Berg Sinai; somit lag der Höhepunkt der spirituellen Reise durch die Wüste in der Wolke und in der Dunkelheit. Er war mit Gott zusammen verborgen.

**Weber:** Man könnte es auch mit den Bereichen in uns verbinden, die dunkel sind, nicht ausgeleuchtet, da wir sie selten erfahren. Wir kennen sie nicht.

**Griffiths:** Ja wirklich, die Reise zu Gott entspricht einer Reise in das Unbewußte. Dort trifft man auf viele Dämonen und andere Dinge, aber vielleicht liegt Gott in der Tiefe unseres Unbewußten verborgen.

**Weber:** Vielleicht ist die Dunkelheit der Boden, wie *arupa*, Formlosigkeit, in der indischen Philosophie, und mit der Zeit erkennen wir es durch das Licht. Es ist der sichtbare, manifestierte Teil des Göttlichen (*rupa*), der geformte. Aber was dies erst ermöglicht, kann nicht wahrgenommen werden.

**Griffiths:** Ja, sicher. Wissen Sie, in einem hinduistischen Tempel bleibt das innere Heiligtum immer dunkel. Man geht durch die Hallen des Tempels, die mit Licht und den Bildnissen der Gottheiten erfüllt sind. Wenn man aber zum inneren Heiligtum gelangt, kommt man zum Herzen, der inneren Mitte des eigenen Wesens, und man begegnet Gott in der Dunkelheit. Gott ohne Form.

*Man könnte davon ausgehen, Kreativität stelle ein fundamentales Pinzip der impliziten Ordnung dar, dann muß man nur die nicht kreativen Prozesse erklären.*

David Bohm

*Meiner Meinung nach ist (Bohms) Einfalten und Entfalten genau so konservativ wie sein Standpunkt hinsichtlich der verborgenen Variablen. Man stößt immer wieder auf etwas, das einfach da ist und sich dann entwickelt ... Zeit heißt Schöpfung. Die Zukunft ist einfach noch nicht* existent.

Ilya Prigogine

*Wäre eine absolute Kreativität vorhanden – absolut Neues ohne Vergangenheit – könnte nichts existieren, denn alles würde im Augenblick der Schöpfung vergehen.*

David Bohm

*Wir können die Kreativität nicht erklären. Sie schließt das vollkommen Neue, das Ursprüngliche mit ein. So ziehen wir es vor, zu behaupten, die Kreativität sei überhaupt keine Kreativität, sondern nur die Konkretisierung von etwas "archetypischem", was schon zuvor in latenter Form existierte. Diese Sichtweise leugnet echte Kreativität.*

Rupert Sheldrake

ILYA PRIGOGINE

Kapitel X

# DIE WIEDERVERZAUBERUNG DER NATUR

Ilya Prigogine

*Wenn unsere Sinne fein genug wären, würden wir die unbewegt ruhenden Felsen als tanzendes Chaos erleben.*

Nietzsche

Das Bild vom Fließen der Natur, das Ilya Prigogine so schätzt, verursachte in mir die Vorstellung, in einen Strudel gesaugt zu werden. Mein erster Eindruck war der eines Menschen, der mit reiner dynamischer Energie angefüllt ist; eine Metapher, die auf Prigogine gut zu passen scheint, dessen Arbeiten mit einem der dynamischsten Aspekte der Natur zu tun haben – der Zeit. Seine Bemühungen brachten ihm 1977 den Nobelpreis für Chemie und den Ruhm als "Poet der Thermodynamik" ein, nachdem ihn die wissenschaftliche Gemeinschaft zwanzig Jahre lang voller Wohlwollen ignoriert hatte.

New York, das 1984 Austragungsort der Jahrestagung der American Association for the Advancement of Science (Amerikanische Vereinigung für den Fortschritt der Wissenschaften) war, zeigte sich uns an einem wunderschönen Junitag. Prigogine war gerade eine Nacht zuvor aus Brüssel eingetroffen, um an dieser Tagung teilzunehmen und einen Vortrag zu halten. Obwohl er meinte, er habe Schwierigkeiten wegen der Zeitverschiebung, konnte ich dafür keine Anzeichen entdecken. Als Prigogine in seinem Zimmer, das weit oberhalb des quirligen New Yorker Lebens lag, den "Dialog von Mensch und Natur" beschrieb, schien er sich, wie eine seiner dissipativen Strukturen, in ständiger Bewegung zu befinden. Er nahm Telephongespräche an (Anfragen wegen eines Vortrags werden schon ein Jahr vorher registriert), kümmerte sich um den Kaffee, der heraufgebracht wurde, und unterstrich seine Sprache durch Gestikulieren – ohne bei all dem sein Tempo zu beschränken.

Prigogine ist ein muskulöser Mann mit einem mächtigen, untersetzten Körper, auf dem ein löwenhafter Kopf ruht. Seine lebendigen braunen Augen und sein spontanes Lächeln verleihen ihm einen jugendhaften Charme und eine Ausstrahlung, die sein Alter von 66 Jahren verleugnen. Diese Vitalität wird durch seine starke Persönlichkeit noch unterstützt, die sich auf seine Zuhörer überträgt, und durch seine bebende Stimme unterstrichen, die seine Ansichten mit unverminderter Intensität weitervermittelt. Wegen dieser ungebändigten Energie war Prigogine der Gesprächspartner, der mich am meisten gefordert hat, und dennoch zu den faszinierendsten gehörte.

Ilya Prigogine wurde 1917, am Vorabend der russischen Revolution, in Moskau geboren und später in Belgien erzogen. Er genoß eine Erziehung in klassischer Philologie, Geschichte und Philosophie und wurde nach einer gründlichen Ausbildung in klassischer Musik ein vollendeter Pianist. Aber sein Hauptinteresse galt der Chemie, die er an der Freien Universität Brüssel studierte, an der er 1941 auch seinen Doktortitel erhielt.

Er vertiefte seine Kenntnisse auf dem Gebiet der Thermodynamik, dem Grenzgebiet zwischen Physik und Chemie, das mit der Beziehung zwischen mechanischer Energie und Wärme zu tun hat. Von Anfang an galt sein Hauptinteresse dem Begriff der Zeit: deren Struktur, Bedeutung und Vernachlässigung durch die klassische Physik. Dies verursachte schließlich die Hinwendung zu seiner lebenslangen Beschäftigung mit den dynamischen Vorgängen in der Natur, die in so unterschiedlichen Bereichen wie Kosmologie, Teilchenphysik und Biologie zu finden sind. Der Nobelpreis für Chemie wurde Prigogine hauptsächlich für seine Theorie der dissipativen Strukturen verliehen, die eine Brücke zwischen den lebenden und unbelebten Systemen darstellen. Aber bei der Preisverleihung wurde auch die weitreichende Bedeutung seiner Arbeiten für andere Gebiete hervorgehoben. Mit den Worten des Nobelpreiskomitees "hat Prigogine die Wissenschaft der irreversiblen Thermodynamik fundamental umgewandelt und erneuert. Er hat ihr eine neue Bedeutung gegeben und Theorien aufgestellt, die die Spaltung überbrücken, die zwischen den Gebieten der biologischen Wissenschaften und der Sozialwissenschaften besteht".

Für den Laien werden Prigogines Theorien in zwei nicht technischen, aber dennoch schwierigen Büchern erklärt, die vor kurzem erschienen sind: *"Vom Sein zum Werden: Zeit und Komplexität in den Naturwissenschaften"* (1980), dem 1984 *"Dialog mit der Natur"* (zusammen mit der Chemikerin und Philosophin Isabelle Stengers) folgte. In *"Dialog mit der Natur"* führt Prigogine Gründe für eine Einheit von Mensch und Natur an. Im Gegensatz zur mechanistischen Weltsicht manifestiert sich diese Einheit als ein "neuer Dialog", der eine "Wiederverzauberung" der Natur mit sich bringt, einen Zauber, den der Mensch durch sein mechanistisches Bild von der Natur verloren hatte. Prigogine möchte vor allem Abläufe erklären – Veränderung und Werden.

Der zweite Hauptsatz der Thermodynamik besagt, daß die vorhandene Energie im Universum eine unvermeidliche Veränderung durchmacht und sich dabei von einer maximalen Ordnung zu einer endgültigen Unordnung hin bewegt, in der die gesamte vorhandene Energie verbraucht sein wird. Das Prinzip der Entropie, zum ersten Mal 1865 von Clausius aufgegriffen, stellt bestimmte Vorgänge als irreversibel dar. Wie Boltzmann als erster in seiner Beschreibung unserer Entwicklung auf ein Gleichgewicht zu (einen Zustand, in dem keine weiteren Energieumwandlungen mehr stattfinden können) hervorgehoben hat, sind Entropie und Wahrscheinlichkeit nicht unabhängig voneinander. Die Entropie nimmt mit zunehmender Wahrscheinlichkeit ebenfalls zu. Das alles steht mit dem "Zeitpfeil" (ein Ausdruck, der von Eddington geprägt wurde) in Zusammenhang, der für die Unwahrscheinlichkeit steht, daß Ereignisse rückwärts ablaufen.

Der Zeitpfeil bildet einen Schlüsselbegriff für das Verständnis von Prigogines Arbeit. Ein Organismus wird geboren, reift heran und stirbt

– er besitzt eine Geschichte. Der Zeitpfeil, der auf der Ebene der subatomaren Partikel ignoriert werden kann, darf auf der Ebene der lebenden Organismen nicht vernachlässigt werden. Dennoch lehrt Prigogines Arbeit, daß lebende Systeme durch ihre Fähigkeit zur Selbstorganisation bis zu einem bestimmten Grad der Entropie entkommen können; in ihnen kann eine höhere Ordnung, die nicht durch die Entropie vorhergesagt wird, aus der Sackgasse der Entropie heraustreten. Prigogine betont, Ordnung entwickle sich aufgrund der Entropie nicht trotz derselben.

Lebende Systeme stellen offene Systeme dar, Organisationskomplexe, die sich fern vom Gleichgewicht oder nahe dem Gleichgewicht befinden, und die Prigogine "dissipative Strukturen" nennt. Diese Zustände reflektieren ihre Wechselwirkung mit der Umgebung, mit der diese dissipativen Strukturen ständig Energie austauschen und dadurch einen endlosen dynamischen Fluß aufrechterhalten. Einen wichtigen Anteil daran haben Fluktuationen oder Störungen, plötzliche Veränderungen, die eine Neuentwicklung ermöglichen, auch wenn die Entropie eine solche Neuerung nicht fördert.

Eine einzige Fluktuation, die ihre Wirkung zu anderen Fluktuationen addiert, kann so eventuell stark genug werden, um ein ganzes System nach einem neuen Schema zu ordnen. Die Momente, in denen das passiert, werden "Gabelungspunkte" genannt. Hier bricht die deterministische Beschreibung zusammen, und das System folgt einer von mehreren möglichen Verzweigungen des Weges.

Diese zufälligen oder "stochastischen" (d.h. nicht vorhersagbaren) Prozesse demonstrieren, wie Prigogine erläutert, daß offene Systeme – und somit der größte Teil unseres Universums – nicht mechanistisch, sondern zufällig sind. Prigogine benutzt den Gedanken der Zufälligkeit in unterschiedlichem Sinne zu anderen Wissenschaftlern. Für Jacques Monod z.B. (*Zufall und Notwendigkeit*) erzeugt die Zufälligkeit eine Welt, die durch blinden Zufall gelenkt wird; dies führt zu einem Universum, das, aus menschlicher Sicht betrachtet, bedeutungslos ist und mit der "absurden" Welt der existentialistischen Philosophie verwandt ist, mit der Monod seine Argumente untermauert.

Für Prigogine dagegen stellt die Zufälligkeit ein Synonym für Nichtdeterminierbarkeit, Spontanität und Neuerung dar – mit einem Wort, für Kreativität. Sein Universum gleicht einem lebenden Organismus, weil es Raum für zufälliges Verhalten schafft und dissipativen Strukturen – einer chemischen Lösung, Wolken, dem Gehirn, bis hin zu einem Menschen – ermöglicht, sich selbst in unverhersehbaren Mustern zu erneuern. Diese neuen Muster werden oft durch kleine Variationen oder Störungen ausgelöst, deren Existenz das ganze System von einer alten Verhaltensweise zu einer neuen und unerwarteten führen kann und dabei sowohl einer mechanistischen Interpretation wie auch einer konventionellen Lesart des Zeitpfeiles widerspricht.

Dissipative Strukturen führen so eine ständige Kreativität in die Natur ein. Als Ergebnis wird die Materie nicht länger als statisch aufgefaßt – als Ansammlung untätiger Moleküle, die nur durch Anziehung und Abstoßung gelenkt werden – sondern als aktiv und lebendig. Anders als Systeme, die sich im Gleichgewicht befinden (ein Felsen oder Rost auf einer Metalloberfläche), bei denen kein weiterer Austausch mehr stattfindet, werden Systeme, die sich nahe am oder fern vom Gleichgewicht befinden, ständig an ihre Umgebung angepaßt. Bei diesen offenen Systemen ist die Materie nicht der isolierte, einsame und solipsistische Gegenstand, der von der mechanistischen Wissenschaft beschrieben wird – Prigogine hat solche Teilchen als "Hypnonen" bezeichnet, die ihren Weg durch die Wechselwirkung wie im Schlaf zurücklegen – sondern sie antwortet und reagiert auf die Aktivitäten anderer Materieteilchen und paßt sich ihnen an. In diesen Systemen, die weit vom Gleichgewicht entfernt sind, kann die kleinste Veränderung das System "destabilisieren" – in Prigogines Vokabular ein Synonym für Kreativität – und dadurch ein Endergebnis erzeugen, das durch die Logik linearer Gleichungen nicht vorhergesagt werden kann.

Die Mathematik in Prigogines Entwurf führt neben nichtlinearen Gleichungen, in denen viele Faktoren gleichzeitig aufeinander einwirken, einen "Phasenraum" ein, in dem das System durch einen einzigen

Punkt im sechsdimensionalen Raum repräsentiert wird. Der Phasenraum ermöglicht die dynamische Darstellung der Evolution eines Systems durch eine Bahn, wobei jeder Bereich derselben eine unbegrenzte Anzahl repräsentierter Punkte enthalten kann.

Prigogine bemängelt, die klassiche Wissenschaft habe die innere Seite der Natur vergessen. Jedes existierende Teilchen besitzt seine Geschichte – Zeit, Veränderung, Wechselwirkung mit anderen Teilchen – die *irreversible* Veränderungen verursacht hat, z.B. die qualitativen Aspekte von Ereignissen, die im Zeitpfeil, in der Evolution und in der Geschichte verankert sind. In der Physik, besonders in der Teilchenphysik – der momentanen Hochburg der Reversibilität, denn die Physiker nehmen für die Wechselwirkung von Teilchen an, sie könne in der Zeit vorwärts oder rückwärts gerichtet ablaufen – herrscht die Tendenz vor, diesen qualitativen Aspekt zu ignorieren. Prigogine betont, nur in der Welt des Mikrokosmos könnten Entwicklungen vorwärts oder rückwärts ablaufen, dabei würde jedoch deren innere Geschichte verletzt – das, was sie wirklich erlebt haben. Prigogine hofft, zeigen zu können, daß auch die subatomaren Teilchen seinem Gesetz der dissipativen Strukturen unterworfen sind, wie es bei den makromolekularen Vorgängen der Fall ist, und daher alle Materie im Universum durch eine Bereitschaft zur Reaktion, durch Kreativität und – in diesem Sinne – durch einen Dialog charakterisiert ist.

So wie sich Prigogines Theorien offenbar in viele Dimensionen ausdehnen und nicht begrenzt sind, so verhält es sich auch mit seinem Leben, das er in zwei Kontinenten und mit vielfältigen Aktivitäten verbringt. Mit seiner Familie lebt er in Brüssel, leitet das Solvay International Institut of Physics and Chemistry und lehrt an der Freien Universität Brüssel. Einen Teil jedes Jahres verbringt er in Austin, Texas. Dort führt er am Ilya Prigogine Center for Statistical Mechanics and Thermodynamics an der Universität von Texas mit einem großen Team von Mitarbeitern, die ihn unterstützen, seine Forschungen weiter. Seine weitreichenden Interessen laufen natürlich parallel zu seinen Theorien. Diese lassen sich auf eine eindrucksvolle Zahl von Teilbereichen in Physik, Chemie und Biologie anwenden, dem Studium der Strukturen, die im Verkehrsgeschehen auftreten, dem Studium der Tropfen eines Wasserfalls oder anderer dynamischer, fließender Strukturen, die die Grundlage für ein immer größer werdendes Teilgebiet der Wissenschaft bilden, das als "Chaosforschung" bekannt wurde, und für die Prigogines Arbeiten ein wichtiges Fundament bilden.

Prigogine, als Mensch der Renaissance mit vielfältigen Interessen, erweiterte seine Aktivitäten auf die Kunst, besonders die primitive Kunst, die er als Kenner und Sammler schätzt. Er bringt auch diese, was nicht überraschend ist, mit seiner Theorie vom Werden zusammen. "Künstlerische Aktivität", so erläutert er, "zerbricht die vorübergehende Symmetrie des Objekts".[14] Sein letztes Buch endet mit einem Appell: "Wir können die alten *a priori* Annahmen zwischen wissenschaftlichen und ethischen Werten nicht länger akzeptieren ... wir wissen heute, daß die Zeit konstruiert worden ist und daher eine ethische Verantwortung besitzt ... Als Resultat ist die individuelle Aktivität nicht zur Bedeutungslosigkeit verurteilt."[15]

**Weber:** In Ihrem neuesten Buch "Dialog mit der Natur" zählen Sie Gründe für die Einheit und nicht den Gegensatz von Mensch und Natur auf. Könnten Sie den Gedanken verdeutlichen?

**Prigogine:** Am Anfang des Buches wird hervorgehoben, daß das klassische Newtonsche Weltverständnis jenes eines Automaten war, der durch deterministische und in der Zeit reversible Gesetze beschrieben wird. Das steht in einem weitgehenden Gegensatz zu der Auffassung, die wir von unserer inneren Welt besitzen, die weder determiniert, noch in der Zeit reversibel ist. Die Richtung der Zeit ist eine grundlegende Erfahrung des Menschen.

Heute erleben wir eine Neubewertung der Physik, die die Vorstellungen von innerer und äußerer Welt näher zusammenbringt. Um 1900 waren sich die Physiker weitgehend darüber einig, daß die grundlegenden Vorgänge in der Natur determiniert und reversibel sind. Heute vertritt eine wachsende Minderheit die gegensätzliche Auffassung und betrachtet einige der grundlegenden Gesetze als irreversibel und stochastisch (d.h. auf Wahrscheinlichkeit beruhend). Das erfordert eine komplexere Sichtweise der physikalischen Welt, die auch Mensch und Natur nicht in einen solchen Gegensatz stellt.

**Weber:** In Ihrem Buch sprechen Sie über Modelle, die das 17. Jahrhundert von einem deterministischen Universum entwickelt hatte, einem "starken Determinismus", für den die Stellung des Menschen bedeutungslos ist. Aber gibt es nicht auch andere Interpretationen dieses Modells aus dem 17. Jahrhundert? Kepler, Galilei und Newton zum Beispiel zogen aus dem Determinismus keine reduktionistische Schlußfolgerung; im Gegenteil, sie meinten, dadurch einen Schimmer von Gottes ewiger Ordnung und seinem wundervollen Geist erfahren zu haben. Sie ordneten dem Determinismus eine Bedeutung zu – anders als Monod und Sartre.

**Prigogine:** Das ist richtig, aber lassen Sie uns schauen, was dahinter steckt. Die klassische Wissenschaft entwickelte sich aus dem Verhältnis des Menschen – mit seinem Standpunkt zwischen dem Göttlichen und der Natur – und Gott, dem rationalen und intelligiblen Gesetzgeber, dem souveränen Architekten, den wir als unser eigenes Bild erkennen. Aber es ist klar, daß diese klassische Sichtweise zu einer Art Entfremdung führen kann. Wir stehen jetzt Kierkegaard und Monod näher, die der Meinung sind, der Platz des Menschen im Universum sei der, den er sich selbst schaffe.

Das klassische Verständnis der Zeit als Abstraktion führte zu einer Verschleierung der Zeit und daher zu dem Problem, *unsere* Zeit in einer Welt der Zeit zu verstehen. Im Augenblick erleben wir das erneute Aufleben der Zeit als empirische Tatsache: Die Zeit taucht im Zusammenhang mit den Elementarteilchen, der Kosmologie und den Nichtgleichgewichtsstrukturen auf: Im ganzen Universum werden immer mehr zeitorientierte oder irreversible Prozesse entdeckt. Das bringt Menschen und Natur näher zusammen, denn es zeigt uns, daß die zeitliche Orientierung des Menschen eine ganz allgemeine Eigenschaft darstellt. Aber es gibt ein tiefergehendes Problem: Wenn man einmal irreversible Prozesse in der Natur gefunden hat, wie die,

die durch den zweiten Hauptsatz der Thermodynamik beschrieben werden, dann muß man sich entscheiden, wie diese zu verstehen sind. Man kann die klassische Sichtweise benutzen, die Irreversibilität sei nur eine Annäherung an die dynamischen, in der Zeit reversiblen Gesetze. Oder man vertritt die entgegengesetzte Meinung.

**Weber:** Und dreht alles um.

**Prigogine:** Kehrt die ganze Situation um.

**Weber:** Also sind Sie der Ansicht, irreversible Prozesse könnten grundsätzlicher Natur sein.Die Gedanken des 17. Jahrhundert können als Spezialfall angesehen werden – in der Zeit reversible Prozesse sind Spezialfälle.

**Prigogine:** Genau. Nun kann man Irreversibilität als *grundlegendes* Gesetz verstehen, statt diese als Näherung und als zweitrangiges Gesetz anzusehen. Dazu benötigen wir eine Fülle neuer Physik und Mathematik, und am Ende meines Buches präsentiere ich einige Ideen, wie es möglicherweise aussehen könnte, aber es muß noch eine Menge an Entwicklungsarbeit geleistet werden. Einiges wurde tatsächlich nach der Veröffentlichung unseres Buches entwickelt.

**Weber:** Die Begriffe von Zeit und Evolution – Kreativität, wie Sie in Ihrem Buch sagen – sind in allen Dingen vorhanden, und genau das wird von klassischer Physik und Quantenphysik ignoriert.

**Prigogine:** Sehr richtig. Wir können Kreativität in der Materie verbalisieren oder zumindest darüber nachdenken. Dies sind die zwei Eckpfeiler, auf welchen neue Konzepte stehen. Lassen Sie uns jedoch ein wenig vorsichtig sein. Kreativität besitzt eine psychologische Bedeutung, und daher läßt sie sich nicht direkt auf, sagen wir, Elementarteilchenphysik anwenden. Dennoch können wir heute eine tiefe Verwurzelung des Lebens in Leblosem beobachten, was sich aufgrund des Fortschrittes auf zwei Gebieten ergibt, der Physik des Nichtgleichgewichtes und der nicht-linearen Dynamik.

**Weber:** Was würden Sie jemandem sagen, der sich die Auffassung Kants und der östlichen Mystik zu eigen macht, die in der Zeit erzeugte Kreativität, über die Sie sprechen, entstamme der Welt der Phänomene und sei unserer unvollständigen und begrenzten Perspektive zuzuschreiben?

**Prigogine:** Weisen Sie der Zeit den Status eines *a priori* Werkzeuges des menschlichen Verstandes zu, Kant umging dieses Problem vollständig. Seine Lösung bestand darin, eine grundlegende Dualität einzuführen. Dabei handelt es sich um eine Extremlösung, die wir durch eine innere Evolution der Wissenschaft zu umgehen beginnen können.

**Weber:** Dies führt dennoch zu der Frage: Können wir auf das *vertrauen*, was wir wissen?

**Prigogine:** Vielleicht gibt es einen Weg zur Wahrheit, der nicht mit Erfahrung zusammenhängt. Aber dazu kann ich nichts sagen. Es gehört nicht zu meinem Gebiet, und ich kann diese Fragen nicht beantworten. Wenn wir jedoch sehen, was um uns herum vorgeht, erkennen wir, daß irreversible Prozesse wesentlich an biologischen Strukturen beteiligt sind. Wenn Kant recht gehabt hätte, und die Irreversibilität nur eine Kategorie des menschlichen Geistes wäre, dann würden wir für unsere eigene Existenz verantwortlich sein. Unsere irreversible Existenz wäre dann das Ergebnis der *a priori* Kategorie der Zeit in unserem eigenen Verstand. Nun ist das unmöglich.

**Weber:** Einige Wissenschaftler, wie Ken Wilber, vertreten die Meinung, die gesamte Physik sei, aus freien Stücken, in Platons Höhle gefangen, und es gäbe einen anderen Weg die Realität zu verstehen – durch die Mystik und direkte Intuition.

**Prigogine:** Dazu kann ich wenig beitragen. Ich habe persönlich den Eindruck, wir gelangen von ganz allein zu einer der Einsichten, die von der transpersonalen Seite vertreten werden, wenn wir erst beginnen zu erleben, daß wir in die Welt als Ganzes gestellt sind. Wenn wir nur einmal unsere Auffassung von der Zeit betrachten, dann wird unsere Art des Denkens zu einem Ausdruck von etwas Universellem; wir sehen die *Verbindung*, ohne eine Art äußerer Mystik zu benötigen. Wie man diese Verbindung interpretiert, steht jedermann frei. Ein neues Verständis der Natur, wie ich es beschreibe, gestattet uns, die Frage anders zu formulieren. In der klassischen Physik gab es wirklich keine Entscheidungsmöglichkeit. Man mußte entweder eine entfremdende Wissenschaft akzeptieren, die z.B. Monod (in *Zufall und Notwendigkeit*) sehr klar beschrieben hat; oder man mußte sich einer antiwissenschaftlichen, metaphysischen Sichtweise zuwenden, wie jene Whiteheads oder Bergsons. Heute nähern sich die Blickwinkel an. Die Psychoanalyse betont, das, was uns zugänglich ist, sei nur ein kleiner Teil dessen, was an Aktivität wirklich vorhanden ist. Es gibt hinter der transparenten Schicht eine Menge an *undurchschaubaren* Dingen. Die klassische Physik hat sich nur mit der transparenten Welt beschäftigt. Diese transparente Welt steht in völligem Gegensatz zu unserer eigenen Undurchschaubarkeit. Wird man sich jedoch erst einmal der Fluktuationen der Zeit bewußt, bei denen die Irreversibilität eine so ausgesprochen wichtige Rolle spielt, stößt man auf eine Welt, die viel undurchschaubarer ist als jene Welt der klassischen Physik. So wird die Beziehung zwischen dem, was man außen und was man innen erkennt, enger.

**Weber:** Aber könnte man dem nicht entgegnen, die Undurchsichtigkeit in uns sei auf eine mangelhafte Selbsterkenntnis zurückzuführen?

**Prigogine:** Vielleicht; es gibt keine mathematische Theorie zur Funktion des Geistes. Doch wir wissen um einfache Situationen, bei denen das Ergebnis jeder individuellen Erfahrung in unserem gegenwärtigen theoretischen Rahmen unbestimmt bleibt, während dies Ergebnis wiederholter Experimente im Sinne von Wahrscheinlichkeiten vorausgesagt zu werden vermag. Für diese einfachen Fälle erkennen wir, daß sich diese Undurchschaubarkeit nicht auf ein ungenügendes Wissen zurückführen läßt.

**Weber:** Aufgrund der Quantenmechanik?

**Prigogine:** Nicht nur wegen der Quantenmechanik, obwohl es richtig ist, sie zu erwähnen. Die Quantenmechanik war, unter diesem Gesichtspunkt betrachtet, nur der erste Schritt und vielleicht nicht einmal der wichtigste. Die Quantenmechanik brachte diese Art von Undurchschaubarkeit durch ihr Grundkonzept auf, das auf Wahrscheinlichkeit beruht. Zur Quantenmechanik kommt eine andere Art von Zufälligkeit, jene aus der Instabilität von dynamischen Systemen. In der Quantenmechanik können wir nur von Häufungspunkten sprechen. Wenn das System unstabil ist, besitzen wir nur Wissen über einige Teile des Phasenraums. Wir haben die Möglichkeit verloren, Aussagen über individuelle Bahnen oder individuelle Raum–Zeitelemente zu treffen. Daher ging die Transparenz, die mit einer individuellen Bahn assoziiert wird, verloren.

**Weber:** Ihre eigene Arbeit betont die gegenseitige Abhängigkeit und Verbundenheit des Ganzen.

**Prigogine:** Das ist ganz natürlich. Wir haben durch die Betonung der gegenseitigen Abhängigkeit gezeigt, daß Lebendiges und Lebloses keine qualitativen Gegensätze sind. Dies muß auch so sein, denn hätte man auf der einen Seite eine mechanische Welt und auf der anderen eine biologische und zudem noch eine Welt des Menschen, wären alle diese Bereiche durch absolute Barrieren voneinander getrennt. Wäre dies so, müßte man sich auf eine transzendente Erkenntnis beziehen, um diese Barrieren überschreiten zu können. Meiner Meinung nach ist das nicht notwendig.

**Weber:** Besonders interessant und einzigartig an Ihrer Arbeit ist Ihr Ansatz zu zeigen, wie Ordnung aus Unordnung entstehen kann. Muß Ordnung aus Unordnung entstehen?

**Prigogine:** Nein. Das hängt von der Art der Nichtlinearität ab, die mit dem System verbunden ist. Das ist auch sehr gut so, denn nicht alle Dinge leben und nicht alle sind tot. Zudem entwickeln sich, allgemein gesprochen, sowohl Ordnung als auch Unordnung aus irreversiblen Prozessen heraus... Die Dualität von Ordnung/Unordnung ergibt sich aus einem einzigen Grundphänomen: Irreversibilität.

**Weber:** Lassen Sie uns über den Urknall sprechen, jenes leuchtende Bild, das die Physik entwickelt hat. Wenn der Urknall, wörtlich genommen, den Ursprung aller Dinge darstellt, und er eine maximale Ordnung besessen hat, begünstigte das nicht die Bewegung aller Dinge im Universum auf eine maximale Ordnung hin?

**Prigogine:** Die Frage nach dem Urknall und die kosmologischen Fragen sind meiner Meinung nach von recht vorläufiger Natur. Wenn man einen Großteil der Populärliteratur und vielleicht auch Fachliteratur zu diesem Thema liest, bekommt man den Eindruck, der Urknall und das zyklische Universum wären bereits feststehende Tatsachen. Dabei wissen wir nur, daß unsere kosmische Umwelt in einem sehr heißen Zustand begonnen hat. War dies die Wiege unseres gesamten Universums? Beschreibt der Urknall den Ursprung unserer kosmologischen Umwelt insgesamt? Es bleiben noch so viele Fragen zu klären, bevor wir zu einem tieferen Verständnis kommen können. Die Mehrzahl der theoretischen Physiker arbeitet daran, die Quantenphysik in die Allgemeine Relativitätstheorie einzubauen, das theoretische Gerüst für den Urknall. Aber es gibt noch weitere Probleme, wie die Gültigkeit des Gesetzes über die Entropie, das sich auf die Unterscheidung in stabile und instabile Systeme bezieht.

Wie ich kürzlich gezeigt habe, basiert der zweite Hauptsatz auf zwei Dingen: erstens läßt er sich nur auf instabile dynamische Systeme anwenden, zweitens müssen wir in Betracht ziehen, daß für instabile dynamische Systeme das Konzept der Anfangsbedingungen sehr komplex wird. Für solche Systeme mag man, wenn man in einem finiten Bereich des Phasenraumes beginnt, zu unterschiedlichen Bahnen kommen, was man oft "Sensitivität für Anfangsbedingungen" nennt. Aufgrund dieser zwei Überlegungen – Instabilität und finite Information, die einem finiten Fenster zeitlicher Evolution entspricht – können wir die Gültigkeit des zweiten Hauptsatzes der Thermodynamik nachweisen, in welchem eine grundlegende zeitliche Assymmetrie aufgezeigt wird, da Zukunft und Vergangenheit keine gleichartige Rolle spielen.

Heute müssen wir den zweiten Hauptsatz der Thermodynamik in die Allgemeine Relativitätstheorie integrieren. Weist man dem zweiten Hauptsatz die wichtigste Funktion zu, wäre der Urknall weniger ein Ausgangspunkt, als ein Punkt thermodynamischer Instabilität. Von diesem Punkt ausgehend, führt Irreversibilität zu der Schöpfung von Ordnung und Unordnung; speziell zu den zwei Komponenten, die wir im Universum finden: Photonen und Baryonen. Letztere befinden sich in einem metastabilen Zerfallszustand, und Photonen bilden “Abfallprodukte”, die nicht weiter in andere Formen der Materie zerfallen können.

**Weber:** Aber wird dadurch das Problem nicht weiter nach hinten verlagert?

**Prigogine:** Dann werden Sie mich fragen, was die Bedeutung des Universums sei. Das ist keine Frage, auf die ich eine einfache Antwort geben kann. Als Näherungsformel würde ich vielleicht sogar zu behaupten wagen, daß die Zeit der Existenz vorausgeht, ebenso wie die Irreversibilität – in dem Sinn, wie ich gerade angedeutet habe – der Erschaffung des Universums vorausgeht.

**Weber:** Ja, es handelt sich um eine gravierende Frage. Ich möchte eine andere stellen. Können die Gesetze der Natur selbst eine Veränderung erfahren?

**Prigogine:** Die Gesetze der Natur hängen vom Zustand der Natur ab. Meine Kollegen und ich haben beispielsweise eine Formel des Entropiegesetzes ausgearbeitet, die den Gravitationszustand des Universums mit einbezieht. Die Entropie würde damit von der Geschichte des Universums abhängen. Aber lassen Sie uns zu einfacheren Beispielen zurückgehen. Kann man von den Gesetzen der Biologie sprechen, wenn kein Leben existiert? Natürlich nicht. Mit anderen Worten: Was wir Gesetze oder Regelmäßigkeiten nennen, hängt von ihrer Realisierung ab, von dem Ast der Gabelung, dem das Universum folgt.

**Weber:** Das ist mit dem Nominalismus vergleichbar.

**Prigogine:** Nein. Ich fasse dies als einen empirischen Zustand auf. Die Naturgesetze korrespondieren mit Regularitäten, und ihre Gültigkeit und Formulierung enthält ein grundsätzlich empirisches Element.

**Weber:** Aber dennoch ist die seit jeher unbefriedigend beantwortete Frage der Nichtnominalisten diese: Woher weiß die Materie, wie sie sich verhalten soll? Es gibt in ihr keine *Entelechie,* es gibt keinen Gott, der sie lenkt. Was veranlaßt sie dazu zu tun, was sie tut?

**Prigogine:** Wieder stellen Sie eine sehr schwierige Frage. Ich gebe mich mit einem begrenzteren, aber dennoch wichtigen Aspekt zufrieden: Der Existenz dieses gewaltigen Unterschiedes zwischen dem Verhalten von Materie im Gleichgewicht und fern vom Gleichgewicht. Es ist bekannt, daß im Gleichgewichtszustand jedes Teilchen von anderen Teilchen umgeben ist, aber es existieren nur sehr schwache kurzreichende Kräfte, und jedes Teilchen "sieht" nur seinen Nachbarn. Wir wissen, daß unter Ungleichgewichts-Bedingungen für makroskopische Entfernungen und Zeitspannen weitreichende Korrelationen beobachtet werden können. Daher mögen wir, im Gegensatz dazu, behaupten, die Materie sei am Gleichgewichtspunkt blind.

**Weber:** Hierbei handelt es sich um den Zustand der Materie, den Sie in Ihrem Buch "Dialog mit der Natur" "Hypnone" oder "Schlafwandler" nennen.

**Prigogine:** Ja. Wenn sich die Materie im Gleichgewicht befindet, wird sie von "Hypnonen" gebildet. Im Gegensatz dazu mögen, sobald die Materie durch Ungleichgewichts-Bedingungen gestört wird, weitreichende Korrelationen auftreten. Es mag nicht wünschenswert erscheinen, einen Neologismus wie "Hypnonen" einzuführen. Dies läßt sich tatsächlich auf einige technische Probleme zurückführen, die wir zum Großteil seit dem Erscheinen unseres Buches geklärt haben. Wir wollten betonen, daß das Grundelement nicht länger eine punktförmige Bahn (oder eine Wellenfunktion, im Falle der Quantenmechanik) darstellt, denn in dem Fall gäbe es in der grundlegenden Beschreibung keine Irreversibilität. Wir wissen, was Hypnonen in der klassischen Mechanik sein könnten. Es handelt sich um Bündel von Bahnen in destabilen dynamischen Systemen, die sich nicht durch aufeinander folgende Beobachtungen unterscheiden lassen. Das Hypnon ist im wesentlichen ein delokalisiertes Objekt mit gebrochener Zeitsymmetrie.

**Weber:** Aber wenn ich meine Frage einfacher formulierte, würde dann Ihre Art und Weise, über die Materie zu sprechen, nicht dem ähneln, was David Bohm gesagt hat, nämlich, daß die Materie "lebendig" sei. Oder ist das für Sie zu anthropomorph.

**Prigogine:** Es ist nicht nur zu anthropomorph, es verschleiert die Frage. Ich möchte eine andere Art von Verhalten betonen: Materie, die sich im Gleichgewicht befindet und Materie, die sich nicht im Gleichgewicht befindet, besitzt nämlich unterschiedliche Eigenschaften. Aufgrund des Nichtgleichgewichts kann es Zustände der Komplexifikation und Kooperation geben. Aber unter Gleichgewichtsbedingungen verhält sich die Materie nicht so.

Allerdings kann ich die Beziehung meiner Annahmen zu dem, was Bohm sagt, nicht diskutieren, denn ich habe ihn nicht genau verstanden. Wenn ich ihn höre oder lese, scheinen mir seine Ausführungen sehr konservativ, gerade hinsichtlich seiner starken Betonung des Einfaltens und Entfaltens. Meiner Meinung nach ist das Einfalten und Entfalten genauso konservativ wie sein Standpunkt zu den verborgenen Variablen. Man stößt immer wieder auf etwas, das existiert und sich dann entwickelt. Die verborgenen Variablen sind vorhanden, und wären wir nicht so beschränkt, könnten wir sie erkennen. Trotz der großen Originalität und trotz vieler Dinge, die ich an Bohms Ansichten schätze, spüre ich dennoch, daß er versucht, zu der klassischen Transparenz zurückzukommen.

**Weber:** Ich kann dem, was Sie sagen, folgen. Der Punkt, der für Sie konservativ und nicht akzeptabel ist, liegt darin, wenn etwas in der impliziten Ordnung vorhanden ist, dies schon in irgendeinem Bereich zuvor existent war. Ihre Auffassung ist, die Ordnung sei buchstäblich in dem Moment geschaffen worden.

**Prigogine:** Genau, genau. Die Zeit ist die Schöpfung. Die Zukunft ist einfach noch nicht *vorhanden.* Ich entwickle eine Vorstellung von der Zeit, die sich von der klassischen aristotelischen Untergliederung in Vergangenheit, Gegenwart und Zukunft als einer geraden Linie, wobei die Gegenwart ein Punkt ist, der Vergangenheit und Zukunft voneinander trennt, unterscheidet. Die klassische Auffassung läßt sich nur sehr schwer aufrechterhalten, denn die Gegenwart wäre dann nur ein Punkt. Aber wenn die Gegenwart nur ein Punkt wäre, wie könnte sie dann Gegenwart und Zukunft voneinander trennen? Gewissermaßen sind es Vergangenheit und Zukunft, die wirklich existent sind, nicht die Gegenwart. Letztlich kommt man zu dem gleichen Schluß wie Leibniz: Die Welt des unmittelbaren Bewußtseins ist auch das Unbewußte. Aber wenn wir den zweiten Hauptsatz der Thermodynamik mit einschließen, dann erhalten wir eine Auffassung von der Zeit, in der die Vergangenheit vorhanden ist, die Gegenwart eine endliche Dauer besitzt, und in der es die Zukunft noch nicht gibt. Es handelt sich um ein Naturverständnis, das dem der biologischen Zeit sehr ähnelt.

Heidegger hat dieses Problem sehr klar beschrieben; in der Wissenschaft gibt es im Sein oder Werden kein zeitliches Element, denn das Werden stellt einfach nur ein Abbild dessen dar, was bereits in der Gegenwart vorhanden ist. Genau das finde ich in Bohms Überlegungen wieder. Die Auffassung, die ich vertrete, ist unterschiedlich. Wir stoßen hier an die Grenzen der Wissenschaft. Das, was sich bereits etabliert hat, ist die konstruktive Rolle irreversibler Kräfte. Hier gehe ich noch darüber hinaus. Ich behaupte, die Physik wird selbst eine Physik der irreversiblen Prozesse werden, in der die klassische Physik oder die Quantentheorie als Vereinfachung erscheinen werden, die für sehr einfache Systeme Gültigkeit besitzen, aber nicht länger Prototypen des physikalischen Wissens darstellen, wie es gegenwärtig der Fall ist.

**Weber:** Sie sehen das schöpferische Universum als primär an und alles andere als eine Abstraktion dessen, beinahe als dessen Versteinerung.

**Prigogine:** Ja. Eine Versteinerung oder eine Vereinfachung.

**Weber:** Sie haben betont, die Welt der Physik oder die Aktivitäten der Physiker ließen sich nicht von der Welt des menschlichen Alltags, von Psychologie, Politik usw. trennen. Glauben Sie, man hat auf die Irreversibilität so abschätzig herabgeschaut, weil sie uns an *unseren*

Tod und unsere Endlichkeit erinnert?

**Prigogine:** Ich neige der Auffassung zu, die Wissenschaft als tief in der sozialen Geschichte verwurzelt anzusehen. Die westliche Wissenschaft ist in einer Zeit absoluter Monarchien entstanden. Die Vorstellung war weit verbreitet, daß der Monarch, wie Gott und wie der Wissenschaftler, ewige Weisheit besäße, und daher müsse die Wahrheit ewig und unveränderlich sein. Das Universum mußte den ewigen Gesetzen genügen. Wo könnte der Sinn für eine Unbeständigkeit des göttlichen Geistes liegen? Was könnte der Sinn einer Unbeständigkeit im Geist eines Wissenschaftlers sein, der in gewisser Hinsicht als Repräsentant einer höheren Erkenntnis anzusehen war? Glücklicherweise vermochte sich diese Haltung zuerst durchzusetzen, denn sie hat es uns ermöglicht, sehr einfache Systeme zu studieren. Wenn wir sofort damit begonnen hätten, sehr komplexe Systeme zu betrachten, hätte sich die moderne Wissenschaft vielleicht niemals entwickelt. Wir wären in der Periode des Aristoteles zurückgeblieben. Daher ist es sehr schwer zu entscheiden, warum die Irreversibilität unbeachtet blieb. Es ist jedoch recht bemerkenswert, daß dieses Interesse an komplexen Systemen, an der Zeit, an neuen Visionen von Transformationen in der menschlichen Gesellschaft, gerade in einer Übergangszeit auftaucht.

**Weber:** Jetzt, im 20. Jahrhundert.

**Prigogine:** Ja, in dem Augenblick, in dem die Bevölkerungsdichte einen neuen Dialog zwischen dem Menschen und der Natur erforderlich macht. Es ist sehr interessant, daß wir jetzt beginnen, viel komplexere Systeme verstehen zu können: klimatische Systeme, metereologische Systeme, die Erdgeschichte. Wir entdecken mehr, als es je zuvor möglich gewesen war. Das könnte uns ein Wissen bringen, das sehr wichtig für das ist, was meiner Meinung nach letztlich das Ziel der Wissenschaft darstellt: die Verbesserung der menschlichen Lebensbedingungen.

**Weber:** Eine der schönsten Formulierungen in Ihrem Buch lautet: "Die Wiederverzauberung der Natur". In welcher Hinsicht stellt die dynamische Sicht des Universums, die Sie beschreiben, eine Wiederverzauberung der Natur dar?

**Prigogine:** Weil sie uns die Vielfalt zurückbringt und daher auch das Unerwartete. Lévy-Bruhl und Dürckheim haben vor ca. 40 Jahren gesagt, nichts könne den rationalen westlichen Menschen wirklich erstaunen, denn er weiß, daß sich alles, was *er* sieht, auf die fundamentalen Naturgesetze, die er bereits entdeckt hat, zurückführen läßt. Genau diese Haltung wurde erschüttert; nicht nur im Bereich der Hochenergiephysik, der Elementarteilchen – die eine ganz andere Struktur besitzen als wir erwartet haben – oder im Bereich der Kosmologie, sondern auch in unserem eigenen Bereich. Die Moleküle, die uns umgeben, Turbulenzen, chemische Uhren, biologische Uhren, zeigen ein Verhalten der Materie, das ganz anders ist als jenes, das die klassische Sichtweise vertrat. Um uns herum blüht ein neues Interesse an der Natur auf. Es handelt sich hierbei um ein sehr wichtiges Phänomen, denn Wissenschaft zu betreiben heißt, letztlich für die Welt um uns herum offen zu sein, die Welt des Menschen eingeschlossen. Das ist eine Art von Wiederverzauberung, denn man findet zu neuen Möglichkeiten. Zuvor lagen die einzigen interessanten Gebiete in der Hochenergiephysik und der Kosmologie. Aber das ist für eine größer werdende Minderheit, die vielleicht schon zu einer Mehrheit angewachsen ist, nicht länger der Fall.

**Weber:** Ich nehme an, die Entzauberung und Desillusionierung kann auf die Tatsache zurückgeführt werden, daß ein Großteil der Wissenschaftler an Vorhersage und Kontrolle interessiert war, nicht an einem Verständnis und an der Poesie des Ganzen. Betonen Sie nun das Gegenteil?

**Prigogine:** Ja, genau. Wenn man einmal weiß, daß alles kontrolliert und durch einige wenige Gesetzmäßigkeiten vorhergesagt werden kann, wofür soll man dann noch ein Interesse aufbringen? Um nur zu enthüllen, was ohnehin schon klar ist?

**Weber:** Ich glaube, Einstein hätte geantwortet: Um das Ganze, um alle Gesetze zu vereinheitlichen. Die vier grundlegenden Gesetze, die die Physik augenblicklich kennt, heißen: Gravitation, Elektromagnetismus und die starken und schwachen Kernkräfte.

**Prigogine:** Viele Physiker sind heutzutage fasziniert von der "Großen Vereinheitlichungstheorie". Aber wir wissen noch nicht, wie sich die zeitliche Dimension integrieren läßt, die so wesentlich für die menschliche Erfahrung ist. Diese Vereinheitlichung würde bei sehr hohen Energien auftreten und in den allerersten Bruchteilen von einigen Tausend Millisekunden, beim Entstehen des Universums. Mit anderen Worten, sie wird keinen großen Wert für unser Leben haben. Der Traum von der Ewigkeit und der Vereinheitlichung ist ein Traum Newtons. Es handelt sich um einen Traum von einem unendlichen Universum, in dem es keine Struktur und keinen Platz für den Menschen gibt.

**Weber:** Das Makroskopische war bisher, *mangels eines besseren Wissens (faute de mieux),* zweitrangig. Aber Sie behaupten, es besitze einen wirklichen Wert, es sei kein Stiefkind der Wissenschaft.

**Prigogine:** Nein, denn die konzeptionelle Struktur der neuen makroskopischen Beschreibung hat Eigenschaften wie Irreversibilität enthüllt, deren präzisere Formulierung auf einer grundsätzlichen Ebene, wie jener der Allgemeinen Relativitätstheorie oder der Großen Vereinheitlichungstheorie noch aussteht.

**Weber:** Sie sprechen über die Symbole der Wissenschaft: die Uhr im 17. Jahrhundert und die Wärmekraftmaschine im 19. Jahrhundert. Was ist unser Symbol? Was repräsentiert das 20. Jahrhundert? Sie haben darauf hingewiesen, es handele sich eher um ein Kunstwerk, den Tanz Shivas. Warum wäre die Kunst das Symbol für die Wissenschaft unserer Epoche?

**Prigogine:** Die Kunst bildet im wesentlichen einen Ausdruck für etwas sehr Grundlegendes in der Natur. In der Kunst erkennen wir die Irreversibilität und Unberechenbarkeit. Charakteristika, die wir heute gerne dem Universum sowie einem Kunstwerk zuschreiben möchten.

**Weber:** Sie unterstützen wahrscheinlich nicht die Aussage, der Bildhauer lege eine Statue nur frei, indem er entfernt, was schon immer vorhanden gewesen ist, und so die Statue enthüllt.

**Prigogine:** Nein. Mein Standpunkt ist, daß wir gerade durch unsere Existenz die zeitliche Symmetrie durchbrochen haben und diese unterbrochene Symmetrie in uns natürlich viel intensiver vorhanden ist als in irgendeinem anderen Objekt im Universum. Daraus resultierend meine ich, die Skulptur läßt sich als eine Übermittlung des Zeitpfeiles an den Stein verstehen. Mit anderen Worten, wir manifestieren zuerst unsere Anwesenheit, weisen dem Stein ein Datum zu. Die Skulptur dient uns als Schreibmittel. Man kann das sehr schön in prähistorischen Skulpturen erkennen. Die erste Manifestation dessen, was später zu einer Skulptur in einer reineren Form als der eines Werkzeuges werden sollte – Werkzeuge sind natürlich auch eine Kunstform, besonders in dieser späteren Periode – sind eine bestimmte Art prähistorischer Felslöcher. Es handelt sich hierbei um kleine Löcher, die vor hunderttausend Jahren in Felsen gehauen worden sind. Wir wissen nicht, worin die Bedeutung dieser ganzen oder halben Löcher liegt. Handelt es sich um eine Ruhestätte für die Toten? Stellen sie einfach Zeichen für die Anwesenheit von Menschen dar? Es gibt sicher Objekte, die den Verlauf der menschlichen Existenz festhalten, da sie eine längere Lebensdauer besitzen. Ich betrachte die Kunst aus einer zeitlichen Perspektive. Aber das sind alles sehr komplexe Fragen, und ich möchte diesbezüglich nicht zu dogmatisch klingen.

**Weber:** Es ist faszinierend, dies mit dem, was wir zuvor gesagt haben, in Beziehung zu setzen. Könnte die Wissenschaft nun durch den Tanz Shivas symbolisiert werden?

**Prigogine:** Ja, Ewigkeit und Zeit.

**Weber:** Shiva wird traditionellerweise immer als Zerstörer interpretiert, aber buddhistische Gelehrte wie Lama Govinda haben betont, diese Interpretation sei nicht korrekt. Govinda schlägt vor, Shiva sollte als Transformator bezeichnet werden, als das dynamische Prinzip in der Kosmologie. Das stünde mit ihren Ausführungen eher in Einklang.

**Prigogine:** Ja. Ich habe von meinen indischen Freunden gelernt, daß

Shiva ein Musikinstrument, eine Trommel, in der einen Hand hält und eine Flamme in der anderen. Die Flamme bedeutet Zerstörung, die Trommel Schöpfung. Der Geist vereint sowohl Zerstörung als auch Schöpfung.

**Weber:** In Ihrer Arbeit wird die Geburt, die Manifestation und der Tod aller Dinge, vom kleinsten Materieteilchen angefangen, bis hin zu den Galaxien und zu uns selbst als eine Art kreativer Tanz beschworen. Bedeutet in Ihrem System der Tod, unser Tod, eine Störung im System oder die Zerstörung eines Systems?

**Prigogine:** Ich kann dazu nichts sagen. Ich glaube, wir leben in einer Welt, die uns nicht überlassen wurde. Sie zeigt sich uns nicht als offenes Buch, das wir lesen und in dem wir dieses oder jenes Kapitel aufschlagen können. Wir besitzen Hinweise und Fragmente. Aber um zu wissen, wie man damit zu einem allgemeinen Bild kommen könnte, würde man ein anders geartetes Wissen benötigen oder wenigstens ein vollständigeres Wissen als jenes, auf das wir zurückgreifen können. Ich würde nicht notwendigerweise davon ausgehen, daß ein transzendentes Wissen erforderlich wäre, aber ich bin fest davon überzeugt, daß wir gerade in der Vorgeschichte eines Verstehens des Universums leben. Die Wissenschaft ist ein sehr junges Unternehmen. Vom Standpunkt der Wissenschaft aus betrachtet, scheint es mir völlig unangemessen, zum gegenwärtigen Zeitpunkt eine Antwort auf diese Frage zu suchen. Nun glaube ich, oder ich spüre es zumindest, daß meine Auffassung über unsere Verbindung zur Zeit und Irreversibilität dem menschlichen Leben einen höheren Sinn verleiht, indem sie zeigt, daß wir in etwas eingebettet sind, das wir auch in uns erkennen können.

**Weber:** Ich verstehe. Unter den Menschen vertreten einige die Meinung – z.B. die Buddhisten und David Bohm – das menschliche Leid und die damit im Zusammenhang stehenden Probleme ließen sich auf die Tatsache zurückführen, daß wir nicht genau das gelernt haben, was andere Systeme kennen, nämlich dynamisch zu leben: Jede Millisekunde entstehen, manifestieren und vergehen zulassen, ohne daß etwas bleibt. So zu leben wäre, psychologisch gesehen, ein Analogon zu den Nichtgleichgewichtssystemen, die Sie beschreiben – dynamisch und sich ständig reorganisierend.

**Prigogine:** Ein Teil unseres Leidens und unseres dogmatischen Verhaltens resultiert aus einer Überschätzung der menschlichen Vernunft. Die menschliche Vernunft stellt natürlich ein sehr wichtiges Element dar, das dem menschlichen Leben seine einzigartige Würze verleiht. Aber sie kann zu manchen seltsamen Verhaltensweisen führen. Kant war von der menschlichen Vernunft besessen und vertrat die Überzeugung, sie habe der Vernunft der Planeten zu folgen. Darum machte er seinen berühmten täglichen Spaziergang immer zur gleichen Zeit, um die Vernunft der Planeten zu imitieren. Samuel Bekkett läßt in einem seiner Stücke alle paar Minuten einen Mann auf der Bühne erscheinen, der sich umschaut und wieder verschwindet. Man hält dies für eine Anspielung auf die menschliche Vernunft. Die Vorstellungen der klassischen Wissenschaft mit ihrem Determinismus, die die Möglichkeit eines absoluten Wissens implizieren, führen zu Intoleranz und letztlich zur Gewalt. Ich meine, die Idee einer begrenzten Vernunft spiegelt unsere Lage viel deutlicher wider. Natürlich liegt hier einer der Gründe, weshalb die stochastischen Beschreibungen der Physik – in der Quantenmechanik oder dem Zeitkonzept neueren Ursprungs, das wir zuvor diskutiert haben – oft hart angegriffen wurden. Klassischer Rationalismus führt leicht zu einer Vorstellung vom Supermann, einer Art James Bond, der unter allen Umständen weiß, was zu tun ist. Wir müssen in einer pluralistischen Welt leben und diese akzeptieren, die begrenzte Rationalität eingeschlossen. Das heißt nicht Versagen.

Ich bin sehr an Insektenvölkern interessiert. Ich wurde schon immer durch die Tatsache beeindruckt, daß Insekten, wie Ameisen, ökologisch betrachtet enorm erfolgreich sind. Nach heutigen Schätzungen kommen auf jeden Menschen Millionen von Ameisen. Daher ist die Gesamtmasse der Ameisen wahrscheinlich größer als die Masse der Menschen. Und sie können für sich einen sehr viel größeren ökologischen Erfolg in Anspruch nehmen als die Menschheit im 20. Jahrhundert. Dieser Erfolg ist besonders erstaunlich, da jede Ameise nur eine sehr begrenzte Vernunft besitzt. Sie ist ein ziemlich dummes kleines Tier, aber stark auf die Außenwelt orientiert und beobachtet offensichtlich genau, was vorgeht, und ist in der Lage, die Eindrücke, die sie von der Außenwelt empfängt, dadurch zu verstärken, daß sie diese den anderen Mitgliedern der Insektengesellschaft vermittelt. Daher heißt begrenzte Vernunft noch lange nicht Versagen. Ich bin mir bewußt, daß es sich hierbei um einen radikalen Standpunkt handelt. Aber ich glaube in der Tat, die Überschätzung des Einflusses der menschlichen Vernunft bildet einen der Gründe für Intoleranz und eine mythologische Sicht der Welt, die wahrscheinlich hinter ideologischen Reibereien steht.

**Weber:** Sie führen das Problem auf die Vernunft zurück. Andere mögen vielleicht behaupten, es liege an einem Mangel an Vernunft, einem dogmatischen Glauben, daß Kriege und Intoleranz auftraten.

**Prigogine:** Ja. Ich habe keine Einwände. Sie können es “begrenzte” oder “erneuerte” Vernunft nennen. In vielen Fällen drückt es eine subtilere Einstellung zur Natur aus als jene, die auf ewigen Gesetzen und absoluter Wahrheit beruht. Diese neue Form der Vernunft wurde in Frankreich, dem Land Descartes, nicht gut aufgenommen, da sie mit einer Form von Kulturfeindlichkeit in Verbindung gebracht werden könnte, die natürlich nicht gemeint ist.

**Weber:** Sie sprechen von einer selbstkritischen Vernunft, die sich ihrer Grenzen bewußt ist. Dies wird dann zur Offenheit führen.

**Prigogine:** Ja.

**Weber:** Ich kann verstehen, warum sich die Franzosen ein wenig unwohl bei einigen ihrer Theorien fühlen, weil ich, wenigstens emotional, dieses Unwohlsein teile. Wenn das Universum etwas darstellt, das sich selbst während seiner Entwicklung erzeugt, scheint dies, als ob der Boden unter den Füßen weggezogen würde. Dieses Bild erzeugt ein Gefühl von Unsicherheit und Aufregung. Wir wissen nicht, was das Universum tun wird, bis es eben so agiert. Es gibt keine Archetypen, keine Götter, keine platonischen Ideen, keine ewigen Gesetze, keine Immanenz in den Dingen, keine implizite Ordnung. Das erscheint öde und leer.

**Prigogine:** Ja, ich kann diese Reaktion verstehen. Lassen Sie mich von zwei Ebenen her antworten. Erstens beschreibe ich das Universum nicht so, wie ich es gerne haben möchte. Ich versuche, die Evolution der Wissenschaft zu diesem Zeitpunkt zu beschreiben. Um auf den Anfang unserer Diskussion zurückzukommen: Warum haben wir in der Mitte unseres Jahrhunderts instabile Elementarteilchen entdeckt? Warum haben wir entdeckt, daß sich die Galaxien voneinander entfernen; es eine Mikrowellenstrahlung gibt; chemische Uhren vorhanden sind? Alles das verändert unseren Blickwinkel, und wegen des Einflusses dieses ganzen Wissens können wir die Veränderung unserer Sichtweise nicht vermeiden. Ich versuche auf eine etwas systematischere Art und Weise auszudrücken, wie dieser Blickwinkel aussehen könnte, und meine eigene Arbeit damit in Beziehung zu setzen. Wir erwählen nicht die Welt, in der wir leben.

Die zweite Ebene liegt in dem Vergleich dieser Sicht mit anderen Lösungen. Wenn wir die Welt im klassischen Sinne als deterministisch ansehen, welche Rolle in dieser Welt würde uns zugewiesen werden? Es hieße eine Rolle zu spielen, die bereits festgelegt wurde, die wir aber nicht kennen. Das scheint mir noch viel schwerer zu akzeptieren – ohne darum zu wissen, sind wir eine Art niedere Maschine. Wir folgen einfach irgendeinem großen Plan, in den wir nicht eingeweiht wurden; wir sind einfach so beschaffen, diesem Plan zu folgen. Das kommt mir eher abstoßend vor, wenn ich mich so ausdrücken darf.

**Weber:** Andererseits haben Menschen wie Pythagoras, Platon und Giordano Bruno die Meinung vertreten, Regelmäßigkeit deute weniger auf Determinismus als auf eine Erhöhung hin, denn der göttliche Geist befand sich, wie wir es ausgedrückt haben, noch auf der Bühne. Sie kamen sich nicht wie Marionetten vor, eher wie Tänzer, die den kosmischen Tanz selbst tanzen. Die Tatsache, im Einklang damit zu leben, schien ihnen erhebend und nicht bedrückend. Die buddhistische Kosmologie vertritt die Meinung, einige Menschen würden ein multidimensionales Bewußtsein erfahren, bei dem es, im Gegensatz zu dem dreidimensionalen Cartesianischen Bewußtsein möglich wird, das, was uns als Zeit erscheint, in Raum umzuwandeln. Wenn man weit genug zurücktritt, erfährt man die Zeit und den Zeitpfeil nicht in ihrem Verlauf sondern gleichzeitig als bewußte und gegenwärtige Erfahrung. Die Zeit wird in Raum umgewandelt. Können Sie dies kommentieren?

**Prigogine:** Dem kann ich zustimmen. In der "Benard-Instabilität" erkennen wir weitreichende Korrelationen zwischen den Konvektionsströmen, die in erhitzten dünnen Flüssigkeitsschichten auftreten. Hier wird Zeit in Raum transformiert. Mein Kollege Serge Pahaut hat mich vor kurzem wieder an den herrlichen Satz von *Parzifal* erinnert "Zeit wird hier zum Raum". Tatsächlich läßt sich das Leben und sogar die Existenz des Universums als Inschrift für die zeitliche Irreversibilität in Raum und Materie ansehen, aber dieses Thema verschieben wir besser auf eine andere Diskussion. Zeit besitzt zuweilen viel komplexere Eigenschaften als die Zahl, die Sie auf ihrer Uhr ablesen. Natürlich muß sie immer im Gleichtakt mit der Uhr bleiben, aber nicht viel mehr. In unseren jüngsten Arbeiten haben mein Kollege Misra und ich die Idee der inneren Zeit eingeführt. Diese innere Zeit kann nicht völlig unabhängig von der astronomischen Zeit sein, denn wir leben in einem einzigen Universum. Die Dinge müssen synchron sein. Daher muß die Veränderung der durchschnittlichen inneren Zeit mit der Zeit der Planeten, mit der Zeit auf der Uhr in Beziehung stehen. Jedoch mag der Ablauf dieser Zeit im Detail unglaublich kompliziert sein. Möglicherweise läuft sie vielleicht nicht nur vorwärts, sondern zum Teil rückwärts. Und sie mag tatsächlich die Simultanität, von der Sie sprechen, mehr oder weniger qualitativ enthalten; es gibt also eine Menge von Möglichkeiten. Man könnte den Raum als eine Verwirklichung oder Vision der inneren

Zeit ansehen. Mit anderen Worten, diese innere Zeit läuft grundsätzlich vorwärts, aber in ihr können auch Elemente wiedergewonnen werden, die der Vergangenheit entstammen, und das beste Analogon dafür stellt die Zeit in der Musik dar. Wenn man eine Sonate spielt, stößt man an einem bestimmten Punkt auf eine Wiederholung. Allerdings handelt es sich nicht um eine wirkliche Wiederholung, denn wenn dem so wäre, würde das Ganze zyklisch ablaufen. Es würde immer und immer wieder von vorne beginnen, aber die Zeit kann nicht zyklisch sein, denn das würde die Idee von einer einzigen Richtung verletzen. Jedoch könnten dadurch Elemente auftauchen, die bereits in der Vergangenheit vorhanden waren.

**Weber:** Die Tatsache, daß ein musikalisches Thema wiederholt wird, führt zu einer unterschiedlichen Erfahrung, denn man hat es schon einmal gehört.

**Prigogine:** Genau. Sie haben vollkommen recht.

**Weber:** Auch die Tatsache, es zum zweiten oder dritten Mal zu hören, ist doch nie genau dasselbe, auch wenn es sich um das gleiche Musikstück handelt.

**Prigogine:** Ja, es ist nicht das gleiche. Daher ist die innere Zeit vielleicht eine freiere Zeit. Wenn wir eine Innenwelt schaffen, dann betonen wir auch die Autonomie des Menschen.

**Weber:** Meine letzte Frage ist eine schwierige Frage, die direkt von Heidegger stammt. In "Sein und Zeit" stellt er folgende Frage: "Warum gibt es etwas und nichts?"

**Prigogine:** Sind Sie sicher, daß diese Frage einen Sinn macht? Vielleicht wurde sie aus der Sicht eines Wesens außerhalb von dieser Welt gestellt, eines Wesens, das sich vor die Wahl gestellt sah, diese Welt zu schaffen oder nicht zu schaffen. Für uns betrachtet, scheint mir diese Frage bedeutungslos. Dennoch läßt sich ein starker Impuls verfolgen – der von den Neanderthalern bis in unser Jahrhundert reicht – die Umwelt, in die wir gestoßen wurden, zu erforschen. Lassen Sie uns hoffen, daß Verbesserungen hinsichtlich der allgemeinen Lebensbedingungen der Menschheit uns auf diesem Weg weiter voranbringen werden.

*Wenn wir uns sicher wären, was in der ersten Sekunde geschehen ist... hätten wir alle Probleme gelöst, und alles wäre ziemlich langweilig.*

Stephen Hawking

*Wenn Sie behaupten würden, es gebe unveränderliche und ewig geltende Gesetze für Moleküle und Atome, wie würden Sie dann argumentieren, wenn man das Ganze bis zu einer Zeit vor der Existenz der Atome und Moleküle zurückverfolgen würde.*

David Bohm

*Ich bin fest davon überzeugt, daß wir gerade in der Vorgeschichte zu einem Verstehen des Universums leben.*

Ilya Prigogine

*Das Rätsel besteht in der Frage: Was geschah, bevor die Zeit anfing.*

David Bohm

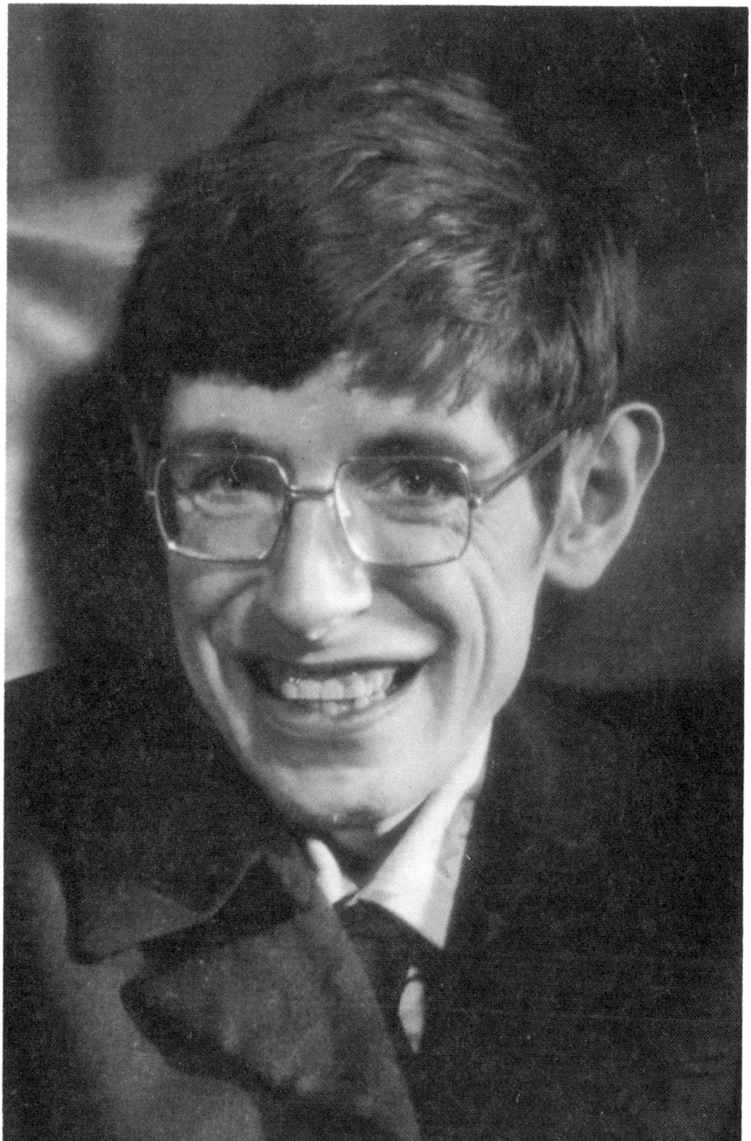

STEPHEN HAWKING

Kapitel XI

# BESITZT DAS UNIVERSUM EINEN RAND, GIBT ES AUCH EINEN GOTT

Stephen Hawking

*Der philosophische Gehalt einer Wissenschaft wird nur gewahrt, wenn sich die Wissenschaft ihrer Grenzen bewußt ist.*

Heisenberg

Er lebt in einem genau begrenzten Raum und gleichzeitig in einem Raum von phantastischen Ausmaßen, insofern entspricht er sowohl einem Zen-Paradox als auch einem der Paradoxa, die die Quantenmechanik umgeben. Es ist mir bei den Nachforschungen über Stephen Hawkings Werdegang gelungen, seiner physischen Konstitution nicht zu erlauben, das Bild zu beherrschen, das ich mir von ihm machte. So möchte ich auch vermeiden, daß seine Konstitution das Bild des Lesers von dem Mann beherrscht, der von vielen als der größte Denker in der Physik seit Einstein angesehen wird. Ich erneuerte diesen Beschluß während der Zugfahrt nach Cambridge, nachdem ich schon durch viele Artikel über Hawking vorbereitet worden war, in denen seine Krankheit das Hauptthema darstellte. Als ich an einem angenehm kühlen Nachmittag, im Juli 1985, durch die Universitätsstadt ging, versuchte ich etwas von der Atmosphäre Cambridges aufzufangen, wo Stephen Hawking den größten Teil seines Berufslebens verbracht hatte. Cambridge ist eine schöne und bedeutende Universitätsstadt, die vollständig nach den Bedürfnissen ihrer Lehrer und Schüler gebaut worden ist.

Dennoch wich mein Beschluß vor der physischen Realität zurück, als ich Stephen Hawking später an diesem Nachmittag persönlich in seinem Büro gegenüberstehe. Es ist unmöglich, diesen Eindruck auszuschalten.

Hawking kam ziemlich spät in seinem motorisierten Rollstuhl an, wobei er selbst die Steuervorrichtung bediente, die es ihm erlaubt, täglich die halbe Meile von seiner Wohnung bis zum Büro zurückzulegen. Trotz der vielen Berichte über seinen Zustand, die mich vorbereitet haben sollten, war ich dennoch nicht darauf gefaßt. Der Grund lag weniger in seiner fast völligen Bewegungsunfähigkeit – von seiner Krankheit sind alle Gliedmaßen betroffen – als in seiner Mühe zu sprechen. Ohne die Unterstützung Colin Williams, seines jungen "Übersetzers", wäre kein Interview möglich gewesen. Dennoch hat sich mein Bild von Hawking am Ende unserer gemeinsamen Zeit drastisch verändert.

Hawking erschien in seinem Büro und war wie immer ziemlich förmlich gekleidet: Graue Hose, Sportjacket, Hemd und Krawatte. Er ist schlank und wirkt ein wenig schwach, er hat ein längliches, jugendliches Gesicht, das jünger als seine 40 Jahre wirkt; seine Arme und Beine lagen schlaff und unbewegt auf seinem Rollstuhl, betroffen von der unheilbaren und fortschreitenden motorisch-neuronalen Krankheit (Amyotrope laterale Sklerose), die seinen Körper seit seinen frühen Zwanzigern befallen hat. Aber wenn auch sein Körper unterlegen ist, haben sein Verstand und sein Gehirn diesem Schicksal doch widerstanden. Zudem blieb sein Gesicht von der Krankheit bis zu einem gewissen Grad verschont, obwohl es in der Mimik durch die Lähmung beeinträchtigt worden ist. Man steht einem außergewöhnlichen Gesicht gegenüber: Grau-blaue Augen hinter dicken, großmütterlich wirkenden Brillengläsern, ein breiter Mund, der an diesem Nachmittag nur gelegentlich ein Lächeln zeigte – alles bekränzt von dünnem, braunem Haar, das im Beatles-Look geschnitten war, mit langen Strähnen, die seine Stirn bedeckten. Meine Augen wurden wiederholt von seinen Händen angezogen, die, obwohl sie kraftlos auf seinem Schoß lagen, die Handgelenke gekreuzt und unfähig, länger der Steuerung seines

Willens zu gehorchen, schlank, feinfühlig und schön wirkten.

Hawking, der an seinem Schreibtisch saß, an seiner Seite Colin Williams, hörte nicht nur meinen Fragen konzentriert zu, sondern achtete auch auf die Übersetzung seiner Antworten, die Williams ununterbrochen weitervermittelte. Bei den wenigen Anlässen, bei denen er nicht zufrieden war, bat Hawking Williams, seine Aussagen neu zu formulieren. Williams ist ein 25-jähriger englischer Physiker, der seit eineinhalb Jahren Hawking als Forschungsassistent und Übersetzer beisteht. Er schien sich Hawking völlig zu widmen – während der Teepausen las er Hawking jedes Bedürfnis in einer praktischen, unsentimentalen Art und Weise vom Gesicht ab. Die sehr enge Beziehung zwischen den beiden Männern war klar ersichtlich. Williams scheint sich dessen bewußt zu sein, mit und für einen Menschen zu arbeiten, der eine seltene Begabung besitzt, und ist so fein auf seinen Mentor eingestellt, daß er Sprachmuster erkennt, die von einem Außenstehenden nicht verstanden werden können. Die Praxis der verbalen Verständigung kostete Mühe und stellte alle Teilnehmer auf die Probe: Hawking, Williams und den Zuhörer. Trotzdem entstand am Ende eine zusammenhängende Kommunikation, die mich mit der Gewißheit gehen ließ, daß trotz der Hindernisse Hawkings Ansichten richtig wiedergegeben wurden.

Mir wurde bald bewußt, welche überragende Bedeutung die Sprache für Hawking darstellt, denn seine Stimme ist das letzte physische Mittel für ihn, seinen Willen in Handeln umzusetzen. Colin Williams verdeutlichte in einem Augenblick, in dem wir unter vier Augen waren, Hawkings Verletzlichkeit in diesem Punkt. Während seiner vielen Reisen zu Konferenzen wird er von dem Personal der Fluggesellschaften und anderen, denen seine Identität als namhafter Wissenschaftler bekannt ist, mit großem Respekt und Achtung behandelt, aber er wird oft von denen mit Herablassung behandelt, die ihn nicht kennen. Dennoch reist Hawking regelmäßig, führt ein intensives und aktives Leben und erspart sich selbst nichts. Nur wenige Tage zuvor hatte er in Cambridge eine Konferenz veranstaltet, und am Tag nach unserem Interview flog er nach Genf zu einem anderen Treffen.

Er begann unser Interview mit den Worten: "Ich bin heute wirklich nicht in bester Verfassung, denn ich fühle mich müde, ich weiß auch nicht warum", eine Aussage, die Colin Williams dann später bestätigte. Dennoch sprachen wir ununterbrochen eineinhalb Stunden lang, nicht eingerechnet die Teepause, in der wir in den nahen Aufenthaltsraum gingen, der von einer Anzahl junger Physiker besucht wurde, die mit Hawking eine unkomplizierte und freundschaftliche Beziehung zu haben schienen.

In dem beträchtlichen Zeitraum, in dem ich auf Hawkings Kommen wartete, sah ich mir sein Büro an, wobei ich hoffte, irgendeinen Hinweis auf seine Persönlichkeit zu finden. Hawkings Büro, das sich in der Abteilung für angewandte Mathematik und theoretische Physik in der Siver Street, gleich an der Kings's Parade befindet – ein ziemlich schwer zu beschreibender Bau, der nicht die Schönheit der gotischen Architektur besitzt, für die Cambridge berühmt ist – ist einfach und sparsam mit einem Schreibtisch und einigen Stühlen ausgestattet, die so schwer beschreibbar sind wie das ganze Gebäude selbst. Drei Gegenstände zogen meinen Blick an: Die Tafeln, die von einem Ende zum anderen mit Gleichungen beschrieben waren (stand darauf, so fragte ich mich, das Geheimnis der Entstehung des Universums?); eine Photographie Einsteins und ein Kupferstich von Newton an der Wand; ferner die zahllosen Photographien seiner drei hübschen und aufgeweckt blickenden Kinder, die entlang seiner Bücherregale aufgestellt waren. Letztere bedeckten eine ganze Wand, im wesentlichen bestückt mit Büchern über Gravitation, Quantengravitation, das frühe Universum und andere kosmologische Themen.

Ein großes und schön aufgemachtes Poster an der Wand, direkt Hawkings Schreibtisch gegenüber und in seiner Blickrichtung, zog mein Interesse besonders an. Auf ihm stand ein langes Zitat Einsteins, das in feiner Schönschrift auf Pergamentpapier geschrieben war, und das so an eine mittelalterliche Handschrift erinnerte. Es handelte sich um eine oft zitierte Stelle, in der Einstein Gefühle ausdrückte, die an eine beinahe mystische Ehrfurcht vor dem Universum grenzen. So etwas zu sehen überraschte mich, denn ich hatte gelesen, Hawking bezeichne alle Versuche, Wissenschaft und Mystik miteinander in Beziehung zu bringen, als "reinen Unfug". Da Einsteins Poster in unserem Interview ausführlich zur Sprache kam, möchte ich seinen Inhalt zitieren, auch wenn Hawking, wie der Leser noch sehen wird, dessen Botschaft zurückweist. Einstein hatte folgendes geschrieben:

> Das Schönste, was wir erleben können, ist das Geheimnisvolle. Es ist das Grundgefühl, das an der Wiege von wahrer Kunst und Wissenschaft steht. Wer es nicht kennt und sich nicht mehr wundern, nicht mehr staunen kann, der ist sozusagen tot und sein Auge erloschen. Das Wissen um die Existenz des für uns Undurchdringlichen, der Manifestation tiefster Vernunft und leuchtendster Schönheit, die unserer Vernunft nur in ihren primitivsten Formen zugänglich sind, dies Wissen und Fühlen macht wahre Religiosität aus; in diesem Sinne und nur in diesem gehöre ich zu den tief religiösen Menschen. . .
>
> Ein Mensch in ein Teil des Ganzen. . .Er erfährt sich selbst und seine Gedanken und Gefühle als etwas, das vom Rest getrennt ist – als eine Art optischer Täuschung seines Bewußtseins. Diese Täuschung stellt für uns eine Art Gefängnis dar, das sich uns auf unsere persönlichen Bedürnisse und auf die Zuneigung zu einigen wenigen, uns nahestehenden Menschen beschränken läßt. Unsere Aufgabe muß es sein, uns aus diesem Gefängnis zu befreien, indem wir den Kreis unseres Mitgefühls vergrößern und alle Lebewesen und die ganze Natur in ihrer Schönheit aufnehmen. Niemandem ist es möglich, dies völlig zu erreichen, aber das Streben nach einer solchen Tat ist selbst ein Teil der Befreiung und eine Grundlage für die innere Sicherheit. (16)

Nach dem Interview hatte ich mehr Einzelheiten über Hawkings berufliches Leben und seine Biographie zusammengetragen. Wenn an der Unterstützung, die eine Universität ihren Fakultätsmitgliedern gewährt, der Status des jeweiligen Mitglieds an dieser Universität gemessen werden kann, dann hat Cambridge Hawking sicherlich mit Schätzen versehen. Seine Mitarbeiter umgeben ihn ständig: Nicht nur Colin Williams, sondern auch Laura Ward, seine persönliche Sekretärin, mit der ich während der Vorbereitung dieses Besuchs in regelmäßigem Kontakt stand, die seine Post und Termine verwaltet und einen Großteil ihrer Zeit seiner Arbeit zu widmen scheint. Auf meine Bitte hin hatte sie mir folgende biographische Daten über Hawking gegeben:

> Stephen Hawking wurde am 8. Januar 1942 in Oxford geboren. Sein Vater war ein medizinischer Forscher, der sich auf Tropenkrankheiten spezialisiert hatte, seine Mutter war vor ihrer Ehe Steuerprüferin. Er wuchs in Highgate, im Norden Londons, auf. 1952 bis 1959 ging er zur St. Albans Schule. Anschließend erhielt er ein Stipendium für das University College in Oxford. 1962 machte er dort seinen B.A. (*) in Physik und ging dann nach Cambridge, um eine Doktorarbeit bei D.W. Sciama über Schwerkraft und Kosmologie zu schreiben. Ungefähr zu diesem Zeitpunkt entwickelten sich die ersten Anzeichen von A.L.S., der motorisch-neuronalen Krankheit. 1965 heiratete er Jane Wilde und wurde im gleichen Jahr für ein Forschungsstipendium am Gonville and Caius College ausgewählt. Sein erster Sohn Robert wurde 1967 geboren, gefolgt 1970 von seiner Tochter Lucy und 1979 von seinem zweiten Sohn Timmy. Jane, seine ersten zwei Kinder und er verbrachten die Jahre 1974-1975 am California Institute of Technology. Er erhielt 1977 in Cambridge eine Professur und wurde 1979 als Lukas-Professor berufen (d.h. auf den Lehrstuhl, den Isaac Newton selbst innehatte).

Hawkings Liste von Ehrungen und Preisen ist so lang, daß ich hier nur einen kleinen Auszug bringen kann: Fellow of the Royal Society, Eddington Medaille und Hughes Medaille der Royal Astronomical Society, Commander of the British Empire; er wurde in die American Academy of Arts and Sciences aufgenommen, Ehrendoktorwürden von

(*) A.d.Ü.: der B.A. entspricht etwa unserem Diplom

Oxford, Princeton, der Universität von Chicago, Notre Dame University, New York University und so weiter. Seine Veröffentlichungsliste ist enorm lang. *The Large Scale Structure of Spacetime* (zusammen mit G.F.A. Ellis), *General Relativity: An Einstein Centenary Survey* (hrsg. mit W. Israel), *Superspace and Supergravity* (hrsg. mit M. Rocek) und *The Very Early Universe* (hrsg. mit G.W. Gibbons und S.T.C. Siklos) – alles Bücher, die von der Cambridge University Press herausgebracht wurden. Zusätzlich gibt es aus dem Zeitraum von 1965 bis 1985 mehr als hundert Artikel, mit Titeln wie "Cosmological Event Horizons", "Spacetime Foam", "The Cosmological Constant", "The Quantum State of the Universe", "Wave Function of the Universe", "The Unification of Physics", "The Edge of Spacetime" und "The Arrow of Time in Cosmology", um nur die zu zitieren, die bei mir besonders Anklang gefunden haben. Aber es gibt noch ca. neunzig weitere, und sie sind bis heute regelmäßig jedes Jahr erschienen, pro Jahr im Durchschnitt fünf Artikel oder Bücher, eine Leistung auch für jemanden, der weniger große Probleme hat.

Da Hawking, nach diesen Auszügen aus seiner Bibliographie zu urteilen, äußerst produktiv ist, wird sich eine Zusammenfassung seiner Arbeit bestenfalls auf einige wenige grundlegende Gedanken beschränken müssen, auf die Höhepunkte einer Arbeit, die sich mit praktisch jedem wesentlichen Thema beschäftigt hat, das in den letzten 20 Jahren in Physik und Kosmologie aufgetaucht ist. Drei grundlegende Theorien bieten zumindest einen kleinen Einblick in Hawkings Arbeit. Erstens versucht er, die Allgemeine Relativitätstheorie mit der Quantenmechanik zu vereinen. Das hätte einen Ausgleich der Mikrowelt innerhalb des Atoms, die sich bisher der Ordnung und Vorhersagbarkeit entzogen hat, mit der Makrowelt der großen Objekte, wie Sterne oder Galaxien, zur Folge.

Die zweite Theorie, vielleicht Hawkings Hauptinteresse im Augenblick, ist eine Unterabteilung der Astrophysik, die als "das frühe Universum" bekannt ist und mit dem Ursprung des Kosmos zu tun hat, insbesondere mit dem Begriff der Zeit. Hawkings Vorliebe (die einer intellektuellen Besessenheit nahekommt) gilt dem Universum vor ca. 15 Mrd. Jahren, in der ersten Sekunde seiner Existenz. Das aktuelle Thema besteht darin zu erfahren, was zwischen der Geburt des Universums – dem postulierten Urknall – und der ersten Sekunde seiner Expansion passiert ist. Hawking hat, mit anderen Worten, die wahrscheinliche Geschichte des Universums auf die Größenordnung von $10^{-33}$Sekunden nach seiner Entstehung zurückgedrängt, sieht aber die Notwendigkeit, diese weiter bis auf $10^{-43}$ Sekunden zurückzuverfolgen, eine Verkleinerung um den Faktor von einer Milliarde. Stephen Hawking erklärt von diesem ersten, infinitesimal kleinen Teil einer Sekunde nach dem Urknall, er enthalte die Antwort auf alle Fragen über das Universum – das Leben selbst einbezogen.

Hawkings Spekulation, das Universum besitze einen definierten Beginn in der Zeit, basiert selbst auf der Gültigkeit von Einsteins Allgemeiner Relativitätstheorie. Der Zeitraum von drei Sekunden nach dem Urknall stellt kein Problem mehr dar, meint er, aber über die erste entscheidende Sekunde wissen wir nicht sehr viel. Dieser kurze und schwer erfaßbare Zeitraum fasziniert ihn offenbar am stärksten. Andererseits hofft Hawking, es habe gar keinen Urknall gegeben, keinen "Rand" des Universums, der herausgehoben und als Startpunkt (Singularität) angenommen werden kann. Sein Widerstand entspringt dem Glauben, ein Rand setze Gott – oder zumindest ein kausales Prinzip, das als definierter Ausgangspunkt fungiert – voraus. Hawking tendiert eindeutig dazu, dieser Annahme entgegenzutreten, um alternative Hypothesen so weit als möglich zu begünstigen.

Hawkings drittes Hauptinteresse gilt den Schwarzen Löchern. Er hat auf diesem Gebiet so wichtige Beiträge geliefert, daß ein postulierter Effekt seinen Namen trägt – Hawking-Strahlung. Vor Hawkings Arbeiten stellte man sich Schwarze Löcher (Sterne, die unter ihrer eigenen Massenanziehungskraft zusammengebrochen sind) als unsichtbare große Massen einer enorm verdichteter Materie vor, aus deren Schwerkraftbereich nichts entweichen kann, nicht einmal Licht. Als Hawking 1973 ein neues Modell für Schwarze Löcher vorgeschlagen hatte, war die Welt der Astrophysik erstaunt und zunächst skeptisch. Hawkings Berechnungen deuten an, daß Schwarze Löcher, die weit davon entfernt sind, die verbrauchte Materie zu sein, als die man sie sich vorgestellt hatte, möglicherweise in Wirklichkeit "explodieren" und dabei Teilchenströme aussenden. Dieser Vorschlag widersprach der damals vorherrschenden Theorie, daß Schwarze Löcher nichts emittieren könnten und postulierte eine Vielzahl von *kleinen* Schwarzen Löchern, die einen ständigen Teilchenstrom aussenden (Gammastrahlen). Diese Auffassung war so überraschend, daß sich zunächst viele Physiker weigerten, sie zu akzeptieren, aber Hawking berechnete die Einzelheiten sehr gewissenhaft und zeigte, daß es viele kleine Schwarze Löcher geben könnte, die ca. 10 Milliarden Jahre lang existieren, in ihrer Größe winzig sind ($10^{-13}$ cm oder ungefähr die Größe eines Protons) und dennoch eine Milliarde Tonnen mehr als ein Proton wiegen, also ungefähr so schwer wie der höchste Berg der Erde, der Mt. Everest, sind. Er nannte sie Schwarze Miniaturlöcher. Da die Teilchen, die als Hawking–Strahlung ausgesendet werden – subatomare Teilchen – in den Bereich der Quantenmechanik fallen und die Schwarzen Löcher – Makromassen – in die Relativitätstheorie, war Hawking einen Schritt in Richtung auf die erhoffte Vereinigung von Quantenmechanik und Allgemeiner Relativitätstheorie gegangen. Er arbeitet auf eine Hybrid-Theorie hin, die als "Quantisierung der Gravitation" bekannt ist. Stellt sich dieser Weg als erfolgreich heraus, wird er der Lösung eines Problems näher gekommen sein, das die Physiker bis heute herausgefordert hat.

In diesem Interview werden diese drei Worte immer wieder von Hawking verwendet: Rational, logisch und kohärent – Begriffe, die seiner Meinung nach die notwendige Grundlage für jede Wissenschaft bilden. Was die *Einheit* betrifft, die meinem Postulat zufolge sowohl den Zielen der Wissenschaft als auch der Mystik zugrundeliegt, so weist Hawking alle metaphysischen Deutungen dieses Wortes zurück und behandelt es ausschließlich als logischen Begriff. Diese tatsachenorientierte Haltung ist bei Hawking immer gegenwärtig und taucht ständig erneut auf. Trotzdem bin ich darüber erstaunt. Hawkings intellektuelle Brillianz und seine wissenschaftliche Kreativität flößen mir Ehrfurcht ein, und dennoch enttäuscht mich seine philosophische Begrenztheit ein wenig, die Hawking – im Gegensatz zu Einstein, Schrödinger oder Bohm – bewußt seiner Arbeit auferlegt. Etwas vermisse ich an Hawking, was diese anderen Personen besitzen – eine breitere philosophische Dimension, die die Bedeutung und Folgen ihrer Entdeckungen für den Menschen zu erforschen versucht. Vielleicht ist es eine poetische Dimension, die in den Gleichungen etwas jenseits dieser Gleichungen erkennt, die Hawking bewußt als irrelevant für die Arbeit der Wissenschaft ausschließt. In diesem Sinn bin ich ein wenig enttäuscht.

Aber ich verließ ihn bewegt und inspiriert. Dies liegt an dem Menschen selbst, wie auch an seinen beeindruckenden Leistungen. Die ganze Zeit, während ich im Zug zurück nach London fuhr, versuchte ich, diese beiden Impulse in mir auseinanderzuhalten, bis ich plötzlich erkannte, daß, wenn es einen lebenden Beweis für die Macht des Bewußtseins gibt, dieser Beweis Stephen Hawking selbst darstellt. Dies geht weit über die Tatsache hinaus, daß hier ein "perfekter zerebraler Mensch", wie ihn viele Beschreibungen porträtieren, zu finden ist, der durch seinen Zustand von allen gewöhnlichen Verpflichtungen befreit und einzig für das Denken freigestellt ist. Diese Interpretation leidet zu sehr unter dem Cartesianischen Dualismus. Sie schildert Hawking als in einer Materie gefangen, von der man meint, sie fessele ihn an den Rollstuhl und verbanne ihn auf diesen winzigen Ort, den "er" einnimmt. Diese Interpretation spiegelt nur einen naiven Realismus wider, als banalste und oberflächlichste Verständnisebene, auf der diese Betrachtungsweise natürlich schlüssig ist.

Aber aus einer tieferen Sicht heraus bewohnt Hawking einen Raum von überwältigender Größe, denn er scheint nicht nur über den Raum und Überraum unseres Universums "nachzudenken". Dieser Raum ist seine grundlegende Wirklichkeit, auf den seine Energie und gewaltige Intelligenz die meiste Zeit konzentriert sind. Durch eines dieser Paradoxa ausgedrückt, das dem gesunden Menschenverstand völlig zuwiderläuft, – in einer nicht-dualistischen oder spinozischen Sichtweise – *ist* oder *lebt* Hawking *in* einem astronomischen Raum und beschäftigt sich nicht bloß mit ihm als Gedankenobjekt. Wenn die feinstoffliche Materie wirklich existiert, dann expandiert Hawkings Bewußtsein, um in den weiteren Entfernungen, die er täglich durchschreitet, zu konvergieren.

Das ist für mich der Schlüssel zu dem, worüber seine Ärzte, Kollegen und Interviewer rätseln: Die Existenz Hawkings ist ein medizinisches Wunder. Jeder Erwartung zum Trotz hat er Jahrzehnte über die Grenze hinaus weitergelebt, die die Statistiker für alle Opfer von A.L.S. angeben. Hawkings Triumph wurde seinem einzigartigen Antrieb und Willen zugeschrieben und der gleichermaßen seltenen Hingabe seiner Frau, die sich um jeden Preis darum kümmert, daß ihr Mann so normal wie möglich leben kann – zwei Faktoren, die ohne Zweifel größtenteils für Hawkings Ausdauer und Kreativität verantwortlich sind.

Dennoch wollte ich gerne wissen, als ich aus dem Fenster blickte und zusah, wie die Landschaft in der Nähe von Cambridge vorbeiraste, welche Rolle jener dritte Faktor spielt, den jeder um ihn herum vielleicht als selbstverständlich annimmt. In einer mehr als nur metaphorisch gemeinten Hinsicht lebt Hawking in einem unermeßlich großen Raum, wo Größenordnungen von $10^{25}$ normal sind, in dem sich sein Bewußtsein ausdehnt, um ihn zu erforschen, und in dem sein Geist Energie erhält und auflebt. In einem subtileren Sinn ist seine Umgebung weit weniger begrenzt als die der meisten Menschen, die sich nur mit zwei Beinen fortbewegen. Als ich dieses Bild in mir zuließ – das Bild eines Menschen, der zwar begrenzt, aber nicht behindert ist – tauchte in mir rasch ein anderes auf.

Symbolisiert nicht Hawkings Lage das Paradox der Quantenmechanik selbst – der letzte kleine und begrenzte Aspekt des Seins (die Teilchen, die Quarks) trägt eine Unermeßlichkeit in sich? Das winzige Teilchen ist in seiner Größenordnung gewaltig ($10^{-33}$), obwohl es in der Sicht des gesunden Menschenverstandes sehr klein und begrenzt erscheint. Trotz der Tatsache, daß die Paradoxa der Quantenmechanik selten auf die Welt des Makrokosmos übertragen werden, halte ich es für angebracht, sie auf Hawking anzuwenden. Verkörpert er nicht das Paradox der quantenmechanischen Materie selbst, das sich letztlich auf die Frage zuspitzt, ob er ein Teilchen oder eine Welle ist? Obwohl eine solche Frage offiziell in der Welt des Makrokosmos der klassischen Physik nicht erlaubt ist, taucht das Bild des belagerten Titanen auf, den ich gerade verlassen habe und der sich langsam in seinem Rollstuhl hin und her bewegt. Ohne Zweifel ein Teilchen, lokalisiert und begrenzt. Aber was ist mit diesem großartigen Bewußtsein, das die Raum–Zeit gemeistert hat, wie nur wenige seiner zeitgenössischen Kollegen? Sicherlich ist es eine Welle, die sich unbegrenzt ausbreitet, ihr Schicksal in der Hand hat und das Universum auf der Suche nach einem Rand durchstreift, in der Hoffnung, es gebe einen solchen nicht.

**Weber:** Warum zeigen Sie so großes Interesse für das frühe Universum?

**Hawking:** Ich glaube, daß jeder daran interessiert ist, woher er kommt, und wie das Universum entstanden ist.

**Weber:** Können wir unseren Schlüssen trauen, die allein auf Überlegungen beruhen und eine große zeitliche Entfernung zu überbrücken haben?

**Hawking:** Natürlich können wir manchen Dingen mehr trauen als anderen, aber ich glaube, wir können recht zuversichtlich sein, daß wir die Geschichte des Universums bis auf eine Sekunde nach dem Urknall kennen. Was zuvor passiert ist, trägt eher spekulative Züge. Wir haben verschiedene Vorstellungen darüber, die vielleicht alle falsch sind. Aber ich glaube, nach dieser einen Sekunde können wir ziemlich sicher sein, die Theorie zu kennen.

**Weber:** Der Teil, an dem ich am meisten interessiert bin, ist genau diese eine Sekunde.

**Hawking:** Ich glaube, hier haben wir es mit der interessanten Frage zu tun. Aber wenn wir uns der Antwort sicher wären, was in der ersten Sekunde passiert ist, dann wäre das weit weniger interessant, denn wir wüßten dann wirklich alles. Wir hätten dann alle Probleme gelöst, und es wäre ziemlich langweilig.

**Weber:** Müßten wir nicht das Problem lösen, wie oder woher das Ausgangsmaterial kam, aus dem der Urknall entstanden ist, die Singularität?

**Hawking:** Wir würden vielleicht herausfinden, daß es keine Singularität gegeben hat. Warum sollte das Ausgangsmaterial von irgendwoher stammen müssen? Wenn es starke Gravitationsfelder gibt, dann können diese auch Materie erzeugen.

**Weber:** Aber auch das setzt das Vorhandensein von etwas anderem voraus, nämlich des starken Gravitationsfeldes, das dann den Ursprung für die Materie darstellt.

**Hawking:** Vielleicht gibt es in Wirklichkeit keine Quantitäten, die im Universum über die Zeit konstant sind. Die Quantität der Materie ist nicht konstant, denn Materie kann geschaffen oder zerstört werden. Aber wir könnten vielleicht davon ausgehen, die Energie im Universum sei konstant, denn wenn man Materie erzeugt, benötigt man Energie. Daher ist die Energie des Universums in gewissem Sinne konstant; sie ist eine Konstante, deren Wert Null beträgt. Die positive Energie der Materie wird exakt durch die negative Energie der Gravitationsfelder ausgewogen. Also kann das Universum mit einer Nullenergie beginnen und dennoch Materie hervorbringen. Natürlich beginnt das Universum zu einer bestimmten Zeit. Und man könnte nun fragen: Was brachte das Universum hervor?

**Weber:** Ja, schließlich denken wir kausal.

**Hawking:** Es muß nicht wirklich einen Anfang des Universums gegeben haben. Vielleicht verhalten sich Raum und Zeit zusammen wie die Erdoberfläche, besitzen aber zwei weitere Dimensionen, wobei die Breitengrade die Rolle der Zeit spielen. In diesem Sinne könnte man sagen, daß die Erdoberfläche an einem einzigen Punkt am Nordpol anfängt und je weiter man sich nach Süden begibt, desto größer wird der Kreis und das entspricht dem expandierenden Universum. Wenn man zum Äquator kommt, dann erreicht der Kreis seine maximale Größe, und dies entspricht dem Universum in seiner größten Ausdehnung.

**Weber:** Warum ist es so wichtig, ob die Raum-Zeit einen Rand hat oder nicht?

**Hawking:** Es spielt offensichtlich eine Rolle, denn wenn es einen Rand gäbe, dann müßte man entscheiden, was an diesem Rand geschieht. Man müßte dann wirklich Gott ins Spiel bringen.

**Weber:** Warum folgt dieser Schluß daraus?

**Hawking:** Wenn Sie so wollen, handelt es sich um eine Tautologie. Man könnte Gott als den Rand des Universums definieren, als denjenigen, der dafür verantwortlich ist, daß alles überhaupt erst in Bewegung geraten ist.

**Weber:** Sie bringen Gott ins Spiel, weil wir ein Prinzip brauchen, das den Rand erklärt.

**Hawking:** Ja, wenn man eine vollständige Theorie haben will, muß man wissen, was an diesem Rand geschieht. Sonst kann man die Gleichung nicht lösen.

**Weber:** So wie Sie Gott benutzen, ist er eher eine Art von Prinzip, das auf gleicher Stufe wie die Gesetze des Universums steht. Es impliziert keine Moralvorstellung.

**Hawking:** Es gäbe keine Verbindung zur Moral.

**Weber:** Sie gebrauchen Gott als logisches und kausales Prinzip.

**Hawking:** Ja.

**Weber:** Sie haben erwähnt, wir müßten Gott dann ins Spiel bringen, *wenn* es einen Rand gibt. Sehen Sie Anzeichen für einen Rand?

**Hawking:** Im Augenblick erkenne ich diesbezüglich keine Anzeichen. Es scheint, als ob wir den gegenwärtigen Zustand des Universums mit der Annahme erklären könnten, daß es keinen Rand gegeben hat.

**Weber:** Ist das wegen des Ockham'schen Rasiermesserprinzips vorzuziehen?

**Hawking:** Ja, es ist offensichtlich vorzuziehen, denn es befreit uns von einem Großteil von Zusatzannahmen innerhalb der Theorie.

**Weber:** Sie haben zu Beginn unseres Gespräches betont, es wäre nicht mehr so interessant, wenn wir die Antwort auf diese Fragen kennen würden. Aber einmal angenommen, wir verstünden das Ganze: Warum würde dies das Geheimnis notwendig schmälern? Es könnte es auch vertiefen.

**Hawking:** Ob man die Meinung vertritt, es gäbe ein Geheimnis, ist hauptsächlich eine Sache des persönlichen Geschmacks. Wir verstehen die Gesetze der Chemie, und die meisten Menschen sehen in ihnen kein Geheimnis.

**Weber:** Aber an Ihrer Wand befindet sich eine Handschrift, in der Einstein dahingehend zitiert wird, daß das edelste Gefühl, das ein Mensch besitzen kann, jenes für das Geheimnis der Dinge sei.

**Hawking:** Ich bin ganz anderer Meinung. Dieses Blatt wurde mir von jemandem geschickt, und ich habe es nur beiseite gelegt. Offenbar hat die Sekretärin das Poster gefunden und gedacht, es würde das Büro verschönern.

**Weber:** Wie lange hängt es schon an Ihrer Wand?

**Hawking:** Ungefähr ein Jahr. Ich mag es eigentlich nicht besonders.

**Weber:** Warum?

**Hawking:** Weil es sich mit Mystik befaßt, die ich ablehne.

**Weber:** Ich habe viel über Ihre Ansichten zur Mystik gelesen. Dürfte ich fragen, warum Sie sich der Mystik so widersetzen?

**Hawking:** Ich denke, sie ist eine Ausflucht. Wenn man die theoretische Physik und Mathematik zu schwer findet, wendet man sich der Mystik zu. Ich glaube, daß Menschen, die diese Vorstellungen über Mystik in der Physik vertreten, die Mathematik nicht wirklich verstanden haben.

**Weber:** Sie machen einen Unterschied zwischen dem Gebrauch des Geistes und dessen Vergeudung. Ich habe gelesen, Sie halten den gegenwärtigen Versuch, die Physik in einigen Bereichen mit der östlichen Mystik in Beziehung zu bringen, für Unsinn, und wäre an ihren Gründen dafür interessiert.

**Hawking:** Das läßt sich auf meine Ablehnung der Mystik gegenüber zurückführen.

**Weber:** Das Argument einer Ausflucht mag für manche Menschen gelten, aber was ist mit denen, die die Gleichungen verstehen, wie Bohm und Capra, die in der theoretischen Physik zuhause sind und dennoch versuchen, eine Verbindung zu finden: Was sollte man über sie denken?

**Hawking:** Ich bin mir nicht sicher, ob sie die neuesten Theorien wirklich verstehen. Ich bin mir nicht sicher, ob irgendjemand diese Gleichungen versteht. Die Grundidee einer wissenschaftlichen Theorie liegt darin, ein klares logisches Modell zu liefern und eindeutige Voraussagen zu machen. Aber auf der anderen Seite vernebelt die östliche Mystik alles. Sie macht keine eindeutigen Voraussagen.

**Weber:** Auch wenn der Osten ein Modell vom Universum aufstellt, das unendlich ist, ohne Anfang und Ende usw.?

**Hawking:** Das Problem ist, dies stellt keine gute Theorie im Sinne (Karl) Poppers dar, es macht keine eindeutigen Voraussagen, die falsifiziert werden können.

**Weber:** Sie haben über die Vereinheitlichung der Physik geschrieben. Warum ist das so wichtig; warum macht es etwas aus, ob wir vier Grundgesetze oder zwei oder nur eines haben?

**Hawking:** Es wäre egal, wenn wir vier Gesetze hätte, solange sie zueinander konsistent wären. Das Problem ist, daß die Theorien, die wir im Augenblick besitzen, nicht konsistent sind.

**Weber:** Engt das unsere Fähigkeit zur Voraussage und Kontrolle ein, oder begrenzt es unser theoretisches Verständnis?

**Hawking:** In praktischer Hinsicht ist es nicht sehr wesentlich. Wir wissen jetzt genug, um mehr oder weniger vorhersagen zu können, was in den meisten normalen Situationen passieren wird, auch wenn diese Theorien nicht konsistent sind. Aber wenn wir die tiefere Bedeutung der Theorie verstehen möchten – den Ursprung des Universums – dann brauchen wir wirklich eine konsistente Theorie. Genau das möchten wir herausfinden. Tatsächlich ist die Konsistenz die Hauptfrage, die uns leitet.

**Weber:** Ich verstehe. Die Frage ist, warum dies so sein sollte.

**Hawking:** Weil sich die Theorien, die wir bisher besitzen, in ihren Voraussagen bei sehr hohen Energien, viel höheren Energien als wir simulieren können, unterscheiden.

**Weber:** In diesem Fall hat es praktische und nicht nur theoretische Folgen, ob es eine oder mehrere Theorien gibt, nicht wahr?

**Hawking:** Sie stimmen alle bei den Energien, die wir simulieren können, überein.

**Weber:** Was ich wirklich fragen möchte, ist folgendes: Ist die Forderung nach einer Einheit logisch oder unlogisch? Ist sie ästhetischer Natur oder handelt es sich um etwas, das in der Wissenschaft selbst verankert ist?

**Hawking:** Ich denke, jede vernünftige wissenschaftliche Theorie sollte konsistent sein.

**Weber:** Entspringt ihre Betonung der Konsistenz oder Einheit nicht doch vielleicht einem spirituellen oder pantheistischen Prinzip?

**Hawking:** Ich meine, dies ist wirklich eine Definitionsfrage. Ich wäre nicht mit einer Theorie zufrieden, die sich inkonsistent zu anderen Theorien verhält.

**Weber:** Aber liegt das nicht daran, daß Sie bereits eine Konsistenz auf der untersten Ebene der Natur postuliert haben.

**Hawking:** Davon sind alle Wissenschaftler überzeugt. Dies bildet die Grundlage aller Wissenschaft. Wenn wir das nicht glauben würden, könnten wir ebensogut mit der Wissenschaft aufhören.

**Weber:** Aber handelt es sich dabei nicht um einen ganz schönen Sprung?

**Hawking:** Ein Sprung woher? Das haben wir immer schon geglaubt (daß der Natur eine Einheit zugrunde liegt). Wenn man glaubt, das Universum durch Verstand und Logik verstehen zu können, glaubt man auch an eine konsistente Theorie.

**Weber:** Sie behaupten also, das Axiom der Konsistenz sei die treibende Kraft in der Wissenschaft.

**Hawking:** Ja.

**Weber:** Ist die Suche nach Konsistenz oder Einheit – auch wenn sie nicht die Praxis gebietet – eine spirituelle Forderung des menschlichen Geistes?

**Hawking:** Der Großteil der theoretischen Physik ist vor einer praktischen Anwendung aus dem Drang heraus motiviert, das Universum zu *verstehen,* denn wir wissen bereits genug, um praktische Anwendungen abzuleiten.

**Weber:** Ich habe mit David Bohm über dieses Thema gesprochen, und er meinte, Menschen wie Stephen Hawking und Roger Penrose suchten offensichtlich mehr als Vorhersage und Kontrolle, sonst würden sie nicht alle diese Mühen auf sich nehmen. Er sagte, daß man bei der Suche nach der endgültigen Wellenfunktion des Universums nach etwas greife, das jenseits eines rein physikalischen Prinzips liege. Hat er recht?

**Hawking:** Wir verfolgen etwas jenseits der praktischen Anwendung, aber ich würde nicht sagen, es liegt jenseits der physikalischen Prinzipien.

**Weber:** Kann man aus diesen Gleichungen ein physikalisches Modell entwickeln, das erklärt, was sie *bedeuten*?

**Hawking:** Sie bedeuten das gleiche wie jedes andere Modell. Es gibt keinen Unterschied zwischen unseren gegenwärtigen Theorien und Newtons Theorie der Schwerkraft, außer, daß unsere gegenwärtigen Theorien sehr viel komplizierter sind. Ihre Bedeutung ist genau die gleiche.

**Weber:** Aber im 17. Jahrhundert war der Zusammenhang ein anderer. Kepler und Newton vertraten die Meinung, nach dem logischen, geordneten und schönen Geist Gottes Auschau zu halten. Da wir so etwas nicht mehr glauben, wonach suchen wir also, wenn wir uns mit diesen Gleichungen beschäftigen?

**Hawking:** Wir glauben immer noch, das Universum sei logisch und schön gebaut. Wir haben nur das Wort "Gott" gestrichen.

**Weber:** Haben wir es durch irgendetwas anderes ersetzt?

**Hawking:** Nein.

**Weber:** Ist die Logik in Materie und Energie selbst verankert?

**Hawking:** Sie scheinen sich auf eine Weise zu verhalten, die durch Verstand und Logik verstanden werden kann.

**Weber:** Sind die in uns vorhandenen Begrenzungen, die Kant oder Heisenberg beschreiben, kein Hindernis für unser Verständnis des Universums?

**Hawking:** Natürlich gibt es Grenzen, aber es ist nicht sicher, daß diese uns grundsätzlich vom Verständnis des Universums abhalten. Sie werden uns sicherlich daran hindern, das Universum im Detail zu verstehen, ansonsten müßten wir den Ort jedes Teilchens im Universum kennen, was ganz unmöglich ist.

**Weber:** Sie haben gesagt, die Wissenschaft suche Konsistenz und Einheit in ihren Gesetzen, aber der Wissenschaftler selbst scheint von den Dingen, die er untersucht, ausgeschlossen zu sein. Paßt er da hinein, und wie paßt er hinein?

**Hawking:** Er muß natürlich mit eingeschlossen werden.

**Weber:** Aber er ist derjenige, der danach sucht, und so ist er immer einen Schritt zurück. Ist das nicht ein Rückschritt?

**Hawking:** Nein, nicht wirklich. Zuerst war es möglich, daß sich einige hochorganisierte Systeme entwickeln konnten, da auf diesem Planeten eine günstige physikalische und chemische Zusammensetzung bestanden hat. Als diese Systeme Gehirne entwickelt hatten, waren sie in der Lage, ihre Umgebung zu analysieren. Einige der Möglichkeiten, ihre Umgebung zu analysieren, waren erfolgreicher als andere. Daher gibt es jetzt Menschen, die in der Analyse ihrer Umgebung ziemlich weit sind. Aber ich glaube nicht, daß es einen großen Überlebensvorteil bringt, wenn man die endgültige Theorie des Universums entdeckt, denn es gibt keinerlei praktische Anwendung dafür.

**Weber:** Also nur aus reinem Spaß an Ästhetik oder Logik?

**Hawking:** Man kann nicht vom Spaß an Ästhetik oder Logik sprechen. Das sind keine objektiven Größen. Aber wenn man das Universum von außen anschauen würde, dann würde man diese Geschöpfe sehen können, deren entwickeltes Nervensystem mit ihrer Umgebung auf eine Weise korreliert, die es ihnen ermöglicht, zu überleben. Aber wäre es nicht sinnlos, von ihrem Spaß an der Ästhetik reden?

**Weber:** Wenn Sie die vereinheitlichte Gleichung lösen würden, würde Ihnen das nicht Freude und ästhetische Befriedigung bereiten?

**Hawking:** Das ist ein Blick aus der menschlichen Perspektive, nicht ein Blick von außen.

**Weber:** Natürlich ist es das. Wir sind der Beobachter und alles geschieht durch uns, ist es nicht so? Alles, was sie gesagt haben, geschah vom Standpunkt des menschlichen Bewußtseins aus.

**Hawking:** Aber wenn wir uns außerhalb des Systems befänden, wenn wir von außen betrachtet würden, würden wir wie Ameisen erscheinen.

**Weber:** Aber wenn wir uns außen befänden, würden wir dann nicht eine andere Beschreibung abgeben als die, die wir jetzt haben? Wäre es dann das gleiche Universum?

**Hawking:** Irgendwie ist es ziemlich sinnlos, darüber zu reden, außen zu sein.

**Weber:** Weil wir uns im System befinden...Da sich ein großer Teil Ihrer Arbeit mit der Zeit beschäftigt, möchte ich fragen: Befindet sich die Zeit in uns, oder ist die Zeit "da draußen"?

**Hawking:** Ich glaube, Zeit, Raum und alles andere befinden sich wirklich in uns selbst. Es handelt sich ausschließlich um mathematische Modelle, die wir geschaffen haben, um das Universum zu beschreiben.

**Weber:** Studiert der Physiker die Natur oder sein Naturverständnis? Ich denke dabei an einen Satz von Heisenberg (d.h. über das Naturverständnis des Physikers).

**Hawking:** Ich glaube nicht, daß dies eine sinnvolle Unterscheidung darstellt. Wir studieren nur unsere Modelle.

**Weber:** Und dennoch haben Sie gesagt, die Zeit sei in uns.

**Hawking:** Das ist ein Teil des Modells.

**Weber:** Und die Zeit kann von der Wissenschaft nicht ignoriert werden.

**Hawking:** Wenn das möglich wäre, weiß ich davon sicherlich nichts.

**Weber:** Sie haben gesagt, das frühe Universum enthalte die Antwort auf die endgültige Frage nach dem Ursprung aller Dinge, das Leben eingeschlossen. Ihre Arbeit beginnt mit dem frühesten bekannten Moment in der Existenz des Kosmos und dessen Konsequenzen; so wie Sie Ihre Arbeit verstehen, studieren Sie die sich entfaltende Kreativität im Universum oder das, was implizit in dieser ersten Folge von Bedingungen enthalten ist?

**Hawking:** Bezieht sich Ihre Frage auf den Determinismus?

**Weber:** Sozusagen. Prigogine z.B. ist gegen jeden Vorschlag von zuvor existierenden Modellen, Archetypen oder ewigen Gesetzen; gegen alles außer einer Kreatitivität, die sich entfaltet, während sie buchstäblich voranschreitet.

**Hawking:** Ich ordne dem ersten Augenblick nicht wirklich irgendetwas besonderes zu, ebensowenig wie der Nordpol keinen besonderen Punkt auf der Erdoberfläche darstellt. Es ergibt sich ausschließlich daraus, daß wir die geographische Breite vom Nordpol aus messen.

**Hawking:** Handelt es sich dabei um ein Analogon?

**Weber:** Ja, das meine ich. Wir haben beschlossen, die Zeit vom Urknall an zu messen. Aber ich glaube, der Urknall ist ein Punkt der Raum-Zeit, wie jeder andere Punkt der Raum-Zeit.

**Weber:** Davor haben die Gesetze nicht gegolten.

**Hawking:** Danach zu fragen, was vor dem Urknall geschehen ist, entspricht der Frage, was an dem Punkt geschieht, der sich eine Meile nördlich des Nordpols befindet.

**Weber:** Weil das selbst unser Maß ist. Ich folge Ihnen. Liegt für Sie das Prinzip, welches der Natur zugrundeliegt, in der Kreativität?

**Hawking:** Ich glaube nicht, daß es sich dabei um ein gutes Wort handelt. Ich glaube, das Universum existiert völlig eigenständig. Es besitzt weder Anfang noch Ende, und es gibt darin weder Schöpfung noch Zerstörung.

**Weber:** Können sich dessen Gesetze verändern?

**Hawking:** Nein, denn wenn sie sich verändern würden, dann würde das bloß bedeuten, es gäbe eine andere Größe, die auf die Gesetze einwirken und sie von Punkt zu Punkt verändern würde.

**Weber:** Sie haben gesagt, ein möglicher Rand des Universums könne sich überall erstrecken, und sie haben den Rand mit Gott oder einer Art Gott-ähnlichem Prinzip gleichgesetzt.

**Hawking:** Es ist sehr schwer, die Nichtexistenz eines Randes zu beweisen. Gelänge es uns jedoch, alles im Universum mit der Hypothese erklären zu können, daß es keinen Rand gibt, dann glaube ich, hätten wir eine viel natürlichere und ökonomischere Theorie.

*In tiefen Schichten bildet das Bewußtsein der Menschheit eine Einheit. Das ist faktisch sicher, denn auch im Vakuum ist die Materie eins; und wenn wir das nicht erkennen können, liegt es an unserer Blindheit für diese Tatsache.*

David Bohm

*Die Menschheit hat allen Grund, die Verfechter hoher moralischer Grundlagen und Werte über die Forscher nach objektiver Wahrheit zu stellen. Was die Menschheit Persönlichkeiten wie Buddha, Moses und Jesus verdankt, ist für mich höher einzuordnen als alle Leistungen eines forschenden und konstruktiven Verstandes.*

Albert Einstein

*Es ist sehr interessant…, daß man in der modernen Physik um so mehr in die Irre läuft, je logischer man denkt. Das zeigt klar die Grenzen unserer Logik.*

Lama Govinda

KRISHNAMURTI

Kapitel XII

# ZWEI MENSCHEN SUCHEN SCHUTZ VOR DEM REGEN

Krishnamurti (*)

*Woher komme ich und wohin gehe ich? Das ist die große, unergründliche Frage, die für jeden von uns gleich lautet. Die Wissenschaft kennt die Antwort darauf nicht.*

Max Planck

Es handelt sich um das dritte Interview mit Krishnamurti, das ich in den letzten 10 Jahren geführt habe, und es stellte sich als das interessanteste aller drei heraus. Das lag zum Teil daran, daß ich mit einer wirklich unerwarteten und etwas unangenehmen Änderung der Ereignisse konfrontiert wurde, nachdem ich auf Krishnamurtis Chalet, in Rougemont in der Schweiz, bei leichtem Sprühregen, Mitte Juli 1985 ankam. Eigentlich war es überhaupt kein Interview, denn trotz unserer Absprache einige Monate zuvor, stimmte Krishnamurti nicht zu, das Gespräch auf Band aufzuzeichnen. Ob er nun den Zen-Meister spielte oder, wie ich vermute, andere Gründe dagegen sprachen, weiß ich nicht.

Es ist so gut wie unmöglich, Krishnamurtis Leben in einem kurzen Rückblick zu erfassen. Er wurde durch seine Vorträge, Bücher und Bandaufzeichnungen weltweit als indischer Philosoph und Weiser bekannt. Damals war er gerade 90 Jahre alt und hatte im Westen seit über 50 Jahren Vorträge gehalten; er war viel gereist und verbrachte seine Zeit hauptsächlich in England, Indien, Kalifornien und der Schweiz.

* Krishnamurti ist im Februar 1986 gestorben.

Auf der ganzen Welt hatte er außerordentlich viele Zuhörer gewonnen, und Schriftsteller wie Aldous Huxley und Henry Miller sowie viele Künstler, unter ihnen den französischen Bildhauer Bourdelle, der von ihm eine Büste schuf, beeinflußt.

Einige Leser werden vielleicht noch mit den dramatischen Ereignissen vertraut sein, die Krishnamurti in den Zwanziger- und Dreißigerjahren bekannt gemacht haben. Er wurde 1895 in einer armen südindischen Familie in Madras geboren. Es wird berichtet, Krishnamurti, der allem äußeren Anschein nach ein normales Kind war, sei mit zehn oder elf Jahren, als er am Strand entlang ging, von C.W. Leadbeater, einem Hellseher, entdeckt worden, der später berichtete, er sei davon überrascht worden, bei diesem Jungen eine Aura beobachten zu können, die – ein äußerst seltenes Phänomen – einen völlig selbstlosen Menschen offenbarte. Krishnamurti wurde von Dr. Annie Besant, der Präsidentin der theosophischen Gesellschaft (und bis zu einem gewissen Grad von Leadbeater) erzogen und ausgebildet, sowie einige Jahre lang für eine wichtige spirituelle Aufgabe vorbereitet. Er wurde zu einem auf der ganzen Welt bekannten Lehrer, um den herum sich eine große internationale Organisation bildete. Aber im Jahre 1927 löste Krishnamurti diese Organisation auf und verkündete, die Wahrheit ließe sich nicht organisieren, und Organisationen wirkten sich schädlich auf das spirituelle Leben aus. Seitdem vertrat er immer die Meinung, "die Wahrheit sei ein wegloses Land" und lehnte alle traditionellen Lehren, Religionen, Autoritäten, Systeme und Schriften ab. Die letzten sechzig Jahre hielt er Vorträge und diskutierte mit Menschen auf der ganzen Welt. Unter der Schirmherrschaft verschiedener Krishnamurti-Gesellschaften in Indien, England, Amerika und Kanada, gründete er eine Reihe von Schulen, Grundschulen bis hin zu Gymnasien.

Krishnamurtis wesentliche Lehre kann in einigen wenigen Sätzen zusammengefaßt werden: Die Wahrheit liegt in jedem einzelnen selbst und kann und muß von ihm allein entdeckt werden. Kein Buch und keine Autorität vermag uns zu helfen, sie zu finden, aber unnachgiebige, konzentrierte und ständige Aufmerksamkeit für das, was wir sind, und wie wir handeln, wird die Wahrheit an die Oberfläche bringen. Dafür müssen wir uns der Beobachtung und den Tatsachen zuwenden, nicht den Theorien, Phantasien oder Wunschbildern. Um in der Realität zu leben, müssen wir im Augenblick leben, dynamisch mit ihm Schritt halten, ohne *in* dem zu verweilen, was er Zeit nennt – in Gedanken, Erinnerung, Vergangenheit – und was er mit der Lüge gleichsetzt. Das völlige Verweilen in der Gegenwart vereinigt den Beobachter und das Beobachtete und darin liegt ein Zustand verborgen, "nach dem die ganze Welt sucht und strebt", wie es Krishnamurti einst ausführte. Obwohl er diesen Zustand nicht benennen möchte, spricht er manchmal von Liebe, Schönheit, Ordnung, Zeitlosigkeit – von einem Zustand des Seins, der sich seinem Verständnis zufolge jenseits des Todes befindet. Viele dieser Gedanken werden ausführlich in Krishnamurtis Büchern diskutiert, von denen die meisten Niederschriften seiner aufgezeichneten Vorträge darstellen. Es gibt bis jetzt 21 Bücher: *Gespräche über das Sein, Ideal und Wirklichkeit, Einbruch in die Freiheit, Leben ohne Illusionen, Die letzten Gespräche in Saanen,* um nur einige Titel zu nennen.

Als ich mich an diesem Nachmittag, im Juli 1985, von Saanen nach Rougemont aufmachte, wo Krishnamurti mich erwartete, konnte ich noch nicht die Komplikationen ahnen, die mir begegnen sollten. Ich hatte mich einige Tage lang auf dieses Treffen vorbereitet, während ich auf den Wegen in der Nähe von Saanen und Gstaad wanderte, die eine eindrucksvolle Aussicht auf die Alpen und die schönen Täler des Berner Oberlandes, die von Blumen übersät waren, ermöglichten, und dachte darüber nach, wie ich Krishnamurti für das Thema "Natur und Naturwissenschaft" interessieren könnte und hoffte, er wäre bereit, darüber zu sprechen. Ich hoffte, aber erwartete es nicht, denn ich wußte aus unseren früheren Gesprächen, daß Krishnamurti sich über vorbereitete Manuskripte keine Gedanken macht, und er, nicht ich, die Richtung bestimmen würde, in die wir gingen. Dennoch hatte mich nichts bei unseren vergangenen Zusammenkünften auf die Wende der Ereignisse vorbereitet, die sich anbahnte.

An diesem kühlen Julitag war den ganzen Tag über ein ständiger Regen über das Tal von Saanen herabgerieselt und hatte die Berge in undurchsichtigen Nebel gehüllt, worauf nur noch das Tal zu erkennen war. Dadurch war in dieser bereits romantischen Szenerie eine geheimnisvolle Atmosphäre entstanden.

Es war mein erster Besuch in Saanen, und ich hatte bereits an seinen großartigen Panoramaaussichten und seiner friedlichen Atmosphäre Gefallen gefunden. Im Sommer sind natürlich die Vorträge Krishnamurtis, die in einem großen Zelt stattfinden, die Hauptattraktion; zu ihnen kommen Tausende von Menschen aus der ganzen Welt. Krishnamurti ist hier ein Begriff; jede Buchhandlung stellt seine Bücher in Deutsch, Französisch, Englisch und anderen Sprachen aus. Trotz der Tatsache, daß ich erst eingetroffen war, nachdem die (sechswöchigen) Vorträge bereits zu Ende gegangen waren, stieß ich auf meiner Wanderung noch immer auf Menschen, die sich nur wegen der Vorträge Krishnamurtis hier aufhielten. Als ich mich von meinem Hotel in Saanen zu Krishnamurtis Chalet in Rougemont auf den Weg machte, mußte ich feststellen, daß Fragen wie die folgenden in meinem Kopf herumgeisterten: "Krishnaji (ein indischer Ausdruck, der Respekt ausdrückt), es gibt Menschen, die behaupten, Sie seien an der Wissenschaft nicht interessiert und vielleicht sogar ihr gegenüber voreingenommen – ist das richtig?" "Halten Wissenschaftler und Weise auf verschiedenen Wegen nach dem gleichen Ergebnis Ausschau?" "Wie erleben Sie die Natur?"

Zu dem Zeitpunkt, an dem ich Rougemont etwa eine Viertelstunde später erreichte, waren diese wieder im Hindergrund meines Bewußtseins verschwunden, das nun mit der Verarbeitung der Eindrücke aus dem Chalet und seiner Umgebung beschäftigt war. Rougemont ist viel kleiner als Saanen oder das feine Gstaad in der Nähe, aber wesentlich malerischer. Es handelt sich um ein kleines Dorf inmitten einer Gegend, in der Milchwirtschaft betrieben wird, und wo man im Winter Ski fahren kann. Es wird vom Videmanette, einem 2200 Meter hohen Gipfel, überragt. Man trifft auf eine kleine Hauptstraße mit Geschäften, einen Dorfbrunnen und zahlreiche blumengeschmückte Holzhäuser, die über den Ort, das Tal und die Berghänge verstreut liegen. Es ist ein Dorf aus früheren Jahrhunderten, rustikal, erdverbunden, einfach und schön.

Krishnamurti wohnte im ersten Stock eines Chalet-Appartments, ein wenig abseits der kleinen Hauptstraße. Ich wurde von Mary Zimbalist empfangen, Krishnamurtis langjähriger Bekannten und Weggefährtin, die sich um ihn kümmert und über die alle Interviewgesuche abgewikkelt werden. Sie war ausgeglichen und höflich, als sie mich hereinbat, und unterhielt sich wie bei anderen Anlässen kurz mit mir, während wir auf Krishnamurti warteten. Aber anders als sonst in Ojai, Kalifornien, wo ich Krishnamurtis Gespräche auf Tonband aufgenommen hatte, wurde mir bald bewußt, daß es an diesem Tag ein Problem geben würde, auf das mich Mrs. Zimbalist vorzubereiten begann.

Trotz der Tatsache, daß ich lange Zeit vorher von der Krishnamurti-Gesellschaft in England die Erlaubnis erbeten hatte, in diesem Buch mein Interview mit Krishnamurti aus dem Jahre 1978 abdrucken und ein neues aufzeichnen zu dürfen, und Mrs. Zimbalist selbst das Inhaltsverzeichnis lesen würde und mir geholfen hatte, die heutige Aufnahme vorzubereiten, befragte sie mich detailliert über das heutige Vorhaben. Vor allem wollte sie wissen, wer die anderen Personen in dem Buch sein würden. Ich gab ihr die Auskunft, aber sie war nicht damit zufrieden und erklärte, Krishnamurti erscheine normalerweise nicht mit anderen Menschen zusammen in einem Buch – ein Thema, das nun begann, zum Stein des Anstoßes zu werden. Obwohl ich versuchte, einige überzeugende Argumente aufzuzählen, sah sie immer noch zweifelnd aus und schlug vor, alles Krishnamurti selbst vorzutragen.

Obwohl sich bei mir eine Vorahnung einstellte, blieb ich dennoch in meinem weichen Sessel sitzen, baute meinen Recorder auf dem Kaffeetisch auf und stellte das empfindliche Richtungsmikrophon in der Nähe des Platzes auf, wo ich den Sitzplatz Krishnamurtis vermutete, einen Sessel, der sich nahe dem meinen befand. Als Krishnamurti den Raum betrat, zeigte er sich warmherzig und gastfreundlich und begrüßte mich mit ausgestreckten Händen.

Er sah bemerkenswert gut aus. Obwohl er gerade seinen 90. Geburtstag begangen hatte, war sein Körper schlank und aufrecht. Sein Gesicht, das einmal für seine übernatürliche Schönheit berühmt gewesen war (George Bernard Shaw hatte ihn “den schönsten Menschen, den ich je gesehen habe”, genannt), zeigte ein gewisses Alter, aber es war immer noch unwiderstehlich und schön, mit seiner feinen Haut, seinen intelligenten Augen, seiner aristokratischen Nase, seinem seidigen, silbergrauen Haar und seinem ausgeprägten Kopf. Die Hände, die nun in seinem Schoß ruhten, waren schlank und weich und hätten zu einem Mann von vierzig Jahren gepaßt. Wie immer sah Krishnamurti tadellos aus; an diesem Tag war er zwanglos gekleidet: blaue Bluejeans, ein blaues Sporthemd und eine braune Strickweste aus Wolle.

Er ließ sich in dem Sessel in meiner Nähe nieder und kam auf das Thema zu sprechen, das Mary Zimbalist begonnen hatte. “Um was für ein Buch handelt es sich?” “Wer kommt noch darin zur Sprache?” “Warum möchten sie das Buch herausbringen?” Meine Versuche zu antworten, zeigten keinen Erfolg, denn Krishnamurti schnitt mir das Wort ab. Es wurde mir bald darauf klar, daß er bereits beschlossen hatte, kein Interview zu geben. Als er in meinem Gesicht diesen Verdacht erkannte, versuchte er, meine Enttäuschung zu mildern und berührte von Zeit zu Zeit sanft meine Hand, als er seine Einwände begründete. Er erklärte: “Es wäre schwer gewesen, all das in einem Brief zu erläutern” und bat mich, alles von seinem Standpunkt aus zu betrachten. Kurz gesagt hatte er folgende Einwände: Krishnamurti wollte nicht in einem Buch zusammen mit anderen erscheinen, die andere Vorstellungen als er hätten. Es sei keine Frage der Eitelkeit, betonte er, er könne wohl auch Unrecht haben; was er zu sagen hätte, wäre vielleicht “Unsinn”, “aber Sie müssen verstehen, daß das, was ich sage, für mich heilig ist”. Ich versuchte, ihm zu versichern, es handele sich um ein Buch mit Niveau, und es würde nichts Sensationelles oder Billiges darin geben, etwas das ihn beleidigen könne, aber er gab sich mit diesen Bemerkungen nicht zufrieden.

Während der nächsten fünfundvierzig Minuten, in denen ich hilflos mein Tonbandgerät beobachtete, das nutzlos ausgeschaltet herumstand, wofür ich Krishnamurti mein Wort gegeben hatte, sprach er zu mir. Das Thema variierte: Ereignisse in seinem Leben, die einen besonderen Angelpunkt dargestellt hatten. Viele von ihnen waren faszinierend und ließen sich – ich denke mit Vergnügen – als Lesestoff wiedergeben. Es waren autobiographische Geschichten aus seiner Vergangenheit, die wie dafür geschaffen schienen, seine Weigerung, für dieses Buch auf Band aufgezeichnet zu werden, zu untermauern. Das Thema jeder Geschichte ähnelte sich: Ruhm und weltliche Besitztümer, die angeboten und zurückgewiesen wurden.

Später begann ich, alles für die Leser niederzuschreiben, aber ich wurde von einer merkwürdigen Art von Selbstzensur ergriffen, als ich die Verletzlichkeit und Schlichtheit des Mannes erkannt hatte, der gleichzeitig eine unumstößliche Mauer der Stärke, manchmal Strenge gewesen war. Die erschien mir, wie alles bei Krishnamurti, mehrdeutig, aber ich war seit langem mit der Tatsache vertraut, daß diese Mehrdeutigkeiten von keinem Außenstehenden gelöst oder verstanden werden können. Alle Bücher oder Artikel über Krishnamurti, auch die, die von seinen ergebensten Anhängern geschrieben worden sind, tragen ungewollt zu dieser Mehrdeutigkeit bei. Die Wahrnehmung dieser Mehrdeutigkeit erklärt wohl die überraschende Ambivalenz, die viele Menschen, die Krishnamurti gekannt und respektiert haben, empfanden. Da der Impuls, diesen rätselhaften Menschen zu schützen, in mir gewann, beschloß ich, nur einige der Ereignisse, die Krishnamurti erzählte, aufzuzeichnen.

Ich gebe mich damit zufrieden, nur eine solche Begebenheit hier wiederzugeben; sie stellt ohne Zweifel die farbigste und bezauberndste von allen dar und paßt geheimnisvollerweise zum Thema dieses Buches, obwohl Krishnamurti sich seinerzeit dessen nicht bewußt war.

Er erzählte, es sei einmal, während er Yoga in einer kleinen Hütte hoch oben im Himalaya praktizierte, ein großer wilder Affe mit langem buschigem Schwanz, der am Ende von einem Quast gekrönt war – eine Spezies, die als wild und sogar gefährlich bekannt ist – am offenen Fenster erschienen und habe Anstalten gemacht, hereinzukommen. Als erstes legte der Affe seine Pfote in das offene Fenster. Überrascht ergriff Krishnamurti die Hand des Affen und hielt sie eine Weile lang fest. Es war, wie er mir erzählte, eine außergewöhnliche Hand: Weich und geschmeidig, sehr schön, mit Handflächen, die an manchen Stellen rauh waren, um ihm das Klettern in den Bäumen besser zu ermöglichen; aber nach einer Weile sagte Krishnamurti laut zu dem Eindringling: "Schau, alter Freund, Du kannst selbst sehen, daß diese Hütte für uns beide viel zu klein ist, also solltest Du nicht hereinkommen", worauf der Affe nach einem weiteren Versuch und einer ähnlichen Ermahnung widerwillig seines Weges ging.

Dieser Anekdote folgten einige andere mit kleinen Abweichungen: Der wilde Tiger, der sich neben Krishnamurti so friedlich verhalten hatte, daß er ihn hätte streicheln können, und die große Kobra, die Krishnamurtis Anwesenheit hinter sich bemerkt, seinen Beschwörungen nachgegeben hatte und lautlos weggekrochen war, nachdem sie ihre Beute, einen Vogel, losgelassen hatte.

Krishnamurti erzählte diese Geschichten ohne Kommentar und ohne Schlußfolgerungen, aber ich habe mich lange genug mit östlicher Mystik beschäftigt, um ihre Bedeutung zu verstehen und für ihn die Schlußfolgerungen gezogen.

"Sie meinen, auch wilde Tiere können die Ungefährlichkeit eines wirklich friedfertigen Menschen empfinden", fragte ich?

"Ja, natürlich", bestätigte er und fügte hinzu: "Ich könnte Ihnen noch viele ähnliche Geschichten erzählen."

Ich bin seit langem mit dieser Möglichkeit vertraut. Tatsächlich kann man sie in diesem Buch mit der Theorie der feinstofflichen Materie in Verbindung setzen, die sowohl von der östlichen Philosophie, wie auch von Bohm vertreten wird, mit Sheldrakes morphischer Resonanz (die wilden Tiere werden auf die empfindlichen Schwingungsmuster, die der Weise aussendet, abgestimmt) und mit der Wirkung des Mitgefühls, welches die Weisen, wie Lama Govinda, der Dalai Lama und Br. Bede Griffiths beschreiben und selbst auch ausstrahlen.

Gegen Ende dieses anekdotischen Teils unserer Diskussion stellte Krishnamurti fest, die meisten Menschen lebten für ihre Sicherheit und befänden sich daher in einer ständigen Unsicherheit – in der Furcht, nicht das behalten zu können, was sie besitzen – er lebe ohne irgendeine Art von Sicherheit und erst das stelle konsequenterweise eine wirkliche Sicherheit dar, "die einzige Sicherheit, die möglich ist". Dies untermalt sein bevorzugtes Thema in öffentlichen Vorträgen, welches immer einen Hauch von Erkenntnis durch sein Publikum ziehen läßt, und von dem man annehmen kann, es lasse in seinen Zuhörern ein gewisses Unwohlsein aufkommen.

Als alle Hindernisse hinsichtlich des Gesprächsthemas, des Buches und der Tonbandaufnahme aus dem Weg geräumt worden waren, kam Krishnamurti zum Wesentlichen. Er führte zahlreiche Beispiele von Menschen an, die seines Wissens nach litten, und seine Augen wurden traurig, als er deren leidvolle Geschichten erzählte. Seit Millionen von Jahren, führte er aus, hätte die Menschheit Leidvolles erfahren, Menschen hätten sich gegenseitig umgebracht, es habe nur einige wenige Zeiträume ohne Krieg gegeben, die Menschen hätten geweint – "Haben Sie sie weinen gehört", wollte er wissen. "Haben Sie die Leute gesehen, die aus dem Vietnamkrieg ohne Beine zurückgekommen sind?"

Einige Male kam er vom Thema des Leides zurück, zu diesem Buch und dessen Inhalt. Ich hatte im Zusammenhang mit dem Gespräch mit Hawking den Urknall erwähnt, worauf Krishnamurti nun einging. Was es denn für einen Sinne habe, über den Urknall zu sprechen, fragte er mich, wenn die Welt in Flammen stehe, die Menschen weinten, und der einzelne Mensch so unbeschreibbar grausam zu seinen Mitmenschen sei. Dies seien die Tatsachen, betonte er wiederholt, alles andere Luxus.

Ich protestierte noch einmal und sagte ihm, ich hätte den ganzen Weg zurückgelegt, um mit ihm über Natur und Naturwissenschaft zu diskutieren, aber er stelle sich so unnachgiebig. Doch sein Verhalten wurde immer sanfter, sogar feinfühlig, je unerschütterlicher er auftrat. Als er seinen Standpunkt immer wieder darlegte, ergriff er meine Hand, als ob er den Stoß abmildern wolle.

Auch in meiner Enttäuschung reagierte ich auf seine mit einem eisernen Willen ausgesprochenen Ermahnungen, um unsere vorrangigen Punkte zu klären. Hatte er nach allem nicht recht? War er nicht einer der wenigen gesunden Menschen, die es ablehnen, unentschlossen zu sein, nachdem sie die Welle der Zerstörung erkannt haben, die wir um uns herum vorbereiten. Sind wir, die anderen, Faust ähnlich geworden, von dem Wissen, für das wir jeden Preis zahlen, verwirkt, unbekümmert, obwohl uns klar ist, daß der Preis globale Zerstörung heißt. Ist Krishnamurti der pessimistische, engstirnige Rufer oder der visionäre Prophet, der angesichts der Trägheit und des faustischen Vertrages Alarm schlägt?

Mein Vorsatz begann zu schwinden, als ich mich daran erinnerte, daß es Buddha ebenfalls abgelehnt hatte, über die Metaphysik zu diskutieren, die Wissenschaft des 6. Jahrhundert v. Chr., bis, wie er sagte, das Problem des Leidens gelöst wäre. Aus ganz praktischen Überlegungen heraus hatte Buddha alle anderen Versuche für sinnlos und irreführend erklärt.

Auch wenn ich versuchte, "Wissenschaft" auf ihre grundlegende und nicht die praktische Bedeutung zurückzuführen, lehnte es Krishnamurti ab, mich anzuhören. Ich brachte das Wort "Einstein" ins Spiel, aber er lehnte ab und wiederholte, nichts anderes wäre wichtig, bis das grundlegende menschliche Problem gelöst sei. Erneut dachte ich darüber nach, ob sich Krishnamurtis Haltung von der Buddhas wirklich unterschied, der seine Prioritäten mit dem berühmten Gleichnis vom Pfeil dargestellt hatte. Buddha verglich darin die menschlichen Lebensumstände mit einem Menschen, dem ein vergifteter Pfeil im Rücken steckte und meinte, die grundsätzliche menschliche Aufgabe bestehe darin, den Pfeil herauszuziehen und andere dabei zu unterstützen, das gleiche zu tun. Ich hatte schon immer den Mut und Scharfsinn in Buddhas Haltung bewundert. Warum argumentierte ich mit Krishnamurti, wenn er eine ähnlich weise und unnachgiebige Haltung einnahm?

Bis zu diesem Moment war ich der Interviewer, der die Bedürfnisse des Buches im Sinn hatte. Nun, da er die Vision einer Spezies heraufbeschworen hatte, die ihre Talente darauf ausrichtet, nach ihren Ursprüngen in der fernen Vergangenheit zu forschen, während ihr Fortbestand in Gegenwart und Zukunft zweifelhaft ist, schwieg ich. Man hörte nur das Geräusch des Regens, der in einem ständigen feinen Strom vom Himmel herunterfiel. Krishnamurti ergriff erneut meine Hand und erzählte eine Metapher, die wie ein immer wiederkehrender Refrain den Rest unseres Gespräches durchzog. Er schlug vor, wir sollten "unsere Rollen aufgeben", ich die meine als Professor, er die seine als "Weiser, oder welche Rolle Sie für mich auch bereit haben mögen", und versuchen wir uns "zusammen über die grundlegenden Probleme der Menschheit wie zwei Personen zu unterhalten, die zusammengekommen sind, weil sie Schutz vor dem Regen suchten.". Für den Rest des Nachmittages wurde nicht mehr über Wissenschaft gesprochen, es sei denn, als Symbol zweifelhafter menschlicher Bemühungen.

Krishnamurti brachte zwei Einwände gegen die Wissenschaft auf. Erstens entsprach sie für ihn dem Gesang der Sirenen, der versuchte, uns von der Welt des Leidens wegzulocken, jenes Leiden, für dessen Auflösung wir unseren ganzen Einsatz und unsere geballte Intelligenz werden aufbringen müssen (ich weiß aus meinen Erfahrungen, daß es nicht ausreicht, auf die medizinischen und technischen Hilfeleistungen zu verweisen, die das menschliche Leiden gelindert haben, denn Krishnamurti vertritt die Meinung, die Gefahren, die die Wissenschaft verursacht hat, würden diese Versuche der Linderung überwiegen). Er betonte, die Erforschung des Urknalls oder der inneren Strukturen des Atoms hätten nichts zu einer grundlegenden Veränderung, weder der des Wissenschaftlers, noch der unseres Hauptproblems selbst, beigetragen. Er wiederholte immer wieder das folgende: Alle Menschen würden leiden, alle wären von einer ähnlichen Furcht und Angst gefangen, und alle strebten danach, frei von Leid zu sein. In diesem Kampf bildete die Menschheit eine Einheit. Das sei eine Tatsache, sagte er wieder mit starker Betonung.

Ebenso machte er die Wissenschaftler dafür verantwortlich, daß sie die Kriegsmaschinerie anheizten. Wenn sie alle aufhören würden, mit den Regierungen zusammenzuarbeiten, erinnerte er mich, könne viel Schaden abgewendet werden, auch wenn er mir dahingehend recht gab, der größte Teil des Schadens sei bereits verursacht worden, und unsere vorhandenen Arsenale seien groß genug, um uns selbst zu vernichten. Er erzählte einen Witz, dessen Pointe darin lag, daß wir, auch wenn wir uns in die Luft jagen, ein Paar übrig lassen würden, um die Art wieder zu erneuern, und nach kurzer Zeit hätten diese die Waffen wieder neu erfunden. Er beharrte auf seiner Behauptung – die sich in allen seinen Vorträgen nachvollziehen läßt – daß äußere Strategien zum Versagen verurteil seien, solange die Menschheit die Gewalt nicht durch eine radikale persönliche Veränderung von *Innen* her abbauen würde.

Immer wieder kam Krishnamurti auf das Beispiel einer Krebserkrankung zurück, um das menschliche Elend zu beschreiben. Wo liege der Sinn für die Erforschung des Urknalls, fragte er, wenn man unter einer lebensgefährlichen Krebserkrankung leiden würde. Ich hielt dagegen, dies sei eine zu absolute Haltung, aber Krishnamurti wollte nichts davon hören. "Man kann Krebs nicht nur halbherzig behandeln", entgegnete er mir. "Ist das denn das richtige Beispiel?" wagte ich zu äußern, aber er blieb dabei. Die Geißel der Menschheit sei das Leiden. "Wenn mein Sohn oder meine Tochter gerade gestorben wären", fuhr er fort, "hätte ich kein Interesse, mit Ihnen über den Urknall zu diskutieren. Ich würde vielleicht sagen, gib mir einige Tage Zeit, alter Freund, aber jetzt möchte ich weinen. Ich würde trauern, *daran* wäre ich interessiert, nicht an *etwas anderem"*.

Später vielleicht, fügte er hinzu, und ließ mich so nicht völlig mutlos zurück. Ich kam auf mein Manuskript zu sprechen, auf die Natur. Er wäre nicht gegen die Natur, betonte Krishnamurti, und fügte hinzu, er beziehe sich in seinen Vorträgen oft auf die Natur. "Die Natur bedeutet Ordnung", sagte er mir. "Und Schönheit?" fragte ich. "Ordnung, Ordnung", wiederholte er mit Nachdruck, aber räumte hinzufügend ein, "es gibt auch in der Natur eine große Schönheit, und wo Schönheit blüht, da ist auch Liebe. Liebe und Mitgefühl". Auf meine Bitte hin, diese zu definieren, antwortete er, Liebe und Mitgefühl entstehe, wenn Erregung, Anhaften und Besitzdenken in den Hintergrund treten.

Ich stellte fest, es scheine einfacher zu sein, die Natur auf diese Weise zu lieben – einen Baum, einen Berg oder ein Tier – und viel schwerer, einen Menschen so uneigennützig zu lieben. Er deutete an, die Antwort darauf sei sehr einfach: Die Natur beurteile uns nicht, drohe uns nicht mit dem Entzug ihrer Zuwendung, fordere von uns nicht Dinge oder wende ihre Macht nicht so auf uns an, wie es Menschen tun.

In diesem Moment fand nahezu ein Dialog zwischen uns statt. Verglichen mit einer Stunde zuvor, als Krishnamurti mich beinahe nicht aussprechen ließ, kamen die Dinge ins Fließen. Er war immer sanftmütiger geworden und hielt meine Hand, wenn er – freimütig und hart – zu einem Thema eine unterschiedliche Meinung vertrat. Immer wieder betonte er, der Glanz eines fernen Urknalls – im Augenblick das schwarze Schaf der Unterhaltung – halte uns vom Krebsgeschwür der menschlichen Grausamkeit und Dummheit ab. "Ich bin jetzt *daran* interessiert", erklärte er und deutete zu Boden, "nicht *daran",* wobei er wieder nach oben zeigte.

"Es liegt in Ihrer Verantwortung", sagte er mit ernster Miene, wobei seine Augen in meine blickten. "Was werden Sie daraus machen?"

Wir schienen Krishnamurtis ersten Einwand gegen die Wissenschaft hinter uns gelassen zu haben, denn er kam nun auf einen zweiten. Ich hatte oft erlebt, wie er ihn bei kleinen Seminaren mit Wissenschaftlern und Philosophen aufgebracht hatte. Es handelte sich um einen weitaus grundlegenderen und weitreichenderen Einwand, denn er kritisierte damit die Fähigkeit des menschlichen Verstandes, die Wirklichkeit jemals durchdringen zu können. Genau diese absolute Infragestellung hielt mir Krishnamurti nun entgegen.

Er sei nicht daran interessiert, über Wissenschaft zu diskutieren, führte er aus, denn die Wissenschaft bedeute Wissen. Wissen sei durch das Denken entstanden, und das Denken in der Vergangenheit gefangen. Obgleich er diesen Einwand nicht weiter darlegte, war dies auch nicht nötig. Jeder, der ihn gehört oder gelesen hat, ist mit diesem Argument vertraut. Die Wahrheit liege in der lebendigen Gegenwart, in *diesem* Augenblick, und müsse in der Gegenwart von neuem entdeckt werden, in diesem ewigen *Jetzt*. Alle Arten der Speicherung – Gedanken, Gedächtnis, Wissen, Zeit – zerstörten die Wahrheit. Daher sei die Wissenschaft, die die Dinge ansammle, die Wissen bedeute (in Krishnamurtis Augen ein negativer Begriff), zu weit von der Wirklichkeit entfernt, um zu ihren Geheimnissen vordringen zu können.

Diese Haltung ist mir aus der östlichen Philosophie bekannt. Sie enthüllt eine grundlegende Verwandtschaft, wenn nicht sogar eine weitgehende Identität, mit dem Advaita Vedanta, einer philosophischen Richtung des Hinduismus, die am besten in den Schriften Shankaras, eines Weisen aus dem 12. Jahrhundert, beschrieben wurde. Obwohl Shankara die klassische Ausdrucksweise des Hinduismus benutzt hat, die Krishnamurti ablehnt, lehren beide, die Wahrheit könne nicht in der Welt der Natur gefunden werden, sondern nur in der Wirklichkeit, die sich hinter oder jenseits der Natur befinde. Es sei das transzendente, nicht das immanente Gesicht der Wirklichkeit, für das sie sich interessierten. Alles andere wird als Illusion und Ablenkung, als unbedeutende Maskierung der Wirklichkeit, abgetan.

Dies bleibt trotz der Lehre Krishnamurtis bestehen, die Wirklichkeit ließe sich im Alltag finden, wenn wir wissen würden, wie wir nach ihr suchen müßten. Aber seine Lehren – und die des Advaita – unterscheiden sich sehr vom Geist der frühen großen, religiös empfindenden Wissenschaftler, deren Motto hieß: "Gott steckt in den Details". Im Gegensatz dazu scheinen für mich sowohl Shankara als auch Krishnamurti die Welt der Natur abzuwerten. Alles – Wissenschaft, Philosophie, Geschichte – wird von der Quelle im Hintergrund überschattet, die dies alles transzendiert. Bestenfalls wird alles Weltliche als Repräsentation "Davon" angesehen. Die Immanenz ist nur soweit von Bedeutung, als sie das Transzendente enthüllt.

Daher scheint mir Krishnamurti Shankara weit näher zu stehen, trotz der Tatsache, daß er Nagarjuna mehrere Male während unseres Gespräches erwähnte – "das ist nun reiner Buddhismus", sagte er voller Bewunderung. Sowohl er als auch Shankara repräsentieren eine Form der Mystik, die an nichts anderem als einer endgültigen Vereinigung interessiert ist.

Unsere Diskussion hatte etwa zwei Stunden gedauert. Nun warf ich einen sehnsüchtigen Blick auf den Recorder und sagte nochmals vorwurfsvoll zu Krishnamurti: "Krishnaji, alles das ist nun nicht auf dem Band"!

"Nein", sagte er, "aber es befindet sich in Ihrem Kopf und in Ihrem Herzen".

Ich war nun ein wenig enttäuscht, daß es mir nicht gestattet worden war, das Material für mein Buch zu verwenden, aber – entgegen aller Erwartungen – bot mir Krishnamurti dies an. "Sie können es benutzen, wie Sie wollen. Sie können darüber schreiben, Sie können es in Ihrem Buch verwerten, Sie brauchen es mir nicht einmal zu zeigen, Sie können damit tun, was Sie möchten – ich brauche es nicht einmal zu sehen", wiederholte er, "solange es wirklich von innen kommt, von dort", (er zeigte auf meinen Kopf) "und dort" (und deutete dabei auf mein Herz).

Der Wechsel war für mich so überraschend gekommen, daß ich aus der Balance geworfen wurde, und um sie wiederzufinden, zählte ich Krishnamurtis mögliche Gründe dafür laut auf. "Sie möchten nicht, daß ich mich auf das Tonbandgerät beziehe, denn es ist ein Ersatz; sie spüren, daß es eine geborgte Wirklichkeit mitnimmt und nicht meine eigene Wirklichkeit; daß es mich betrügen wird; es ist von etwas Passivem abhängig, statt ein Teil von mir zu werden." Zum ersten Mal an diesem Nachmittag leuchteten seine Augen auf. "Genau das ist richtig", sagte er offenbar mit Freude. Er deutete auf mein Tonbandgerät, das noch immer unbenutzt vor uns stand. "Was für ein schreckliches Ding, alles ein solcher Unsinn", sinnierte er laut.

Die Vorstellung endloser Bandaufzeichnungen aller Vorträge Krishnamurtis, aller Seminare und Konferenzen in den ganzen Jahren tauchte vor meinen Augen auf, und die lange und immer größer werdende Reihe von Tonbändern, die in dem Katalog der Krishnamurti-Gesellschaft von Amerika angeboten werden, der mir jeden Herbst mit der Post zugesendet wird. Aber die Höflichkeit verbot mir, die Frage nach der Konsequenz zu stellen, die sich von alleine aufdrängte. Es wäre auch möglich, so spekulierte ich, daß das eine neue Reaktion von ihm sei, die in Zukunft zu einem neuen Verhalten führen könnte. Dennoch war mir nicht bewußt, Anteil an einem historischen Ereignis gehabt zu haben; dies erfuhr ich erst einige Monate später, denn die Vorträge im Jahr 1985 waren die letzten, die Krishnamurti in Saanen hielt, womit er eine 25 Jahre alte Tradition beendete. (*)

Der Nachmittag hatte ihn offensichtlich mitgenommen, denn er fragte mich, wie spät es sei. Als ich antwortete: "Sechs Uhr", schien er überrascht und sagte mir, indem er aufstand, "der Fremde, der mit Ihnen Schutz vor dem Regen suchte, muß jetzt gehen, um seinen nächsten Zug zu erreichen". Er lächelte, noch in Gedanken an die Metapher, die unseren Nachmittag gestaltet hatte. Ich bot ihm nochmals an, ihm mein Manuskript zur Durchsicht zu senden, aber er lehnte erneut ab: "Es gehört jetzt Ihnen, es ist jetzt in Ihnen" und fügte dann hinzu: "Aber es nahm zwei Stunden in Anspruch, bis ich Sie davon überzeugen konnte."

"Bis wir uns nächstes Mal an einem anderen Bahnhof wiedersehen, um vor dem Regen Schutz zu suchen", ergänzte er und brachte mich zur Tür.

Es regnete noch immer, und grauer Nebel lag über dem Tal von Rougemont. Während ich durch den feinen Sommerregen zu dem kleinen Bahnhof ging, wo ich auf den Express Montreux-Berner Oberland warten wollte, der mich zurück nach Saanen bringen sollte, fühlte ich mich aufgewühlt und durcheinander. Nichts paßte zusammen, eine Zusammenfassung schien nicht möglich. Mir kamen nur Details in den Sinn, als ich den Nachmittag ins Gedächtnis zurückrief, keine Schlußfolgerung. Warum, so fragte ich mich selbst, muß Krishnamurti überhaupt in diesem Buch erscheinen? Da ich keine Antwort finden konnte, formu-

(*)Krishnamurti erklärte bei einem der letzten Vorträge in Saanen, er beabsichtige nicht, weitere Veranstaltungen dieser Art in Saanen stattfinden zu lassen. (d.Vlg.)

lierte ich eine andere Frage. Könnte es sein, daß er den absoluten Mystiker repräsentierte, das Wesentliche dessen, was bei allen Mystikern zu allen Zeiten die Einzigartigkeit ausmachte?

Es gibt bei ihm sicherlich eine solche absolute Haltung, auf die ich nur selten gestoßen bin. Sie erinnert mich auf ihre Weise an die Einstellung Stephen Hawkings, den ich zwei Wochen zuvor besucht hatte. Hawking ist ebenfalls ein Absolutist. Er verkörpert die extreme Haltung des positivistischen Flügels der Wissenschaft, wenn er der Natur gegenübersteht: Es gibt keine Geheimnisse, nur Rätsel, und alle diese tragen – früher oder später – zur objektiven Methode der Wissenschaft bei, zu den Gleichungen – alles bleibt ohne Zierde der Poesie oder die philosophische Übersetzung in eine "Bedeutung".

Der Vergleich zwischen Krishnamurti und Stephen Hawking, der zuerst an den Haaren herbeigezogen schien, wurde klarer, während ich mir der Parallelen zwischen beiden bewußt wurde. Hawking und Krishnamurti lehnen beide die Suche nach der Synthese ab, die dieses Buch durchzieht (eine Ähnlichkeit, die ich schon sah, als ich die beiden als Diskussionspartner in Betracht zog.)

Beide sind nicht daran interessiert, Brücken zwischen Wissenschaft und Mystik zu bauen; Hawking lehnt die Mystik ab, Krishnamurti die Wissenschaft. Dennoch stellen Hawking und Krishnamurti, trotz ihrer unüberbrückbaren Unterschiede, Spiegelbilder dar: Beide sind Minimalisten – "Nur *das* ist wirklich wesentlich". Was noch wichtiger ist: Beide beschäftigen sich – wenn auch auf entgegengesetzten Wegen – mit dem Geheimnis der Zeit.

Hawking forscht nach dem ersten Augenblick, in dem die Zeit aus der zeitlosen Leere heraus entstanden ist, Krishnamurti sucht – er sagt, er hätte es gefunden – das Ende der Zeit. Der Schlüssel zum Rätsel unseres Lebens liegt für Hawking in der Zeit, für Krishnamurti in der Zeitlosigkeit. Jeder vertritt seine Haltung mit Leidenschaft, jeder geht soweit, alles andere auszuschließen, und jeder widmete sein ganzes Leben dieser Aufgabe; beide sind vollkommen integer, auf ihre Sache konzentriert, hochintelligent und lieben nur diese eine Sache.

Beide sind schöpferische Menschen, keine Nachbeter.

Ein philosophischer Ansatz zu ihrer Versöhnung wäre in Krishnamurtis Sprache, Hawking die Erforschung der Welt der Phänomene, Krishnamurti jene des Numinosen zuzuschreiben. Aber selbst während ich diesen Gedanken noch erwäge, weise ich ihn zurück.

Hawking und Krishnamurti sind nicht – wie die anderen Wissenschaftler und Weisen dieses Buches – große synthetisch denkende Menschen. Hawking wird das Bewußtsein und den Menschen nicht in die Antwort mit einbeziehen, auch wenn er die große Gleichung finden sollte, die Wellenfunktion des Universums, nach der er sucht. Krishnamurti wird die Bedeutung der Zeit – für den Kosmos und den Menschen – der Wissenschaft und der Geschichte übergehen. Die Wiederversöhnung zwischen der Natur als Immanenz und Transzendenz stellt sich ihnen nicht als Problem.

Eine Frage, mit der ich wiederholt gerungen habe, tauchte wieder an der Oberfläche auf. Wenn ein Nobelpreisträger, ein Physiker, gleichzeitig ein großer Mystiker wäre, der mit der zeitlosen Dimension vertraut wäre, in der der Mystiker zuhause ist – also ein Wissenschaftler und Mystiker in einer Person vereinigt – könnte ein solcher Mensch eine Brücke zwischen Physik und Mystik, zwischen äußerer und innerer Wissenschaft bauen?

Weil jeder von beiden seinen Weg der äußersten Lauterkeit der Motive und des ganzen Seins geht, war das die Frage, die ich gerne Stephen Hawking und Krishnamurti gestellt hätte. Aber es ist nun deutlich geworden, daß die Antwort – wenn es eine gibt – von keinem der beiden kommen wird.

Aber gibt es überhaupt eine Antwort?

Später, in der Nacht, als ich die Unermeßlichkeit der Sterne beobachtete – die klar und nah schienen, ungetrübt vom Licht der Stadt, wanderten meine Gedanken zurück zu einem Gespräch, das nur wenige Tage zuvor in Rikon stattgefunden hatte, in dem der Wissenschaftler und der Weise zwei seltene Stunden lang der Verkörperung der Vereinigung meiner Vorstellungswelt nahegekommen sind.

*Die Beschäftigung mit der Materie kann uns zu der Frage führen, ob es etwas jenseits der Materie gibt, oder ob Materie so subtil ist, daß sie jenseits von dem liegt, was wir gewöhnlich unter Materie verstehen.*

David Bohm

*Wenn wir nur einmal unsere Auffassung der Zeit betrachten, stellt unsere Art zu Denken einen Ausdruck von etwas Universellem dar; wir erkennen die Verbindung, ohne uns an eine Art äußerer Mystik zu wenden.*

Ilya Prigogine

*Ohne die Null könnten wir nicht die Zahl Zehn oder Hundert bilden. Ähnlich verhält es sich mit der Leere: Sie ist Leere und zur gleichen Zeit die Grundlage für alles andere.*

Dalai Lama

*Es stellt sich die Frage, ob Materie recht grob und mechanisch ist oder immer feiner und feiner und damit ununterscheidbar von dem wird, was Menschen Geist nennen.*

David Bohm

DAVID BOHM, THE DALAI LAMA, AND RENÉE WEBER

**Kapitel XIII**

# SUBTILE MATERIE, DICHTE MATERIE

Seine Heiligkeit, der Dalai Lama, und David Bohm

*Grob ausgedrückt – alles Weltliche ist geistig.*

Eddington

Mit Ausnahme des Interviews mit Br. Bede in Südindien bildete der Schauplatz für dieses Gespräch den exotischsten und kulturell gesehen großartigsten.

Das Kloster lag hoch oben auf einem Hügel, der die alpinen Gebirgswiesen überragte, inmitten einer überwältigenden Umgebung, in der Nähe eines Kiefernwaldes, und war mit einer traditionellen *Stupa* ausgestattet, einem glockenförmigen Steinmonument, das bis zu den Anfängen des Buddhismus zurückdatiert werden kann und aus mehreren Ebenen aufgebaut ist, die die verschiedenen Stufen der spirituellen Entwicklung symbolisieren – und insgesamt die Atmosphäre Tibets erahnen ließ. Diese Atmosphäre strahlte ebenso das Kloster aus, das auch als Tibet-Institut von Rikon bekannt ist, und das Kurse in Theorie und Praxis des tibetischen Buddhismus veranstaltet. Es handelte sich um einen quadratischen weißen Bungalow mit flachem weißen Dach, der eher an tibetische Häuser erinnert als an die aus Holz gebauten Chalets mit spitzen Dächern, die man überall in der Schweiz finden kann. Tibetische Gebetsfahnen flatterten im Wind und verliehen dem Ganzen – zusammen mit den blühenden Blumen – eine bunte festliche Atmosphäre.

Der Tag erstrahlte in Blau und Gold; die klimatischen Bedingungen waren perfekt, es war warm und trocken, die Luft war von dem Duft des nahen Kiefernwaldes erfüllt und verursachte bei mir ein Gefühl des Wohlbefindens. Als ich über die Wiese blickte, die sich direkt hinter dem Kloster befand, bot sich mir der Eindruck einer beinahe idyllischen Einfachheit: Eine steile, abschüssige Wiese, auf der langsam Kühe herumliefen, mit Glocken am Hals, die ab und zu ein Läuten von sich gaben, das in mir die Vorstellung einer ruhigen Welt, die den Rhythmus der Natur noch bewahrt hatte, erweckte. Das Kloster befindet sich in Oberrikon und liegt ungefähr einen Kilometer vom tibetischen Dorf Rikon entfernt, ca. dreißig Kilometer nordöstlich von Zürich. In Rikon leben ungefähr einhundertfünfzig Tibeter, etwa ein Zehntel aller Tibeter der Schweiz. Es überraschte mich, ein fehlerfreies Deutsch zu hören, das von diesen mongolischen Gesichtern gesprochen wurde, besonders von den Kindern, von denen viele hier geboren wurden.

Die oberen Teile der Häuser können mit Leitern, die sich an der Außenseite befinden, erreicht werden; ein Architekturstil, der für Tibet einzigartig ist; ein zweiter Eingang ist für die unteren Teile des Hauses notwendig (in denen sich in Tibet die Tiere und das Futter befinden). Hier dienen sie als Allzweckräume für das Kloster, in denen ich einige große Photos des Potala sah, der früheren Residenz des Dalai Lama in Lhasa.

Die Atmosphäre im Kloster und in ganz Rikon strahlte Festlichkeit aus, denn dies war der erste Tag der Zeremonie der Kalachakra-Initiation, die der Dalai Lama unmittelbar im Anschluß an unser Gespräch leitete. Die Straßen in Rikon waren bereits seit Stunden von Menschenmassen erfüllt, die sich auf das Zelt zubewegten, in dem die Zeremonie stattfinden sollte. Zuvor schon hatte ich bemerkt, daß auch die Waldwege in der Nähe des Klosters von Besuchern überfüllt waren, schweigende Gestalten, die herumspazierten oder in meditativer Haltung neben der *Stupa* saßen. Außerhalb des Bungalows waren die Bewohner des Klosters und die Menschen des Tibet-Büros zusammengekommen und organisierten den Ablauf der Ereignisse; ohne die sorgfältige Kontrolle durch den Mitarbeiterstab, der jede Einladung prüfte, wäre ein Zugang zum Kloster, in dem sich der Dalai Lama aufhielt, hoffnungslos gewesen.

Aber für mich signalisierte ihre Anwesenheit außerhalb des Hauses und auf den Stufen nicht nur Sicherheit, obwohl das ein Teil ihrer Aufgabe war, sondern auch eine zusätzliche Präsenz tibetischer Kultur. In ihren farbigen Mönchsroben des Gelugpa-Ordens verstärkten diese schönen und gelassen wirkenden Gestalten die Lebendigkeit und die Realität dieses unwirklichen Ortes als Außenposten jenes Tibets, das nicht mehr existiert.

Wir machten die Tonbandaufzeichnung im Wohnzimmer, einem kleinen Raum, der mit einer Couch ausgestattet war, einigen wenigen Stühlen und einem langen Kaffeetisch aus Marmor, auf den der Dalai Lama während des Gespräches zur Illustrierung der leblosen Materie deutete, wenn diese im Gespräch auftauchte. Dennoch war eine eindeutig asiatische Atmosphäre präsent. Es herrschten tibetische Farben vor, die vom Leben erfüllt waren, tiefrote, gemusterte Läufer und Thangkas – traditionelle handgemalte Szenen aus dem religiösen buddhistischen Leben – die die Wände verzierten und an Schriftrollen erinnerten. Außerhalb des Raumes befand sich der sprichwörtliche schweizerische Holzbalkon, mit einer außergewöhnlichen Aussicht.

In den Räumen des Dalai Lama herrschte die gleiche Mischung aus Europa und Tibet vor. Wie bei allen Interviews und kleinen Treffen mit dem Dalai Lama, an denen ich teilgenommen hatte, pulsierte der Raum von Leben. Das war das Ergebnis der vielen Menschen, die den Raum überfüllten, und ebenso von einer packenden Atmosphäre, die bei diesen Treffen immer aufkam. Dieses Mal waren neben Seiner Heiligkeit, David und Sarah Bohm und mir, zwei Übersetzer anwesend, Dr. Jeffrey Hopkins (siehe Kapitel 7) und ein junger Schweizer, der tibetischer Mönch geworden war und sich nun Sangye Samdrup nannte. Ebenso war ein Filmteam aus London da, das unser Gespräch für das Tibet-Büro aufnahm, als Teil einer Reihe von Gesprächen, die der Dalai Lama mit verschiedenen Wissenschaftlern und einigen anderen Tibetern geführt hatte.

Unser Gespräch wurde zu einer Mischung aus intensiver Konzentration und humorvollen Einlagen. Der Dalai Lama brach oft in ein hemmungsloses Lachen aus, auch bei ernsten wissenschaftlichen Themen, das auf uns übergriff, worauf sich dieses Lachen zum sichtlichen Gefallen des Dalai Lama auf den ganzen Raum ausbreitete. Es gab natürlich keinen Zweifel daran, daß er an der Diskussion innerlich Anteil nahm, denn er dachte über jede Frage einige Zeit lang ernsthaft nach und besprach sich mit seinen Übersetzern, bevor er antwortete.

Seine Beziehung zu David Bohm war durch eine Mischung aus Zuneigung – die er offen zeigte – und Achtung, die sich in intensivem Interesse an Bohms Kommentaren zur Physik ausdrückte, gekennzeichnet. Dieser Respekt und diese Zuneigung beruhten auf Gegenseitigkeit, denn Bohm schien durch die Anwesenheit des Dalai Lama entspannt und glücklich zu sein. Wenige Monate zuvor, in Amherst, hatte der Dalai Lama Bohm gebeten, ihm einige grundlegende Sichtweisen der Quantenmechanik zu erläutern, und heute stellte er die Behauptung auf, man könne von einander lernen. Der Dalai Lama, tolerant und offenherzig wie der Buddhismus allgemein, betonte die Bedeutung, von beiden Wegen zu lernen – dem wissenschaftlichen und dem spirituellen.

Viele Menschen in der Umgebung des Dalai Lama waren mir vertraut; Mönche oder Mitarbeiter, die ich in Illinois und Amherst getroffen hatte. Einer der eindrucksvollsten war Tempa Tsering, sein intelligenter und tüchtiger Sekretär, der wie viele Tibeter ein ruhiges und bemerkenswertes Gesicht besitzt, mit außergewöhnlich edlen Wangenknochen, dunklen Augen und reinem warmherzigem Lächeln. Wie bei anderen Anlässen blieb Tempa Tsering im Hintergrund und betrat und verließ den Raum unbemerkt, aber er erinnerte den Dalai Lama – gegen Ende des Interviews – daran, Seine Heiligkeit müsse sich auf den Weg nach Rikon machen, um die Kalachakra-Zeremonie zu eröffnen. David Bohm und seine Frau kehrten in unser Hotel nach Winterthur zurück, aber ich entschied mich auf dem Fußweg nach Rikon, an der Zeremonie teilzunehmen.

Sie fand in einem großen rechteckigen Zelt statt, in dem an allen möglichen Stellen gelbe Papierlaternen, grüne und rote Fahnen sowie Girlanden hingen. Die hölzerne Plattform, die eigens zu diesem Zweck gebaut worden war, leuchtete in verschiedenen Farben: Thangkas, Kerzen, Blumen, singende Mönche, die an beiden Seiten eines farbenfroh bemalten Sessels standen, auf dem der Dalai Lama sitzend das *Herz-Sutra* sowie *Die drei Juwelen* und andere buddhistische Schriften rezitierte, sang und zu den Zuhörern sprach. Manchmal wurde er von den Mönchen begleitet, wobei jeder von ihnen – eine dokumentierte, aber immer wieder verblüffende Tatsache – die Fähigkeit besaß, einen ganzen Akkord anzustimmen. Dr. Hopkins hatte zusammen mit dem Dalai Lama auf der Bühne Platz genommen und übersetzte in die englische Sprache, aber viele Zuhörer trugen Kopfhörer, durch die die Lehre in Deutsch, Französisch und Italienisch übersetzt wurde.

Die versammelte Menschenmenge bot Auge und Vorstellung einen Genuß. Ich fand vor allem die Tibeter bezaubernd. Sie sind schöne Menschen, die einen kräftigen Körperbau besitzen, und deren Haltung stattlich ist, besonders die der hübsch gekleideten Kinder mit ihren tibetischen Gewändern und Umhängen. Ich bewundere die Tibeter wegen ihrer Mischung aus Ruhe und Energie sowie ihrer Heiterkeit, für die sie bekannt sind, und die der Dalai Lama, wie ich gehört habe, ihrer religiösen Einstellung zuschreibt. Sie sind intelligent, besitzen zahlreiche Fähigkeiten, sind in der Welt des praktischen Handelns zu Hause und dennoch auf ihr spirituelles Leben hin ausgerichtet, das die Grundlage für ihr tägliches Leben bildet.

Tempa Tsering sagte mir, daß an der Zeremonie 5400 Menschen teilnahmen, dem Anfang eines zehntägigen Programms. Rikon erlebte den größten Zustrom an Buddhisten, die jemals in Europa zusammengekommen waren. Die Schweizer Medien haben über das Ereignis ausführlich berichtet und Teile der Kalachakra-Zeremonie im Fernsehen ausgestrahlt. Eine Woche später sah ich in Zürich, wie mein Fernsehsender die Zuschauer darüber informierte, daß ca. 3000 Europäer, darunter viele Akademiker (wie der beeindruckte Ansager betonte), an der

Zeremonie teilgenommen hatten. Ich sah in den schweizerischen Abendnachrichten ein Interview mit dem Dalai Lama und eine bemerkenswert genaue Zusammenfassung des Buddhismus in vier Punkten. Man erwähnte folgende Prinzipien: Alle Dinge hingen von anderen Faktoren ab, alle Dinge seien voneinander abhängig, das zentrale ethische Konzept sei das Prinzip der Gewaltlosigkeit (*ahimsa*), das uns eindringlich mahnt, nichts zu verletzen, und dies alles erfordere die Lehre vom Mitgefühl, die dazu aufrufe, das Leiden der anderen zu lindern. Ich fand es faszinierend, wie der Nachrichtensprecher die Zuschauer aufforderte, nach Ähnlichkeiten zwischen dem Buddhismus und der Wissenschaft zu suchen – ihre gemeinsame Suche nach der Wahrheit, wie er betonte – und zu hören, wie er den Buddhismus als eine "Wissenschaft des Geistes" definierte. Am 1. August wurde von der Versammlung in Rikon der 50. Geburtstag des Dalai Lama (der genaugenommen am 6. Juli stattfand) gefeiert.

Am nächsten Tag mußte ich Zürich verlassen und nach New York zurückfliegen, aber die Erfahrung in Rikon blieb bis in das Flugzeug hinein präsent. Ich rief die Atmosphäre nochmals in mein Gedächtnis zurück, während ich die einzelnen Ereignisse des Tages an mir vorbeiziehen ließ und versuchte, ihre wesentliche Bedeutung zu erfassen.

Ganz plötzlich erinnerte ich mich an eine Frau, die von einem Freund zu unserer Sitzung mitgebracht worden war. Es handelte sich um eine europäische Intellektuelle, die mit dem östlichen Gedankengut nicht vertraut war; für sie war es der erste Kontakt mit der tibetischen Kultur. Sie sagte mir, obwohl sie sich selbst nicht als religiös betrachtete, dieser Tag sei für sie ein Geschenk gewesen, "einer der Höhepunkte meines Lebens", wie sie es ausdrückte.

Ich teilte ihre Gefühle. Einige Male während unseres Gespräches wurde ich mir ebenfalls der besonderen Bedeutung dieser Stunde bewußt, während ich das spirituelle Oberhaupt des tibetischen Buddhismus und den Wissenschaftler anblickte, der sich um den holistischen Ansatz in der Physik bemüht, und die sich beide ernsthaft mit der Untersuchung dieser Fragen beschäftigen.

Und ich fragte mich, ob die wirkliche Bedeutung dieses Dialoges, auch wenn ich mich mit dem Inhalt identifizieren kann, nicht in dem liegt, was gesagt worden ist, sondern in der Tatsache, daß er überhaupt stattgefunden hat.

**Weber:** Im 20. Jahrhundert hat sich unser ganzer Begriff von der Materie fundamental verändert. David Bohm z. B. benutzt Ausdrücke, wie subtile und dichte Materie. Können wir über die Materie aus der Sicht der zeitgenössischen Physik und des tibetischen Buddhismus diskutieren?

**Bohm:** Materie, die aus der Sicht der Physik dicht zu sein scheint, besteht weitgehend aus leerem Raum, in dem sich sehr kleine Teilchen aufhalten, die sich wie Planeten bewegen. Bei hohen Energien durchqueren andere Teilchen das, was uns als feste Materie erscheint. Obwohl man sich die Teilchen selbst als etwas Dichtes vorstellen kann, stoßen wir beim Studium der Relativitäts- und Quantentheorie auf eine Anschauung, die Materie auch als Feld und die Teilchen als Verdichtungen dieses Feldes versteht. Dieses Feld ist universell und gehorcht den Gesetzen der Quantentheorie. Ich meine, diese Gesetze werden von den Physikern nicht wirklich in der Tiefe verstanden, aber es ist möglich, aus ihnen einige Schlußfolgerungen abzuleiten. Eine besteht darin, daß das Feld sich aus verschiedenartigen Wellen zusammensetzt. Jede von ihnen besitzt in diskreten Quantenzuständen eine gewisse Minimalbewegung. Für jede Welle gibt es eine minimale Energie, die nicht sehr groß ist, aber im leeren Raum existieren sehr viele Wellen, die sich zu einer enormen Größe addieren. Tatsächlich wäre die Energie unendlich, wenn wir auch Wellen annehmen, deren Wellenlänge beliebig klein ist. Und wenn wir einen Grund dafür finden, diese in bestimmten Bereichen zu begrenzen (was wir in der Tat getan haben), da wir sonst erwarten, daß die Theorie zusammenbricht, finden wir bei der Abschätzung der Energie heraus, daß die Energie, die in einem Kubikzentimeter leeren Raumes enthalten ist, jene bei weitem übersteigt, die durch die Desintegration der Materie im ganzen bekannten Universum freigesetzt werden würde. Das läßt uns vermuten, daß die Materie, so wie wir sie kennen, im leeren Raum nur eine winzige Welle ausmacht. In gewisser Hinsicht ist der Raum sehr dicht, in einer anderen Hinsicht wiederum nicht, denn er bedeutet Bewegung, sehr komplexe Bewegung.

Die moderne Kosmologie glaubt, das Universum habe mit einem Urknall begonnen, wobei alles in einem Punkt verdichtet war und sich dann ausgebreitet hat. Man könnte sich die Ausbreitung dieser konzentrierten Energie als eine Welle vorstellen, die plötzlich in der Mitte eines Ozeans auftaucht. Von einem Standpunkt aus betrachtet bildet sie das ganze Universum, von einem anderen nur eine kleine Welle.

Wenn man tiefer in die Materie vordringt, scheint diese immer subtilere Eigenschaften anzunehmen. Ich bin hier nicht darauf eingegangen, aber es handelt sich nicht einfach um Teilchen, die sich mechanisch bewegen. Meiner Meinung nach kann man aus der Physik ableiten, daß die Natur so subtil ist, daß sie fast lebendig oder intelligent ist.

**Weber:** Könnten Sie, Eure Heiligkeit, dies aus der Sicht des tibetischen Buddhismus kommentieren?

**Dalai Lama:** Im Buddhismus gibt es verschiedene Ebenen der Dichte und Feinstofflichkeit von Teilchen, und die subtilsten Teilchen wären danach jene des Raumes. Diese bilden eine Grundlage für alle Teilchen, die im tibetischen Buddhismus identifiziert worden sind. Die Teilchen des Raumes existieren ewig. Für das, was sie von Augenblick zu Augenblick tun, habe ich keine einleuchtende Erklärung. Ich habe den Eindruck, wir könnten diesbezüglich von der Arbeit der Wissenschaftler, von ihren Erfahrungen und Untersuchungen, lernen.

**Bohm:** Was ist mit der Zeit?

**Dalai Lama:** Wenn wir allgemein über die Zeit sprechen würden, als ob sie etwas Unabhängiges wäre, ließe sie sich schwer erklären, denn die Zeit wird als etwas postuliert, das mit anderen Faktoren in Beziehung steht und von ihnen abhängig ist.

**Weber:** Was ist mit dem Urknall, diesem infinitesimal kleinen Ursprung, aus dem sich unser Universum entwickelte – kennt die tibetische Kosmologie etwas Vergleichbares?

**Dalai Lama:** Nach buddhistischer Vorstellung gibt es Zeiten, in denen das ganze Universum entsteht, für eine gewisse Zeitspanne bestehen bleibt, sich dann auflöst und eine gewisse Zeit lang leer verharrt.

**Weber:** Schlafend oder leer?

**Dalai Lama:** Leer. Der Buddhismus spricht von der Entstehung eines Weltsystems, der Existenz eines Weltsystems, der Zerstörung eines Weltsystems und dann von einem Zustand der Leere. Diese vier Zustände treten immer wieder auf. Es gibt für den ersten, ursprünglichen Anfang keine Erklärung. Der Buddhismus glaubt, alle Phänomene, die von Ursachen abhängig sind, würden sich ständig verändern. Für jedes einzelne Ding gibt es einen Anfang und ein Ende, und es muß einen Grund für seine Existenz geben. Wir sprechen von vielen verschiedenen Arten von Ursachen, und der Begriff des Karma ist damit verbunden. Wenn man hinschaut, wo denn diese karmische Prädisposition gespeichert wird, stößt man auf den Begriff des mentalen Kontinuums eines Menschen. Dann muß man nach den Ursachen des Bewußtseins suchen, und daher erklären wir, es gebe auch für das Bewußtsein keinen Anfang. Die Materie kann Bewußtsein nicht erschaffen.

**Weber:** Trägt die Natur selbst ein karmisches Muster?

**Dalai Lama:** Wenn Menschen und fühlende Lebewesen die Benutzer sind, stellen die Phänomene die Dinge dar, die benutzt werden. Unter den Dingen, die benutzt werden, erkennen wir zunächst den Körper des jeweiligen Menschen, was naheliegend ist, und geht man weiter, wird man auch das gesamte Umfeld mit einbeziehen. Wenn wir zum Beispiel über eine Blume sprechen, haben wir es mit der Materie zu tun, die als substantielle Ursache der Blume dient. Wenn man immer weiter zurückgeht und untersucht, wo die substantiellen

Ursachen liegen, wird man schließlich auf die Teilchen des Raumes stoßen.

**Bohm:** Wenn wir nun die Natur ohne den Menschen betrachten, würden Sie dann sagen, die Natur besitze eine Ursache, die vom Bewußtsein unabhängig ist, oder hängt sie doch vom Bewußtsein ab?

**Dalai Lama:** Das Bewußtsein und das Objekt, welches vom Bewußtsein abhängig ist, brauchen nicht zur gleichen Zeit existieren. Es entspricht dem, wenn man für jemanden ein Haus baut: Dies hängt irgendwie von dem Menschen ab, der darin leben wird, aber er hält sich möglicherweise noch nicht in ihm auf. Das Karma der Lebewesen, die geboren werden, dient als eine der Ursachen, die die Materie formen. Die Buddhisten glauben an eine endlose Kette von Wiedergeburten und an ein unendliches Universum. Wir häufen zum Beispiel dadurch eine gewisse Menge Karma an, daß wir hier zusammenkommen. Dies prägt sich unserem Bewußtsein ein. Nach Milliarden von Jahren werden entsprechend dem heutigen Handeln zu einem bestimmten Zeitpunkt physisch neue Welten auf der Grundlage der leeren Raumteilchen entstehen. Die grundlegende Ursache dafür werden diese Lebewesen in der Zukunft sein, die das Ganze benutzen werden. Also ist der eigentliche Schöpfer ihr Bewußtsein, ihr Karma.

**Bohm:** Erzeugt irgendetwas die Teilchen des Raumes, oder sind diese noch vorhanden, wenn sich das ganze Universum aufgelöst hat?

**Dalai Lama:** Die grundlegende Ursache bilden diese Teilchen, aber ich spreche über die kooperativen Bedingungen, die unser Handeln ausmachen.

**Bohm:** Sind die Teilchen als solche ewig?

**Dalai Lama:** Ich weiß nichts über die einzelnen Teilchen, aber das Kontinuum dieser Raumteilchen dauert ewig. Was man über ein bestimmtes Teilchen sagen kann, bleibt unsicher.

**Weber:** Könnten wir klären, was mit diesen Raumteilchen gemeint ist? Ist es ein Konzept, das auch die moderne Physik kennt?

**Bohm:** Aufgrund der Quantentheorie beschäftigen sich bestimmte

Menschen mit ähnlichen Auffassungen. Wenn man diese auf die Relativitätstheorie anwendet, wird es sehr schwer, verschiedene kleine Teile des Raumes zu definieren. Sie werden dann mehrdeutig. Es bieten sich verschiedene Alternativen an. Ein Gedanke ist, sehr kleine Einheiten des Raumes anzunehmen, $10^{-33}$ cm – was in der Tat sehr klein ist. Man könnte das als möglichen Standpunkt betrachten. Diese taucht implizit sogar in einem Teil der Arbeit von Menschen wie Hawking auf; andere haben sie explizit untersucht. Es handelt sich um einen unterschiedlichen Ansatz, dieses Feld von enormen Energien zu betrachten, über die ich gesprochen habe. Wir können uns dieses Feld aus einer sehr großen Anzahl von Raumteilchen zusammengesetzt vorstellen, von denen jedes Teilchen eine sehr hohe Energie besitzt. Wenn sich auf diesen Teilchen eine Welle bildet, beginnt sich die Materie, wie wir sie kennen, zu formen.

**Weber:** Entspräche diese Welle, die sich aus dem sogenannten leeren Raum bildet, dem östlichen Begriff der Maya?

**Dalai Lama:** Nach der buddhistischen Erklärungsweise ist das Bewußtsein das höchste schöpferische Prinzip. Es gibt verschiedene Ebenen des Bewußtseins. Was wir das innerste subtile Bewußtsein nennen, existiert immerwährend. Die Kontinuität dieses Bewußtseins ist beinahe permanent, wie die Raumteilchen selbst. Im Feld der Materie kennen wir die Raumteilchen, im Feld des Bewußtseins reines Licht. Diese zwei sind beinahe permanent vorhanden, soweit es die Kontinuität betrifft. Dieses reine Licht bildet mit seiner besonderen Energie die Verbindung zum Bewußtsein.

**Weber:** Das Licht wurde von den Mystikern als Symbol ihrer Erfahrung der Einheit gebraucht. In der zeitgenössischen Physik bildet das Licht ein großes Geheimnis. Ich habe an anderer Stelle mit David Bohm diskutiert, warum das Licht für beide so im Mittelpunkt steht. Könnten Sie ein wenig ausführen, was es mit dem reinen Licht auf sich hat?

**Dalai Lama:** Das reine Licht wird hauptsächlich unter dem Gesichtspunkt der Reinigung als positiv angesehen, denn es vertreibt die

Dunkelheit der Unwissenheit. Es entspricht fast einer grundlegenden Substanz, die sich in allwissendes Bewußtsein verwandeln kann. Alle anderen Arten von Bewußtsein – Sinnesbewußtsein usw. – entstehen abhängig von dieser geistigen Form reinen Lichtes.

**Weber:** Es handelt sich um eine Form von Energie und nicht nur um ein Symbol?

**Dalai Lama:** Es ist eine Form von Energie. Das ist richtig.

**Weber:** Ist es ein wirklicher Bewußtseinszustand?

**Dalai Lama:** Ja, und es ist äußerst subtil.

**Bohm:** Entspricht es etwas Geistigem, das einem Menschen oder dem Universum zugeordnet werden kann?

**Dalai Lama:** Einem Menschen. Es gehört zu jedem Menschen. Von einem Stein wissen wir, daß er nicht lebendig ist; eine Blume ist lebendig; Menschen besitzen weitere Qualitäten – Bewußtsein oder wie man es auch immer nennen mag – die Wissenschaft unterscheidet folgerichtig die *Natur* der meisten subtilen Teilchen, aus denen all dies besteht. Wenn das so ist, wie und auf welche Weise ist dann z. B. dieser Marmortisch nicht lebendig, diese Blume lebendig und wodurch tragen wir selbst Bewußtsein in uns?

**Bohm:** Man mag antworten, die Natur selbst habe subtile Veranlagungen, die nur nicht verwirklicht worden sind. Zum Beispiel könnten die Raumteilchen durch ein bisher noch nicht entwickeltes subtiles Bewußtsein zu Welten strukturiert werden, doch müssen wir uns fragen: Ist dieses subtile Bewußtsein etwas anderes als Materie? Ist es Materie oder nicht?

**Dr. Hopkins:** Seine Heiligkeit hat nicht behauptet, das noch entstehende Bewußtsein werde das alles hervorbringen, sondern durch das Karma der Lebewesen, die noch geboren werden, werde dies erzeugt. Dann werden sie dort geboren werden, um diese Welt zu benutzen.

**Bohm:** Ja, aber auch bevor es Menschen auf der Welt gegeben hat, muß Karma vorhanden gewesen sein, außer man vertritt die Überzeugung, es habe schon immer Menschen gegeben.

**Dr. Hopkins:** Seine Heiligkeit hat gesagt, es gebe zahlreiche andere Weltsysteme und Menschen darin, die Karma erzeugen.

**Dalai Lama:** Unzählig viele.

**Weber:** Ohne Anfang, wenn man es mit *unserer* Zeit betrachtet?

**Dalai Lama:** Die einzelne Welt besitzt einen Anfang, aber für den Kosmos als Ganzen gibt es keinen Anfang.

**Weber:** Und keine Ende?

**Dalai Lama:** Individuell betrachtet existiert ein Ende und für das Ganze gibt es kein Ende – unglücklicherweise oder zum Glück [Lachen].

**Bohm:** Kann man für das Individuum bei diesem Prozeß eine kontinuierliche Existenz annehmen, oder entsteht es einfach und vergeht wieder?

**Dalai Lama:** Es gibt ein *reines* "Ich" oder ein reines Selbst, das man bezeichnen kann als: "*Mein* früheres Leben, *mein* zukünftiges Leben". Das *reine* Ich oder *reine* Selbst existierte in früheren Leben und wird auch im nächsten Leben vorhanden sein. Das Ich von gestern, das von heute und das von morgen sind gewissermaßen das gleiche Ich, aber von einem anderen Gesichtspunkt aus betrachtet existiert das Ich von gestern nicht mehr; es hat uns schon verlassen, und das Ich von morgen wird erst kommen. Aber als Ganzes ist das Kontinuum des Ichs in jedem Moment vorhanden.

**Weber:** Ohne dies wäre das Karma unlogisch, nicht wahr? Das Karma, das vor tausend Jahren von diesem "Ich" geschaffen worden ist, und das nun Früchte trägt, muß irgendwie mit meiner Konstellation verknüpft sein und ihr zugeschrieben werden können.

**Dalai Lama:** Aber es gibt stärkere und schwächere Arten von Karma. Man erzeugt ein bestimmtes Karma, eine Handlung, die stark genug ist, um bestimmte Folgen mit sich zu bringen. Unter diesen Umständen scheint es, als wäre das Ergebnis bereits damit eingeschlossen oder gebildet worden. Aber eine andere Handlung erzeugt vielleicht eine Energie, die stärker als die vorhergegangene ist und vermag jene dadurch zu verändern.

**Weber:** Also gibt es keinen strikten Determinismus.

**Dalai Lama:** Das ist richtig. Und alles ist von unserer Motivation oder Absicht abhängig. Auf diese Weise liegt das Karma in unseren Händen.

**Bohm:** Deshalb betonen sie, die Wahl zur Veränderung liege bei uns.

**Dalai Lama:** Ja. Pauschal ausgedrückt, ja. Das Karma wird nicht von irgendjemandem geschaffen, der sich außerhalb von uns befindet, sondern von uns selbst.

**Weber:** Sehen Sie eine Analogie für die Beziehung zwischen dem Karma und dem, was ein Physiker "die Weltlinie eines Teilchens" nennen würde, dessen Energie sich bis zu dem gegenwärtigen Augenblick austauscht?

**Bohm:** Man kann gewissermaßen eine Art von Analogie ableiten, indem alles, was dem Teilchen passiert, von den Geschehnissen in der Vergangenheit abhängt. Es gibt ein Netz wechselseitiger Beziehungen, das letztlich unendlich groß ist. Aber das einzelne Teilchen hat natürlich keine Wahl. Nach der Physik wird es einfach durch die Kräfte bewegt, die auf dieses Teilchen eingewirkt haben, und diese könnten sich schließlich in großen zeitlichen Distanzen auswirken. Einige Faktoren können vielleicht vernachlässigbar klein, andere vielleicht noch stärker werden. Man muß sich das Universum als dieses Netz wechselseitiger Beziehungen zwischen den Teilchen vorstellen.

In der Physik können Teilchen aus Energie erzeugt und dadurch zerstört werden, daß sie sich miteinander verbinden. Daher ist es nicht notwendig, Teilchen eine permanente Existenz zuzuschreiben; trotzdem können sie eine lange Lebensdauer besitzen. Man nimmt heute an, jedes Teilchen besitze eine begrenzte Lebensdauer, auch das Proton, das jedoch möglicherweise eine Million Mal länger als das gegenwärtige Alter des Universums zu existieren vermag. Aber jedes Teilchen und jede Teilchenstruktur löst sich schließlich auf.

**Dalai Lama:** Was ist mit den kleinsten Teilchen, den Quarks, oder kennt man nicht etwas noch Kleineres?

**Bohm:** Ja, man sucht nach etwas Kleinerem.

**Dr. Hopkins:** Verändert sich das Quark ständig?

**Bohm:** Ja, aber es läßt sich nur sehr schwer verstehen, was ein Quark ist, denn man kann es nicht isolieren. Unserer Auffassung nach handelt es sich nicht einmal um ein Teilchen. Vielleicht ist es eine Form, die aus dem Nichts entsteht und auch wieder dahin zurückkehrt. Aber man zieht noch viel kleinere Teilchen in Betracht, Gravitonen, die als die Träger der Schwerkraft die Eigenschaften des Raumes bestimmen sollen. Aber keines dieser Teilchen würde ewig existieren.

**Dr. Hopkins:** Seine Heiligkeit hat nicht behauptet, die individuellen Raumteilchen, sondern nur das System als Ganzes sei dauerhaft.

**Bohm:** Ja, die Grundlage existiert immer.

**Dalai Lama:** Kennt die Wissenschaft keine dauerhaften, unveränderlichen Teilchen?

**Bohm:** Nein. Man sucht stattdessen nach einem dauerhaften Feld, der sogenannten "Vereinheitlichten Feldtheorie". Das Teilchen entspräche darin einem Anregungszustand des Feldes. Aber man versucht, die vier bekannten Felder zu vereinheitlichen: Das gewöhnliche elektromagnetische, das starke und das schwache Feld nuklearer Wechselwirkung und das Gravitationsfeld. Die Physiker würden diese Felder als verschiedene Formen eines einzigen Feldes vereinigen. Sie könnten dann von einer ursprünglichen Einheit aller dieser Felder ausgehen, die durch irgendeine Gleichgewichtsstörung voneinander getrennt wurden und sich nun voneinander unterscheiden. Eine Auffassung nimmt an, das Universum expandiere, kontrahiere später wieder, und schließlich beginne das Ganze von neuem. Aber es bleibt ein Rätsel, was geschah, bevor es die Zeit gab. Ich meine, die gegenwärtige Physik vermag diese Anfänge nicht zu überblicken. Einige Physiker behaupten, Gott habe das Ganze beginnen lassen. Das, was mir vorschwebt, kann mit einem Ozean verglichen werden, in den sich sehr viele Wellen in verschiedene Richtungen ausbreiten und zufällig vielleicht an einem bestimmten Punkt zusammentreffen, um so eine sehr große Welle zu erzeugen.

**Weber:** Natürlich führt uns das zu der Frage: Woher stammen diese Wellen?

**Bohm:** Von einem buddhistischen Standpunkt aus betrachtet, könnte man argumentieren, diese Wellen stellten eine Art Karma dar. Ich glaube, die gegenwärtige Physik vermag diese Frage nicht zu überblicken, vielleicht später einmal.

**Dalai Lama:** Unsere frühere Frage wurde noch nicht geklärt: Entsprechen sich die drei Arten von Teilchen, aus denen sich der Fels, die Blume und etwas, das die Veranlagung zu einem Bewußtsein besitzt, zusammensetzen. Wenn das so wäre, wann wurde die eine Art dazu fähig, Leben zu tragen, und die andere, Bewußtsein zu ermöglichen. Und wenn es einen solchen Zeitpunkt gibt, was wäre dann seine Ursache?

**Bohm:** Der Stein ist in einer versteckten Ordnung wesentlich mehr, als es den Anschein macht. Die Materie besitzt eine versteckte Ordnung, die die Teilchen organisiert, und es dauert vielleicht sehr lange, bis sie sich uns offenbart.

**Dr. Hopkins:** Die Frage Seiner Heiligkeit lautet: Auch wenn von Anfang an eine gewisse Anlage vorhanden war, was hat diese später so verändert, daß diese als Grundlage für Leben dienen konnte?

**Bohm:** Es ist zuallererst davon abhängig, die richtigen Voraussetzungen zu besitzen. Wir wissen, das Leben könnte ohne diese Voraussetzungen, die richtigen Chemikalien usw., nicht existieren.

**Weber:** Das würde das Problem nicht wirklich lösen, denn schließlich bleibt der Stein im Gegensatz zur Pflanze leblos. Diese hat sich entwickelt, und auch wir haben uns auf eine subtilere Art und Weise entwickelt. Die Frage Seiner Heiligkeit war: Warum gibt es vom Standpunkt der Physik aus betrachtet diesen Unterschied? Ist das nicht die Frage?

**Dalai Lama:** Ja.

**Bohm:** Das ist nicht so einfach, denn auch der Stein mag vielleicht Rudimente von Organismen enthalten, und wir selbst weisen Materie auf, die von überall her stammt.

**Weber:** Besitzt der Stein Bewußtsein?

**Dalai Lama:** Nein.

**Bohm:** Nicht direkt, aber vielleicht die Veranlagung für ein Bewußtsein.

**Weber:** Früher haben Sie einmal gesagt, selbst der Fels trage Bewußtsein auf einer sehr niedrigen Ebene. Könnten Sie das ein wenig erklären? Es wäre auch sehr interessant,die Meinung Seiner Heiligkeit dazu zu hören.

**Bohm:** Das hat mit der Frage zu tun, weshalb der Fels ein Fels bleiben und nicht etwas anderes werden sollte. Schauen Sie, wie eine Pflanze wächst: Sie stecken den Samen in die Erde, aber das Material stammt von der Sonne, der Luft, dem Wasser und dem Erdboden. Alles kommt aus freien Stücken zusammen und bildet eine Pflanze. Der modernen Wissenschaft zufolge liegt der Hauptanteil, den der Same beisteuert, in der Information in Form der DNS. Nur die DNS liefert diese Information und erzeugt so die Pflanze. Ähnlich verhält es sich mit einem Tier. Ich nehme an, die Materie besitzt eine Art Urintelligenz – diese entspricht nicht genau unserer Intelligenzform – die sich einer subtilen Information entsprechend verhält, ebenso wie man es von der DNS annimmt. Aber letztlich bewirkt die ganze Umgebung die Vollendung, denn das Material stammt aus ihr. Deshalb muß die Fähigkeit, auf Information zu reagieren, verstanden werden. Es handelt sich vielleicht um etwas, das mit der Intelligenz verwandt, wenn auch nicht mit ihr identisch ist.

**Dalai Lama:** Ich glaube, es ist sehr schwer, ohne die Kenntnis vom Bewußtsein ein genaues Wissen über die Materie zu besitzen. Und wenn man das moderne wissenschaftliche Verständnis der Materie kennt, könnte dies dazu beitragen, das Bewußtsein besser zu erklären. Wir Buddhisten glauben, es gibt zwei Kräfte in unserer Realität: Materie und Bewußtsein. Natürlich ist das Bewußtsein stark von der Materie abhängig, und eine Veränderung der Materie läßt sich nicht vom Bewußtsein trennen. Ich habe ebenfalls den Eindruck, weitere Forschungen auf den Gebieten der Physik und Neurologie könnten uns eines Tages zu der Entdeckung neuer Phänomene führen. Es ist auch sehr wichtig und nützlich, mit dem eigenen physischen Selbst zu experimentieren: Yoga–Übungen oder Meditation, wodurch man zu außergewöhnlichen Erfahrungen geführt werden kann. Neben der physischen Energie existiert noch eine andere Energie, und durch das Bewußtsein vermag man den physischen Körper zu verändern. Also denke ich, es wird eine bessere menschliche Gesellschaft geben, wenn wir uns um ein ausgeglichenes Wissen bemühen – gute Kenntnisse über das Bewußtsein und über die Materie.

**Weber:** Suchen der Mystiker und der Physiker nach dem gleichen Ziel, ohne sich dessen bewußt zu sein, auch wenn der eine von beiden von der subtilen Materie ausgeht, der andere von der grobstofflichen?

**Dalai Lama:** Der Physiker von heute besitzt ein anderes Verständnis als der Physiker von früher. In der Vergangenheit konzentrierten sich die Physiker dem Anschein nach völlig auf die äußere Materie. Nachdem sie gelernt hatten, daß man nicht alles auf diese Weise verstehen kann, haben sie stärker das Bewußtsein berücksichtigt, welches die Phänomene beobachtet, benennt und berechnet – mag man es nun Bewußtsein nennen oder nicht. Wir Buddhisten nennen es Bewußtsein, andere bezeichnen es vielleicht als Beobachter, Sie mögen es Ganzheit nennen – kurz gesagt, es gibt keine vollständig objektive Sicht der Wirklichkeit oder der Teilchen. Die ganze Situation bei der Beobachtung muß einbezogen werden, also auch der Beobachter oder das Bewußtsein. Es gibt Hinweise darauf, daß neben den Teilchen, neben den äußerlichen Dingen, noch andere Kräfte existieren.

**Weber:** Stehen Ganzheit und *Sunya* (Leere) miteinander in Beziehung?

**Dalai Lama:** Sprechen Sie nicht deswegen von Ganzheit, weil die individuellen Dinge nicht aus sich heraus existieren können? Sie sind nicht autark, sondern stehen mit anderen Dingen in Beziehung. Dieser Verlust der Unabhängigkeit wird *Sunya* genannt. Leere heißt

Nichtexistenz der Unabhängigkeit. Vom buddhistischen Standpunkt aus tritt die Ganzheit ins Sein, da *Sunya* die wahre Natur ist. Die wechselseitige Abhängigkeit steht selbst als Zeichen für diesen Verlust an Unabhängigkeit, daher liegt ein Hinweis für *Sunya* in unserer letztendlichen Bezugnahme auf die Ganzheit.

**Bohm:** Das Ganze muß berücksichtigt werden, wenn wir die Funktion der Teile betrachten. Wenn wir die Organisationsform des Ganzen und der Teile sehen, die in einer Zelle oder in anderen Systemen vorhanden ist, scheint es, als stießen wir auf etwas, das mit dem Bewußtsein entfernt verwandt ist, wenn es sich nicht sogar um das gleiche handelt. Es besitzt eine Vielzahl intelligenter Charakterzüge. In jeder Materie wirkt das Ganze in den Teilen tatsächlich so, daß eine Art von Urbewußtsein, Urintelligenz vorhanden ist. Diese scheint weniger eine Kraft als vielmehr einen Träger von Information darzustellen – man benutzt sogar das Wort "Bote" – der Informationen über Baupläne von einem Ort zum anderen schafft. Also läßt uns die Komplexität des Vorgangs vermuten, es handele sich um eine Art einfacher Intelligenz, wenn auch nicht um das Bewußtsein, wie wir es kennen.

# Epilog

George Wald und Barbara McClintock

Zwei bekannte Wissenschaftler, die in diesem Buch eigentlich vertreten sein sollten, wurden ausgelassen. Es handelt sich um George Wald und Barbara McClintock.

Beide sind Biologen, Nobelpreisträger, und beide können als äußerst intuitive Wissenschaftler gelten, deren Arbeiten dem Thema dieses Buches sehr nahestehen. Ich bin auf ihre Arbeiten gestoßen, kurz nachdem dieser Band in Druck gegangen war; zu meinem tiefsten Bedauern war es also zu spät, um beide noch zu interviewen. Ich habe beschlossen, diese Unterlassung wenigstens teilweise dadurch auszugleichen, daß ich die folgende kurze Beschreibung von ihnen gebe.

George Wald ist ein angesehener Biologe und Wissenschaftsphilosoph, der den größten Teil seiner Karriere an der Harvard University verbrachte, wo er Higgins–Professor für Biologie war. Er ist mittlerweile emeritiert, verbringt aber immer noch viel Zeit in seinem Forschungslabor in Woods Hole in Massachusetts. Er erhielt 1967 für seine Arbeiten über den Sehvorgang, der Leitung von Nervenimpulsen von der Retina ins Gehirn, im wesentlichen ein Teil der Elektrophysiologie, mit einem Kollegen gemeinsam den Nobelpreis für Physiologie und Medizin. Wald ist durch die Entdeckung des Vitamin A in der Retina im Jahre 1933 bekanntgeworden.

Wald ist Autor von einigen Dutzend wissenschaftlichen Publikationen über den Sehvorgang und die biochemische Evolution. Er veröffentlichte ferner *General Education in a Free Society* (1945) und *Twenty Six Afternoons of Biology* (1962). George Wald ist eine eindrucksvolle und schillernde Persönlichkeit im Alter von 78 Jahren. Er ist ein dynamischer Redner, dessen Vorträge sich durch Eloquenz und Witz auszeichnen. Ein häufig vorkommendes Thema in ihnen bildet die Einheit von Mensch und Natur.

In einem außergewöhnlichen Artikel, “Life and Mind in the Universe" (1984) vertrat er die Meinung, "der Geist sei nicht eine späte Folgeerscheinung der Evolution des Lebens, sondern habe schon immer existiert..., als Quelle und Voraussetzung für unsere physische Wirklichkeit". Wald bezeichnete die Grundlage unserer physischen Welt als "mind–stuff"* und wiederholt damit die Thesen Eddingtons. Wald vertritt in ihnen, wie auch Bohm und Sheldrake, eine eindeutig teleologische Sichtweise der Natur. Er schreibt: "Der Geist hat ein physisches Universum geschaffen, welches seinerseits das Leben hervorgebracht hat, und auf diese Weise entwickelten sich schließlich Lebewesen, die Bewußtsein tragen und schöpferisch handeln... Durch sie beginnt das Universum, sich selbst kennenzulernen". Wie Bohm (in Kapitel 8) erweitert Wald diese Auffassung und schließt auch die Mathematik mit ein, wenn er fragt, "was denn diese Gleichungen bedeuten [d.h. die Gleichungen der Quantenmechanik], was denn in der Tat die Mathematik ausmache, wenn nicht "mind–stuff?" – die Mathematik, die den Gipfel des "mind–stuff" darstelle und daher zutiefst geheimnisvoll sei."

Wald vertritt nämlich die Meinung, die Evolution des Bewußtseins – parallel zur Evolution der Materie – führe zu einem immer größeren Selbstbewußtsein der Natur. Seine Anmerkungen in Stockholm, bei der Überreichung des Nobelpreises, fassen das Verständnis seiner Arbeit zusammen: "Ein Wissenschaftler lebt in der ganzen Wirklichkeit. Es gibt nichts besseres. Die Wirklichkeit zu kennen bedeutet, diese zu akzeptieren und sie schließlich zu lieben. Ein Wissenschaftler gleicht in diesem Sinne einem gelehrten Kind. In jedem Kind steckt ein wenig von einem Wissenschaftler. Andere müssen über das Kind hinauswachsen. Wissenschaftler können ihr ganzes Leben Kind bleiben".

Barbara McClintock verbrachte den größten Teil ihres Berufslebens an der Cornell University, wo sie sich dem Studium der Cytogenese des Mais gewidmet hatte ( die Cytogenese stellt die Verbindung zwischen der Untersuchung der sichtbaren Strukturen der Chromosomen und der Genetik dar). Sie arbeitete 50 Jahre lang mehr oder weniger iso-

---

*A.d.Ü.: dieser Ausdruck bedeutet etwa: der Stoff, aus dem der Geist geschaffen ist

liert und stellte unkonventionelle Hypothesen auf, die von ihren Kollegen abgelehnt wurden. Schließlich erlebte Barbara McClintock eine späte Würdigung ihrer Forschungsergebnisse, als sie – im Alter von 81 Jahren – 1983 den Nobelpreis für Physiologie und Medizin erhielt.

Sie ist immer schon eine Individualistin gewesen und verbrachte den Großteil ihrer Zeit allein. Auch heute führt Frau McClintock die Forschungen in ihrem Labor in Cold Spring Harbor (New York) weiter. Ihr Leben, ihre Persönlichkeit und ihre Arbeit wurden von ihrer Biographin Evelyn Fox Keller in dem hervorragendem Buch *A Feeling for the Organism* (1983) sehr lebendig beschrieben. Ein Satz verdeutlicht McClintocks Haltung gegenüber ihren Pflanzen, mit denen sie über 50 Jahre lang gearbeitet hat, und die für sie lebendig sind. Evelyn Keller zufolge glaubt Barbara McClintock, daß der Wissenschaftler vor allem "ein Gefühl für den Organismus" haben müsse (Keller, S. 198); sie spricht vom Hören auf das, "was einem die Materie zu sagen hat" und von der Notwendigkeit für die "Offenheit, die Dinge auf sich zukommen zu lassen" (Keller, S. 198). Keller hebt auch hervor, Barbara McClintock habe – ohne dafür Rechenschaft ablegen zu können – "immer schon ein 'außergewöhnlich starkes Gefühl' für die Einheit der Natur besessen". Evelyn Keller vermutet, daß dieses Gefühl hinter McClintocks bemerkenswerter Kreativität stehe, welche sie in all den Jahrzehnten getragen habe, in denen sie mit ihren Anschauungen praktisch allein stand. In der Tat meint ihre Biographin, Barbara McClintock sei "stolz darauf, sich als 'Mystikerin' zu bezeichnen", für die "letztendlich alles eine Einheit darstellt" (S. 204). Sie studierte den tibetischen Buddhismus und praktiziert einige seiner Yogatechniken, die sie, zu ihrem Erstaunen, offenbar allein entdeckt hatte.

Keller schreibt über Barbara McClintocks Bedeutung für die Biologie: "Für die, die in den... jüngsten Entwicklungen der Biologie eine neue Revolution sehen, ist McClintocks Name zu einem Schlüsselbegriff geworden. Matthew Meselson aus Harvard glaubt, daß die Geschichte 'sie als Urheberin neuer, feinstofflicher und viel komplexerer genetischen Theorien ansehen wird, die bis heute noch kaum verstanden worden sind'" (S. XI).

# Anmerkungen


1. Persönliche Mitteilung von Fritz Kunz.
2. Feynman, Richard, *The Character of Physical Law,* Cambridge: MIT Press, 1967
3. Einstein, Albert, *Ideas and Opinions,* Sonja Bargmann (Übers.), New York: Crown Publishers, 1954.
4. Planck, Max, Vorträge und Erinnerungen, Darmstadt, 1983
5. *Amritabindu Upanishad* in *The Upanishads,* übers. von Prabhavananda, Manchester, New York: New American Library, 1957.
6. *Amritabindu und Svetasvatara Upanishad,* ibid.
7. Govinda, Lama Anagarika, *Grundlagen tibetischer Mystik,* Frankfurt, Main: Fischer Tb., 1979
8. Bohr, Niels, *Atomic Physics and Human Knowledge,* New York: John Wiley & Sons, 1958
9. Eckhart, Meister, *Sermons,* Raymond B. Blackney (Übers.), New York: Harper Torchbook, 1957 (dt. "Predigten", ed. J. Quint).
10. Wilber, Ken (Anmerkung des Herausgebers), *ReVision Journal,* Herbst 1982.
11. ibid.
12. In *Teachings of His Holiness, the Dalai Lama* (Herausgeber und Photos: Marcia Keegan), New York: Clear Light Publications, Inc. 1981.
13. ibid.
14. Prigogine, Ilya, *Order out of Chaos: Man's New Dialogue with Nature,* New York: Bantam Books, 1984 (dt. "Dialog mit der Natur").
15. ibid.
16. Einstein, Albert, *The World is As I See It,* New York: Wisdom Library, 1979, und *Ideas and Opinions,* Sonja Bargmann (Übers.), New York: Crown Publishers, 1954.

## Literaturverzeichnis


**Aurobindo (Sri),** *The Life Divine,* New York: Dutton, 1949 (dt. “Das Göttliche Leben”, Gladenbach 1974 ff).

**Bohr, Niels,** *Atomic Physics and the Description of Nature,* Cambridge, England: Cambridge University Press, 1934.

**Bohr, Niels,** *Atomic Physics and Human Knowledge,* New York: John Wiley & Sons, 1958.

**Briggs, John P. und Peat, David F.,** *Looking Glass Universe,* New York: Simon & Schuster, 1984.

**Bohm, David,** *Quantum Theory,* New York: Prentice Hall, 1951.

**Bohm, David,** *Causality and Change in Modern Physics,* London, Routledge & Kegan Paul, 1957.

**Bohm, David,** *The Special Theory of Relativity,* New York: W. A. Benjamin, 1967.

**Bohm, David,** *Wholeness and the Implicate Order,* London: Routledge & Kegan Paul, 1980 (dt. “Die implizite Ordnung”, München 1985).

**Capra, Fritjof,** *Das Tao der Physik, (Der kosmische Reigen), München 1977*

**Chandmal, Asit,** *One Thousand Moons: Krishnamurti at Eighty–Fife,* New York: Harry N. Abrams, Inc, 1985.

**Chatterji, J. C.,** *The Wisdom of the Vedas,* Wheaton: Quest, 1973. f

**Dalai Lama, Seine Heiligkeit der, Tanzin Gyatso, der vierzehnte Dalai Lama,***The Buddhism of Tibet and the Key to the Middle Way,* New York: Harper & Row, 1975.

**Driesch, H,** *Leib und Seele,* 1916

**Eckhart, Meister,** *Meister Eckhart,* A Modern Translation by Raymond Bernhard Blakney, New York: Harper Torchbook, 1957.

**Eddington, Arthur,** *The Nature of the Physical World,* London: Dent, 1935

**Einstein, Albert,** *Essays in Science,* New York: Philosophical Library 1934.

**Einstein, Albert,** *Ideas and Opinions,* Carl Seeling (Hrsg.) New York: Dell Publishing Co., 1973.

**Evans–Wentz, W. Y.,** *Tibetan Yoga and Secret Doctrines,* Oxford 1935
**Evans–Wentz, W. Y. und Lama Kazi Dawa–Samdup (Hrsg),** *Das tibetische Totenbuch, Olten 1972.*
**Govinda, Lama Anagarika,** *Die psychologische Haltung der frühbuddhistischen Psychologie,* Wien 1980.
**Govinda, Lama Anagarika,** *Grundlagen tibetischer Mystik,* Frankfurt/ Main: FischerTb, 1979.
**Govinda, Lama Anagarika,** *Der Weg der Weißen Wolken,* München 1973.
**Govina, Lama Anagarika,** *Schöpferische Meditation und multi–dimensionales Bewußtsein,* Freiburg 1977.
**Griffiths, Br. Bede,** *Return to the Center,* Springfield, Illinois: Templegate Publishers, 1977.
**Griffiths, Br. Bede,** *The Golden String,* Springfield, Illinois: Templegate Publishers, 1980.
**Griffiths, Br. Bede,** *Die Hochzeit von Ost und West,* Salzburg 1983.
**Griffiths, Br. Bede,** *The Cosmic Revelation,* Springfield, Illinois: Templegate Publishers, 1983.
**Griffiths, Br. Brede,** *Christ in India,* Springfield, Illinois: Templegate Publishers, 1984
**Hawking, Stephen,** *"The Existence of Cosmic Time Functions", Proc. Roy. Soc A308,* 1968
**Hawking, Stephen und Ellis, G.F.R.,** *The Large Scale Structure of Space-Time,* Cambridge University Press, 1973.
**Hawking, Stephen und Carr, B. J.,**"Black Holes in the Early Universe", *Mon. Not. Roy. Soc. 168, 1974*
**Hawking, Stephen und Gibbons, G. W.,**"Cosmological Event Horizons, Thermodynamics and Particle Creation", *Phys. Rev. D15,* 1977.
**Hawking, Stephen,** "Spacetime Foam", *Nucl. Phys. B144,* 1978.
**Hawking, Stephen und Israel, W. (Hrsg.),** *The Path Integral Approach to Quantum Gravity, General Relativity: An Einstein Centenary Survey,* Cambridge University Press, 1979.
**Hawking, Stephen,** "Is the End in Sight for Theoretical Physics"? Eröffnungsrede, Cambridge University Press, 1980.

**Hawking, Stephen und Rocek, M. (Hrsg.),** *Superspace and Supergravity,* Cambridge University Press, 1981.

**Hawking, Stephen und Hartle, J. B.,** "Wave Function of the Universe", *Phys. Rev. D28,* 1983.

**Hawking, Stephen,** "The Edge of Spacetime", *Am. Sci.,* Juli/August 1984.

**Hawking, Stephen und Halliwell, J.J.,** "The Origin of Structure in the Universe", *Phys. Rev. D31,* 8, 1985.

**Heisenberg, Werner,** *The Physicist's Conception of Nature,* Arnold J. Pomerans (Übers.), New York: Harcourt Brace & Company, 1958.

**Heisenberg, Werner,** *Physik und Philosophie,* Frankfurt/Main: Ullstein Tb, 1959.

**Heisenberg, Werner,** *Der Teil und das Ganze,* München: Piper & Co., 1969.

**Huxley, Aldous,** *The Perennials Philosophy,* New York und London: Harper & Brothers, 1945.

**Jantsch, Erich,** *The Self-Organizing Universe: Scientific and Human Implications of the Emerging Paradigm of Evolution,* Oxford: Pergamon Press, 1980

**Jeans, James,** *The Growth of Physical Science,* Cambridge: Cambridge University Press, 1951

**Keller, Evelyn Fox,** *A Feeling for the Organism: The Life and Work of Barbara McClintock,* New York: W. H. Freeman, 1983

**Koestler, A. und Smythies, J. R. (Hrsg.),** *Beyond Reductionism,* London: Hutchinson, 1969.

**Krishnamurti,** *Freedom from the Known,* New York: Harper & Row, 1969

**Krishnamurti,** *The Urgence of Chance,* Mary Lutyens (Hrsg.), New York: Harper & Row, 1970.

**Krishnamurti,** *The Awakening of Intelligence,* New York: Harper & Row, 1969

**Krishnamurti,** *Truth and Actuality,* New York: Harper & Row, 1978.

**Krishnamurti,** *The Wholeness of Life,* New York: Harper & Row, 1979.

**Krishnamurti und Bohm, David,** *The Ending of Time:* Thirteen Dialogues

between J. Krishnamurti and David Bohm, San Francisco: Harper & Row, 1985.
**Kuhn, Thomas S.**, *Die Struktur wissenschaftlicher Revolutionen,...* (stw 25), Stuttgart 1973.
**Kunz, Fritz L.**, "The Reality of the Non–material", *Main Currents in Modern Thought,* Dezember 1963.
**Kunz, Fritz L.**, "On the Symmetry Principles", in *Order in the Universe,* New York: The Foundation for Integrative Education, 1967.
**Margenau, Henry,** "Fields in Physics and Biology", *Main Currents, 1972.*
**Margenau, Henry,** The Method of Science and the Meaning of Reality *Nature, Man, and Society,* New York: Nıchlas Hays, 1976.
**Monod, Jacques,** *Zufall und Notwendigkeit,* München 1983[6].
**Murti, T.R.V.**, *The Central Philosophy of Buddhism,* London: Allen & Unwin, 1955
**Otto, Rudolf,** *West-Östliche Mystik,* München 1971
**Popper, Karl,** *Logik der Forschung,* Tübingen 1984
**Popper, Karl,** *Conjectures and Refutations,* London: Routledge & Kegan Paul, 1969
**Prigogine, Ilya,** *Vom Sein zum Werden,* München 1985
**Prigogine, Ilya und Stengers, Isabelle,** *Dialog mit der Natur, Mchn. 1983*
**Schroedinger, Erwin,** *What is Life?* und *Mind and Matter,* Cambridge: University Press, 1967
**Shankara,** *Das Juwel der Unterscheidung,* München 1987
**Sheldrake, Rupert,** *Das schöpferische Universum,* München 1985
**Stace, W. T.**, *The Teachings of the Mystics,* New York: New American Library, 1960
**Suzuki, D. T.**, *Satori,* München 1987
**Thompson, D'Arcy W.**, *On Growth and Form,*Cambridge: Cambridge University Press, 1942
**Wald, George,** "Life and Mind in the Universe", *International Journal of Quantum Chemistry, 11, 1984,* New York: Wiley & Sons, 1984
**Weber, Renée,** "The Reluctant Tradition: Esoteric Philosophy East and

West", *Main Currents in Modern Thought,* 31, März/April 1975
**Weber, Renée,** "The Good, the True, the Beautiful: Are they Attributes of the Universe"? *Main Currents in Modern Thought,* 342, Nov. 1975
**Weber, Renée,** "The Tao of Physics Revisited", Ein Gespräch mit Fritjof Capra, *ReVision Journal,* 4, 1, Frühjahr 1981
**Weber, Renée,** "The Physicist and the Mystic – is a Dialogue between them Possible"? Interview mit David Bohm. *ReVision Journal,* Frühjahr 1981
**Weber, Renée,** "Reflections on David Bohm's Holomovement: A Physicist's Model of Cosmos and Consciousness", Kapitel 5 in R. Valle und R. von Eckartsberg (Hrsg.), *The Metaphors of Consciousness.* New York: Plenum, 1981
**Weber, Renée,** "What is inside"? Ein Interview mit Krishnamurti, *ReVision Journal,* Frühjahr 1980 und in P. Jayakar und S. Patwardhan (Hrsg.), *Within the Mind,* Madras: Krishnamurti Foundation of India, 1982
**Weber, Renée,** "Feldbewußtsein und Feldethik", in Wilber, Ken (Hrsg.), *Das Holographische Weltbild,* Bern, München, Wien: Scherz, 1986
**Weber, Renée,** "Meaning as Being in the Implicate Order Philosophy of David Bohm", *David Bohm: Quantum Physics and Beyond,* Basil Hiley und David Peat (Hrsg.), London: Routledge & Kegan Paul, 1986
**Weizsäcker, Carl Friedrich von,** "Platonische Naturwissenschaft im Laufe der Geschichte", in: C.F. von Weizsäcker: *Der Garten des Menschlichen,* München, Wien: Carl Hanser, 1978
**Weizsäcker, Carl Friedrich von,** *Die Einheit der Natur,* München: Carl Hanser, 1972
**Whitehead, Alfred North,** *Modes of Thought,* New York: Macmillan, 1968
**Whyte, Lancelot L.,** *The Unitary Principle in Physics and Biology, London: Cresset Press, 1949*
**Wilber, Ken,** *No Boundary: Eastern and Western Approaches to Personal Growth,* Boulder und London: Shambala, 1981

**Wilber, Ken** (Hrsg.), *Das Holographische Weltbild,* Bern, München, Wien: Scherz, 1986
**Wilber, Ken,** *Eye to Eye: The Quest for the New Paradigm,* New York: Doubleday, 1983
**Wilber, Ken** (Hrsg.), *Quantum Questions: The Mystical Writings of the World's Great Physicists,* (enthält "Beyond the Cave" und "Of Shadows and Symbols"), Boulder: Shambala,1984

# INDEX